법률과 양식에 의한

계약서 작성방법,
여기 다 있습니다

저자 김종석

- 수록 내용 -

계약 총설
계약의 종류와 체결
각종 계약서 예시
관련 법령 수록

법문북스

머 리 말

계약이란 사법상(私法上)의 일정한 법률효과의 발생을 목적으로 하는 두 사람 이상의 당사자의 의사표시의 합치, 즉 합의에 의하여 성립하는 법률행위를 말합니다.

이러한 계약은 우리 생활의 모든 분야에 걸쳐서 끊임없이 행하여지고 있습니다. 그리고 사회의 발전과 더불어 인간생활은 날이 갈수록 세분화되면서 복잡해짐에 따라 계약도 그 내용이 복잡해지고 천태만상이어서 이런 내용을 이해하지 못하고 계약을 체결하게 되어 큰 손해를 보는 경우가 비일비재하고 있습니다.

일상생활을 하면서 항상 여러 형태의 계약을 맺으며 살아가고 있습니다. 예를 들어 생활필수품 등은 매매계약으로, 직장을 구할 때는 고용계약이나 근로계약에 의하고, 주택을 구입할 때는 건물 매매계약이나 아파트 매매계약에 의하거나 건물 임대차계약 또는 전세계약으로 마련하고 있습니다. 이와 같은 사례만 보아도 계약이 우리의 생활에 있어서 얼마나 중요한 것인지를 알 수 있습니다.

이 책에서는 이렇게 다양하고 복잡해 진 계약들에 대해서 제1장에서는 계약법 해설을, 제2장에서는 증여, 매매, 교환, 소비대차. 임대차, 위임, 임치, 화해, 저당권, 양도, 특허권,

판매·경영, 건축공사 등에 관련되는 계약서를 세분화시켜 예시하여 해설과 함께 누구나 이해하기 쉽게 편집하였으며, 부록으로 이에 관련된 법령을 정리하였습니다.

 이러한 자료들은 법제처의 생활법령에 있는 자료와 대법원의 판례 및 대한법률구조공단의 서식들을 취합하고 체계적으로 정리, 분석하여 수록하였습니다.

 이 책이 많이 보급되어 모든 분들이 까다로운 계약을 체결하는데 큰 도움이 되리라 믿으며, 열악한 출판시장임에도 불구하고 흔쾌히 출간에 응해 주신 법문북스 김현호 대표에게 감사를 드립니다.

2017. 3.
편저자

목 차

제1장

계약법 해설

제1장 계약법 해설

제1절 계약 총설

1. 넓은 의미의 계약

사법상(私法上)의 일정한 법률효과의 발생을 목적으로 하는 두 사람 이상의 당사자의 의사표시의 합치, 즉 합의에 의하여 성립하는 법률행위를 말합니다. 이러한 의미에 있어서의 계약은 채권의 발생을 목적으로 하는 합의(채권계약)뿐만 아니라, 물권의 변동을 목적으로 하는 합의(물권계약), 혼인과 같은 가속법상의 법률관계의 변동을 목적으로 하는 합의(가속법상의 계약) 등도 포함하는 폭넓은 개념을 말합니다.

2. 좁은 의미의 계약-채권계약

채권의 발생을 목적으로 하는 합의 즉 채권계약을 말합니다. 다시 말하면 일정한 채권(채권관계)의 발생을 목적으로 하는 복수의 당사자의 서로 대립하는 의사표시의 합치로 성립하는 법률행위를 말합니다.

3. 합의(合意)

계약이 성립하려면 당사자의 의사표시가 내용적으로 합치하고 있을 것, 즉 합의가 있어야 합니다. 합의가 있다고 인정되려면 외부에 나타난 의사표시로부터 판단되는 이른바 표시상의 효과의사가 그 내용에 있어서 서로 일치하고(객관적 합치), 객관적으로 합치하는 의사표시가 상대방의 의사표시와 결합해서 일정한 법률효과를 발생시키려는 의미를 가지는 것(주관적 합치)이어야 합니다.

4. 계약의 성립

계약이 성립하려면 당사자의 서로 대립하는 수개의 의사표시의 합치, 즉 합의가 반드시 있어야 하는데 이러한 합의는 일반적으로 청약과 승낙으로 성립합니다. 그리고 청약과 승낙에 의한 계약의 성립이 반드시 두 사람 사이에서만 행하여지는 것은 아니며 조합계약과 같이 여러 사람이 하나의 계약을 체결하는 경우도 있습니다.

계약의 성립과정에 있어서 당사자의 일방이 책임 있는 사유로 상대방에게 손해를 끼친 때에 부담하여야 할 배상책임을 계약체결상의 과실 또는 체약상(締約上)의 과실이라 합니다. 단순히 계약성립 과정뿐만 아니라 계약체결을 위한 준비단계에 있어서의 과실도 포함합니다.

5. 계약의 효력

계약의 성립과 그 효력발생은 구별됩니다. 계약의 유효·무효는 계약의 성립을 전제로 하며, 그 계약이 목적한 대로 효과가 생기느냐 않느냐를 말하는 것으로써 계약이 성립되지 않는 경우에는 유효·무효의 문제는 생기지 않습니다. 따라서 계약의 성립요건과 효력발생요건은 별개의 것이라고 할 수 있습니다.

6. 계약의 성립요건

계약의 성립요건은 이미 설명한 바와 같이 두 개 이상의 의사표시가 객관적·주관적으로 합치하는 것, 즉 합의가 있어야 합니다. 그러나 성립한 계약이 언제나 당사자가 원하는 대로의 효과를 발생하는 것은 아니며, 그것이 효력을 발생하려면, 당사자가 권리능력 및 행위능력을 가지고 있어야 하고, 의사표시의 의사와 표시가 일치하고 하자가 없어야 하며, 그 내용이 확정·가능·적법하고 사회적 타당성이 있어야 합니다. 보통의 경우에는 계약은 성립과 동시에 효력을 발생하나, 정지조건·시기와 같은 효력의 발생을 막게 되는 사유가 있으면 계약의 성립시기와 효력발생시기가 달라질 수 있습니다.

7. 계약의 해제와 해지

계약의 해제라 함은 유효하게 성립된 계약의 효력을 당사자 일방의 의사표시에 의하여 그 계약이 처음부터 있지 않았던 것과 같은 상태로 만드는 것을 말합니다. 이와 같이 일방적 의사표시에 의하여 계약을 해소시키는 권리를 "해제권"이라 합니다. 계약의 해지라 함은 계약 상대방 한쪽의 일방적인 의사표시로, 유효하게 성립한 계약이 장래에 그 효력을 잃는 것을 말합니다. 즉 앞으로 효력을 소멸시키는 것을 말합니다. 해지권은 ① 계약 당사자 사이에 해지에 관한 특약이 있는 경우(약정해지권)와 ② 법률의 규정에 있는 경우(법정해지권)에 발생합니다. 기간을 정하지 않은 계속적 채권관계에서는 각 당사자에게 해지의 자유가 인정되기 때문에 해지권 유보약정이나 법률의 규정이 없더라도 언제든지 해지를 통고할 수 있습니다. 해지효과가 발생하는 시기는 기간을 정하지 않은 채권관계에서는 해지의 의사표시가 상대방에게 도달한 때부터 일정기간이 경과해야 효력이 발생합니다.

기간을 정한 채권관계에서도 원칙적으로 해지통고기간이 경과된 후에 효력이 발생합니다. 계약이 해지되면 그 계약은 그때부터 그 효력을 잃으며, 해지 효과가 발생하기 전에 이미 이행된 계약의 내용은 그대로 유효하다. 계약이 해지되더라도 이와 별도로 손해배상은 청구할 수 있습니다. 또 해지의 상대방이 계약내용의 목적물을 제때에 반환하지 않아 손해가 발생한 때에는 반환지체를 이유로 손해배상을 청구할 수 있습니다

제2절 민법상 계약의 종류

계약은 당사자 간의 의사합의로 성립되는 법률행위로서 광의를 계약이라 하면 물권계약(저당권설정계약 등), 혹은 신분계약(혼인.이혼 등), 공법상계약, 준물권계약 등을 통틀어 말하지만, 계약이란 채권계약을 가리키는 경우가 대부분입니다. 민법이 규정하고 있는 채권계약은 ① 증여, ② 매매, ③ 교환, ④ 소비대차,

⑤ 사용대차, ⑥ 임대차, ⑦ 고용, ⑧ 도급, ⑨ 여행, ⑩ 현상광고, ⑪ 위임, ⑫ 임치, ⑬ 조합, ⑭ 종신정기금, ⑮ 화해 등 15종이 있습니다. 각종 계약의 요점을 개략적으로 살펴보기로 하겠습니다.

1. 증여

증여란 당사자의 일방(증여자)이 대가없이 즉 무상으로 재산을 상대방에게 준다는 의사를 표시하고 상대방(수증자)이 그것을 승낙함으로 성립하는 계약을 말합니다(민법 제54조).

2. 매매

매매는 당사자의 일방(매도인)이 어떤 재산권을 상대방에게 이전할 것을 약정하고, 상대방(매수인)은 이에 대해 그 대금을 지급할 것을 약정함으로써 성립하는 계약을 말합니다(민법 제563조).
매매는 유상·쌍무·낙성계약이 전형적인 계약입니다. 따라서 쌍무계약의 효력인 동시이행의 항변이나 위험부담이 적용됩니다. 전자는 이행기가 도래하더라도 상대방이 이행제공을 할 때까지 이쪽도 이행을 거절할 수 있는 것으로서 형평의 견지에서 인정되고 있는 것입니다.

3. 교환

당사자가 서로 재산권을 상대방에게 이전할 것을 약정하는 계약을 말합니다. 이때 재산권은 금전을 제외한 것이므로 만약 당사자중의 일방이 금전을 이전하면 그것은 교환이 아니라 매매가 됩니다(민법 제596조).

4. 소비대차

소비대차는 당사자의 일방이 금전 기타 대체물의 소유권을 상대방에게 이전할 것을 약정하고 상대방은 그와 같은 종류·품질 및 수량으로 반환할 것을 약정함으로 그 효력이 성립됩니다(민법 제598조).

5. 사용대차

사용대차는 무상으로 상대방의 물건을 사용, 수익한 후 이를 반환할 것을 약정, 상대방으로부터 어떤 물건을 수취함으로써 성립되는 계약을 말합니다(민법 제609조).

6. 임대차

임대차는 당사자 일방이 상대방에게 목적물을 사용·수익하게 할 것을 약정하고 상대방이 이에 대해 차임을 지급할 것을 약정함으로써 그 효력이 생기는 계약을 말합니다(민법 제618조).

7. 고용

고용은 당사자 일방이 상대방에 대해 노무를 제공할 것을 약정하고 상대방이 이에 대해 보수를 지급할 것을 약정함으로써 성립되는 계약으로 성립과 동시에 그 효력이 생깁니다(민법 제655조).

8. 도급

도급은 당사자의 일방이 어느 일을 완성할 것을 약정하고 상대방이 보수를 지급할 것을 약정함으로써 그 효력이 생기는 계약을 말합니다(민법 제664조).

9. 여행계약

여행계약은 당사자 한쪽이 상대방에게 운송, 숙박, 관광 또는 그 밖의 여행 관련 용역을 결합하여 제공하기로 약정하고 상대방이 그 대금을 지급하기로 약정함으로써 효력이 생깁니다(민법 제674조의 2).

10. 현상광고

광고자가 일정한 행위를 한 자에게 일정한 보수를 지급하겠다는 불특정 다수인에 대한 의사표시를 말합니다. 현상광고의 법률적 성격에 대해서는 특수한 청약과 승낙에 의하여 성립하는 도급과 비슷한 계약이라고 하는 계약설이 지배적입니다. 현상의 대상인 어떤 행위에 대한 제한은 없지만 사회질서에 위배되는 행위는 당연히 금지됩니다(민법 제675조).

11. 위임

당사자 일방이 상대방에 대해 사무 처리를 위탁하고 상대방이 이를 승낙함으로써 그 효력이 발생되는 계약을 말합니다(민법 제680조).

12. 임치

당사자 일방이 상대방에게 금전이나 유가증권 기타의 물건의 보관을 위탁하고 상대방이 이를 승낙함으로써 성립하는 계약을 말합니다. 임치계약은 무상을 원칙으로 하나 당사자 간의 합의에 의해 유상계약으로 이루어질 수도 있습니다(민법 제693조).

13. 조합

조합은 2인 이상이 상호 출자하여 공동사업을 경영할 것을 약정함으로써 그의 효력이 생기는 계약을 말합니다(민법 제703조).

14. 종신정기금

당사자 일방이 자기·상대방 또는 제3자의 종신까지 정기로 금전 기타의 물건을 상대방 또는 제3자에게 지급할 것을 약정함으로써 성립하는 계약을 말합니다. 종신정기금은 그밖에도 유증에 의해서도 발생하지만, 민법상 종신정기금이 발생하는 경우는 아주 희박합니다(민법 제725조).

15. 화해

당사자가 서로 양보하여 당사자 간의 분쟁을 조치할 것을 약정함으로써 효력이 생기는 계약을 말합니다(민법 제731조).

제3절 금전소비대차

1. 소비대차

금전대차는 소비대차(消費貸借)에 속합니다. 소비대차라 함은 당사자의 일방(貸主)이 금전 기타의 대체물의 수유권을 상대방(借主)에게 이전할 것을 약정하고, 상대방은 그것과 동종·동질·동량의 물건을 반환할 것을 약정함으로써 성립하는 계약을 말합니다. 일상생활에서 널리 행하여지는 금전이나 쌀 등의 대차가 이에 속합니다.

소비대차는, 임대차와 사용대차가 목적물 자체를 반환하는 것과 달리 차주가 목적물의 소유권을 취득하여 이를 소비한 후에 똑같은 가치의 다른 물건은 반환하는 점에 특색이 있습니다.

대체물이란 금전이나 쌀과 같이 일반의 거래에 있어서 그 물건의 개성을 문제 삼지 않고 같은 종류의 다른 물건으로 바꿀 수 있는 물건을 말합니다.

2. 소비대차의 법률적 성질

소비대차는 당사자 사이의 합의만 있으면 성립하는 낙성계약을 말합니다. 또한 소비대차는 무상계약임을 원칙으로 하나, 유상계약으로 되기도 합니다. 즉 차주는 대주로부터 받는 금전 및 기타의 대체물을 이용함으로써 재산상의 이익을 얻게 되나 그 대가로서 당연히 이자를 지급하여야 하는 것으로는 되어 있지 않으며, 따라서 무상임을 원칙으로 합니다. 그러나 당사자 사이의 특약 또는 법률의 규정에 의하여 이자를 지급하여야 하는 때에는, 이자는 대주가 교부하는 금전 기타의 대체물의 이용에 대한 대가이므로 이 경우에는 유상계약이 되는 것입니다.

상인사이의 금전소비대차는 이자가 있는 것이 통상적이며, 이와 같이 소비대차에 이자가 따를 때에는 유상계약이 됩니다.

유상계약은 계약당사자가 서로 대가서 의미 있는 재산상의 출연(경제적 손실)을 하는 계약이고, 무상계약은 계약당사자의 한쪽만이 급부를 하는 경우 또는 쌍방 당사자가 급부를 하더라도 그 급부사이에 대가적 의미있는 의존관계가 없는 계약을 말합니다.

3. 금전소비대차의 성립

소비대차의 성립은 대주가 일정액의 금전을 차주에게 이전하여 일정 기간 동안 차주로 하여금 이를 이용하게 할 것과 반환시기가 도래하였을 때에 대주에게 반환할 것을 약정함으로써 성립합니다. 채무이행의 시기·장소·방법 등은 당사자가 자유로이 결정할 수 있습니다.

이자를 지급하기로 하는 금전소비대차계약을 체결하는 때에는 이자에 관한 특약의 합의가 있어야 하고, 이율은 이자제한법의 범위 내에서 자유로이 정할 수 있으나, 이율에 관하여 약정한 바가 없으면 그 이율은 법정이율에 의합니다.

그러나 이자제한법은 오직 금전의 소비대차에만 적용되므로 금전 이외의 대체물의 소비대차에 있어서 이자제한법의 범위를 넘는 이자를 약정한 때에는 차주는 약정이자 전부를 지급하여야 함에 주의하여야 합니다. 이때에 그 이자가 폭리여서는 안 됨은 물론입니다.

4. 금전소비대차의 효력

대주는 차주에게 금전을 빌려 줄 의무를 지고, 차주는 그가 빌려 쓴 금전을 반환시기가 도래한 때에 반환할 의무를 부담하고, 그 밖에 이자를 지급하기로 한 경우에는 이자지급의무도 부담하게 됩니다.

그리고 담보를 제공하기로 한 때에는 차주가 제공하여야 할 담보가 물적 담보이면, 계약의 내용에 따라 담보권의 설정계약을 하여야 하고, 인적 담보를 제공하여야 하는 때에는 보증인을 세워서 대주로 하여금 그 보증인과 보증계약을 맺을 수 있도록 하여야 합니다.

5. 미성년자와의 금전대차계약

미성년자는 무상증여나 채무를 면제하는 등의 권리만을 얻거나 의무만을 면하는 행위는 부모(친권자)의 동의 없이 단독으로 할 수 있으나, 계약 즉, 금전대차나 매매 등의 법률행위는 법정대리인의 동의 없이 단독으로 할 수 없습니다.

법률이 이와 같이 미성년자를 보호하는 것은 이들은 판단능력이 완전하지 못하여 자기이익에 위배되는 일을 저지를 위험이 있기 때문입니다. 그러나 부모가 목적을 정해 놓고 마음대로 하라고 허락하였다면 그 목적 범위 내에서, 또한 사업을 허락하였을 때에는 그 사업에 관해서는 마음대로 행위능력을 가지고 행사할 수 있으며, 그렇지 않은 경우에는 반드시 부모의 동의를 얻어야 합니다. 그러므로 부모(법정대리인)의 동의를 얻지 않고 부동산을 처분한다거나 금전소비대차계약을 체결하고 금전을 차용한 경우에는 친권자나 미성년자 본인은 계약을 취소할 수 있습니다.

취소라 함은 일단 발생한 법률행위이지만 무능력·의사표시의 착오나 의사표시의 하자로 인하여 그 행위의 효력을 행위시에 소급하여 소멸시키는 것을 말합니다. 일반적으로 계약이 취소되면 그 계약은 소급해서 효력을 잃고, 계약을 맺지 않았을 때의 상태로 돌아가게 됩니다. 따라서 돈을 빌린 차주는 그 빌린 돈을 모조리 대주에게 돌려주고 본래의 백지의 상태로 돌아가야 하는 것입니다. 법률행위가 취소되면 취소의 효과로 매매를 한 경우에는 물품을 인도하고 대금을 반환하여야 하며, 금전대차의 경우에는 차용금을 반환하여야 하나 무능력자인 (미성년자) 경우에는 그 행위로 인하여 받은 이익이 현존하는 한도 내에서 상환할 책임을 부담한다는 예외규정이 있습니다. 이것은, 미성년자는 이런 경우 돈을 반환할 필요는 없고 "현재 이익이 있는 한도 내"에서 반환을 하는 것이 좋다는 예외규정인 것입니다.

미성년자와 거래를 할 경우에는 상대방이 미성년자인가의 여부를 잘 확인하고 미성년자일 경우에는 법정대리인의 동의를 얻거나 서명날인을 받는 것이 선결사항입니다.

6. 금전채권의 청구방법

변제기일이 지났는데도 채무자가 빌려간 돈을 갚지 않는 경우에 채권자로서는 당연히 대부금의 반환을 청구할 수 있습니다. 그러나 채권자에게 주어진 권리라고 하더라도, 어떠한 방법과 수단을 쓰느냐에 따라 그러한 청구도 제한되게 됩니다. 이것은 법치국가에 있어서 당연한 제한이라고 할 수 있습니다.

따라서 채무자가 대부금을 변제하지 않는 경우라고 하더라도, 채무자에게 독촉을 하여 스스로 채무자가 변제하게끔 하든가, 아니면 그래도 채무자가 이행을 하지 않을 경우에는 국가기관의 힘을 빌려 강제로 이행케 하는 방법을 택해야 합니다. 이러한 방법이 아니라 채권자가 자기 스스로의 힘으로 자기 채권을 회복하는 행위는 허용되지 않는 것입니다. 만일 채권자가 자기 대부금을 반환받겠다고 하여 이러한 자력구제를 행하게 되면 경우에 따라 그것은 여러 가지의 범죄를 성립시키게 됩니다.

예를 들어, A라는 사람은 돈을 빌려가고 갚지를 않을 뿐만 아니라 이제 와서는 빌려간 돈이 아니라 그냥 받은 돈이라고 하는 경우 채권자로서는 화가 나서 수단과 방법을 가리지 않고 어떻게든 돈을 받아내야겠다는 생각이 들 수도 있을 것입니다. 그러나 폭력배에게 의뢰하여 A를 협박해서 빌려준 돈을 받게 된다면, 그런 경우에는 채권자도 공갈죄의 공범이 되고 마는 것입니다.

공갈죄는 사람을 위협하여 재물 등을 강제로 빼앗는 경우에 성립되는 범죄인데, 만일 그 폭력배에게 의뢰하여 그 사람이 채무자의 돈이나 물건을 강제로 빼앗아오면 그때 폭력배는 공갈죄를 범하게 되는 것이고, 채권자는 그의 공범이 되는 것입니다. 따라서 되도록 합법적인 절차를 통해 해결하도록 해야 할 것입니다.

제4절 계약의 체결

1. 계약증서의 필요성

비록 요식계약이 아니더라도 계약을 함에 있어 증서를 작성하는 것은
여러 면에서 중요한 효과를 나타내고 있습니다. 보통의 계약에 있어
구두계약도 유효하며, 계약서가 반드시 필요한 것은 아니나 구두상의
계약은 여러 문제가 발생할 소지가 있기에 대개는 증서를 작성함이
일반적입니다.

증서를 작성해 두면 내용이 불분명하여 후일에 분쟁이 일어날 소지가
적어지고, 또 일어났을 때에도 주장의 근거자료로 증서만큼 좋은 것
은 없다고 볼 수 있습니다. 그리고 공정증서로 계약을 체결해 놓으면
후일 상대방이 계약을 이행하지 않았을 경우 법원의 판결 없이 공정
증서를 근거로 하여 강제집행을 할 수 있으므로 매우 안전한 계약방
법이라고 할 수 있습니다.

2. 계약증서의 작성 시 유의사항

① 계약서제목은 반드시 필요한 것은 아니지만 기재해 두면
   보다 유익합니다.
② 계약당사자를 명백히 밝히기 위해 계약자의 주소·성명을
   기재하며 또 매수인·매도인 등의 계약자의 지위를 기재해
   야 합니다.
③ 계약서내용은 후일에 분쟁을 피하기 위해 상세히 기재할
   필요가 있습니다. 그러나 별로 중요하지 않은 내용에 관해
   장황하게 문구를 나열하는 것은 계약핵심을 흐리게 하고
   상대방에 대해서는 불신감을 줄 수 있으므로 중요내용에
   대해서만 핵심을 명확히 기재하는 것이 보다 실용적입니다.
④ "위와 같이 계약함"이란 문언을 기재할 필요가 있는데 이
   때에 계약을 한 장소와 입회인 등에 관해 기재해 두면 계
   약 성립의 신빙력이 증가하게 됩니다. 즉, "M공인중개사
   사무실에서 A·B와 입회인 C의 참석하에 위와 같이 계약,

본서 두 통을 작성하여 각자가 기명날인하고 각자가 보관한다."는 식으로 작성하면 됩니다.

⑤ 계약증서는 두 통을 작성하여 나누어 가지던가 원본을 복사하여 각자가 나누어 가져야 합니다.

⑥ 계약서에 계약 연월일은 반드시 기재해야 합니다.

⑦ 기명날인은 각자의 것을 해야 하며, 인감도장을 사용하는 것이 안전을 위해 보다 유익합니다.

⑧ 계약서가 여러 장일 때에는 반드시 간인을 찍어야 하는데 간인은 1장의 종이를 중앙에서 표면 쪽으로 접고 1장의 뒷면 측과 2장 째의 표면에 연결되는 쪽에 찍는 방법을 많이 택하고 있습니다. 그리고 간인을 찍어야 하는 사람이 여럿 있을 때에는 계약서를 끈으로 철하고 표지에 백지를 한 장 붙여 뒷 표지 쪽으로 접어 넘겨 양쪽을 풀로 붙이고 그곳에 간인을 찍는 방법도 있습니다. 이는 모든 면마다 간인을 찍는 수고를 감소하는 방법입니다.

⑨ 정정은 원칙적으로 하지 않는 것이 상책이지만, 만일 반드시 정정해야 한다면 삭제될 부분은 분명하게 말소하고 정정을 기재하며 그 윗부분에 "연대하여"라는 뜻의 문구로 사용하여 계약서를 작성하는 것이 완벽한 계약서라고 볼 수 있습니다.

3. 부부간의 계약

부부의 생활은 법을 떠난 자연적 생태에서 유래하게 되는데 부부의 공동생활을 원만히 꾸려 나가려면 부부간에도 법적 범위 내에서 권리·의무가 존재하게 됩니다. 요즈음은 결혼을 한 후에도 직장을 고수하는 여성들이 점차 늘어나서 맞벌이부부가 많아졌고, 따라서 부부의 금고가 따로 있는 경우도 있게 되므로 그에 따른 문제가 발생합니다. 부부간에 계약이 이루어진 경우, 법률은 다음과 같이 처리하고 있습니다.

민법 제828조에 의하면 "부부간의 계약은 혼인 중 언제든지 부부의 일방이 취소할 수 있다. 그러나 제3자의 권리를 해하지 못한다."고 규정하고 있습니다. 이러한 규정의 취지는 비록 부부사이에 계약을 체결하였다고 할지라도 그것의 진실성의 여부가 명확하지 않으며, 심지어 부부사이의 계약관계로 인한 법적문제를 국가권력에 의하여 강제로 실현한다는 것은 화목한 부부생활을 해치게 되기 때문입니다. 따라서 부부 사이에 약속이라는 딱딱한 조건으로 모든 일을 처리하기보다는 서로 간에 강한 신뢰관계로 결부되어야 한다는 것을 뜻합니다. 따라서 부부간의 금전대차는 언제든지 취소할 수가 있으며, 예를 들어 1년 기한으로 돈을 빌려주었더라도 5개월 만에 약속을 취소하고 즉시 변제를 받을 수가 있습니다. 그러므로 부부 사이의 약속은 약속이 원래대로의 효력을 갖추지 못하는 일이 많습니다.

변제기한을 정했던 것을 취소하게 되면 빌려준 돈은 곧 갚게될 것이니 타인에게 빌려주었을 때보다 더 확실성이 있습니다. 그러나 채무의 관계가 아닌 증여, 즉 무상으로 부부의 일방에게 금전을 지급하는 경우도 있을 수 있기 때문에 오히려 그의 변제를 기대할 수 없는 경우도 있습니다.

① 이혼을 하는 때에는 과거의 재산에 대해 정리를 하게 되므로 금전대차관계도 취소를 하고 처리하면 됩니다.

그러나, 계약을 취소하기 전에 이혼이 성립되었다면, 일단 이혼을 한 이상 서로 타인이 되었으므로 일방적으로 취소표시를 할 수가 없게 됩니다. 따라서 변제기한을 1년으로 정한 것을 멋대로 취소하고 6개월 내에 반환하라는 의사표시를 할 수 없음은 물론이고, 또한 약속한 이자가 있었다면 이것도 지급해 주어야 합니다.

② 법률상으로는 부부간의 대금의 독촉문제에 관해 특별히 규정을 두고 있지 않습니다. 따라서 기한이 되면 망설이지 말고 독촉을 해도 되는데, 다만 부부관계로 인한 계약 때문에 반환청구를 해도 그것이 청구로써의 뜻을 이루지 못하는 경우가 많습니다.

그러나, 민법은 부부간의 애정과 신뢰를 부정하지는 않지만, 부부의 재산에 대하여는 가급적·합리적으로 처리하도록 배려하고 있는 입장입니다. 따라서 당사자가 바란다면, 일반타인에 대한 경우와 마찬가지로 부부의 일방에게 권리를 부여하고 의무를 강제하는 길을 열어놓고 있습니다.

4. 공증증서

공정증서라 하면 통상적으로 공증인이 공증인법이나 기타 법령의 정하는 바에 따라 계약 등의 법률행위나 사건에 관한 사실에 대하여 작성한 증서이며 사서증서에 대하여 일컫는 말입니다.

현재 계약사회에는 공정증서에 의하여 계약이나 법률행위가 증가하고 있는데 그것은 금전대차에 있어서의 차용증서나 대차계약서와 같은 사서증서는 당사자 간에 임의로 작성되므로 차후에 당사자 간의 의견이 일치하지 않거나 주장이 대립하여 법적 분쟁이 발생한 경우 부득이 재판을 통하여 사건의 해결을 보게 되는데, 공정증서는 이처럼 과다한 시간·비용 및 노력의 투입을 사전에 방지하고 증서의 내용대로 사건을 해결하려는데 큰 의미가 있기 때문입니다.

5. 공정증서의 작성절차 및 방법

공정증서를 작성하려면 당사자 쌍방 혹은 대리인은 판사·검사·변호사의 자격을 가진 자로서 법무부장관의 임명이나 인가에 의하여 지위가 취득된 공정한 제3자인 공증인을 찾아가서 그의 면전에서 증서의 내용이 될 사항을 진술하거나 문서로 제출하여 작성하게 됩니다.

당사자의 의견을 들은 공증인은 내용에 따라 청취한 사항이 법령을 위반하는가, 무효인 법률행위나 무능력자의 행위로 취소가 되지 않는가 등을 검토하고, 또한 촉탁인의 성명을 알고 면식이 있어야 하므로 그렇지 못할 경우에는 주민등록증이나 사진이 첨부된 공증서류 등을 열람·확인하며, 증서의 작성여부를 결정하게 됩니다. 적법 유효한 행위로서 증서를 작성하게 되면 촉탁인이나 열석자에게 읽어 주거나 열람을 시켜서 그들의 승인을 얻고 그 취지를 증서에 기재하며 그들의 서명날인을 받은 후 작성한 계약서는 당사자에게 각각 1부씩 교부하고 그 원본은 공증인이 보관합니다.

6. 공정증서의 두 가지 효력

위와 같이 작성된 공정증서는 사서증서와 달리 두 가지의 효력이 있습니다.

첫째로, 공정증서는 공증인이 당사자로부터 증서의 내용이 되는 사항을 듣고 그것이 법령에 저촉되는 행위인가를 검토하며, 오직 적법·유효한 사항으로 공정증서를 작성하였으므로, 그 기재의 진실성이 높으며 또한 공정증서의 원본을 공증인이 보관하므로 사서증서의 경우와 같이 변조나 위조 등을 빙자한 시비분쟁의 우려가 없으므로 증거능력이 아주 강합니다.

둘째로, 공정증서는 집행인낙문언이 증서에 기재되므로 판결문정본의 경우와 같이 집행력을 가지게 되며 강제집행을 할 수 있습니다.

사서증서는 그 자체가 채무명의가 되지 않고 다만 법적 분쟁으로 판결을 밟는 경우 증거자료로 될 뿐이며, 판결절차에서의 판결문정본이 채무명의가 되는데 공정증서는 재판이라는 판결절차를 경유하지 않고 "채무자가 본 계약에 정한 채무를 지급하지 않을 때에는 채무자는 강제집행을 당하여도 이의가 없음"을 인낙한 증서조항에 의거 채무자가 채무를 이행하지 않을 때에는 채무자의 유채재산을 압류·경매하여 그 매득금 중에서 변제충당을 하거나 혹은 채무자가 제3자에게 가지고 있는 채권을 추심하여 신속·간단하게 채권의 만족을 얻을 수 있게 합니다.

7. 내용증명의 용도

내용증명우편은 상대방에 이러저러한 내용통지를 하였다는 것을 후에 가서 분쟁이 생겼을 경우에 대비하여 증거로 남겨두기 위하여 이용하고 있습니다.

일정한 규격에 맞추어 작성한 동일증명서 3통을 우체국에 제출하면 우체국에서는 서신의 끝에 "내용증명우편으로 제출하였다는 것을 증명한다."는 인을 날인하고 1통은 우체국에 보관하고, 1통은 상대방에 발송하고, 1통은 마치 영수증과 같이 발송인(제출인)에게 반환해 줍니다. 작성내용은 간결·명료하게 요점만을 기재하는데 특히 훗날의 소송에 있어 승패를 가리는 결정적인 증거가 되는 수가 있는 만큼 내용증명의 잠재성을 염두에 두고 그 문안을 신중히 생각하여 기재한다는 것은 매우 중요합니다.

내용증명우편을 이용하는 데 있어서 대략 두가시 형태가 있습니다.

그 하나는 상대방에게 단순히 청구하는 경우, 예를 들어 외상대금을 회수하고자 할 때 상대방에게 단순히 청구하는 경우 즉 외상대금을 회수하고자 할 때 상대방에게 심리적 압박을 주려는 것으로서, 내용증명우편의 본래의 목적도 법적인 효과도 없으나, 실제로 유리한 효과를 불러일으키기도 합니다.

또 하나의 경우는 내용증명우편의 본래의 이용목적이라고 할 수 있는데 상대방에 대한 통지가 일정한 법적 효과를 이용목적이라고 할 수 있습니다. 상대방에 대한 통지가 일정한 법적 효과를 발생시키는 경우, 즉 시효중단, 계약해제, 계약취소, 채권양도통지를 하는 경우에 이용하는 것입니다.

8. 여러 가지 종류의 계약금

계약금이란 계약체결 시에 당사자의 일방이 상대방에게 교부하는 금전 기타의 유가물로서 거래관행에 따라 명칭도 다르게 표현됩니다.

착수금(계약금)에는 여러 종류가 있으나 일반적으로는 그 작용에 따라 다음의 3가지가 있습니다.

① 증약금 – 계약체결의 증거로서의 의미를 갖는 착수금을 말하는데, 계약의 체결에 있어서 당사자사이에 어떠한 합의가 있었는지가 분명한 경우에도 착수금이 교부되어 있으면 그것은 적어도 어떤 합의가 있었다는 증거가 되므로 착수금은 언제나 증약금으로서의 작용을 한다고 볼 수 있습니다.

② 위약계약금 – 착수금을 교부한 자가 계약상의 채무를 이행하지 않는 때에 그것을 수령한 자가 위약벌로서 몰수하는 계약금을 말합니다.

③ 해약금 – 계약의 해제권을 보류하는 작용을 갖는 착수금을 말하며 이 착수금을 교부한 자는 그것을 포기함으로써, 또한 이 계약금을 받

은 자는 그 배액을 상환함으로써 계약을 해제할 수 있습니다. 민법 제 565조에서 "매매의 당사자일방이 계약당시에 금전기타 물건을 계약 금·보증금 등의 명목으로 상대방에게 교부한 때에는 당사자 간에 다른 약정이 없는 한 당사자의 일방이 이행에 착수할 때까지 교부자는 이 를 포기하고 수령자는 그 위액을 상환하여 매매계약을 해제할 수 있 다"라고 규정하여 당사자 간에 특별한 의사표시가 없으면 일반적으로 해약금으로 보고 있습니다.

제5절 착오와 화해

1. 중요부분의 착오에 대한 법적 효과

남의 집을 빌려 쓰는 것에도 법률의 성질에 따라 그 종류가 다양합니 다. 먼저 민법은 제609조에서 사용대차계약에 대해 규정하고 있는데 이는 집세를 지불하지 않고 사용하는 관계를 말하는 것이며, 이와는 다르게 임대료를 지불하면서 사용하는 관계가 있는데 이를 민법 제 618조 이하의 임대차계약이라고 합니다.

이상의 두 형태를 살펴볼 때 양자 모두 남의 집을 사용하는 법률관계 이나 법적인 면에서 차이점이 있습니다. 이를테면, 사용대차계약은 법률관계이나 법적인 면에서 차이점이 있습니다. 이를테면, 사용대 차계약은 무상계약이기 때문에 집을 빌려주는 사람은 법적인 구속을 적 게 받으며, 이에 반해 임대차계약은 상당한 대가를 지급하는 유상계 약이기 때문에 대차인에게는 여러 법적 구속을 가하고 경제적 약자인 임차인의 보호를 위하여 여러 규정을 두고 있습니다. 임차권의 기한 에 관하여도 임대차는 상당한 기한보장(민법 제635조, 제636조, 제 645조, 제651조 등)을 하고 있지만 무상임대차일 때는 이런 보장이 없습니다.

착오란 거래당사자의 법률행위의 내용의 중요부분의 착오가 있음을 말하는 것이며, 이를 민법 제109조 제1항의 법률행위내용의 중요부분 의 착오라고 합니다. 그리고 중요부분의 착오란 그 당사자가 의도한 내용가운데 그 착오가 없었더라면 당사자뿐만 아니라 누구라도 그와 같은 의사표시를 하지 않았으리라고 생각될 정도의 부분의 착오를 말합니다.

그렇지만 주택임대차를 사용대차로 전환하는 것에 과연 중요부분에 착오가 있었느냐 하는 의문도 있을 것이나 일단은 이론상 긍정하는 면에서 살펴보기로 하겠습니다. 즉 임대차라 하면 임차권의 기간보장이 되어 있는 것이고, 사용대차는 이러한 기간의 이익이 없는 것인데 만일 이런 사실을 알았다면 누구든 사용대차계약으로 변경하는 데에 있어 승낙하지 않을 것이라고 볼 때에 승낙은 법률행위의 내용에 중대한 착오가 있었다고 보고 이를 이유로 승낙을 취소할 수 있게 됩니다. 이럴 경우 임대차계약은 여전히 존속하는 것이며 집주인의 퇴거요구에 응할 필요가 전혀 없게 됩니다. 그러나 이 같은 경우에도 착오로 승낙의 표시를 한 중대한 과실이 있었을 때에는 취소의 주장을 할 수가 없다는 점을 유의해야 합니다.

보통 과실의 유무정도는 일반적인 판단기준이 설정되어 있는 것이 아니며 각 사건내용이나 의사표시자의 지위 등을 고려하여 과실유무를 결정합니다.

2. 화해

화해는 당사자가 서로 양보하여 그들 사이의 분쟁을 끝낼 것을 약정함으로써 성립하는 계약을 말합니다. 예를 들면 A는 B에게 200만원 꾸어주었다고 주장하는데, 오히려 B는 100만원을 꾸었다고 주장하여 A·B간에 다툼이 있게 된 때에 A와 B가 서로 양보하여 160만원의 대차관계가 있는 것으로 하여 다투기를 그만두고 해결하기로 합의하는 경우입니다.

화해는 당사자가 분쟁을 종식시키기 위하여 맺는 계약인데, 여기서 분쟁이란 법률관계의 존부·범위·태양 등에 관하여 당사자의 주장이 일치하지 않음을 말합니다. 그리고 양보는 당사자 쌍방이 해야 하며, 어느 일방만이 양보하는 것은 화해가 아닙니다. 또 화해에 있어서의 당사자의 양보는 다투어지고 있는 법률관계에 관하여 처분을 하는 결과가 되므로 화해의 당사자는 처분의 능력이나 권한을 가지고 있어야 합니다.

화해는 재판에 비해 간편하고 경제적으로도 유익하며, 분쟁당사자끼리 분쟁을 해결함으로 보다 원만한 관계를 유지할 수 있다는 데에 장점이 있습니다.

3. 화해의 효력

화해는 법률관계를 확정하는 효력을 갖습니다. 즉 당사자는 화해하기 전에 각자가 주장하던 법률관계는 주장할 수 없으며, 화해계약으로 확정된 의무를 이행하고 권리를 승인해야만 합니다.
또 하나의 효력으로서 화해는 이른바 '창설적 효력'을 갖는데 화해의 창설적 효력이란 종래의 법률관계가 어떠하였느냐를 묻지 않고서 화해에 의하여 새로운 법률관계가 발생하고, 따라서 새로운 권리의 득실이 있게 됨을 의미합니다.

4. 화해의 의사표시 착오

화해의 의사표시에 착오가 있는 경우 그 착오가 분쟁대상인 법률관계 자체에 관한 것일 때에는 취소할 수 없습니다. 그러나 그 착오가 당사자의 자격이나 화해의 목적인 분쟁이외의 사항에 관한 착오일 때는 화해계약을 취소할 수 있습니다(민법 제733조). 예컨대, 채권액에 관하여 다툼이 있어서 화해를 한 경우에, 그 채권이 이미 시효로 소멸하고 있거나, 화해의 당사자의 일방이 채권자나 채무자가 아니었다고 하는 등의 경우는 화해계약을 취소할 수 있습니다.
이는 민법상의 화해와 비슷하지만 구별되는 몇 개의 제도가 있는데 재판상의 화해·조정·중재 등이 그 예입니다.

① 재판상의 화해
당사자가 법원에서 서로 양보하여 다툼을 그만두는 것인데 그 요건과 효력이 민법상 화해와 다릅니다. 즉 이 화해에는 화해조서가 작성되며, 조서는 확정판결과 같은 효력을 갖는다. 따라서 재판상 화해가 성립하면 그 소송은 당연히 종료하게 됩니다.

② 중재

법률관계에 관한 판단을 제3자에게 맡기고, 그 결정에 당사자가 복종함으로써 다툼을 해결하는 제도를 말합니다. 여기에는 중재법이 제정되어 있습니다.

③ 조정

법원 기타의 국가기관의 알선으로 당사자가 합의에 의하여 다툼을 해결하는 제도로서 현재 조정으로서는 가사조정·소액사건조정·노동쟁의 조정·의료조정 등이 있습니다.

④ 타협

광의로 해석하면 화해와 유사하나 당사자 쌍방이 모두 명확한 인식이 없이 분쟁을 소멸.해소시키거나, 이 경우 제3자가 참가하는 경우를 말합니다.

제2장

각종 계약서 예시
(서식 사례 해설)

1. 증여계약서

■ 채권 증여계약서

증 여 계 약 서

증여자 ○○○(이하 "갑"이라 한다)와 수증자인 ×××(이하 "을"이라 한다)은 아래 표시의 채권에 관하여 다음과 같이 합의하여 증여계약을 체결한다.

증여 채권의 표시 :

갑이 채무자(성명:◇◇◇, 주소:○○시 ○○구 ○○로 ○○번지)에 대하여 20○○년 ○월 ○일 대여한 금 ○○○만원의 대여금반환 청구채권

제1조 위 증여채권은 본 증여계약서 작성과 동시에 갑으로부터 을에게 이전한다.

제2조 위 채권을 증여함에 있어 갑은 확정일자 있는 증서로서 채무자 ◇◇◇에게 증여계약사실을 통지하거나, 채무자 ◇◇◇로부터 승낙을 얻어 민법 제450조 지명채권양도의 대항요건을 갖추기로 한다.

제3조 위 계약을 증명하기 위하여 본 계약서를 2통 작성하여 갑과 을이 이의 없음을 확인하고 서명.날인한 후 각각 1통씩 보관하기로 한다.

20○○년 ○월 ○일

증여인	주 소					
	성 명 또 는 상 호	인	주민등록번호 또는 사업자등록번호	-	전 화 번 호	
수증인	주 소					
	성 명 또 는 상 호	인	주민등록번호 또는 사업자등록번호	-	전 화 번 호	

■ 동산 증여계약서(부담부 조건)

동 산 계 약 서

증여자 ○○○(이하 "갑"이라고 함)와 수증자 ×××(이하 "을"이라고 함)은 다음 내용과 같이 증여계약을 체결한다.

내 용

1. 갑은 별지 목록 기재 동산을 을과 함께 계속 사용, 수익할 수 있음을 조건으로 하여 20○○년 ○월 ○일 같은 동산을 을에게 증여한다.
2. 을이 위 동산에 대한 갑의 사용, 수익을 방해하거나 거부할 경우 갑은 위 증여계약을 해제할 수 있고 해제 후 을은 즉시 위 동산을 갑에게 인도하여야 한다.
3. 을이 위 2항의 인도의무를 불이행할 경우 을은 갑에게 손해배상액으로 매월 금○○원을 지급하기로 한다.

20○○년 ○월 ○일

증여인	주 소					
	성 명 또는 상 호	인	주민등록번호 또는 사업자등록번호	-	전 화 번 호	
수증인	주 소					
	성 명 또는 상 호	인	주민등록번호 또는 사업자등록번호	-	전 화 번 호	

[별 지]

동 산 목 록

품 명	수 량(개)	제작회사	고유번호
전기용접기	5	○○○	○○○
산소용접기	5	○○○	○○○
그라인더	2	○○○	○○○

■ 부동산 증여계약서

부동산 증여계약서

부동산의 표시
1.   ○○시 ○○구 ○○동 ○○
        대 300㎡
2.   위 지상
     시멘트 벽돌조 슬래브지붕 2층주택
     1층 100㎡
     2층 100㎡

 위 부동산은 증여인의 소유인 바 이를 수증인 ○○○에게 증여할 것을 약정하고 수증인은 이를 수락하였으므로 이를 증명하기 위하여 각자 서명·날인한다.

20○○년 ○월 ○일

증여인	주 소					
	성 명 또 는 상 호	인	주민등록번호 또는 사업자등록번호	-	전 화 번 호	
수증인	주 소					
	성 명 또 는 상 호	인	주민등록번호 또는 사업자등록번호	-	전 화 번 호	

(해설)

1. 증여계약서이 기재사항

부동산의 증여계약서는 다음과 같은 내용을 기재하여 직접 작성할 수 있습니다.
- 증여자와 수증자(이름, 주소, 주민등록번호, 전화번호)
- 부동산의 소재지, 지목과 그 면적 및 내역 등
- 증여의 합의
- 소유권이전과 인도
- 그 밖의 특약사항

2. 증여계약서의 작성요령

증여계약서의 작성요령은 다음과 같습니다.
① 증여계약 합의의 표시
- 증여계약서에, 계약의 내용이 증여계약임을 명시합니다.
- 통상은 "증여자와 수증자는 다음과 같은 내용으로 증여계약을 체결한다."고 기재합니다.
② 부동산의 표시
- 목적물을 특정하기 위해 증여계약서에 부동산의 표시를 기재합니다.
- 부동산의 표시는 부동산등기부의 표제부 중 표시란에 기재된 것과 동일하게 기재해야 합니다.
- 부동산의 소재지, 지목과 그 면적 및 건물내역과 같은 부동산의 표시가 부동산등기부와 일치하지 않는 경우, 증여목적물을 특정하는 데 어려움을 겪을 수 있으므로 주의해야 합니다.
③ 당사자의 표시
- 증여자와 수증자를 증여계약서에 기재합니다. 이때 상대방의 주민등록증을 직접 확인하여 기재내용과 상대방이 일치하는 지를 확인해야 합니다.
④ 소유권이전과 인도에 관한 사항
- 농지의 소유권이전과 인도일을 기재합니다.
⑤ 그 밖의 특약사항

- 부담부 증여의 경우 그 부담의 내용
- 소유권이전의 비용부담
⑥ 날짜 및 서명날인
- 계약을 맺은 날짜를 기재하고 당사자의 명의의 서명날인을 합니다. 이때 대리인이 있는 경우에는 그가 대리인임을 표시하고 본인의 서명날인과 함께 대리인의 서명 날인도 기재합니다.

3. 증여계약서의 검인

농지의 증여계약을 통해 농지의 소유권을 이전받으려는 수증자는 다음의 사항이 기재된 계약서에 검인신청인을 표시하여 부동산의 소재지를 관할하는 시장·군수·구청장 또는 그 권한의 위임을 받은 자의 검인을 받아 관할등기소에 이를 제출해야 합니다(「부동산등기 특별조치법」 제3조제1항).
- 당사자
- 목적부동산
- 계약연월일
- 대금 및 그 지급일자등 지급에 관한 사항 또는 평가액 및 그 차액의 정산에 관한 사항
- 부동산중개업자가 있을 때에는 부동산중개업자
- 계약의 조건이나 기한이 있을 때에는 그 조건 또는 기한

■ 농지 증여계약서(부담부)

농지 증여계약서

증여자 ○○○(이하 "갑"이라고 한다)와 수증자 ×××(이하 "을"이라 한다)은 아래 표시의 부동산(이하 "표시 부동산"이라고 한다)에 관하여 다음과 같이 증여계약을 체결한다.

[농지의 표시]
   ○○도 ○○군 ○○면 ○○길 ○○ 농지 250,000㎡

제1조(목적) 갑은 갑 소유 표시 부동산을 이하에서 정하는 약관에 따라 을에게 증여하고, 을은 이를 승낙한다.

제2조(증여시기) 갑은 을에게 20○○년 ○월 ○일까지 표시 부동산의 소유권이전등기와 동시에 인도를 한다.

제3조(부담부분) 을은 표시 부동산의 증여를 받는 부담으로 갑 및 갑의 배우자가 생존하는 동안 부양의무를 지고, 갑 선조의 제사봉행을 성실히 수행한다.

제4조(계약의 해제) 을이 다음 각 호에 해당할 경우, 갑은 본 계약을 해제할 수 있다.
   1. 본 계약서에 의한 부양의무를 이행하지 아니한 때
   2. 갑 또는 그 배우자나 직계혈족에 대한 범죄행위를 한 때
   3. 생계유지에 지장을 줄 만한 도박, 음주 등에 의해 재산을 낭비할 염려가 있는 때

제5조(계약의 해제 후 조치) 제4조에 의한 본 계약의 해제가 되었을 경우, 을은 갑에 대해 지체 없이 표시 부동산의 소유권이전등기와 동시에 인도를 해야한다.
   이 경우 계약해제일까지 을이 지출한 부양비용은 그때까지 표시 부동산을 사용, 수익한 대가와 상계 된 것으로 한다.

제6조(비용 및 제세공과금의 부담) 표시 부동산의 소유권이전과 관련한 제반 비용 및 조세 공과금 등은 을이 부담한다.

제7조(담보책임) 표시 부동산의 증여는 제2조에 의한 등기 및 인도일의 상태를 대상으로 하며, 갑은 표시부동산의 멸실, 훼손에 대하여 책임을 지지 아니한다.

이 계약을 증명하기 위하여 계약서2통을 작성하여 갑과 을이 서명.
날인한 후 각각 1통씩 보관한다.

20○○년 ○월 ○일

증여인	주 소					
	성 명 또는 상 호	인	주민등록번호 또는 사업자등록번호	-	전 화 번 호	
수증인	주 소					
	성 명 또는 상 호	인	주민등록번호 또는 사업자등록번호	-	전 화 번 호	

(해설)
농지를 증여하려는 경우 증여자와 수증자는 증여계약서를 작성합니다.

1. 농지의 증여란

① "농지의 증여"는 당사자 일방이 무상으로 농지를 상대방에 수여하는 의사를 표시하고 상대방이 이를 승낙함으로써 효력이 생깁니다(「민법」 제554조).

② 증여계약은 당사자의 의사의 합치만으로도 성립되지만 농지와 같은 부동산을 증여할 때에는 계약서를 작성하여 체결해야 증여를 원인으로 농지의 소유권을 이전할 수 있습니다(「부동산등기 특

별조치법」 제3조제1항).

③ 증여계약의 당사자는 증여자와 수증자입니다. '증여자'는 증여를 하는 사람을, '수증자'는 증여를 받는 사람을 밀합니다.

④ 농지의 증여계약은 수증자가 일정한 의무를 부담하는 것을 조건으로 하는 부담부((負擔附) 증여나 증여자의 사망으로 인해 효력이 발생하는 증여인 사인증여(死因贈與) 등의 방식으로도 이루어질 수 있습니다(「민법」 제561조, 「민법」 제562조).

2. 증여계약의 효과

① 증여계약에 따라 증여자는 농지를 수증자에게 주어야 할 채무를 부담하고 수증자는 이에 대응하는 채권을 취득합니다(「민법」 제554조).

② 따라서 증여자가 계약을 이행하지 않은 경우에는 수증자는 이행을 강제할 수 있으며, 또한 이행지체 그 밖에 채무불이행이 있는 때에는 손해배상을 청구할 수 있습니다.

③ 증여계약은 다음의 경우에 해제될 수 있습니다.

- 당사자의 구두합의는 있었으나 증여계약서를 작성하기 전(「민법」 제555조)

- 증여자 또는 그 배우자나 직계혈족에 대한 범죄행위가 있는 경우 (「민법」 제556조제1호)

- 증여자에 대해서 부양의무가 있는 경우에 이를 이행하지 않는 경우(「민법」 제556조제2호)

- 증여계약 후에 증여자의 재산상태가 현저히 변경되고 그 이행으로 생계에 중대한 영향을 미칠 경우(「민법」 제557조)

④ 매매계약과 달리 증여계약은 무상의 계약이므로 원칙적으로 증여자는 목적물에 흠결이 있더라도 담보책임을 지지 않습니다(「민법」 제559조제1항 본문). 다만, 증여자가 그 흠결을 알고 수증자에게 고지하지 않은 때에는 담보책임을 집니다(「민법」 제559조제1항 단서).

2. 매매계약서

■ 토지 · 건물 매매계약서(임차인이 없는 경우)

부 동 산 매 매 계 약 서

매도인(○○○)을 甲, 매수인(○○○)을 乙이라 하여 양 당사자는 다음과 같이 부동산매매계약을 체결한다.

※<u>부동산의 표시</u>
　　○○시 ○○구 ○○동 ○○번지
　　대지 ○○㎡
　　위 지상건물 ○○㎡

제1조(매매대금) 위 부동산의 매매에 있어 매수인 乙은 매매대금을 아래와 같이 지불하기로 한다.
　　　　매매대금　　금 ○○○원정(₩　　　　　　원정)
　　　　계 약 금　　금 ○○○원정(계약시 지불)
　　　　중 도 금　　금 ○○○원정(지급기일 : 20○○년 ○월 ○일)
　　　　잔　　금　　금 ○○○원정(지급기일 : 20○○년 ○월 ○일)
제2조(소유권이전 및 매매물건의 인도) 이 매매계약의 이행기일인 20○○년 ○월 ○일에 매도인 甲은 매수인 乙로부터 잔금을 수령함과 동시에 소유권이전등기에 필요한 모든 서류를 교부하고 이전등기에 협력하여야하며, 또한 위 부동산을 인도하여야 한다.
제3조(저당권등의 말소) 매도인 甲은 이건 부동산에 설정된 저당권 지상권 임차권 등 소유권행사를 제한하는 사유가 있거나 조세공과 기타 부담금의 미납금 등이 있을 때에는 잔금 지급기일까지 그 권리의 하자 및 부담 등을 제거하여 완전한 소유권을 매수인

乙에게 이전하여야 한다. 다만 승계하기로 합의하는 권리 및 금액은 그러하지 아니하다.

제4조(계약의 해제) ① 만일 매수인 乙이 잔금 지급기일을 지체하여 이행하지 않을 경우 매도인 甲은 즉시 계약을 해제할 수 있으며, 손해배상금은 총 매매대금의 10%로 정한다.

② 만일 매도인 甲이 중도금 지급기일 후 잔금지급기일 전에 저당권, 가압류, 가처분 가등기 등의 일체의 처분행위를 하지 못하며 하자가 발생하여 잔금지급기일에 완전한 소유권이전을 받지 못할 경우 매수인 乙은 즉시 계약을 해제할 수 있으며 손해배상금은 총 매매대금의 10%로 정한다.

③ 매수인 乙이 매도인 甲에게 중도금을 지급할 때까지는 매도인은 계약금의 배액을 상환하고, 매수인은 계약금을 포기하고 이 계약을 해지할 수 있다.

제5조(공과금 등) 위 부동산에 관하여 발생한 수익과 조세공과 등의 부담금은 위 부동산의 인도일을 기준으로 하여 그 전일까지의 것은 매도인에게, 그 이후의 것은 매수인에게 각각 귀속한다.

제6조(비용) 이건 부동산의 소유권이전등기에 소요되는 등록세 및 등기절차에 관한 비용 기타 이 계약에 관한 비용은 모두 매수인 乙이 이를 부담한다.

이상의 계약을 증명하기 위하여 본 계약서 3통을 작성하고 서명.날인 한 다음 각 1통씩 보존한다.

20○○년 ○월 ○일

매도인	주 소						
	성 명 또는 상 호	인	주민등록번호 또는 사업자등록번호	-	전 화 번 호	
매수인	주 소						
	성 명 또는 상 호	인	주민등록번호 또는 사업자등록번호	-	전 화 번 호	
입회인	주 소						
	성 명 또는 상 호	인	주민등록번호 또는 사업자등록번호	-	전 화 번 호	

(해설)

1. 부동산의 개념 및 종류

① 부동산의 개념

  부동산은 토지와 그 정착물을 말합니다.

- "토지"란 일정범위의 지면 또는 지표와 정당한 이익이 있는 범위 내에서의 그 공중·지하를 포함하는 것을 말하고, "건물(건축물)"이란 토지에 정착(定着)하는 공작물 중 지붕과 기둥 또는 벽이 있는 것과 이에 딸린 시설물을 말합니다.

- "정착물"이란 토지에 부착하여 그 부착된 상태대로 계속적으로 사용되는 사회통념상 그 성질이 되는 물건을 말합니다.

② 부동산의 종류

- 부동산은 토지와 토지정착물로 나뉘고 토지정착물에는 건물, 등기한 입목, 명인방법을 갖춘 수목의 집단, 명인방법을 갖춘 미분리 과실, 농작물 등이 있습니다.

2. 토지의 개념 및 종류

① 토지의 개념

　"토지"란 일성범위의 지면 또는 지표와 정당한 이익이 있는 범위 내에서의 그 공중·지하를 포함하는 것을 말합니다.

② 토지의 종류

　토지의 주된 용도에 따라 구분된 종류는 다음과 같습니다.

- 전 : 물을 상시적으로 이용하지 않고 곡물·원예작물(과수류는 제외한다)·약초·뽕나무·닥나무·묘목·관상수 등의 식물을 주로 재배하는 토지와 식용(食用)으로 죽순을 재배하는 토지

- 답 : 물을 상시적으로 직접 이용하여 벼·연(蓮)·미나리·왕골 등의 식물을 주로 재배하는 토지

- 과수원 : 사과·배·밤·호두·귤나무 등 과수류를 집단적으로 재배하는 토지와 이에 접속된 저장고 등 부속시설물의 부지. 다만, 주거용 건축물의 부지는 '대'로 함.

- 목장용지 : 축산업 및 낙농업을 하기 위하여 초지를 조성한 토지. 「축산법」 제2조제1호에 따른 가축을 사육하는 축사 등의 부지. 위의 토지와 접속된 부속시설물의 부지. 다만, 주거용 건축물의 부지는 "대"로 함.

- 임야 : 산림 및 원야(原野)를 이루고 있는 수림지(樹林地)·죽림지·암석지·자갈땅·모래땅·습지·황무지 등의 토지

- 광천지 : 지하에서 온수·약수·석유류 등이 용출되는 용출구(湧出口)와 그 유지(維持)에 사용되는 부지. 다만, 온수·약수·석유류 등을 일정한 장소로 운송하는 송수관·송유관 및 저장시설의 부지는 제외함.

- 염전 : 바닷물을 끌어들여 소금을 채취하기 위하여 조성된 토지와 이에 접속된 제염장(製鹽場) 등 부속시설물의 부지. 다만, 천일제염 방식으로 하지 않고 동력으로 바닷물을 끌어들여 소금을 제조하는 공장시설물의 부지는 제외함.

- 대(垈) : 영구적 건축물 중 주거·사무실·점포와 박물관·극장·미술관 등 문화시설과 이에 접속된 정원 및 부속시설물의 부지.

「국토의 계획 및 이용에 관한 법률」 등 관계 법령에 따른 택지조
성공사가 준공된 토지
- 공장용지 : 제조업을 하고 있는 공장시설물의 부지.
  「산업집적활성화 및 공장설립에 관한 법률」 등 관계 법령에 따른
  공장부지 조성공사가 준공된 토지.
  위의 토지와 같은 구역에 있는 의료시설 등 부속시설물의 부지
- 학교용지 : 학교의 교사(校舍)와 이에 접속된 체육장 등 부속시설
  물의 부지
- 주차장 : 자동차 등의 주차에 필요한 독립적인 시설을 갖춘 부지
  와 주차전용 건축물 및 이에 접속된 부속시설물의 부지. 다만, 다
  음 시설의 부지는 제외함.
  「주차장법」 제2조제1호가목 및 다목에 따른 노상주차장 및 부설
  주차상(「수차장법」 제19조제4항에 따라 시설물의 부지 인근에 설
  치된 부설주차장은 제외함)
  자동차 등의 판매 목적으로 설치된 물류장 및 야외전시장
- 주유소용지 : 석유·석유제품 또는 액화석유가스 등의 판매를 위하
  여 일정한 설비를 갖춘 시설물의 부지. 저유소(貯油所) 및 원유저
  장소의 부지와 이에 접속된 부속시설물의 부지. 다만, 자동차·선
  박·기차 등의 제작 또는 정비공장 안에 설치된 급유·송유시설 등
  의 부지는 제외함.
- 창고용지 : 물건 등을 보관하거나 저장하기 위하여 독립적으로 설
  치된 보관시설물의 부지와 이에 접속된 부속시설물의 부지.
- 도로 : 일반 공중(公衆)의 교통 운수를 위하여 보행이나 차량운행에
  필요한 일정한 설비 또는 형태를 갖추어 이용되는 토지. 「도로법」
  등 관계 법령에 따라 도로로 개설된 토지. 고속도로의 휴게소 부
  지. 2필지 이상에 진입하는 통로로 이용되는 토지. 다만, 아파트·공
  장 등 단일 용도의 일정한 단지 안에 설치된 통로 등은 제외함.
- 철도용지 : 교통 운수를 위하여 일정한 궤도 등의 설비와 형태를
  갖추어 이용되는 토지와 이에 접속된 역사(驛舍)·차고·발전시설 및
  공작창(工作廠) 등 부속시설물의 부지
- 제방 : 조수·자연유수(自然流水)·모래·바람 등을 막기 위하여 설치

된 방조제·방수제·방사제·방파제 등의 부지

- 하천 : 자연의 유수(流水)가 있거나 있을 것으로 예상되는 토지
- 구거(溝渠) : 용수(用水) 또는 배수(排水)를 위하여 일정한 형태를 갖춘 인공적인 수로·둑 및 그 부속시실물의 부지와 자연이 유수(流水)가 있거나 있을 것으로 예상되는 소규모 수로부지
- 유지(溜池) : 물이 고이거나 상시적으로 물을 저장하고 있는 댐·저수지·소류지(沼溜地)·호수·연못 등의 토지와 연·왕골 등이 자생하는 배수가 잘 되지 않는 토지
- 양어장 : 육상에 인공으로 조성된 수산생물의 번식 또는 양식을 위한 시설을 갖춘 부지와 이에 접속된 부속시설물의 부지
- 수도용지 : 물을 정수하여 공급하기 위한 취수·저수·도수(導水)·정수·송수 및 배수 시설의 부지 및 이에 접속된 부속시설물의 부지
- 공원 : 일반 공중의 보건·휴양 및 정서생활에 이용하기 위한 시설을 갖춘 토지로서 「국토의 계획 및 이용에 관한 법률」에 따라 공원 또는 녹지로 결정·고시된 토지
- 체육용지 : 국민의 건강증진 등을 위한 체육활동에 적합한 시설과 형태를 갖춘 종합운동장·실내체육관·야구장·골프장·스키장·승마장·경륜장 등 체육시설의 토지와 이에 접속된 부속시설물의 부지. 다만, 체육시설로서의 영속성과 독립성이 미흡한 정구장·골프연습장·실내수영장 및 체육도장, 유수(流水)를 이용한 요트장 및 카누장, 산림 안의 야영장 등의 토지는 제외함.
- 유원지 : 일반 공중의 위락·휴양 등에 적합한 시설물을 종합적으로 갖춘 수영장·유선장(遊船場)·낚시터·어린이놀이터·동물원·식물원·민속촌·경마장 등의 토지와 이에 접속된 부속시설물의 부지. 다만, 이들 시설과의 거리 등으로 보아 독립적인 것으로 인정되는 숙식시설 및 유기장(遊技場)의 부지와 하천·구거 또는 유지[공유(公有)인 것으로 한정함]로 분류되는 것은 제외함.
- 종교용지 : 일반 공중의 종교의식을 위하여 예배·법요·설교·제사 등을 하기 위한 교회·사찰·향교 등 건축물의 부지와 이에 접속된 부속시설물의 부지
- 사적지 : 문화재로 지정된 역사적인 유적·고적·기념물 등을 보존

하기 위하여 구획된 토지. 다만, 학교용지·공원·종교용지 등 다른 지목으로 된 토지에 있는 유적·고적·기념물 등을 보호하기 위하여 구획된 토지는 제외함.

- 묘지 : 사람의 시체나 유골이 매장된 토지, 「도시공원 및 녹지 등에 관한 법률」에 따른 묘지공원으로 결정·고시된 토지 및 「장사 등에 관한 법률」 제2조제9호에 따른 봉안시설과 이에 접속된 부속시설물의 부지. 다만, 묘지의 관리를 위한 건축물의 부지는 '대'로 함.
- 잡종지 : 갈대밭, 실외에 물건을 쌓아두는 곳, 돌을 캐내는 곳, 흙을 파내는 곳, 야외시장, 비행장, 공동우물.
- 영구적 건축물 중 변전소, 송신소, 수신소, 송유시설, 도축장, 자동차운전학원, 쓰레기 및 오물처리장 등의 부지.
- 다른 지목에 속하지 않는 토지. 다만, 원상회복을 조건으로 돌을 캐내는 곳 또는 흙을 파내는 곳으로 허가된 토지는 제외함.

■ 토지매매계약서(지상권설정조건)

토 지 매 매 계 약 서

매도인 ○○○를 갑으로 하고, 매수인 ○○○를 을로 하여, 갑, 을 간에 아래 표시의 토지에 대하여 다음과 같이 매매계약을 체결한다.

【토지의 표시】
      소재지 : ○○시 ○○구 ○○동 ○○
      지 번 : ○○번
      지 목 : 임야
      지 적 : ○○○○㎡

제1조(목적) 갑은 을에게 위 표시의 토지를 매도하고 을은 이를 매수한다.

제2조(매매대금) 매매대금은 금○○○만원으로 하고 을은 갑에게 매매대금을 아래와 같이 지급한다. (단, 실측 면적이 등기부상의 면적에 비해 과부족이 5% 이상인 경우 1평방미터 당 금○○원으로 하여 매매대금을 재산정 한다.)
1. 계약금으로 금일 ○○만원을 지급한다.
2. 잔금 ○○○만원은 ○년 ○월 ○일까지 위 토지의 소유권이전등기신청과 교환하여 지급한다.

제3조(소유권의 이전) 갑은 을에 대해 위 토지에 대해 잔금지급기일 ○년 ○월○일까지 잔금 지급과 상환하여 소유권이전등기신청을 하기로 하고, 소유권이전의 등기비용은 을이 부담한다.

제4조(지상권의 부담) 을은 갑에게 위 표시 토지에 아래 내용의 지상권을 설정해 주는 조건으로 매매한다.
1. 지상권자 : ○○○ (갑)
2. 지상권설정자 : ○○○ (을)
3. 지상권기간 : 10년

4. 지　료 : 월 ○○만원

　5. 지료 지급일 : 매월말

제5조(지상권 등기) 을은 갑에게 위 표시 토지 소유권이전 등기를
　　마친 후 즉시지상권 등기에 필요한 서류를 양도하여 지상권등기
　　에 협조한다.

제6조(위험부담) 위 표시 부동산이 갑이 소유권 이전등기 서류를 양도
　　하기 이전에 당사자의 책임으로 돌릴 수 없는 이유로 멸실 또는
　　훼손된 경우에는 그 손해는 갑이 부담한다.

제7조(비용부담) 위 표시 부동산의 제세공과금은 갑이 을에게 소유
　　권이전등기　서류를 양도하는 날을 기준으로 당일까지의 비용은
　　갑이 부담하고, 그 다음날 이후의 비용은 을이 부담한다.

제8조(계약 해제) ① 갑 또는 을의 계약불이행이 있는 경우는 상대
　　방에게 1주일전에 계약이행을 최고한 후, 계약을 해제할 수 있다.
　　② 갑의 귀책사유로 계약이 해제된 경우 갑은 을에게 이미 받은
　　매매대금을 반환하고 금○○○만원을 손해배상금으로 지급한다.
　　③ 을의 귀책사유로 계약이 해제되는 경우 갑은 이미 받은 매매
　　대금 중 금○○○만원을 손해배상금으로 충당하고 잔액을 을에게
　　반환한다.

제9조(소송) 이 계약에 관한 소송의 관할 법원은 '을'의 주소지 법원
　　에 따르기로 한다.

20○○년 ○월 ○일

증여인	주 소					
	성 명 또 는 상 호	인	주민등록번호 또는 사업자등록번호	-	전 화 번 호	
수증인	주 소					
	성 명 또 는 상 호	인	주민등록번호 또는 사업자등록번호	-	전 화 번 호	

(해설)

1. 부동산 매매계약의 개념

① "부동산 매매계약"이란 매도인이 재산권을 상대방에게 이전할 것을 약정하고 매수인이 그 대금을 지급할 것을 약정하는 계약을 말합니다(「민법」 제563조).
② 부동산 매매계약의 효력
계약의 당사자 사이에 특별한 약정이나 관습이 없으면 매도인은 매수인에 대하여 매매의 목적이 된 부동산을 이전하여야 하며 이와 동시에 매수인은 매도인에게 그 대금을 지급해야 합니다(「민법」 제568조).

2. 부동산 매매예약의 개념

"부동산 매매예약"이란 당장 본 계약인 부동산 매매계약을 체결하는 것이 곤란한 경우에 장래의 매매계약의 체결을 확실하게 하기 위한 제도로써, 매도인과 매수인의 약정이나 관습이 없으면 매매예약은 일방예약으로 추정됩니다(「민법」 제564조 참조).

3. 부동산 매매예약의 효력

① 매매의 일방예약은 매도인이나 매수인이 매매를 완결할 의사를 표시하는 때에 매매의 효력이 생깁니다(「민법」 제564조제1항).

② 의사표시의 기간을 정하지 않은 때에는 예약자는 상당한 기간을 정하여 매매완결여부의 확답을 상대방에게 최고(상대방에게 일정한 행위를 하도록 통지하는 것을 말함)할 수 있습니다(「민법」 제564조제2항).

③ 매매예약의 완결권(매매의 일방예약에서 예약자의 상대방이 매매예약 완결의 의사표시를 하여 매매의 효력을 생기게 하는 권리)은 당사자 사이에 그 행사기간을 약정한 때에는 그 기간 내에, 그러한 약정이 없는 때에는 그 예약이 성립한 때로부터 10년 내에 이를 행사하여야 하고, 그 기간을 지난 때에는 예약 완결권은 소멸합니다(대법원 2003. 1. 10. 선고 2000다26425 판결).

④ 예약자가 기간 내에 확답을 받지 못한 때에는 매매의 일방예약은 그 효력을 잃게 됩니다(「민법」 제564조제3항).

(판례)

매매의 일방예약에서 예약자의 상대방이 매매예약 완결의 의사표시를 하여 매매의 효력을 생기게 하는 권리, 즉 매매예약의 완결권은 일종의 형성권으로서 당사자 사이에 그 행사기간을 약정한 때에는 그 기간 내에, 그러한 약정이 없는 때에는 그 예약이 성립한 때로부터 10년 내에 이를 행사하여야 하고, 그 기간을 지난 때에는 예약 완결권은 제척기간의 경과로 인하여 소멸한다(대법원 2003. 1. 10. 선고 2000다26425 판결).

4. 부동산 매매절차

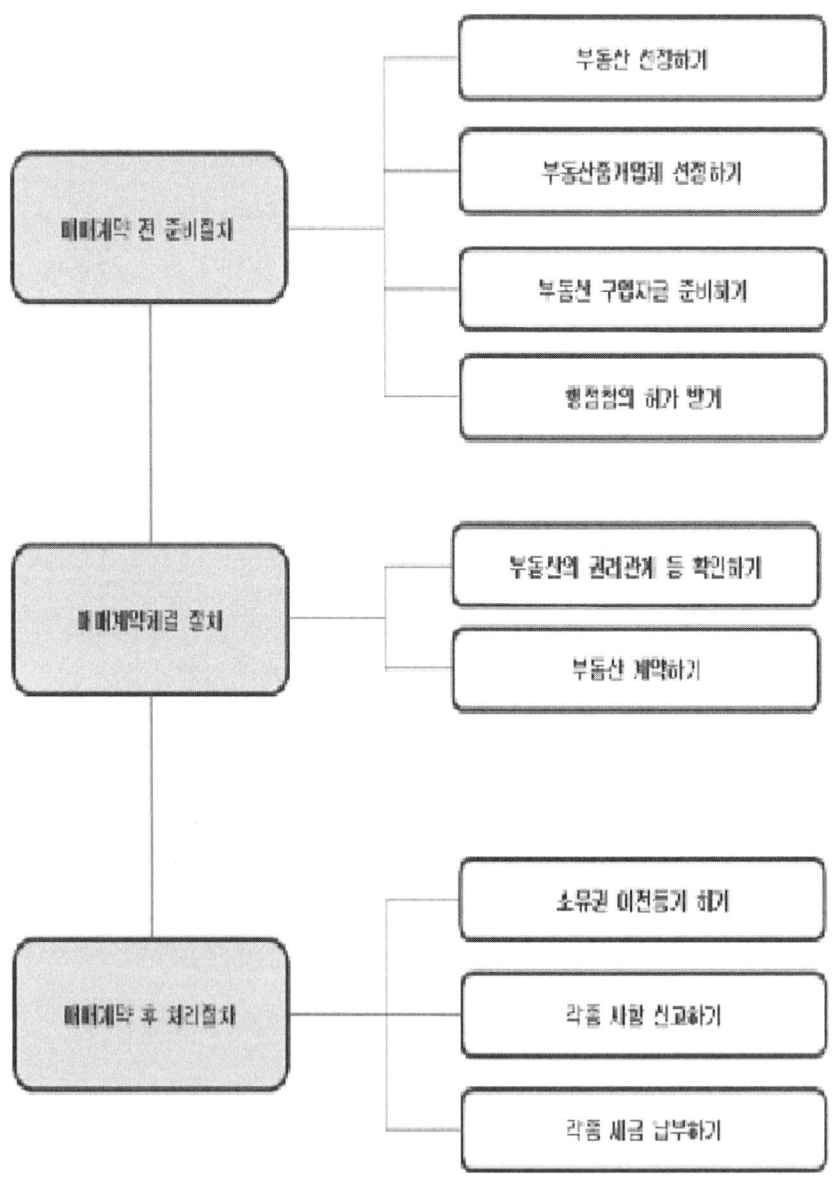

■ 토지매매계약서(일반)

토 지 매 매 계 약 서

매도인 ○○○를 갑으로 하고 매수인 ○○○를 을로 하여 갑, 을 간에 다음과 같이 토지매매계약을 체결한다.

1.부동산의 표시

소재지	
면 적	m² 지 목

2.계약내용

제1조(계약의 성립) 갑은 을에 대해 위 표시 토지를 현상대로 매도하고 을은 이를 매수한다

제2조(매매대금) 위 표시 토지의 매매에 대하여 을은 갑에 대하여 다음과 같이 대금을 지급하기로 한다.

대 금 총 액	일금	원정(₩ 원)	
계 약 금	일금	원정	20○○년○○월○○일지급
중 도 금	일금	원정	20○○년○○월○○일지급
잔 금	일금	원정	20○○년○○월○○일지급

제3조(계약의 이행) 갑은 소유권이전등기에 필요한 일체의 서류를 갖추어 소유권 이전등기를 신청함과 동시에 매매대금의 잔금을 수령하여야 하며, 이를 수령하였을 때에는 위 부동산을 을에게 인도하여야 한다.

제4조(매도인의 책임) 위 부동산에 관하여 소유권의 행사를 제한하는 권리가 설정되어 있을 경우에는 갑은 제한권리를 소멸시켜

소유권을 을에게 이전하여야 한다. 단, 소유권을 제한하는 권리를 을이 승계하기로 합의한 때에는 이에 상당하는 금액을 잔금 중에서 공제하고 지급하기로 한다.

제5조(수익과 비용부담) ①위 부동산에 발생한 수익과 조세공과금 등의 부담금은 부동산인도일을 기준으로 그 전일까지의 것은 갑에게, 이후의 것은 을에게 각각 일수의 계산에 따라 귀속하기로 한다.

②제1항의 정산은 매매대금 잔금지급시에 하기로 한다.

③위 부동산의 소유권 이전등기에 필요한 등록세 등 등기신청에 필요한 제비용은 을이 부담한다.

제6조(위험부담) 갑 또는 을의 책임이 아닌 사유로 위 부동산이 멸실 또는 훼손되었을 경우에 그 부담은 갑에게 귀속되고, 자동적으로 본계약은 해제되며 갑은 을에게 계약보증금을 즉시 반환하기로 한다.

제7조(계약의 해제) ①갑에게 계약불이행의 귀책사유가 있는 때에는 계약금의 배액을 을에게 지급하고, 을에게 계약불이행의 귀책사유가 있는 때에는 계약금을 포기하기로 한다.

② 을이 갑에게 중도금(중도금이 없는 경우는 잔금)을 지급할 때까지는 갑은 계약금의 배액을 상환하고 을은 계약금을 포기하여 계약을 해제할 수 있다.

이상과 같이 계약이 성립되었으므로 이 계약을 증명하기 위하여 본 계약서 2통을 작성하고 갑과 을은 각 1통씩을 보관한다.

20○○년 ○월 ○일

증여인	주 소						
	성 명 또 는 상 호		인	주민등록번호 또는 사업자등록번호	-	전 화 번 호	
수증인	주 소						
	성 명 또 는 상 호		인	주민등록번호 또는 사업자등록번호	-	전 화 번 호	

(해설)

1. 매매계약 전 준비절차

① 부동산 선정하기

매매계약의 목적물인 부동산의 시세 및 그 주변을 조사하여 부동산을 선정합니다.

② 부동산중개업체 선정하기

매매계약을 매도인과 매수인이 직접 체결하지 않고 부동산중개업체를 대리인으로 하여 체결하는 경우 부동산 중개수수료 등을 살펴보고 부동산중개업체를 선정하여 부동산중개계약을 체결합니다.

③ 부동산 구입자금 준비하기

부동산 구입자금이 부족한 경우 구입자금의 대출의 종류 및 대출기준을 살펴보고 본인에게 적절한 대출방식을 선택합니다.

④ 행정청의 허가 받기

일정한 경우에는 부동산 매매계약을 하기 전에 행정청의 허가를 받아야 합니다.

2. 매매계약체결 절차

① 부동산 권리관계 등 확인하기

부동산 매매계약을 체결하는 경우 매매당사자가 부동산 소유권자인지 또는 대리인이 대리권을 가지고 있는지 확인하고, 부동산등기부 등을 통해 부동산 권리관계를 확인합니다.

② 부동산 계약하기

매매계약체결 시 매매계약서를 작성하고 매매계약금을 교부합니다.

3. 매매계약 후 처리절차

① 소유권 이전등기 하기

부동산 매매계약 후 매도인과 매수인 사이의 소유권 변동을 위해서는 부동산등기부에 등기해야 합니다.

② 각종 사항 신고하기

부동산 매매계약을 체결한 후 부동산거래를 신고해야 하며, 매수한 주택으로 거주지를 이동하여 전입신고 및 자동차 주소지를 변경해야 합니다.

③ 각종 세금 납부하기

부동산 매매계약 후에 매도인은 양도소득세, 지방소득세, 농어촌특별세를, 매수인은 취득세, 인지세, 농어촌특별세, 지방교육세 등을 납부해야 합니다.

4. 부동산의 흠결

① 매매계약의 이행이 완료되어 매수인에게 소유권이 이전된 경우라도, 매매의 목적인 권리나 물건에 흠결이 있는 때에는 매도인은 매수인에게 담보책임을 집니다.

② 매도인의 담보책임 개요

"매도인의 담보책임"이란 매매계약의 이행이 완료되어 매수인에게 소유권이 이전된 경우라도, 매매의 목적인 권리나 물건에 흠결(欠缺)이 있는 때에 매도인이 매수인에 대해 부담하는 책임을 말합니다.

③ 담보책임과 동시이행

매수인이 매도인에 대해서 담보책임을 묻는 경우 매수인 측에서도 목적물을 반환하는 등의 채무를 부담하는데, 공평의 원칙에 따라 이를 동시에 이행해야 합니다(「민법」제583조 및 제536조).

④ 담보책임면제의 특약

매도인과 매수인이 「민법」에 따른 매도인의 담보책임을 면하는 특약을 한 경우에도 매도인이 부동산의 흠결을 알고 매수인에게 알리지 않았거나 제3자에게 권리를 설정 또는 양도하였다면 매도인은 여전히 담보책임을 지게 됩니다(「민법」 제584조).

5. 소유권에 흠결이 있는 경우

① 소유권의 전부가 다른 사람에게 속한 경우
  매매의 목적이 된 소유권이 타인에게 속한 경우에는 매도인은 그 권리를 취득하여 매수인에게 이전해야 합니다(「민법」 제569조).
② 매수인이 매매계약 당시 소유권이 매도인에게 속하지 않음을 모른 경우
- 매도인이 소유권을 취득하여 매수인에게 이전할 수 없는 때에는 매수인은 계약을 해제할 수 있으며 손해배상을 청구할 수 있습니다(「민법」 제570조).
- 매도인이 계약 당시에 소유권이 자기에게 속하지 않음을 알지 못한 경우에 그 소유권을 취득하여 매수인에게 이전할 수 없는 때에는 매도인은 손해를 배상하고 계약을 해제할 수 있습니다(「민법」 제571조제1항).
③ 매수인이 매매계약 당시 소유권이 매도인에게 속하지 않음을 안 경우
- 매도인이 소유권을 취득하여 매수인에게 이전할 수 없는 때에는 매수인은 계약을 해제할 수 있으나 손해배상을 청구하지 못합니다(「민법」 제570조).
- 매도인이 계약 당시에 소유권이 자기에게 속하지 않음을 알지 못한 경우에 매도인은 매수인에 대해 그 권리를 이전할 수 없음을 통지하고 계약을 해제할 수 있습니다(「민법」 제571조제2항).
④ 소유권의 일부가 다른 사람에게 속한 경우
⑤ 매수인이 매매계약 당시 소유권의 일부가 매도인에게 속하지 않음을 모른 경우
- 매매의 목적이 된 소유권의 일부가 타인에게 속함으로 인하여 매도인이 소유권을 취득하여 매수인에게 이전할 수 없는 때에는 매수인은 그 부분의 비율로 대금의 감액과 손해배상을 청구할 수

있습니다(「민법」 제572조제1항 및 제3항).

- 잔존한 부분 만이라면 매수인이 이를 매수하지 않았을 때에는 계약전부를 해제할 수 있으며 손해배상도 청구할 수 있습니다(「민법」제572조제2항 및 제3항).
- 매수인의 감액청구, 계약해제 또는 손해배상의 권리는 사실을 안 날부터 1년 이내에 행사해야 합니다(「민법」 제573조).

⑥ 매수인이 매매계약 당시 소유권의 일부가 매도인에게 속하지 않음을 안 경우

- 매매의 목적이 된 소유권의 일부가 타인에게 속함으로 인하여 매도인이 소유권을 취득하여 매수인에게 이전할 수 없는 때에는 매수인은 그 부분의 비율로 대금의 감액을 청구할 수 있습니다(「민법」 제572조제1항).
- 매수인의 감액청구 권리는 계약한 날부터 1년 이내에 행사해야 합니다(「민법」 제573조).

⑦ 당사자가 수량을 지정해서 매매한 경우

⑧ 매수인이 매매계약 당시 수량을 지정한 매매의 목적물이 부족하게 된 것과 매매목적물의 일부가 계약 당시에 이미 멸실된 것을 모른 경우

- 수량을 지정한 매매의 목적물이 부족하게 된 경우와 매매목적물의 일부가 계약 당시에 이미 멸실된 경우에 매수인은 그 부분의 비율로 대금의 감액을 청구할 수 있습니다(「민법」 제574조).
- 잔존한 부분 만이라면 매수인이 이를 매수하지 않았을 때에는 계약전부를 해제할 수 있으며 손해배상도 청구할 수 있습니다(「민법」제574조).
- 매수인의 감액청구, 계약해제 또는 손해배상의 권리는 사실을 안 날부터 1년 이내에 행사해야 합니다(「민법」 제574조).

⑨ 매수인이 매매계약 당시 수량을 지정한 매매의 목적물이 부족하게 된 것과 매매목적물의 일부가 계약 당시에 이미 멸실된 것을 안 경우

- 수량을 지정한 매매의 목적물이 부족하게 된 경우와 매매목적물의 일부가 계약 당시에 이미 멸실된 경우라 하더라도 대금의 감

액청구할 수 없으며 계약을 해제할 수 없고 손해배상도 청구할 수 없습니다(「민법」 제575조제1항 및 제2항).

⑩ 부동산의 소유권이 부동산을 사용·수익할 다른 권리에 의해 제한되는 경우

⑪ 매수인이 매매계약 당시 목적 부동산이 사용·수익할 다른 권리에 의해 제한되는 것을 모른 경우

- 매매의 목적 부동산이 지상권, 지역권, 전세권 또는 유치권의 목적이 된 경우 또는 그 부동산을 위해 존재할 지역권이 없거나 그 부동산에 등기된 임대차계약이 있는 경우에 매수인이 이로 인하여 계약의 목적을 달성할 수 없는 경우에 한해 계약을 해제할 수 있습니다(「민법」 제575조제1항 및 제2항).

- 매매의 목적 부동산이 지상권, 지역권, 전세권 또는 유치권의 목직이거나 노는 그 부동산을 위해 존재할 지역권이 없거나 그 부동산에 등기된 임대차계약이 있다 하더라도 매수인이 이로 인하여 계약의 목적을 달성할 수 있는 경우에는 손해배상만을 청구할 수 있습니다(「민법」 제575조제1항 및 제2항).

- 매수인의 계약해제 또는 손해배상청구권은 매수인이 그 사실을 안 날부터 1년 이내에 행사해야 합니다(「민법」 제575조제3항).

⑫ 매수인이 매매계약 당시 목적 부동산이 사용·수익할 다른 권리에 의해 제한되는 것을 안 경우

- 매매의 목적 부동산이 지상권, 지역권, 전세권 또는 유치권의 목적이 된 경우 또는 그 부동산을 위해 존재할 지역권이 없거나 그 부동산에 등기된 임대차계약이 있는 경우라 하더라도 계약을 해제 할 수 없고 손해배상도 청구할 수 없습니다(「민법」 제575조제1항 및 제2항).

⑬ 저당권·전세권의 행사로 소유권을 잃게 되는 경우

- 매매의 목적이 된 부동산에 설정된 저당권 또는 전세권의 행사로 인하여 매수인이 그 소유권을 취득할 수 없거나 취득한 소유권을 잃게 되는 때에는 매수인은 계약을 해제할 수 있습니다(「민법」 제576조제1항).

- 가등기의 목적이 된 부동산의 매수인이 그 뒤 가등기에 기한 본등

기가 경료됨으로써 소유권을 상실하게 된 경우에도 매도인은 동일한 책임을 집니다(대법원 1992. 10. 27. 선고 92다21784 판결).
- 매매의 목적이 된 부동산에 설정된 저당권 또는 전세권의 행사로 인하여 매수인이 그 소유권을 취득할 수 없거나 취득한 소유권을 잃게 되는 때에는 매수인의 재산을 출연하여 그 소유권을 보존한 때에 매도인에 대해 그 상환을 청구할 수 있습니다(「민법」 제576조제2항).
- 매수인이 손해를 받은 때에는 그 배상을 청구할 수 있습니다(「민법」 제576조제3항).

6. 부동산에 흠결이 있는 경우

① 매수인이 매매계약 당시 목적 부동산에 흠결이 있음을 모른 경우
- 매매의 목적 부동산에 흠결이 있는 경우 매수인이 이로 인하여 계약의 목적을 달성할 수 없는 경우에 한해 계약을 해제할 수 있습니다(「민법」 제580조제1항 및 제575조제1항 전단).
- 매매의 목적 부동산에 흠결이 있다 하더라도 매수인이 이로 인하여 계약의 목적을 달성할 수 있는 경우에는 손해배상만을 청구할 수 있습니다(「민법」 제580조제1항 및 제575조제1항 후단).
- 매수인의 계약해제 또는 손해배상청구권은 매수인이 그 사실을 안 날부터 6개월 이내에 행사해야 합니다(「민법」 제582조).
② 매수인이 매매계약 당시 목적 부동산에 흠결이 있음을 알았거나 과실로 알지 못한 경우
- 매매의 목적 부동산에 흠결이 있는 경우라 하더라도 계약을 해제할 수 없고 손해배상도 청구할 수 없습니다(「민법」 제580조제1항,제575조제1항 및 제2항).
③ 부동산을 종류로 지정한 경우 특정된 부동산에 흠결이 있는 경우
④ 매수인이 매매계약 당시 종류를 지정한 부동산에 흠결이 있음을 모른 경우
- 매매계약 당시 종류를 지정한 부동산에 흠결이 있는 경우 매수인이 이로 인하여 계약의 목적을 달성할 수 없는 경우에 한해 계약을 해제할 수 있습니다(「민법」 제581조제1항).

- 매매계약 당시 종류를 지정한 부동산에 흠결이 있다 하더라도 매수인이 이로 인하여 계약의 목적을 달성할 수 있는 경우에는 손해배상만을 청구할 수 있습니다(「민법」 제581조제1항 및 제2항).
- 매수인의 계약해제 또는 손해배상청구권은 매수인이 그 사실을 안 날부터 6개월 이내에 행사해야 합니다(「민법」 제582조).
- 매수인은 계약의 해제 또는 손해배상의 청구를 하지 않고 흠 없는 부동산을 청구할 수 있습니다(「민법」 제581조제2항).
⑤ 매수인이 매매계약 당시 종류를 지정한 부동산에 흠결이 있음을 알았거나 과실로 알지 못한 경우
- 매매계약 당시 종류를 지정한 부동산에 흠결이 있는 경우라 하더라도 계약을 해제할 수 없고 손해배상도 청구할 수 없습니다(「민법」 제581조제1항, 제580조제1항 및 제575조제1항).

■ 토지매매계약서(피담보채무 인수조건)

토 지 매 매 계 약 서

매도인 ○○○를 갑으로 하고, 매수인 ○○건설주식회사를 을로 하여, 갑·을 간에 아래 표시의 토지에 대하여 다음과 같이 매매계약을 체결한다.

【토지의 표시】
     소재지 : ○○도 ○○시 ○○동
     지 번 : ○번
     지 목 : 공장용지
     지 적 : ○○○㎡

제1조(목적) 갑은 을에게 위 표시의 토지를 매도하고 을은 이를 매수한다.

제2조(매매대금) 매매대금은 금○○○만원으로 하고 을은 갑에게 매매대금을 아래와 같이 지급한다. (단, 실측 면적이 등기부상의 면적에 비해 과부족이 5% 이상인 경우 1평방미터 당 금○○원으로 매매대금을 재 산정 한다.)
  1. 계약금으로 금일 ○○만원을 지급한다.
  2. 잔금 ○○○만원은 20○○년 ○월 ○일까지 위 토지의 소유권이전등기신청과 교환하여 지급한다.

제3조(소유권의 이전) 갑은 을에 대해 위 토지에 대해 잔금지급기일 20○○년 ○월 ○일까지 잔금 지급과 동시에 소유권이전등기신청을 하기로 하고, 소유권이전의 등기 비용은 을이 부담한다.

제4조(부동산의 인도) 갑은 20○○년 ○월 ○일까지 위 표시의 토지를 현 상태 그대로 을에게 인도한다.

제5조(저당권의 부담) 위 표시 토지는 아래 내용의 채권을 담보하는

저당권을 부담하는 조건으로 매매한다.

　1. 채권자 : ○○은행주식회사 (병)

　2. 채무자 : ○○○

　3. 채권최고액 : ○○○원

　4. 채무현재액 : ○○○원

　5. 변제기 : 20○○년 ○월 ○일

　6. 대여금 약정이자 : 년24%

제6조(저당채무의 인수) ① 위 표시 토지 소유권이전 시까지 을은 면책적 채무인수를 하여 갑의 병에 대한 채무를 소멸시켜야 한다.

② 을이 위 항의 의무를 해태하여 갑에게 손해를 입힌 경우, 을은 즉시 갑에게 배상하여야 한다.

제7조(위험부담) 위 표시 부동산이 제4조에 의한 인도이전에 당사자의 책임으로 돌릴 수 없는 이유로 멸실 또는 훼손된 경우에는 그 손해는 갑이 부담한다.

제8조(비용부담) 위 표시 부동산의 제세공과금은 제4조에 의한 인도일을 기준으로 당일까지의 비용은 갑이 부담하고, 그 다음날 이후의 비용은 을이 부담한다.

제9조(계약 해제) ① 갑 또는 을의 계약불이행이 있는 경우는 상대방에게 1주일전에 계약이행을 최고한 후, 계약을 해제할 수 있다.

② 갑의 귀책사유로 계약이 해제된 경우 갑은 을에게 이미 받은 매매대금을 반환하고 금○○○만원을 손해배상금으로 지급한다.

③ 을의 귀책사유로 계약이 해제되는 경우 갑은 이미 받은 매매대금 중 금○○○만원을 손해배상금으로 충당하고 잔액을 을에게 반환한다.

제10조(소송) 이 계약에 관한 소송의 관할 법원은 '을'의 주소지 법원에 따르기로 한다.

20○○년 ○월 ○일

증여인	주 소					
	성 명 또 는 상 호	인	수빈등록번호 또는 사업자등록번호	-	전 화 번 호	
수증인	주 소					
	성 명 또 는 상 호	인	주민등록번호 또는 사업자등록번호	-	전 화 번 호	

(해설)

1. 토지거래 및 이용에 관한 규제

국토의 이용 및 관리에 관한 계획의 원활한 수립과 집행, 합리적인 토지 이용 등을 위하여 토지의 투기적인 거래가 성행하거나 지가(地價)가 급격히 상승하는 지역과 그러한 우려가 있는 지역을 토지거래계약에 관한 허가구역으로 지정하거나 토지투기지역으로 지정하여 토지의 투기적 거래를 제한하고 있습니다.

2. 토지거래허가제

① 토지거래계약에 관한 허가구역의 지정
국토교통부장관 또는 특별시장·광역시장·특별자치시장·도지사·특별자치도지사(이하 '시·도지사'라 함)은국토의 이용 및 관리에 관한 계획의 원활한 수립과 집행, 합리적인 토지 이용 등을 위하여 토지의 투기적인 거래가 성행하거나 지가(地價)가 급격히 상승하는 지역과 그러한 우려가 있는 지역으로서 다음의 지역에 대하여는 5년 이내의 기간을 정하여 토지거래계약에 관한 허가구역(이하 "허가구역"이라 함)으로 지정할 수 있습니다.

지역	구분
1. 광역도시계획, 도시·군기본계획, 도시·군관리계획 등 토지이용계획이 새로 수립되거나 변경되는 지역 2. 법령의 제정·개정 또는 폐지나 그에 의한 고시·공고로 인하여 토지이용에 대한 행위제한이 완화되거나 해제되는 지역 3. 법령에 의한 개발사업이 진행 중이거나 예정되어 있는 지역과 그 인근지역	1. 허가구역이 둘 이상의 시·군(광역시의 관할 구역에 있는 군을 포함한다) 또는 구의 관할 구역에 걸쳐 있는 경우: 국토교통부장관이 지정 2. 허가구역이 동일한 시·군 또는 구 안의 일부지역인 경우: 시·도지사가 지정
4. 그 밖에 국토교통부장관 또는 시·도지사가 투기우려가 있다고 인정하는 지역 또는 관계 행정기관의 장이 특별히 투기가 성행할 우려가 있다고 인정하여 국토교통부장관 또는 시·도지사에게 요청하는 지역	

3. 토지거래계약에 관한 허가

① 허가구역에 있는 토지에 관한 소유권·지상권(소유권·지상권의 취득을 목적으로 하는 권리를 포함함)을 이전하거나 설정(대가를 받고 이전하거나 설정하는 경우만 해당함)하는 계약(예약을 포함함. 이하 "토지거래계약"이라 함)을 체결하려는 당사자는 공동으로 그 토지의 소재지를 관할하는 시장·군수 또는 구청장에게 허가를 받아야 합니다(「국토의 계획 및 이용에 관한 법률」제118조제1항 전단).

② 허가구역에 있는 토지거래계약을 체결하고자 하는 당사자는 공동으로 다음의 서류를 첨부하여 그 토지를 관할하는 시장·군수 또는 구청장에게 제출해야 합니다(「국토의 계획 및 이용에 관한 법률」제118조제1항 전단, 「국토의 계획 및 이용에 관한 법률 시행령」제117조제1항 및 「국토의 계획 및 이용에 관한 법률 시행규칙」제19조).

- 다음의 사항을 기재한 토지거래계약허가신청서
  ∴ 당사자의 성명 및 주소(법인인 경우에는 법인의 명칭 및 소재지
  와 대표자의 성명 및 주소)
  ∴ 토지의 지번·지목·면적·이용현황 및 권리설정현황
  ∴ 토지의 정착물인 건축물·공작물 및 입목 등에 관한 사항
  ∴ 이전 또는 설정하고자 하는 권리의 종류
  ∴ 계약예정금액
  ∴ 토지의 이용에 관한 계획
  ∴ 토지취득에 필요한 자금조달계획
- 토지이용계획서(「농지법」 제8조에 따라 농지취득자격증명을 발급
  받아야 하는 농지의 경우에는 「농지법」 제8조제2항에 따른 농업
  경영계획서를 말함)
- 토지취득자금조달계획서
③ 토지거래계약의 불허
  토지거래계약에 관한 허가신청이 다음에 해당하는 경우 허가를
  받을 수 없습니다(「국토의 계획 및 이용에 관한 법률」 제119조).
- 자기의 거주용 주택용지로 이용하려는 것이 아닌 경우
- 허가구역을 포함한 지역의 주민을 위한 복지시설 또는 편익시설
  로서 관할 시장·군수 또는 구청장이 확인한 시설의 설치에 이용하
  려는 것이 아닌 경우
- 허가구역에 거주하는 농업인·임업인·어업인 또는 국토의 계획 및
  이용에 관한 법률 시행령 제119조제1항에 따른 자가 그 허가구역
  에서 농업·축산업·임업 또는 어업을 경영하기 위하여 필요한 것이
  아닌 경우
- 「공익사업을 위한 토지 등의 취득 및 보상에 관한 법률」이나 그
  밖의 법률에 따라 토지를 수용하거나 사용할 수 있는 사업을 시
  행하는 자가 그 사업을 시행하기 위하여 필요한 것이 아닌 경우
- 허가구역을 포함한 지역의 건전한 발전을 위하여 필요하고 관계
  법률에 따라 지정된 지역·지구·구역 등의 지정목적에 적합하다고
  인정되는 사업을 시행하는 자나 시행하려는 자가 그 사업에 이용
  하려는 것이 아닌 경우

- 허가구역의 지정 당시 그 구역이 속한 특별시·광역시·특별자치시·시·군 또는 인접한 특별시·광역시·특별자치시·시·군에서 사업을 시행하고 있는 자가 그 사업에 이용하려는 것인 경우나 그 자의 사업과 밀접한 관련이 있는 사업을 하는 자가 그 사업에 이용하려 것이 아닌 경우
- 허가구역이 속한 특별시·광역시·특별자치시·시 또는 군에 거주하고 있는 자의 일상생활과 통상적인 경제활동에 필요한 것 등으로서 국토의 계획 및 이용에 관한 법률 시행령 제119조제2항의 용도에 이용하려는 것이 아닌 경우
- 도시·군계획이나 그 밖에 토지의 이용 및 관리에 관한 계획에 맞지 않는 경우
- 생태계의 보전과 주민의 건전한 생활환경 보호에 중대한 위해(危害)를 끼칠 우려가 있는 경우
- 그 면적이 그 토지의 이용목적으로 보아 적합하지 않다고 인정되는 경우

④ 경제 및 지가의 동향과 거래단위면적 등을 종합적으로 고려하여 다음의 용도별 면적 이하의 토지에 대한 토지거래계약에 관해서는 허가가 필요하지 않습니다.

구분	대상 지역	기준 면적
도시지역 내의 지역	주거지역	180㎡
	상업지역	200㎡
	공업지역	660㎡
	녹지지역	100㎡
	국토의계획 및 이용에관한 법률 제30조에 따른 용도지역의 지정이 없는 구역	90㎡
도시지역 외의 지역	기타	250㎡
	농지	500㎡
	임야	1,000㎡

■ 부동산매매계약서(일반)

부동산매매계약서

매도인 ○○○(이하 "갑"이라 한다)과 매수인 ○○○(이하"을"이라 한다)은 아래 표시의 부동산에 관하여 다음과 같이 합의하여 계약을 체결한다.

<부동산의 표시>

소 재 지					
토 지	지 목		면 적		㎡(평)
건 물	구조 및 용도		면 적		㎡(평)

제1조(목적) 갑은 그 소유의 위 부동산을 을에게 매도하고 을은 이를 매수한다.

제2조(매매대금) ① 매매대금은 금○○○원으로 하고 다음과 같이 지급하기로 한다.

계 약 금	금	원은 계약체결시에 지급하고
중 도 금	금	원은 년 월 일에 지급하며
잔 금	금	원은 년 월 일에 지급하기로 함.

　② 제1항의 계약금은 잔금수령시에 매매대금의 일부로 충당한다.

제3조(소유권이전 및 매매물건의 인도) 갑은 을의 잔금지급과 동시에 소유권이전등기에 필요한 서류를 을에게 교부하고 이전등기절차에 협력하여야 하며 갑의 비용과 책임으로 매매부동산을 을에게 인도하여야 한다.

제4조(저당권등의 말소) 갑은 위 제3조의 인도전에 매매부동산상의 저당권, 질권, 전세권, 지상권, 임차권 기타 소유권의 행사를 제한하는 일체의 권리를 말소 시켜야 한다.

제5조(부속물의 이전) 위 제3조의 인도시 매매부동산에 부속된 물건은 매매목적물에 포함된 것으로 한다.

제6조(매도인의 담보책임) 매매부동산은 계약시의 상태를 대상으로 하며 공부상의 표시와 실제가 부합하지 아니하여도 쌍방이 이의를 제기하지 않기로 한다.

제7조(위험부담) ① 매매부동산의 인도 이전에 불가항력으로 인하여 매매부동산이 멸실 또는 훼손되었을 경우에는 그 손해는 갑의 부담으로 한다.

② 제1항의 경우에 을이 계약을 체결한 목적을 달성할 수 없을 때에는 을은 계약을 해제할 수 있으며 이때 갑은 이미 수령한 대금을 을에게 반환하여야 한다.

제8조(계약의 해제) ① 위 제2조의 중도금 지급(중도금약정이 없을 때에는 잔금)전까지 을은 계약금을 포기하고, 갑은 계약금의 배액을 상환하고 계약을 해제할 수 있다.

② 당사자 어느 일방이 본 계약을 위반하여 이행을 태만히 한 경우 상대방은 1주간의 유예기간을 정하여 이행을 최고하고, 일방이 이 최고의 기간내에 이행을 하지 않을 경우에 상대방은 계약을 해제할 수 있다.

제9조(위약금) 위 제8조 제2항에 의하여 갑이 본 계약을 어겼을 때에는 계약금으로 받은 금액의 2배를 을에게 주기로 하고, 을이 본 계약을 어겼을 때에는 계약금은 갑에게 귀속되고 돌려달라는 청구를 할 수 없다.

제10조(비용) 매도증서작성비용 및 이에 부대하는 비용은 갑이 부담하고 소유권이전등기에 필요한 등록세 등의 비용은 을이 부담한다.

제11조(공과금 등) 매매물건에 부과되는 조세공과·제비용 및 매매물건에서 발생하는 수익은 모두 인도 일을 기준으로 하여 그 전일까지 생긴 부분은 갑에게 귀속하고 그 이후부터는 을에게 귀속한다.

제12조(관할 법원) 이 계약에 관한 분쟁이 발생할 시에는 소송의 관할법원은 매매부동산의 소재지를 관할하는 법원으로 한다.

이 계약을 증명하기 위하여 계약서 2통을 작성하여 갑과 을이 서명.날인한 후 각각 1통씩 보관한다.

20○○년 ○월 ○일

매도인	주 소						
	성명또는상호		인	주민등록번호또는사업자등록번호	-	전화번호	
매수인	주 소						
	성명또는상호		인	주민등록번호또는사업자등록번호	-	전화번호	
입회인	주 소						
	성명또는상호		인	주민등록번호또는사업자등록번호	-	전화번호	

(해설)

1. 부동산 매매

"부동산의 매매"란 부동산의 매도인과 매수인이 그 소유권의 변동을 목적으로 하는 매매계약을 체결·이행하여 소유권이전등기를 하는 것을 말합니다.

2. 부동산 매매 절차

① 매매계약 체결 전 준비절차

- 매매계약의 목적물인 부동산의 시세 및 그 주변을 조사하여 부동산을 선정합니다.

- 매매계약을 매도인과 매수인이 직접 체결하지 않고 부동산중개업체를 대리인으로 하여 체결하는 경우 부동산 중개수수료 등을 살펴보고 부동산중개업체를 선정하여 부동산중개계약을 체결합니다.
- 부동산 구입자금이 부족한 경우 구입자금의 대출의 종류 및 대출기준을 살펴보고 본인에게 적절한 대출방식을 선택합니다.
- 일정한 경우에는 부동산 매매계약을 하기 전에 행정청의 허가를 받아야 합니다.

② 매매계약체결 절차
- 부동산 매매계약을 체결하는 경우 매매당사자가 부동산 소유권자인지 또는 대리인이 대리권을 가지고 있는지 확인하고, 부동산등기부 등을 통해 부동산 권리관계를 확인합니다.
- 매매계약체결시 매매계약서를 작성하고 계약금을 교부합니다.

③ 매매계약 후 처리절차
- 부동산 매매계약 후 매도인과 매수인 사이의 소유권 변동을 위해서는 부동산등기부에 등기해야 합니다.
- 부동산 매매계약을 체결한 후 부동산거래를 신고해야 하며, 매수한 주택으로 거주지를 이동하여 전입신고 및 자동차 주소지를 변경해야 합니다.
- 부동산 매매계약 후에 매도인은 양도소득세, 지방소득세, 농어촌특별세를, 매수인은 취득세, 인지세, 농어촌특별세, 지방교육세 등을 납부해야 합니다.

■ 부동산매매검인계약서

부동산매매계약서

매도인과 매수인은 다음과 같이 매매 계약을 체결한다.

검 인
접수번호 부동산등기 특별조치법 제3조 규정에 따라 검인함

1. 부동산의 표시

2. 매매대금 및 지급방법

매매대금		원정	지급장소	
계약금	원정	영수함⑪		
중도금	원정은	. . .까지 지급	. . . 영수함 ⑪	
잔대금	원정은	. . .까지 지급	. . . 영수함 ⑪	

3. 매도인은 매매대금 전액을 영수함과 동시에 매수인에게 이 부동산에 대한 소유권이전등기 절차를 이행하고 이 부동산을 명도 및 인도한다.

4. 소유권이전등기 절차를 위한 부속등기 절차비용은 매도인이 부담하고 소유권이전등기 절차비용은 매수인이 부담한다.

5. 이 부동산의 명도 및 인도때까지 발생한 제세공과금은 매도인이 부담하고 그 후에 발생한 제세공과금은 매수인이 부담한다.

6. 매도인이 위약한 때에는 위약금으로 계약금의 배액을 매수인에게 배상하고 매수인이 위약한 때에는 계약금을 위약금으로 보고 그 반환 청구권이 상실된다. 계약이행 착수 후에도 또한 같다.

특약 사항	

이 계약의 성립을 증명하기 위하여 이 계약서 5통을 작성하고 계약 당사자가 이의 없음을 확인하고 각각 서명·날인하다.

년   월   일

* 당사자표시

매도인	주민등록번호		주 소	
매수인	주민등록번호		주 소	

검 인 신청인	성명		주소 사무소	

(해설)

1. 부동산거래 신고제도

"부동산거래 신고제도"란 실거래가격 보다 낮게 계약서를 작성하는 이중계약의 관행을 없애고 부동산 거래를 투명하게 하기 위해 다음의 부동산 또는 부동산을 취득할 수 있는 권리의 매매계약을 체결한 경우 실제 거래가격 등의 사항을 신고하게 하는 제도를 말합니다(「부동산 거래신고에 관한 법률」제2조제1호 및 제3조제1항).
- 토지 또는 건축물
- 「도시 및 주거환경정비법」에 따른 관리처분계획의 인가로 취득한 입주자로 선정된 지위
- 「주택법」에 따라 사업계획승인을 얻어 건설공급하는 주택의 입주자로 선정된 지위

2. 부동산거래 신고의무

다음에 따라 부동산 거래를 신고하면 됩니다(「부동산 거래신고에 관한 법률」제3조 및 「부동산 거래신고에 관한 법률 시행령」제2조).

구분	내용
신고주체	• 거래당사자(매수인 및 매도인) • 부동산 개업공인중개사가 거래계약서를 작성·교부하는 경우 : 개업공인중개사
신고내용	• 매수인 및 매도인의 인적사항 • 계약일, 중도금 지급일 및 잔금 지급일 • 거래대상 부동산의 소재지·지번 및 지목 • 거래대상 부동산의 종류(부동산을 취득할 수 있는 권리에 관한 매매계약의 경우에는 그 권리의 종류를 말함) • 거래대상 부동산의 면적 • 실제 거래가격 • 계약의 조건이나 기한이 있는 경우에는 그 조건 또는 기한 • 개업공인중개사가 거래계약서를 작성·교부한 경우 개업공인중개사의 인적 사항 및 중개사무소 개설등록에 관한 사항
신고기간	• 부동산거래계약 체결일로부터 60일 이내
신고방법	• 부동산 거래계약 신고서에 서명 또는 날인(捺印)하여 부동산 소재지 관할 시장·군수·구청장에게 제출 • 국토교통부 부동산거래관리 시스템을 통한 신고

■ 토지, 건물매매계약서(임차인이 있는 경우)

부 동 산 매 매 계 약 서

매도인 ○○○(이하 '갑'이라 한다)과 매수인 ○○○(이하 '을'이라 한다)은 아래 표시의 부동산에 관하여 다음과 같이 합의하여 계약을 체결한다.

<부동산의 표시>

소 재 지					
토　　지	지　목		면　　적	㎡(	평)
건　　물	구조 및 용도		면　　적	㎡(	평)

제1조(목적) 갑은 그 소유의 위 부동산을 을에게 매도하고 을은 이를 매수한다.

제2조(매매대금) ① 매매대금은 금＿＿＿＿＿원으로 하고 다음과 같이 지급하기로 한다.

계약금	금	원은 계약체결시에 지급하고
중도금	금	원은 　　년 　　월 　　일에 지급하며
잔　금	금	원은 　　년 　　월 　　일에 지급하기로 함.

　② 제1항의 계약금은 잔금 수령 시에 매매대금의 일부로 충당한다.

제3조(소유권 이전 및 매매물건의 인도) 갑은 을의 잔금지급과 동시에 소유권 이전등기에 필요한 일체의 서류를 을에게 교부하고 이전등기절차에 협력하여야 하며 갑의 비용과 책임으로 매매부동산을 을에게 인도하여야 한다.

제4조(저당권 등의 말소) 갑은 제3조의 인도 전에 매매부동산상의

저당권, 질권, 전세권, 지상권, 임차권 기타 소유권의 행사를 제한하는 일체의 권리를 말소 시켜야 한다.

제5조(임대차의 인수) 위 매매부동산상의 임대차는 소유권 이전 후에도 매수인과 유효한 계약으로 존속하며, 임차료는 매매부동산의 인도일을 기준으로 인도일 전까지는 매도인에게 귀속하고, 그 이후에는 매수인에게 귀속한다.

제6조(부속물의 이전) 제3조의 인도시 매매부동산에 부속된 물건은 매매목적물에 포함된 것으로 한다.

제7조(매도인의 담보책임) 매매부동산은 계약시의 상태를 대상으로 하며, 공부상의 표시와 실제가 부합하지 아니하여도 쌍방이 이의를 제기하지 않기로 한다.

제8조(위험부담) ① 매매부동산의 인도 이전에 불가항력으로 인하여 매매부동산이 멸실 또는 훼손되었을 경우에는 그 손해는 갑의 부담으로 한다.

② 제1항의 경우에 을이 계약을 체결한 목적을 달성할 수 없을 때에는 을은 계약을 해제할 수 있으며, 이 때 갑은 이미 수령한 대금을 을에게 반환하여야 한다.

제9조(계약의 해제) ① 제2조의 중도금 지급시까지 을은 계약금을 포기하고 갑은 계약금의 배액을 상환하고 계약을 해제할 수 있다.

② 당사자 어느 일방이 이 계약을 위반하여 이행을 태만히 한 경우, 상대방은 1주간의 유예기간을 정하여 이행을 최고하고, 일방이 이 최고기간 내에 이행을 하지 않을 경우에, 상대방은 계약을 해제할 수 있다.

제10조(위약금) 제8조 제2항에 의하여 일방이 계약을 해제하였을 때에는 상대방은 계약금 상당액을 손해배상금으로 지급하여야 한다.

제11조(비용) 매도증서 작성 비용 및 이에 부대하는 비용은 갑이 부담하고 소유권이전등기에 필요한 등록세 등의 비용은 을이 부담한다.

제12조(공과금 등) 매매토지에 부과되는 조세공과금·제비용 및 매매토지에서 발생하는 수익은 모두 인도일을 기준으로 하여 그 전일까지 생긴 부분은 갑에게 귀속하고 그 이후부터는 을에게 귀속한다.

제13조(관할법원) 이 계약에 관한 소송의 관할법원은 매매부동산의
소재지를 관할하는 법원으로 한다.

 이 계약을 증명하기 위하여 계약시 2통을 작성하여 갑과 을이 각
1통씩 보관한다.

20○○년 ○월 ○일

매도인	주 소					
	성명또는상호	인	주민등록번호또는사업자등록번호	-	전 화번 호	
매수인	주 소					
	성명또는상호	인	주민등록번호또는사업자등록번호	-	전 화번 호	
입회인	주 소					
	성명또는상호	인	주민등록번호또는사업자등록번호	-	전 화번 호	

(해설)

1. 매매계약서 작성

매매계약 또는 임대차계약은 원래 계약당사자 쌍방의 합의만으로도
체결될 수 있으나 계약 후 발생할 수 있는 분쟁을 예방하기 위해서
는 미리 매매계약서에 분쟁의 소지가 있는 내용을 명확하게 작성하
는 것이 좋습니다.

① 매매계약의 자유
 매매계약은 원래 매도인과 매수인 사이의 매매의 합의만으로도
 체결될 수 있습니다. 그러나 토지나 건물과 같은 중요한 재산으로

서의 매매계약을 할 때에는 매매계약서를 꼼꼼히 작성해야 불필
요한 법적 분쟁을 미리 막을 수 있습니다.

② 매매계약서의 기재사항 및 작성요령
- 계약당사자 간의 매매계약서 작성
- 매매계약 합의의 표시
  ∴ 매매계약서에 계약의 내용이 매매계약임을 명시하는데 일반적
  으로"매도인과 매수인은 다음과 같은 내용으로 매매계약을 체
  결한다."고 기재합니다.
- 부동산의 표시
  ∴ 계약목적물을 특정하기 위해 매매계약서에 부동산의 소재지, 지
  목과 그 면적 및 건물내역과 같은 부동산의 표시를 기재하는데
  부동산등기부의 표제부 중 표시란에 기재된 것과 동일하게 기
  재해야 합니다.
- 당사자의 표시
  ∴ 매도인(원칙적으로 등기부상 소유자로 기재되어 있는 사람)과
  매수인을 매매계약서에 기재하는데 이 경우 상대방의 주민등록
  증을 직접 확인하여 본인임을 확인해야 합니다. 매도인이나 매
  수인중 대리인을 선임한 경우 대리인의 명의로 매매계약서를
  작성해도 그 매매계약은 유효합니다.
  ∴ 매도인 또는 매수인이 회사(법인)인 경우 먼저 계약상대방인 회
  사의 법인등기부등본을 보고, 현재 계약을 체결하는 사람이 회
  사를 대표할 권한이 있는 사람인지 여부를 확인한 후 반드시
  그 회사의 이름과 대표자의 이름을 매매계약서에 기재합니다.
- 매매대금
  ∴ 매매대금과 그 지급날짜를 정확히 기재해야 합니다. 매매대금은
  일반적으로 그 총액과 계약금, 중도금, 잔금의 순서로 기재합니
  다.
- 소유권이전과 인도에 관한 사항
  ∴ 계약당사자 간에 특별한 약정이 없는 한 매도인은 매수인으로
  부터 매매대금의 잔금을 받음과 동시에 소유권이전등기에 필요
  한 서류 전부를 주어야 합니다.

- 계약의 해제
  ∴ 계약금만을 주고받은 경우 계약을 해제할 수 있는데 매수인이 해제하는 경우 계약금을 포기해야 하고, 매도인이 해제하는 경우 계약금의 2배를 반환해야 합니다.
- 그 밖에 특약사항
  ∴ 위의 사항 외에 계약당사자 간에 특별히 정하는 사항이 있는 경우 그 사항을 구체적이고 자세하게 기재합니다.
- 날짜 및 서명날인
  ∴ 계약을 맺은 날짜를 기재하고, 계약당사자 명의의 서명을 날인합니다. 계약서는 당사자의 수만큼 작성하여 계약당사자가 각각 원본을 보관합니다.

③ 부동산 중개업체를 통한 매매계약서의 작성

부동산 중개업체를 통한 매매계약서에는 다음의 사항이 기재됩니다. (「공인중개사법」 제26조제1항 및 「공인중개사법 시행령」 제22조제1항).

- 거래당사자의 인적 사항
- 물건의 표시
- 계약일
- 거래금액·계약금액 및 그 지급일자 등 지급에 관한 사항
- 물건의 인도일시
- 권리이전의 내용
- 계약의 조건이나 기한이 있는 경우에는 그 조건 또는 기한
- 중개대상물 확인·설명서 교부일자
- 그 밖의 약정내용

④ 매매계약서에는 부동산 개업공인중개사(법인인 경우에는 대표자를 말하며, 법인에 분사무소가 설치되어 있는 경우에는 분사무소의 책임자를 말함)가 서명 및 날인하되, 해당 중개행위를 한 소속공인중개사가 있는 경우에는 소속공인중개사가 함께 서명 및 날인해야 합니다(「공인중개사법」 제26조제2항 및 제25조제4항).

2. 매매계약금 교부

① "매매계약금"이란 부동산 매매계약을 체결할 경우 일반적으로

계약당사자의 일방이 상대방에게 교부하는 금전 그 밖의 유가물로써 매매계약이 체결되었다는 증거금이며, 매매계약 을 해제하는 경우 해약금의 성격을 가집니다.

② 일반적으로 매수인의 매매대금 지급과 매도인의 계약목적 부동산의 인도는 동시에 이행되므로 계약당사자 일방은 상대방이 채무를 이행할 때까지 자기의 채무이행을 거절할 수 있습니다.

③ 일반적으로 매수인은 매매대금의 10%의 금액을 계약금으로 교부하는데 이는 매매대금 에 산입됩니다.

④ 매매계약금의 법적 성격

매매계약금은 매매계약이 체결되었다는 증거금이며, 매매계약 후 계약당사자 일방이 이행에 착수할 때까지 계약을 해제하는 경우 해약금의 성격을 가집니다(「민법」 제565조 참조).

⑤ 매매계약금 교부 후 계약해제

매매계약금이 매도인에게 교부된 경우 계약당사자 간에 다른 약정이 없는 때에는 매수인은 매도인이 계약이행에 착수할 때까지 매매계약금을 포기하고 매매계약을 해제할 수 있습니다(「민법」 제565조제1항).

매매계약금이 매도인에게 교부된 경우 계약당사자 간에 다른 약정이 없는 때에는 매도인은 매수인이 계약이행에 착수할 때까지 매매계약금의 배액을 상환하고 매매계약을 해제할 수 있습니다(「민법」 제565조제1항).

3. 매매대금 교부

① 매매대금의 교부시기

일반적으로 매수인의 매매대금 지급과 매도인의 계약목적 부동산의 인도는 동시에 이행되므로 계약당사자 일방은 상대방이 채무를 이행할 때까지 자기의 채무이행을 거절할 수 있습니다(「민법」 제536조제1항 및 제583조).

② 매매대금의 교부장소

계약목적 부동산의 인도와 동시에 매매대금을 지급하는 경우 그 인도장소에서 지급하게 됩니다(「민법」 제586조).

(관련판례)

원심은, (1) 피고는 원고들로부터 이 사건 토지를 매수하여 2005. 12. 13. 피고 명의의 소유권이전등기를 마친 다음, 이를 다시 소외인에게 매도하고 2006. 3. 10. 그에 관한 소유권이전등기를 마쳐주었는데, 피고가 원고들에게 매매대금을 완납하지 아니하였고, 원고들이 피고를 상대로 매매대금의 지급을 청구하는 이 사건 소를 제기하였음에도 피고가 명시적으로 그 이행거절의 의사를 표시하여 2011. 3. 16. 제1심 제4회 변론기일에서 매매계약을 해제한다는 취지의 의사표시를 함에 따라 이 사건 매매계약이 적법하게 해제되었디고 판단한 다음, (2) 피고는 원고들에게 원상외복으로 이 사건 토지에 관한 피고 명의의 소유권이전등기를 말소하여 줄 의무가 있으나, 이 사건 토지가 이미 소외인에게 처분되어 원물반환이 불가능하게 되었다고 보고, 그 가액배상의 범위는 그 원물반환이 불가능하게 된 당시의 매매목적물 가액 상당이라고 보아 그에 근접한 2005. 12. 13. 당시의 이 사건 토지의 시가 상당액과 이에 대한 위 매매계약 해제 다음날부터의 지연손해금을 지급할 의무가 있다고 판단하였다(대법원 2013.12.12. 선고 2013다14675 판결).

■ 토지매매계약서(가환지)

가환지 토지매매계약서

매도인 ○○○를 갑으로 하고, 매수인 ○○건설주식회사를 을로 하여, 갑, 을 간에 아래 표시의 토지에 대하여 다음과 같이 매매계약을 체결한다.

【토지의 표시】
　　　소재지 : ○○도 ○○시 ○○동
　　　지　번 : ○번
　　　지　목 : 공장용지
　　　지　적 : ○○○㎡
　　　가환지 : ○○공구 ○○블럭 ○번지 ○○㎡

제1조(목적) 갑은 을에게 위 표시의 토지를 매도하고 을은 이를 매수한다.

제2조(매매대금) 매매대금은 금○○○만원으로 하고 을은 갑에게 매매대금을 아래와 같이 지급한다. 소유권이전의 등기비용은 을이 부담한다. (단, 실측면적이 등기부상의 면적에 비해 과부족이 5% 이상인 경우 1평방미터 당 금○○원으로 매매대금을 재산정한다.)
　1. 계약금으로 금일 ○○만원을 지급한다.
　2. 잔금 ○○○만원은 ○년 ○월 ○일까지 위 토지의 소유권이전 등기신청과 교환하여 지급한다.

제3조(소유권의 이전) 갑은 을에 대해 위 토지에 대해 잔금지급기일 ○년 ○월○일까지 잔금 지급과 상환하여 소유권이전등기신청을 하기로 하고, 위 토지를 나지(裸地)로 점유 이전한다.

제4조(대금감액청구) 위 토지에 대해 가환지 지정된 후 환지 처분에 의해 증감된 경우 갑과 을은 상대방에 대해 증감된 비율에 따라 매매대금의 증감을 청구할 수 있다.

제5조(소송) 이 계약에 관한 소송의 관할 법원은 '을'의 주소지 법원에 따르기로 한다.

20○○년 ○월 ○일

매 도 인	주 소					
	성 명 또 는 상 호	인	주민등록번호 또는 사업자등록번호	-	전 화 번 호	
매 수 인	주 소					
	성 명 또 는 상 호	인	주민등록번호 또는 사업자등록번호	-	전 화 번 호	

(해설)

1. 매매계약금의 개념

① "매매계약금"이란 부동산 매매계약을 체결할 경우 일반적으로 계약당사자의 일방이 상대방에게 교부하는 금전 그 밖의 유가물(有價物)을 말합니다.

② 일반적으로 매수인은 매매대금의 10%의 금액을 계약금으로 교부하는데, 이는 매매대금에 산입됩니다.

2. 매매계약금의 법적 성격

매매계약금은 매매계약이 체결되었다는 증거금이며, 매매계약 후 계약당사자 일방이 이행에 착수할 때까지 계약을 해제하는 경우 해약금의 성격을 가집니다.

3. 매매계약금 교부 후 계약해제

① 매매계약금이 매도인에게 교부된 경우 계약당사자 간에 다른 약

정이 없는 때에는 매수인은 매도인이 계약이행에 착수할 때까지 매매계약금을 포기하고 매매계약을 해제할 수 있습니다.

② 매매계약금이 매도인에게 교부된 경우 계약당사자 간에 다른 약정이 없는 때에는 매노인은 내수인이 계약이행에 착수할 때끼지 매매계약금의 배액을 상환하고 매매계약을 해제할 수 있습니다.

4. 매매계약의 해제

매매계약의 일방 당사자는 상대방의 계약의무의 위반 등을 이유로 일방적인 의사 또는 당사자 간에 별도의 약정으로 계약을 해제할 수 있습니다.

① 법정해제
- 법정해제의 발생요건
  ∴ 이행지체
    매매계약의 일방 당사자가 그 채무를 이행하지 않은 때에는 상대방은 상당한 기간을 정하여 그 이행을 최고(催告, 상대편에게 일정한 행위를 하도록 통지하는 것을 말함)하고 그 기간 내에 이행하지 않은 때에는 계약을 해제할 수 있습니다(「민법」 제544조 본문).
  ∴ 매매계약의 성질 또는 당사자의 의사표시에 의하여 일정한 시일 또는 일정한 기간 내에 이행하지 않으면 계약의 목적을 달성할 수 없을 경우에 일방 당사자가 그 시기에 이행하지 않은 때는 상대방은 최고를 하지 않고 계약을 해제할 수 있습니다(「민법」 제545조).
  ∴ 이행불능
    채무자의 책임 있는 사유로 이행이 불능하게 된 때에는 채권자는 계약을 해제할 수 있습니다(「민법」 제546조).
- 법정해제의 효과
  ∴ 원상회복의무
    일방 당사자가 매매계약을 해제한 때에는 각 당사자는 그 상대방에 대하여 원상회복의 의무가 있는데, 원상회복 시 반환할 금전에는 그 받은 날부터 이자를 가해야 합니다(「민법」 제548조).

(관련판례) 매도인으로부터 매매 목적물의 소유권을 이전받은 매수인이 매도인의 계약해제 이전에 제3자에게 목적물을 처분하여 계약해제에 따른 원물반환이 불가능하게 된 경우에 매수인은 원상회복 의무로서 가액을 반환하여야 하며, 이때에 반환할 금액은 특별한 사정이 없는 한 그 처분 당시의 목적물의 대가 또는 그 시가 상당액과 처분으로 얻은 이익에 대하여 그 이득일부터의 법정이자를 가산한 금액입니다(대법원 2013. 12. 12. 선고, 2013다14675 판결 참조).

- 동시이행의 항변권
  ∴ 매매계약의 일방 당사자는 상대방이 원상회복을 할 때까지 자기의 원상회복을 거절할 수 있습니다(「민법」 제549조).
- 손해배상청구
  ∴ 일방 당사자가 매매계약을 해제하는 경우 상대방은 손해배상을 청구할 수 있습니다(「민법」 제551조).
② 약정해제
- 약정해제의 발생요건
  ∴ 당사자들이 매매계약을 하면서 그 일방 또는 쌍방은 이를 해제할 수 있는 것을 약정할 수 있습니다.

(판례) 매도인이 위약 시에는 계약금의 배액을 배상하고 매수인이 위약 시에는 지급한 계약금을 매도인이 취득하고 계약은 자동적으로 해제된다는 조항은 위약 당사자가 상대방에 대하여 계약금을 포기하거나 그 배액을 배상하여 계약을 해제할 수 있다는 해제권 유보조항인데, 이러한 약정이 있다고 해서 최고나 통지 없이 해제할 수 있다는 특약이라고 볼 수 없습니다(대법원 1982. 4. 27. 선고 80다851 판결).

- 약정해제의 효과
  ∴ 당사자들이 매매계약을 하면서 해제 시 그 효과에 대해 약정할 수 있습니다.

(판례) 약정해제권에 따라 약정할 때에는 법정해제와는 달리 손해

배상청구권이 발생하지 않습니다(대법원 1983. 1. 18. 선고 81다89 판결).

■ 내용증명-토지 매매계약 해제 및 계약금 등 반환청구

토지 매매계약 해제 및 계약금 등 반환청구

수신인 : ○○○(계약서상 ○○공영개발의 대표)

　　　서울 ○○구 ○○동 ○○길 ○○

발신인 : ○○○(주민등록번호)

　　　서울 ○○구 ○○동 ○○길 ○○

1. 매매계약 내용

> 매매 목적 부동산 · ○○도 ○○시 ○○동 ○○번지
>
> 계약일자 : 20○○. ○○. ○○.
>
> 매매대금 : 일금　　　　원
>
> 　　(단, 계약금 600만원은 계약 당시 지급, 잔금　　　원은
>
> 　　　　20○○. ○○. ○○. 지급하기로 약정)

2. 최고인은 귀하와 위와 같은 내용의 매매계약을 체결하였으나 위 매매 목적 부동산은 해당 지번에 대하여 부동산이 존재하지 않으므로 민법 546조에서 정하는 이행불능인 계약으로서 최고인은 계약을 해제할 수 있다 할 것이고, 최고인은 이 건 최고로서 위 매매계약을 해제하는 바이며, 귀하는 같은 법 제546조에 의거 받은 계약금을 반환할 의무가 있다 할 것입니다.

3. 이에 최고인은 귀하가 2013. 4. 19.까지 위 계약금 600만원을 발신인의 계좌(우리은행 : ○○○-○○○○○○-○○-○○○ 예금주 : ○○○)로 반환하여 주실 것을 본 내용증명으로 정중히 요구합니다.

4. 만약 위 기일까지 반환되지 않는다면 최고인은 어쩔 수 없이 법

원에 소액심판을 청구할 수밖에 없으며, 소 제기의 경우는 귀하(및 주식회사 ○○공영개발)가 계약금을 수령한 날의 다음날부터 민법 소정의 연 5%의, 소장 부본 송달 다음날부터 다 갚는 날까지 소촉법 소정의 연 20%의 각 비율에 의한 시언손해금과 소송비용, 소장 대서비용 및 강제집행비용 등 제반 비용을 부담해야 할 것인바, 귀하가 반환할 금액도 많이 늘어나게 될 것임을 최고하니 위 기일까지 반드시 지급하여 주시기 바랍니다.

5. 또한 귀하는 계약일 다음날을 잔금 지급일로 정한 점, 귀하는 주식회사 ○○공영개발의 대표이사도 아님에도 ○○공영개발 명의의 계약을 체결하면서 귀하를 대표로 기재한 점, 존재하지도 않은 부동산에 대한 매매계약을 체결한 점 등에 비추어 귀하는 최고인을 기망하여 착오에 빠지게 하고 그 처분행위로 재산적 이득을 얻은 사기죄에 해당한다고 할 것이므로 위 3항의 요구사항이 지켜지지 않을 경우는 사기 혐의로도 고소할 것이라는 점도 염두에 두시기 바랍니다.

20○○.　○.　○.

위 최고인　○○○ (서명)

(해설)

1. 내용증명

① 내용증명은 우편법 시행규칙 제25조 ①항 4호 가목에 따라 등기취급을 전제로 우체국창구 또는 정보통신망을 통하여 발송인이 수취인에게 어떤 내용의 문서를 언제 발송하였다는 사실을 우체국이 증명하는 특수취급 제도입니다.
예컨대 채무이행의 기한이 없는 경우 채무자는 이행의 청구를 받은 때로부터 지체책임을 지게 되며 이 경우 이행의 청구를 하였음을 증명하는 문서로 활용할 수 있습니다.

2. 내용증명의 활용

① 민법은 시효중단의 한 형태로 「최고」를 규정하고 있으며 「최고」
   후 6월내에 재판상의 청구, 파산절차참가, 화해를 위한 소환, 임
   의출석, 압류 또는 가압류, 가처분을 하지 않는 경우 시효중단의
   효력이 없는 것으로 규정하고 있습니다.
   따라서 소멸시효가 임박한 경우 「최고서」를 작성하여 내용증명우
   편으로 송부하고 소송 시 「최고」를 하였음을 입증하는 자료로 사
   용할 수 있습니다.

② 계약의 해제(해지), 착오 등을 이유로 취소하는 경우 내용증명을
   통하여 의사표시를 하는 것이 후일 분쟁을 미리 예방 할 수 있는
   방법이 될 수 있습니다.

③ 민법 제450조는 지명채권의 양도는 양도인이 채무자에게 통지하
   거나 채무자의 승낙을 요하며, 통지나 승낙은 확정일자 있는 증서
   에 의하지 않으면 채무자 이외의 제3자에게 대항할 수 없도록 규
   정하고 있습니다.
   따라서 채권의 양도통지를 할 경우 내용증명에 의하여 통지하면
   제3자에게도 대항할 수 있게 됩니다.
   (※ 배달증명은 확정일자 있는 증서로 보지 않음 대법원 2001다
   80815)

(관련판례) 매도인이 위약시에는 계약금의 배액을 배상하고 매수인
이 위약시에는 지급한 계약금을 매도인이 취득하고 계약은 자동적
으로 해제된다는 조항은 위약 당사자가 상대방에 대하여 계약금을
포기하거나 그 배액을 배상하여 계약을 해제할 수 있다는 해제권
유보조항이라 할 것이고 최고나 통지없이 해제할 수 있다는 특약이
라고 볼 수 없다(대법원 1982.04.27. 선고 80다851 판결).

■ 건물매매계약서(건축 중인 주택 매매)

주 택 매 매 계 약 서

매도인 ○○○(이하 '갑'이라 한다)과 매수인 ○○○(이하 '을'이라 한다)은 서울특별시 ○○구 ○○동 ○○번지 상에 신축중인 건물을 아래 조건으로 매매한다.

아   래

제1조(매매대금 및 지급일)

매 매 대 금	금 육억이천만원(620,000,000원)
계 약 금	금 62,000,000원, 계약시 지급하였음
중 도 금	금 200,000,000원, 20○○년 ○월 ○일
잔 금	금 358,000,000원, 20○○년 ○월 ○일

제2조(목적물 인도) 목적물을 계약당시 시공된 상태대로 계약당일에 인도한다. 다만 건축현장에 반입되어 아직 시공되지 아니한 자재 및 시공회사 소유의 공구.기계 등은 계약 일로부터 3일 이내에 반출한다.

제3조(공사도급관계의 정리) 본 계약체결 이전까지의 매도인과 시공회사간의 채권.채무는 매수인에게 승계 되지 아니하고 전부 매도인이 책임 정리한다.

제4조(토지이용관계) 매도인은 본 건 건물을 신축중인 토지소유자에 대하여 매도인이 본 계약 당시 가지고 있는 토지임차권과 동일한 조건의 토지 임차권(단, 임차기간은 20○○. ○. ○일 까지)을 매수인이 가지는 내용의 임대차계약이 잔금 지급일 전까지 매수인과 토지 소유자간에 맺어질 수 있도록 협력한다.

제5조(행정 관련사항) 매도인은 건축주 명의변경 등 제반 행정 관련

사항의 명의변경에 협력한다.

제6조(계약의 해제 및 손해배상액의 예정) 본 계약이 당사자 일방의
채무불이행으로 해약되는 경우 타방 당사자가 청구할 손해배상액은
금육천이백만원(62,000,000원)으로 한다.

이 계약의 성립을 증명하기 위하여 본 계약서를 2통 작성, 매도인
과 매수인이 각각 서명.날인하고 각 1통을 보관한다.

20○○년　　○월　　○일

증여인	주 소					
	성 명 또 는 상 호	인	주민등록번호 또는 사업자등록번호	-	전 화 번 호	
수증인	주 소					
	성 명 또 는 상 호	인	주민등록번호 또는 사업자등록번호	-	전 화 번 호	

(해설)

1. 주택거래 및 이용에 관한 규제

주택의 투기적 수요를 억제하고 주택시장의 안정을 도모하기 위해
주택에 대한 투기가 성행하거나 성행할 우려가 있다고 판단되는 지
역을 지정지역으로 지정합니다.

2. 주택지정지역규제

① 지정지역(투기지역)의 개념
　"지정지역"이란 국토교통부장관이 전국의 부동산가격동향 및 해
　당 지역특성 등을 감안하여 해당지역의 부동산가격 상승이 지속

될 가능성이 있거나 다른 지역으로 확산될 우려가 있다고 판단되어 지정요청(관계중앙행정기관의 장이 국토교통부장관을 경유하여 요청하는 경우를 포함함)하는 경우로서 기획재정부장관이 부동산가격안정심의위원회의 심의를 거쳐 지정하는 지역을 말합니다(「소득세법」 제104조의2제1항 및 「소득세법 시행령」 제168조의3제1항 전단).

② 주택지정지역(투기지역)의 지정

다음의 지역은 주택지정지역(투기지역)으로 지정됩니다(「소득세법」 제104조의2제1항 및 「소득세법 시행령」 제168조의3제1항제1호, 제3호, 제4호).

- 지정하는 날이 속하는 달의 직전월(이하 "직전월"이라 함)의 주택매매가격상승률이 전국소비자물가상승률의 30%보다 높은 지역 중 직전월부터 소급하여 2개월간의 월평균 주택매매가격상승률이 전국주택매매가격상승률의 30%보다 높은 지역
- 직전월의 주택매매가격상승률이 전국소비자물가상승률의 30%보다 높은 지역 중 직전월부터 소급하여 1년간의 연평균 주택매매가격상승률이 직전월부터 소급하여 3년간의 연평균 전국주택매매가격상승률보다 높은 지역
- 개발사업(개발부담금을 부과하지 않는 개발사업을 포함함) 및 주택재건축사업(이하 "개발사업 등"이라 함)이 진행 중인 지역(중앙행정기관의 장 또는 지방자치단체의 장이 그 개발사업 등을 발표한 경우를 포함함)으로서 직전월의 주택매매가격상승률이 전국소비자물가상승률의 30%보다 높은 지역
- 개발사업 등이 진행 중인 지역으로서 직전월의 주택매매가격상승률이 전국주택매매가격상승률의 30%보다 높은 지역
- 택지개발지구, 행정중심복합도시건설사업 예정지역·주변지역 또는 그 밖에 대규모개발사업의 추진이 예정되는 지역 중 직전월의 주택매매가격상승률이 전국소비자물가상승률보다 높은 지역

③ 주택지정지역(투기지역) 지정효력

주택지정지역(투기지역)은 지정지역의 지정을 공고한 날부터 효력이

발생합니다(「소득세법 시행령」 제168조의3제6항 및 제9항 본문).

④ 주택지정지역(투기지역)에 대한 중과세

지정지역 내에 있는 1세대 3주택 이상이거나 1세대가 주택과 조합원입주권을 3 이상 보유한 경우 또는 부동산 가격이 급등하였거나 급등할 우려가 있어 부동산가격의 안정을 위해 정한 부동산을 양도한 경우에는 「소득세법」 제55조제1항에 따른 세율에 10%를 더한 세율을 적용합니다. 해당 부동산 보유기간이 2년 미만인 경우에는 「소득세법」 제55조제1항에 따른 세율에 10%를 더한 세율을 적용하여 계산한 양도소득 산출세액과 「소득세법」 제104조제1항제2호 또는 제3호의 세율을 적용하여 계산한 양도소득 산출세액 중 큰 세액을 양도소득 산출세액으로 합니다(「소득세법」 제104조제4항제1호, 제2호 및 제4호).

3. 투기과열지구규제

① 투기과열지구의 개념

"투기과열지구"란 해당 지역의 주택가격상승률이 물가상승률보다 현저히 높은 지역으로 그 지역의 청약경쟁률·주택가격·주택보급률 및 주택공급계획 등과 지역 주택시장 여건 등을 고려하였을 때 주택에 대한 투기가 성행하고 있거나 성행할 우려가 있는 지역 중 국토교통부장관 또는 시·도지사가 주택가격의 안정을 위하여 필요하다고 인정하는 경우 주택정책심의위원회(시·도지사의 경우에는 시·도 주택정책심의위원회를 말함)의 심의를 거쳐 지정하는 지역을 말합니다(「주택법」 제63조제1항).

② 투기과열지구의 지정

다음의 지역을 투기과열지구로 지정할 수 있습니다(「주택법」 제41조제1항, 제2항 및 「주택법 시행규칙」 제25조).
- 주택공급이 있었던 직전 2개월간 해당 지역에서 공급되는 주택의 청약경쟁률이 5대 1을 초과하였거나 국민주택규모 이하 주택의 청약경쟁률이 10대 1을 초과한 지역
- 주택의 분양계획이 지난달보다 30퍼센트 이상 감소하여 주택공급이 위축될 우려가 있는 지역

- 주택건설사업계획의 승인이나 건축허가 실적이 지난해보다 급격하게 감소하여 주택공급이 위축될 우려가 있는 지역
- 신도시 개발이나 주택의 전매행위 성행 등으로 투기 및 주거불안의 우려가 있는 곳 중 시·도별 주택보급률이 전국 평균 이하인 지역
- 신도시 개발이나 주택의 전매행위 성행 등으로 투기 및 주거불안의 우려가 있는 곳 중 시·도별 자가주택비율이 전국 평균 이하인 지역
- 신도시 개발이나 주택의 전매행위 성행 등으로 투기 및 주거불안의 우려가 있는 곳 중 해당 지역의 주택공급물량이 입주자저축 가입자 중 주택청약 제1순위자에 비하여 현저하게 적은 지역

③ 투기과열지구 지정 현황

2016년 11월 현재 투기과열지역으로 지정된 곳은 없습니다.

4. 공공임대주택의 매각 제한

공공임대주택은 다음의 기간이 지나지 않으면 매각할 수 없습니다 (「공공주택 특별법」 제50조의2제1항 및 「공공주택 특별법 시행령」 제54조제1항).

임대주택 종류	임대의무기간
영구임대주택	50년
국민임대주택	30년
행복주택	30년
장기전세주택	20년
위에 해당하지 않는 공공임대주택 중 임대 조건을 신고할 때 임대차 계약기간을 10년 이상으로 정하여 신고한 주택	10년
위에 해당하지 않는 공공임대주택	5년

■ 건물매매계약서(임차인이 건물만 매수)

건 물 매 매 계 약 서

부동산의 표시

부동산 의 표시	소 재 지	○○시 ○○구 ○○길 ○○	목 적 물	위 지상건물
	면적 및 구조	건평 : 45 ㎡	건물구조: 연와조등	대지 : 80 ㎡
매 매 대 금	금 오억원정 (금500,000,000원)			

계약조건

계 약 금	5,000만원정은 계약시 지불하고 영수함.
중 도 금	30,000만원정은 20○○년 ○월 ○일 임차인의 임대인에 대한 임차보증금 반환채권 5,000만원으로 대체한다.
잔 금	15,000만원정은 20○○년 ○월 ○일 지불하기로 한다.

제1조(차지권에 대한 약정) 임차인(매수인)은 임대인(매도인)에 대하여 위 소재 위 지상 건물을 소유하기 위해 위 매매대금을 지급하고 그 부지에 대한 임대료는 1개월 금 200,000원, 매월 말일 지급하기로 하고, 존속기간은 20년의 임차권을 인정하기로 한다.

제2조(인도와 등기) 매도인은 잔금수령시 간이 인도하고, 소유권 이전(등기)에 필요한 서류를 매수인에게 주고 소유권이전등기절차에 협력한다. 매도인은 위 소재 건물에 대한 저당권, 질권 등의 등기가 있을 때는 소유권 이전 등기할 때까지 이를 말소하여야 한다.

제3조(위험부담) 이 계약 성립 후 본 건 건물을 인도할 때까지 본 건 건물의 멸실 또는 그 손실은 매도인의 부담으로 한다.

제4조(하자담보) 매수인이 매도인으로부터 본 건 건물의 인도를 받은 후에 본 건 건물에 하자가 있다고 해노 매수인은 이를 이유로 해약 또는 대금 감액의 청구를 하지 않기로 한다.

제5조(부담의 귀속) 본건 건물에 대한 고정자산세 기타 공과금은 본 건 건물의 이전분은 매도인이, 그 이후 분은 매수인이 부담한다.

제6조(계약해제) 매도인 매수인 중의 어느 일방이 이 계약의 각 조항을 위반할 때는 상대방은 즉시 이 계약을 해제할 수 있다.

제7조(위약금) 본 계약을 매도인이 위약시는 계약금의 배액을 변상하며 매수인이 위약시는 계약금을 무효로 하고 반환을 청구 할 수 없다.

위 계약의 성립을 증명하기 위하여 본 계약서 2통을 작성하고 각각 서명·날인하고 각1통씩 보관한다.

20○○년   ○월   ○일

증여인	주 소						
	성 명 또는 상 호		인	주민등록번호 또는 사업자등록번호	-	전 화 번 호	
수증인	주 소						
	성 명 또는 상 호		인	주민등록번호 또는 사업자등록번호	-	전 화 번 호	

(해설)

1. 건물의 개념 및 종류

① 건물의 개념

"건물(건축물)"이란 토지에 정착(定着)하는 공작물 중 지붕과 기둥 또는 벽이 있는 것과 이에 딸린 시설물을 말합니다(「건축법」제2조제1항제2호).

② 건물의 종류

용도에 따른 건물(건축물)의 종류는 다음과 같습니다(「건축법」제2조제1항제2호, 제2항 및 「건축법 시행령」제3조의5, 별표 1).

* 용도별 건축물의 종류

1. **단독주택**[단독주택의 형태를 갖춘 가정어린이집·공동생활가정·지역아동센터 및 노인복지시설(노인복지주택은 제외한다)을 포함한다]

가. 단독주택

나. 다중주택 : 다음의 요건을 모두 갖춘 주택을 말한다.
　1) 학생 또는 직장인 등 여러 사람이 장기간 거주할 수 있는 구조로 되어 있는 것
　2) 독립된 주거의 형태를 갖추지 아니한 것(각 실별로 욕실은 설치할 수 있으나, 취사시설은 설치하지 아니한 것을 말한다. 이하 같다)
　3) 1개 동의 주택으로 쓰이는 바닥면적의 합계가 330제곱미터 이하이고 주택으로 쓰는 층수(지하층은 제외한다)가 3개 층 이하일 것

다. 다가구주택 : 다음의 요건을 모두 갖춘 주택으로서 공동주택에 해당하지 아니하는 것을 말한다.
　1) 주택으로 쓰는 층수(지하층은 제외한다)가 3개 층 이하일 것. 다만, 1층의 전부 또는 일부를 필로티 구조로 하여 주차장으로 사용하고 나머지 부분을 주택 외의 용도로 쓰는 경우에는 해당 층을 주택의 층수에서 제외한다.

2) 1개 동의 주택으로 쓰이는 바닥면적(부설 주차장 면적은 제외한다. 이하 같다)의 합계가 660제곱미터 이하일 것

3) 19세대(대지 내 동별 세대수를 합한 세대를 말한다) 이하가 거주할 수 있을 것

라. 공관(公館)

2. **공동주택**[공동주택의 형태를 갖춘 가정어린이집·공동생활가정·지역아동센터·노인복지시설(노인복지주택은 제외한다) 및 「주택법 시행령」 제3조제1항에 따른 원룸형 주택을 포함한다]. 다만, 가목이나 나목에서 층수를 산정할 때 1층 전부를 필로티 구조로 하여 주차장으로 사용하는 경우에는 필로티 부분을 층수에서 제외하고, 다목에서 층수를 산정할 때 1층의 전부 또는 일부를 필로티 구조로 하여 주차장으로 사용하고 나머지 부분을 주택 외의 용도로 쓰는 경우에는 해당 층을 주택의 층수에서 제외하며, 가목부터 라목까지의 규정에서 층수를 산정할 때 지하층을 주택의 층수에서 제외한다.

가. 아파트: 주택으로 쓰는 층수가 5개 층 이상인 주택

나. 연립주택: 주택으로 쓰는 1개 동의 바닥면적(2개 이상의 동을 지하주차장으로 연결하는 경우에는 각각의 동으로 본다) 합계가 660제곱미터를 초과하고, 층수가 4개 층 이하인 주택

다. 다세대주택: 주택으로 쓰는 1개 동의 바닥면적 합계가 660제곱미터 이하이고, 층수가 4개 층 이하인 주택(2개 이상의 동을 지하주차장으로 연결하는 경우에는 각각의 동으로 본다)

라. 기숙사: 학교 또는 공장 등의 학생 또는 종업원 등을 위하여 쓰는 것으로서 1개 동의 공동취사시설 이용 세대 수가 전체의 50퍼센트 이상인 것(「교육기본법」 제27조제2항에 따른 학생복지주택을 포함한다)

3. **제1종 근린생활시설**

가. 식품·잡화·의류·완구·서적·건축자재·의약품·의료기기 등 일용품을 판매하는 소매점으로서 같은 건축물(하나의 대지에 두

동 이상의 건축물이 있는 경우에는 이를 같은 건축물로 본다. 이하 같다)에 해당 용도로 쓰는 바닥면적의 합계가 1천 제곱미터 미만인 것

나. 휴게음식점, 제과점 등 음료·차(茶)·음식·빵·떡·과자 등을 조리하거나 제조하여 판매하는 시설(제4호너목 또는 제17호에 해당하는 것은 제외한다)로서 같은 건축물에 해당 용도로 쓰는 바닥면적의 합계가 300제곱미터 미만인 것

다. 이용원, 미용원, 목욕장, 세탁소 등 사람의 위생관리나 의류 등을 세탁·수선하는 시설(세탁소의 경우 공장에 부설되는 것과 「대기환경보전법」, 「수질 및 수생태계 보전에 관한 법률」 또는 「소음·진동관리법」에 따른 배출시설의 설치 허가 또는 신고의 대상인 것은 제외한다)

라. 의원, 치과의원, 한의원, 침술원, 접골원(接骨院), 조산원, 안마원, 산후조리원 등 주민의 진료·치료 등을 위한 시설

마. 탁구장, 체육도장으로서 같은 건축물에 해당 용도로 쓰는 바닥면적의 합계가 500제곱미터 미만인 것

바. 지역자치센터, 파출소, 지구대, 소방서, 우체국, 방송국, 보건소, 공공도서관, 건강보험공단 사무소 등 공공업무시설로서 같은 건축물에 해당 용도로 쓰는 바닥면적의 합계가 1천 제곱미터 미만인 것

사. 마을회관, 마을공동작업소, 마을공동구판장, 공중화장실, 대피소, 지역아동센터(단독주택과 공동주택에 해당하는 것은 제외한다) 등 주민이 공동으로 이용하는 시설

아. 변전소, 도시가스배관시설, 통신용 시설(해당 용도로 쓰는 바닥면적의 합계가 1천제곱미터 미만인 것에 한정한다), 정수장, 양수장 등 주민의 생활에 필요한 에너지공급·통신서비스제공이나 급수·배수와 관련된 시설

자. 금융업소, 사무소, 부동산중개사무소, 결혼상담소 등 소개업소, 출판사 등 일반업무시설로서 같은 건축물에 해당 용도로 쓰는 바닥면적의 합계가 30제곱미터 미만인 것

4. 제2종 근린생활시설

가. 공연장(극장, 영화관, 연예장, 음악당, 서커스장, 비디오물감상실, 비디오물소극장, 그 밖에 이와 비슷한 것을 말한다. 이하 같다)으로서 같은 건축물에 해당 용도로 쓰는 바닥면적의 합계가 500제곱미터 미만인 것

나. 종교집회장[교회, 성당, 사찰, 기도원, 수도원, 수녀원, 제실(祭室), 사당, 그 밖에 이와 비슷한 것을 말한다. 이하 같다]으로서 같은 건축물에 해당 용도로 쓰는 바닥면적의 합계가 500제곱미터 미만인 것

다. 자동차영업소로서 같은 건축물에 해당 용도로 쓰는 바닥면적의 합계가 1천제곱미터 미만인 것

라. 서점(제1종 근린생활시설에 해당하지 않는 것)

마. 총포판매소

바. 사진관, 표구점

사. 청소년게임제공업소, 복합유통게임제공업소, 인터넷컴퓨터게임시설제공업소, 그 밖에 이와 비슷한 게임 관련 시설로서 같은 건축물에 해당 용도로 쓰는 바닥면적의 합계가 500제곱미터 미만인 것

아. 휴게음식점, 제과점 등 음료·차(茶)·음식·빵·떡·과자 등을 조리하거나 제조하여 판매하는 시설(너목 또는 제17호에 해당하는 것은 제외한다)로서 같은 건축물에 해당 용도로 쓰는 바닥면적의 합계가 300제곱미터 이상인 것

자. 일반음식점

차. 장의사, 동물병원, 동물미용실, 그 밖에 이와 유사한 것

카. 학원(자동차학원·무도학원 및 정보통신기술을 활용하여 원격으로 교습하는 것은 제외한다), 교습소(자동차교습·무도교습 및 정보통신기술을 활용하여 원격으로 교습하는 것은 제외한다), 직업훈련소(운전·정비 관련 직업훈련소는 제외한다)로서 같은 건축물에 해당 용도로 쓰는 바닥면적의 합계가 500제곱

미터 미만인 것

타. 독서실, 기원

파. 테니스장, 체력단련장, 에어로빅장, 볼링장, 당구장, 실내낚시
터, 골프연습장, 놀이형시설(「관광진흥법」에 따른 기타유원시
설업의 시설을 말한다. 이하 같다) 등 주민의 체육 활동을 위
한 시설(제3호마목의 시설은 제외한다)로서 같은 건축물에 해
당 용도로 쓰는 바닥면적의 합계가 500제곱미터 미만인 것

하. 금융업소, 사무소, 부동산중개사무소, 결혼상담소 등 소개업
소, 출판사 등 일반업무시설로서 같은 건축물에 해당 용도로
쓰는 바닥면적의 합계가 500제곱미터 미만인 것(제1종 근린
생활시설에 해당하는 것은 제외한다)

거. 다중생활시설(「다중이용업소의 안전관리에 관한 특별법」에
따른 다중이용업 중 고시원업의 시설로서 국토교통부장관이
고시하는 기준에 적합한 것을 말한다. 이하 같다)로서 같은
건축물에 해당 용도로 쓰는 바닥면적의 합계가 500제곱미터
미만인 것

너. 제조업소, 수리점 등 물품의 제조·가공·수리 등을 위한 시설
로서 같은 건축물에 해당 용도로 쓰는 바닥면적의 합계가
500제곱미터 미만이고,다음 요건중 어느 하나에 해당하는 것

1)「대기환경보전법」, 「수질 및 수생태계 보전에 관한 법률」 또
는 「소음·진동관리법」에 따른 배출시설의 설치 허가 또는 신
고의 대상이 아닌 것

2)「대기환경보전법」, 「수질 및 수생태계 보전에 관한 법률」 또
는 「소음·진동관리법」에 따른 배출시설의 설치 허가 또는 신
고의 대상 시설이나 귀금속·장신구 및 관련 제품 제조시설로
서 발생되는 폐수를 전량 위탁처리하는 것

더. 단란주점으로서 같은 건축물에 해당 용도로 쓰는 바닥면적의
합계가 150제곱미터 미만인 것

러. 안마시술소, 노래연습장

5. 문화 및 집회시설

가. 공연장으로서 제2종 근린생활시설에 해당하지 아니하는 것

나. 집회장[예식장, 공회당, 회의장, 마권(馬券) 장외 발매소, 마권 전화투표소, 그 밖에 이와 비슷한 것을 말한다]으로서 제2종 근린생활시설에 해당하지 아니하는 것

다. 관람장(경마장, 경륜장, 경정장, 자동차 경기장, 그 밖에 이와 비슷한 것과 체육관 및 운동장으로서 관람석의 바닥면적의 합계가 1천 제곱미터 이상인 것을 말한다)

라. 전시장(박물관, 미술관, 과학관, 문화관, 체험관, 기념관, 산업전시장, 박람회장, 그 밖에 이와 비슷한 것을 말한다)

마. 동·식물원(동물원, 식물원, 수족관, 그 밖에 이와 비슷한 것을 말한다)

6. 종교시설

가. 종교집회장으로서 제2종 근린생활시설에 해당하지 아니하는 것

나. 종교집회장(제2종 근린생활시설에 해당하지 아니하는 것을 말한다)에 설치하는 봉안당(奉安堂)

7. 판매시설

가. 도매시장(「농수산물유통 및 가격안정에 관한 법률」에 따른 농수산물도매시장, 농수산물공판장, 그 밖에 이와 비슷한 것을 말하며, 그 안에 있는 근린생활시설을 포함한다)

나. 소매시장(「유통산업발전법」 제2조제3호에 따른 대규모 점포, 그 밖에 이와 비슷한 것을 말하며, 그 안에 있는 근린생활시설을 포함한다)

다. 상점(그 안에 있는 근린생활시설을 포함한다)으로서 다음의 요건 중 어느 하나에 해당하는 것

  1) 제3호가목에 해당하는 용도(서점은 제외한다)로서 제1종 근린생활시설에 해당하지 아니하는 것

  2) 「게임산업진흥에 관한 법률」 제2조제6호의2가목에 따른 청소년게임제공업의 시설, 같은 호 나목에 따른 일반게임제공업의 시설, 같은 조 제7호에 따른 인터넷컴퓨터게임시설제공업

의 시설 및 같은 조 제8호에 따른 복합유통게임제공업의 시설로서 제2종 근린생활시설에 해당하지 아니하는 것

8. 운수시설

가. 여객자동차터미널
나. 철도시설
다. 공항시설
라. 항만시설

9. 의료시설

가. 병원(종합병원, 병원, 치과병원, 한방병원, 정신병원 및 요양병원을 말한다)
나. 격리병원(전염병원, 마약진료소, 그 밖에 이와 비슷한 것을 말한다)

10. 교육연구시설(제2종 근린생활시설에 해당하는 것은 제외한다)

가. 학교(유치원, 초등학교, 중학교, 고등학교, 전문대학, 대학, 대학교, 그 밖에 이에 준하는 각종 학교를 말한다)
나. 교육원(연수원, 그 밖에 이와 비슷한 것을 포함한다)
다. 직업훈련소(운전 및 정비 관련 직업훈련소는 제외한다)
라. 학원(자동차학원·무도학원 및 정보통신기술을 활용하여 원격으로 교습하는 것은 제외한다)
마. 연구소(연구소에 준하는 시험소와 계측계량소를 포함한다)
바. 도서관

11. 노유자시설

가. 아동 관련 시설(어린이집, 아동복지시설, 그 밖에 이와 비슷한 것으로서 단독주택, 공동주택 및 제1종 근린생활시설에 해당하지 아니하는 것을 말한다)
나. 노인복지시설(단독주택과 공동주택에 해당하지 아니하는 것을 말한다)
다. 그 밖에 다른 용도로 분류되지 아니한 사회복지시설 및 근로

복지시설

12. 수련시설

가. 생활권 수련시설(「청소년활동진흥법」에 따른 청소년수련관, 청소년문화의집, 청소년특화시설, 그 밖에 이와 비슷한 것을 말한다)

나. 자연권 수련시설(「청소년활동진흥법」에 따른 청소년수련원, 청소년야영장, 그 밖에 이와 비슷한 것을 말한다)

다. 「청소년활동진흥법」에 따른 유스호스텔

라. 「관광진흥법」에 따른 야영장 시설로서 제29호에 해당하지 아니하는 시설

13. 운동시설

가. 탁구장, 체육도장, 테니스장, 체력단련장, 에어로빅장, 볼링장, 당구장, 실내낚시터, 골프연습장, 놀이형시설, 그 밖에 이와 비슷한 것으로서 제1종 근린생활시설 및 제2종 근린생활시설에 해당하지 아니하는 것

나. 체육관으로서 관람석이 없거나 관람석의 바닥면적이 1천제곱미터 미만인 것

다. 운동장(육상장, 구기장, 볼링장, 수영장, 스케이트장, 롤러스케이트장, 승마장, 사격장, 궁도장, 골프장 등과 이에 딸린 건축물을 말한다)으로서 관람석이 없거나 관람석의 바닥면적이 1천 제곱미터 미만인 것

14. 업무시설

가. 공공업무시설: 국가 또는 지방자치단체의 청사와 외국공관의 건축물로서 제1종 근린생활시설에 해당하지 아니하는 것

나. 일반업무시설: 다음 요건을 갖춘 업무시설을 말한다.

1) 금융업소, 사무소, 결혼상담소 등 소개업소, 출판사, 신문사, 그 밖에 이와 비슷한 것으로서 제1종 근린생활시설 및 제2종 근린생활시설에 해당하지 않는 것

2) 오피스텔(업무를 주로 하며, 분양하거나 임대하는 구획 중 일부 구획에서 숙식을 할 수 있도록 한 건축물로서 국토교통부장관이 고시하는 기준에 적합한 것을 말한다)

15. 숙박시설

가. 일반숙박시설 및 생활숙박시설

나. 관광숙박시설(관광호텔, 수상관광호텔, 한국전통호텔, 가족호텔, 호스텔, 소형호텔, 의료관광호텔 및 휴양 콘도미니엄)

다. 다중생활시설(제2종 근린생활시설에 해당하지 아니하는 것을 말한다)

라. 그 밖에 가목부터 다목까지의 시설과 비슷한 것

16. 위락시설

가. 단란주점으로서 제2종 근린생활시설에 해당하지 아니하는 것

나. 유흥주점이나 그 밖에 이와 비슷한 것

다. 「관광진흥법」에 따른 유원시설업의 시설, 그 밖에 이와 비슷한 시설(제2종 근린생활시설과 운동시설에 해당하는 것은 제외한다)

라. 무도장, 무도학원

마. 카지노영업소

17. 공장

물품의 제조·가공[염색·도장(塗裝)·표백·재봉·건조·인쇄 등을 포함한다] 또는 수리에 계속적으로 이용되는 건축물로서 제1종 근린생활시설, 제2종 근린생활시설, 위험물저장 및 처리시설, 자동차 관련 시설, 자원순환 관련 시설 등으로 따로 분류되지 아니한 것

18. 창고시설(위험물 저장 및 처리 시설 또는 그 부속용도에 해당하는 것은 제외한다)

가. 창고(물품저장시설로서 「물류정책기본법」에 따른 일반창고와 냉장 및 냉동 창고를 포함한다)

나. 하역장

다. 「물류시설의 개발 및 운영에 관한 법률」에 따른 물류터미널

라 집배송 시설

19. 위험물 저장 및 처리 시설

「위험물안전관리법」, 「석유 및 석유대체연료 사업법」, 「도시가스사업법」, 「고압가스 안전관리법」, 「액화석유가스의 안전관리 및 사업법」, 「총포·도검·화약류 등 단속법」, 「유해화학물질 관리법」 등에 따라 설치 또는 영업의 허가를 받아야 하는 건축물로서 다음 각 목의 어느 하나에 해당하는 것. 다만, 자가난방, 자가발전, 그 밖에 이와 비슷한 목적으로 쓰는 저장시설은 제외한다.

가. 주유소(기계식 세차설비를 포함한다) 및 석유 판매소

나. 액화석유가스 충전소·판매소·저장소(기계식 세차설비를 포함한다)

다. 위험물 제조소·저장소·취급소

라. 액화가스 취급소·판매소

마. 유독물 보관·저장·판매시설

바. 고압가스 충전소·판매소·저장소

사. 도료류 판매소

아. 도시가스 제조시설

자. 화약류 저장소

차. 그 밖에 가목부터 자목까지의 시설과 비슷한 것

20. 자동차 관련 시설(건설기계 관련 시설을 포함한다)

가. 주차장

나. 세차장

다. 폐차장

라. 검사장

마. 매매장

바. 정비공장

사. 운전학원 및 정비학원(운전 및 정비 관련 직업훈련시설을 포함한다)

아. 「여객자동차 운수사업법」, 「화물자동차 운수사업법」 및 「건설기계관리법」에 따른 차고 및 주기장(駐機場)

21. 동물 및 식물 관련 시설

가. 축사(양잠·양봉·양어시설 및 부화장 등을 포함한다)

나. 가축시설[가축용 운동시설, 인공수정센터, 관리사(管理舍), 가축용 창고, 가축시장, 동물검역소, 실험동물 사육시설, 그 밖에 이와 비슷한 것을 말한다]

다. 도축장

라. 도계장

마. 작물 재배사

바. 종묘배양시설

사. 화초 및 분재 등의 온실

아. 식물과 관련된 마목부터 사목까지의 시설과 비슷한 것(동·식물원은 제외한다)

22. 자원순환 관련 시설

가. 하수 등 처리시설

나. 고물상

다. 폐기물재활용시설

라. 폐기물 처분시설

마. 폐기물감량화시설

23. 교정 및 군사 시설(제1종 근린생활시설에 해당하는 것은 제외한다)

가. 교정시설(보호감호소, 구치소 및 교도소를 말한다)

나. 갱생보호시설, 그 밖에 범죄자의 갱생·보육·교육·보건 등의 용도로 쓰는 시설

다. 소년원 및 소년분류심사원

라. 국방·군사시설

24. 방송통신시설(제1종 근린생활시설에 해당하는 것은 제외한다)

가. 방송국(방송프로그램 제작시설 및 송신·수신·중계시설을 포함한다)

나. 전신전화국

다. 촬영소

라. 통신용 시설

마. 그 밖에 가목부터 라목까지의 시설과 비슷한 것

25. 발전시설

발전소(집단에너지 공급시설을 포함한다)로 사용되는 건축물로서 제1종 근린생활시설에 해당하지 아니하는 것

26. 묘지 관련 시설

가. 화장시설

나. 봉안당(종교시설에 해당하는 것은 제외한다)

다. 묘지와 자연장지에 부수되는 건축물

27. 관광 휴게시설

가. 야외음악당

나. 야외극장

다. 어린이회관

라. 관망탑

마. 휴게소

바. 공원·유원지 또는 관광지에 부수되는 시설

28. 장례식장[의료시설의 부수시설(「의료법」 제36조제1호에 따른 의료기관의 종류에 따른 시설을 말한다)에 해당하는 것은 제외한다]

29. 야영장 시설

「관광진흥법」에 따른 야영장 시설로서 관리동, 화장실, 샤워

실, 대피소, 취사시설 등의 용도로 쓰는 바닥면적의 합계가 300제곱미터 미만인 것

* 비고

1. 제3호 및 제4호에서 "해당 용도로 쓰는 바닥면적"이란 부설 주차장 면적을 제외한 실 사용면적에 공용부분 면적(복도, 계단, 화장실 등의 면적을 말한다)을 비례 배분한 면적을 합한 면적을 말한다.

2. 비고 제1호에 따라 "해당 용도로 쓰는 바닥면적"을 산정할 때 건축물의 내부를 여러 개의 부분으로 구분하여 독립한 건축물로 사용하는 경우에는 그 구분된 면적 단위로 바닥면적을 산정한다. 다만, 다음 각 목에 해당하는 경우에는 각 목에서 정한 기준에 따른다.

  가. 제4호더목에 해당하는 건축물의 경우에는 내부가 여러 개의 부분으로 구분되어 있더라도 해당 용도로 쓰는 바닥면적을 모두 합산하여 산정한다.

  나. 동일인이 둘 이상의 구분된 건축물을 같은 세부 용도로 사용하는 경우에는 연접되어 있지 않더라도 이를 모두 합산하여 산정한다.

  다. 구분 소유자(임차인을 포함한다)가 다른 경우에도 구분된 건축물을 같은 세부 용도로 연계하여 함께 사용하는 경우(통로, 창고 등을 공동으로 활용하는 경우 또는 명칭의 일부를 동일하게 사용하여 홍보하거나 관리하는 경우 등을 말한다)에는 연접되어 있지 않더라도 연계하여 함께 사용하는 바닥면적을 모두 합산하여 산정한다.

3. 「청소년 보호법」 제2조제5호가목8) 및 9)에 따라 여성가족부장관이 고시하는 청소년 출입·고용금지업의 영업을 위한 시설은 제1종 근린생활시설 및 제2종 근린생활시설에서 제외한다.

4. 국토교통부장관은 별표 1 각 호의 용도별 건축물의 종류에 관한 구체적인 범위를 정하여 고시할 수 있다

■ 건물매매계약서(토지소유자 별도)

건 물 매 매 계 약 서

부동산의 표시

부 동 산 의 표 시	소재지	○○시 ○○구 ○○길 ○○	목 적 물	위 지상건물
	면적 및 구조	건평 : 50 ㎡	건물구조:	
매매대금		금 일억원정 (금100,000,000원)		

계약조건

계 약 금	1,000만원정은 계약시 지불하고 영수함.
중 도 금	4,500만원정은 20○○년 ○월 ○일
잔 금	4,500만원정은 20○○년 ○월 ○일 지불하기로 한다.

제1조(명도) 위 부동산의 명도는 20○○년 ○월 ○일로 한다.

제2조(제세공과금) 매도인은 잔금지급일 현재의 위 부동산에 관련된 채무 및 제세공과금을 변제하기로 한다.

제3조(소유권이전) 매도인은 잔금 수령시 소유권 이전(등기)에 필요한 서류를 매수인에게 교부한다.

제4조(위약금) 본 계약을 매도인이 위약시는 계약금의 배액을 변상하며 매수인이 위약시는 계약금을 무효로 하고 반환을 청구할 수 없다.

<특 약>

1. 위 매수인이 명의이전서류를 받고도 명의이전을 해태하는 경우 부동산등기부상 명의이전접수일까지 매 1일당 손해배상금으로 금 ○○○원을 매도인에게 지급한다.
2. 매도인이 토지소유주로부터 토지의 사용허락을 득하지 못할 경우 본 계약은 무효로 한다.

위 계약의 성립을 증명하기 위하여 본 계약서 2통을 작성하여 각각 서명.날인하고 각1통씩 보관한다.

20○○년　　○월　　○일

증여인	주 소						
	성 명 또 는 상 호	인	주민등록번호 또는 사업자등록번호	-	전 화 번 호	
수증인	주 소						
	성 명 또 는 상 호	인	주민등록번호 또는 사업자등록번호	-	전 화 번 호	

농 지 매 매 계 약 서

매도인 ○○○(이하 "갑")과, 매수인 ◇◇주식회사(이하 "을") 사이에 다음과 같이 계약을 체결한다.

(부동산의 표시)
소 재 : ○○도 ○○군 ○○면 ○○리
지 번 : ○○번지
지 목 : 밭
지 적 : ○○○㎡

제1조(목적) 갑은 을에 대해 위 표시의 토지(단, 등기부에 의한 표시)를 공장용지로 매도할 것을 서약하고, 을은 이것을 매수한다.

제2조(대금의 지급) 을은 갑에 대해 매매대금 총액 일금○○○만원(등기부 기재 1평방미터 당 일금○○○원)을 다음과 같이 지급한다.

1. 금일 계약금으로 일금○○○만원(최종 잔금 지급시 대금으로 충당)

2. 20○○년 ○월 ○일까지 갑이 농지법 및 기타 관련법규에 의한 허가를 요구 하는 신청을 관할 관청에 제출하는 것과 동시에 중도금○○○만원

3. 농지법 제34조에 의해 농림축산식품부 장관의 허가가 난 후 ○○일 이내에 소유권이전등기 신청과 동시에 잔금○○○만원

제3조(소유권이전) ①갑은 을에 대해 다음과 같이 이행한다.

1. 계약금 수령 후 ○주 이내에 을을 위해 아래 토지에 대하여 농지법 및 기타 관련법규에 의한 허가를 조건으로 소유권을 이전한다는 취지의 소유권이전등기청구권의 가등기신청을 하도록 한다.

2. 20○○. ○. ○.일까지 을과 함께 관할 관청에 아래 토지를 공장

용지로 매도하는 것에 대한 허가신청과 함께 일금○○○만원을 지급한다.

3. 농지법 및 기타 관련법규의 규정에 따른 허가가 난 후 ○일 이내에 잔금을 지급함과 동시에 아래 토지의 소유권이전등기신청 및 아래 토지의 인도를 하도록 한다.

② 위 제1항 제3호에 의거 을에게로 소유권이전등기를 신청했을 때, 아래 토지의 소유권이 을에게로 이전된다.

제4조(자동해약과 대금반환) ① 갑이 성심성의 것 제3조 제1항 제2호에 의거한 허가신청을 했음에도 불구하고 불허되었을 때, 혹은 본 계약 체결일로부터 ○월 이내에 허가가 나지 않았을 때는 본 계약은 자동적으로 해약되는 것으로 한다. 이 경우, 갑은 계약불이행의 책임을 지지 않는다.

② 갑은 을에 대해 제2조 제1호 및 제2호의 금액을 그 반환사유가 발생한 날로부터 ○일 이내에 반환해야 한다.

제5조(계약불이행과 계약금) 갑에게 계약불이행의 귀책사유가 있는 때는 계약금의 배액을 을에게 지급하고, 을에게 계약불이행의 귀책사유가 있는 때는 계약금을 포기하는 것으로 한다.

제6조(계약불이행과 비용부담) 제5조의 경우, 불이행의 당사자가 제3조 제1항 제1호의 소유권이전가등기의 말소등기절차에 따른 비용을 부담한다.

제7조(기타비용부담) 소유권이전의 가등기, 소유권이전의 본등기신청의 비용, 등록면허세는 을의 부담으로 하고, 농지법과 기타 관련규정에 의한 허가신청 비용은 갑의 부담으로 한다.

제8조(기타) 갑은 제3조 제1항 제3호의 전날까지 자기의 비용부담에 의해 아래 토지의 실측을 행하고, 인접 토지의 소유자가 입회한 가운데 경계를 확정하고, 표식을 설치해야 한다. 실측 결과, 등기부와 비교하여 면적에 증감이 발생해도 대금 총액은 변경하지 않는 것으로 한다.

이상과 같이 계약이 성립되었으므로 본 계약서 2통을 작성하고, 갑과 을은 각1통씩을 보관한다.

20○○년　○월　○일

증여인	주 소					
	성 명 또 는 상 호	인	주민등록번호 또는 사업자등록번호	-	전 화 번 호	
수증인	주 소					
	성 명 또 는 상 호	인	주민등록번호 또는 사업자등록번호	-	전 화 번 호	

■ 농지매매계약서(농지법상 허가조건부) - 2

농 지 매 매 계 약 서

매수인 ○○주식회사를 갑으로 하고, 매도인 토지소유자 △△△을 을로 하여 갑과 을 사이에 다음과 같이 토지매매계약을 체결한다.

(부동산 표시)
소 재 : ○○도 ○○군 ○○면 ○○리
지 번 : ○○번지
지 목 : 밭
지 적 : ○○○㎡

제1조(목적) 을은 자신의 소유인 위 표시의 토지(이하 '본 건 토지'라 한다)를 농지법의 규정에 따른 허가를 조건으로 하여 갑에게 매도하고, 갑은 이를 매수하기로 한다.

제2조(매매대금) 본 건 토지의 매매대금은 일금○○○만원으로 한다.

제3조(허가의 신청) 본 계약체결 후 갑 및 을은 지체 없이 농지법상의 규정과 관련법규의 기타 규정에 따른 허가를 신청하도록 한다.

제4조(제한물권의 소멸) 을은 본 건 토지에 대하여 갑의 사용을 저해하는 저당권 기타 권리가 있을 때는 이를 소멸시키도록 한다.

제5조(소유권이전등기절차와 허가신청) 소유권이전등기신청 및 농지법등 관련법규의 규정에 의한 허가신청은 갑이 하도록 하고, 을은 그 신청에 필요한 서류를 미리 갑에게 제출하도록 한다.

제6조(대금지급의 방법) ① 갑은 제3조 내지 제5조의 행위가 완료되었을 때 그에 소요된 비용은 매매대금의 일부로 충당하도록 한다.
② 매대대금의 잔액은 본 건 토지에 관한 갑의 사용을 방해하는 일체의 권리를 을이 소멸시키고, 을로 하여금 갑에게 소유권이전등기가 완료되었을 때 지급하기로 한다.
③ 매매대금의 잔액은 위 2항의 절차를 완료한 후 을이 갑에게

청구한 날부터 20일 이내에 지급하도록 한다.

제7조(인도) 을은 농지법 및 기타 관련법의 규정에 의한 허가가 있은 후 해당 소유권상에 일체의 권리를 존재시키지 않은 상태로 본 건 토지를 갑에게 인도 하도록 한다.

제8조(비용부담) 본 건 토지에 대한 제세공과금은 갑이 인도를 받은 날 전날까지 발생된 제세비용은 을의 부담으로 하기로 한다.

제9조(기타 비용) 을은 제2조에서 정하는 매매대금 이외에는 어떠한 명목이라도 갑에게 부담을 주지 않는다.

제10조(계약의 해제) 본 계약이 농지법 및 기타 관련법규의 규정에 의한 허가를 얻지 못해 이행할 수 없게 된 경우에는 을은 이미 수령한 계약금을 갑에게 반환하고, 본 계약은 해제되는 것으로 한다.

이 계약을 보증하기 위해 계약서 2통을 작성하여, 각각 서명.날인한 후, 각 1통을 보관하도록 한다.

20○○년   ○월   ○일

증여인	주 소					
	성 명 또 는 상 호	인	주민등록번호 또는 사업자등록번호	-	전 화 번 호	
수증인	주 소					
	성 명 또 는 상 호	인	주민등록번호 또는 사업자등록번호	-	전 화 번 호	

(해설)

1. 토지거래허가제의 개념

"토지거래허가제"란 국토의 이용 및 관리에 관한 계획의 원활한 수립 및 집행, 합리적 토지이용 등을 위하여 토지의 투기적인 거래가 성행하거나 지가가 급격히 상승하는 지역과 그러한 우려가 있는 지역에 대해 5년 이내의 기간을 정하여 국토교통부장관 또는 특별시장·광역시장·특별자치시장·도지사·특별자치도지사가 토지거래계약에 대해 허가를 받도록 하는 제도를 말합니다.

2. 토지거래계약에 관한 허가

① 허가구역 안에 있는 토지에 대해 토지거래계약을 체결하려는 당사자는 공동으로 시장·군수 또는 구청장의 허가를 받아야 합니다. 허가받은 사항을 변경하려는 경우에도 허가를 받아야 합니다.
② 토지거래허가를 받지 않고 체결한 토지거래계약은 효력이 발생하지 않습니다. 판례는 허가를 받지 못한 매매 등의 거래행위의 효력은 무효이지만, 일단 허가를 받으면 그 계약은 소급해서 유효가 되고 이와 달리 불허가가 된 때에는 무효로 확정되므로 허가를 받기 전까지는 유동적 무효의 상태에 있다고 합니다.

(관련판례)

「국토이용관리법」상의 규제구역 내의 '토지등의 거래계약'허가에 관한 관계규정의 내용과 그 입법취지에 비추어 볼 때 토지의 소유권 등 권리를 이전 또는 설정하는 내용의 거래계약은 관할 관청의 허가를 받아야만 그 효력이 발생하고 허가를 받기 전에는 물권적 효력은 물론 채권적 효력도 발생하지 아니하여 무효라고 보아야 할 것인바, 다만 허가를 받기 전의 거래계약이 처음부터 허가를 배제하거나 잠탈하는 내용의 계약일 경우에는 확정적으로 무효로서 유효화될 여지가 없으나 이와 달리 허가받을 것을 전제로 한 거래계약(허가를 배제하거나 잠탈하는 내용의 계약이 아닌 계약은 여기에 해당하는 것으로 본다)일 경우에는 허가를 받을 때까지는 법률상 미완성의 법률행위로서 소유권 등 권리의 이전 또는 설정에 관한 거래의 효력이 전혀 발생하지 않음은 위의 확정적 무효의 경우와 다를 바 없지만, 일단 허가를 받으면 그 계약은 소급하여 유효한 계약이 되고 이와 달리 불허가가 된 때에는 무효로 확정되므로 허가를 받기까지는 유동적 무효의 상태에 있다고 보는 것이 타당하므로 허가받을 것을 전제로 한 거래계약은 허가받기 전의 상태에서는 거래계약의 채권적 효력도 전혀 발생하지 않으므로 권리의 이전 또는 설정에 관한 어떠한 내용의 이행칭구도 할 수 없으나 일단 허가를 받으면 그 계약은 소급해서 유효화되므로 허가 후에 새로이 거래계약을 체결할 필요는 없다(대법원 1991. 12. 24. 선고 90다12243 전원합의체 판결).

■ 기기매매계약서

기 기 매 매 계 약 서

매도인 ○○기계주식회사(이하 '갑'이라 한다.)와 매수인 ◇◇◇ (이하 '을'이라 한다.)은 아래 표시 매매목적물을 매매함에 있어 다음과 같이 계약을 체결한다.

〈기기의 표시〉
기기의 이름 : 자동 선반
기기의 수량 : 2대
기기의 옵션 : 생략

제1조(계약당사자와 매매목적물) 갑은 위 매매목적물 2대를 을에게 2,500만원(부가가치세를 포함한 금액이다.)에 매도하고 을은 이를 매수한다.

제2조(대금지급과 매매목적물의 인도) ① 을은 다음과 같이 대금을 갑에게 지불한다.

　1. 계약금 200만원 : 계약당일 지급한다.

　2. 잔금　2,300만원 : 매매목적물 인수 시 지급한다.

　② 갑은 20○○년 ○월 ○일까지 위 매매목적물을 을이 지정한 장소에서 을에게 인도하여야 하며 그에 따른 비용은 갑의 부담으로 한다.

제3조(품질보증) 갑은 을에게 위 매매목적물을 인도할 때 그 품질을 보증하는 별도의 보증서를 교부하여야 한다.

제4조(매매목적물 인수전의 계약해제) ① 갑과 을은 계약체결 후 위 매매목적물을 인수하기 전까지 이 계약을 해제할 수 있다.

　② 갑의 계약위반을 이유로 을이 해제할 때에는 갑은 을로부터 받은 계약금과 이 계약금을 받은 날로부터 반환 일까지 이 계약체

결일 현재의 시중은행 1년 만기 정기예금 이자율 중 가장 높은 이자율에 의한 이자를 가산한 금액을 즉시 반환하고, 을의 계약위반을 이유로 갑이 해제할 때에는 갑은 을이 지급한 계약금에서 위와 같은 조건의 이사를 공제한 잔금을 즉시 반환한다.

제5조(철회권의 행사방법과 효과) ① 을은 계약서를 교부받은 날 또는 계약서를 교부받지 아니한 경우에는 매매목적물을 인수한 날로부터 10일 이내에 계약에 관한 청약을 철회할 수 있다.

② 을의 철회권 행사는 위 기간내에 철회의 의사표시가 기재된 서면을 갑에게 발송함으로써 효력을 발생한다.

③ 을이 적법하게 철회권을 행사한 경우 갑은 이미 지급 받은 계약금 등을 을에게 반환하고 을은 이미 인도 받은 매매목적물 등을 갑에게 반환하여야 하며 그에 따른 비용은 갑의 부담으로 한다.

제6조(지연손해금) ① 을이 대금불입의무를 위반한 경우 을은 연체금액에 대하여 각 연체 일로부터 불입 일까지 연 24%의 비율에 의한 지연손해금을 연체금액에 우선하여 지급하여야 한다.

② 갑이 매매목적물의 인도기한을 지연시킨 경우 을은 제4조에 의거 계약을 해제하거나 갑에게 지급한 계약금에 대해 인도가 지연된 기간동안 연24%의 이자지급을 요구하고 이를 잔금에서 공제할 수 있다.

제7조(할부구입) ① 을이 잔금 전부 또는 일부를 할부로 하고자 할 경우에는 매매목적물을 인수하기 전에 다음 사항을 이행하여야 한다.

 1. 갑이 인정하는 연대보증인 1인 이상 입보

 2. 을이 부담할 할부금에 대해 갑이 지정하는 보험회사와 갑을 피보험자로 하는 할부판매 보증보험 계약 체결

② 위 제1항 각 호에 소요되는 비용은 을이 부담하며 절차는 을의 위임을 받아 갑이 대행할 수 있고 이때 을은 이에 필요한 서류를 구비하여 매매목적물 인수 전까지 갑에게 제출하여야 한다.

③ 을은 채무이행을 보장할 수 있는 다른 담보로서 위 제1항 각 호의 의무사항을 대체할 수 있다.

제8조(기한의 이익상실) 을에게 다음 각 호의 사유가 발생한 경우

을은 할부금 분할상환의 이익을 상실하며 갑은 할부계약을 해제할 수 있다.

1. 매회 할부금을 다음 지급기일까지 연속하여 2회 이상 연체한 경우. 단 그 연체된 금액이 할부가격의 10분의 1을 초과하는 경우에 한한다.
2. 생업 또는 결혼 등으로 외국으로 이주하는 경우
3. 을이 담보를 손상, 감소 또는 멸실 하게 한 경우
4. 을이 담보제공의 의무를 이행하지 않은 경우
5. 을이 파산선고를 받은 경우

제9조(대출) ① 을이 할부구입을 할 경우 을은 갑이 지정한 금융기관에 할부원금을 대출액(대출금리는 연 12%)으로 하고 할부기간을 대출상환기간으로 하여 대출을 받아 갑에게 매매목적물의 잔대금으로 지급키로 하며, 을이 할부금납부등 제반의무를 이행하여 대출금 상환이 완료되었을 때 할부금이 완제된 것으로 한다.

② 갑은 대출에 관한 사항(대출관련보험가입 포함)을 을의 위임을 받아 대행할 수 있으며, 이때에 갑은 대출금을 직접 수령할 권한을 가진다.

③ 을이 갑에게 위 제2호의 사항을 위임한 경우 을은 대출에 필요한 제반서류를 구비하여 매매목적물 인수전까지 갑에게 제출하여야 하며, 제출서류에 하자가 있을 시는 을의 책임하에 즉시 보완제출하여야 하고 대출에 소요되는 비용은 을의 부담으로 한다.

제10조(관할법원) 이 계약에 관한 모든 소송은 제소당시 을의 주소, 주소가 없을 때는 거소를 관할하는 법원으로 한다. 단. 제소당시 을의 주소 또는 거소가 분명하지 않은 경우에는 갑의 본점 또는 영업소를 관할하는 법원을 관할법원으로 한다.

제11조(기타) ① 이 계약에서 규정되지 않은 사항은 법령 및 일반 상관례에 의한다.

② 이 계약서는 매매, 양도, 질권 등의 권리설정 대상이 될 수 없다.

③ 이 계약서의 변경 또는 수정은 갑, 을 상호 협의 하에 문서에 의해서만 할 수 있다.

④ 이 계약서는 2통을 작성하여 갑, 을이 각자 1통씩 소지한다.

20○○년   ○월   ○일

증여인	주 소					
	성 명 또 는 상 호	인	주민등록번호 또는 사업자등록번호	-	전 화 번 호	
수증인	주 소					
	성 명 또 는 상 호	인	주민등록번호 또는 사업자등록번호	-	전 화 번 호	

■ 공장매매계약서

공 장 매 매 계 약 서

매도자 ○○주식회사(이하 갑이라 한다)와 매수자 ◇◇주식회사(이하 을이라 한다)의 사이에 다음과 같이 공장매매에 관한 계약을 체결한다.

〈공장의 표시〉
대지권의 표시 : ○○도 ○○시 ○○동 ○○길 대지 1,497㎡
건물이 표시 : 위 지상 칠근콘크리트 슬래브지붕 단층 공장 1,157㎡
　　　　　　(등기부상의 건물내역 전체포함)
부대설비 및 기계의 표시 : 별지 목록 기재 (생략)

제1조(매매대금) 매매대금은 다음과 같이 지급하기로 한다.

매매대금	금	원정 중			
계 약 금	금	원정은	년	월	일에 지급하고
중 도 금	금	원정은	년	월	일에 지급하고
잔　　금	금	원정은	년	월	일에 지급하기로 함.

제2조(매매범위) 갑은 을에게 공장을 현 상태 그대로 매도할 것을 약정하고 을은 공장을 매수한다.

제3조(이행의무) 갑은 을에게 다음과 같이 본 계약상의 의무를 이행한다.

1. 20○○년 ○월 ○일 중도금 지급 시까지 공장을 비우고, 공장 토지 건물에 설정한 저당권 등의 담보물권, 가등기 등 등기부상의 부담을 일체 말소한다.

2. 20○○년 ○월 ○일까지 잔금지급과 동시에 위 표시의 공장

토지 건물의 소유권이전등기 신청, 공장 토지 건물, 부속 설비 기계를 인도한다.

제4조(위험부담) 공장의 토지 건물 소유권이전등기 및 인도까지 공장건물 또는 기계설비가 갑의 책임 있는 사유로 훼손되거나 또는 멸실 되었을 때는 일체의 손해는 갑의 부담으로 한다.

제5조(하자담보) 을은 계약체결 후 목적물의 일부 훼손으로 공장으로서의 기능을 잃지 않았을 때는 갑에 대해 훼손에 상당한 가격을 매매대금에서 공제할 것을 청구할 수 있고, 훼손의 정도가 심하거나 혹은 멸실 되었을 시 본 계약은 해제하기로 한다.

제6조(계약해제) ① 갑의 귀책사유로 공장건물 또는 기계설비가 멸실 혹은 훼손 되었을 때, 을은 즉시 본 계약을 해제하고, 계약금의 반환 및 손해배상으로 계약금과 같은 액수의 금전을 청구할 수 있다.

② 을이 본 계약상의 의무를 이행하지 않을 때는 갑은 본 계약을 해제할 수 있으며 지급된 계약금은 갑에게 귀속된다.

제7조 (보증책임) 갑은 을에 대해 건물, 기계 및 부대 설비를 인도한 후 1년 간의 생산능력을 보증하는 책임을 진다. 매매대금 중 10%상당 금액을 하자담보 보증금으로 유보한다.

이 계약의 성립을 보증하기 위하여 본 계약서 2통을 작성하여 갑과 을이 각 1통씩 보관키로 한다.

20○○년   ○월   ○일

증여인	주 소					
	성 명 또 는 상 호	인	주민등록번호 또는 사업자등록번호	-	전 화 번 호	
수증인	주 소					
	성 명 또 는 상 호	인	주민등록번호 또는 사업자등록번호	-	전 화 번 호	

(관련판례)

매매계약의 체결 이후 시가 상승이 예상되자 매도인이 구두로 구체적인 금액의 제시 없이 매매대금의 증액요청을 하였고, 매수인은 이에 대하여 확답하지 않은 상태에서 중도금을 이행기 전에 제공하였는데, 그 이후 매도인이 계약금의 배액을 공탁하여 해제권을 행사한 사안에서, 시가 상승만으로 매매계약의 기초적 사실관계가 변경되었다고 볼 수 없어 '매도인을 당초의 계약에 구속시키는 것이 특히 불공평하다'거나 '매수인에게 계약내용 변경요청의 상당성이 인정된다'고 할 수 없고, 이행기 전의 이행의 착수가 허용되어서는 안 될 만한 불가피한 사정이 있는 것도 아니므로 매도인은 위의 해제권을 행사할 수 없다고 한 원심이 판단을 수긍한 사례 (대법원 2006. 2. 10. 선고 2004다11599 판결).

■ 상품매매계약서

상 품 매 매 계 약 서

매도인 ○○○(이하 갑이라 한다)과 매수인 ×××(이하 을이라 한다)
는 제1조에 정하는 물품의 매매를 위하여 다음 계약을 체결한다

제1조(조건)
    1. 품　　명
    2. 수　　량
    3. 금　　액
    4. 인도기일
    5. 인도장소
    6. 대금총액
    7. 지급기한
    8. 지급방법

제2조(소유권이전) 물품의 소유권은 물품의 인도가 있은 때에 갑으
로부터 을에게 이전한다.

제3조(위험부담) 물품의 인도전에 발생한 물품의 멸실, 훼손, 감량,
변질, 기타 일체의 손해는 그 원인이 을의 귀책사유인 것을 제
외하고는 갑이 부담하며, 물품의 인도 후에 발생한 이들의 손해
는 그 원인이 갑의 귀책사유인 것을 제외하고는 을이 부담한다.

제4조(검사 및 수령) ① 갑은 을의 지시에 따라 약정기일에 약정인
도장소에 물품을 지참하며, 을은 물품 수령 후 ○일 이내에 물품
을 검사하여야 한다.
  ② 물품의 수령은 을의 검사종료와 동시에 완료한다. 검사지연으
로 인하여 갑에게 발생한 손해는 을이 부담한다.

제5조(목적물 인수 등) ① 갑은 불합격품 또는 계약수량을 초과한
부분 및 계약을 해제당한 물품 기타 을로부터 반환되는 물품을

자기의 비용으로 을의 통지 발송일로부터 ○일 이내에 인수하여야 한다.

② 전항의 기간 경과후에도 갑의 인수가 없을 경우에는 을은 갑의 비용으로써 물품을 반송, 공탁하거나 물품을 매각하여 그 대금을 보관하거나 공탁할 수 있다.

제6조(지연손해금) 을이 매매대금채무의 변제를 하지 아니할 때에는 갑에게 지급기일의 다음 날부터 다 갚는 날까지 연 24%의 비율에 의한 지연손해금을 지급하여야 한다.

제7조(하자담보) 갑은 물품이 계약조건과 상이하거나 또는 인도전의 원인에 의하여 발생한 물품의 품질불량, 수량부족, 변질, 기타의 하자에 관하여 책임을 부담하며, 을은 대금인도나 하자보수 또는 대금감액을 청구할 수 있다. 그 하자의 존재로 인하여 계약의 목적을 달성힐 수 없을 경우에 을은 본 계약을 해제할 수 있으며 갑은 어떠한 경우에도 손해배상청구에 응하여야 한다. 단, 을은 곧 발견할 수 있는 하자에 관하여는 물품수령 후 검사를 한 날로부터 ○일 이내에 통지를 하지 아니할 경우 그 해제권 또는 청구권을 상실한다.

제8조(불가항력의 면책) 천재지변, 전쟁, 폭동, 내란, 법령의 개폐, 제정, 공권력에 의한 명령, 처분, 동맹파업, 기타의 쟁의행위, 수송기관의 사고, 기타 불가항력에 의하여 계약의 전부나 일부의 이행지연 또는 인도불능 사태가 발생하였을 경우에는 갑은 그 책임을 부담하지 아니한다.

제9조(합의관할) 본 계약에서 발생하는 권리의무에 관한 소송에 대하여는 ○○지방법원을 관할법원으로 한다.

위 계약체결의 증서로써 본 증서 2통을 작성하여 서명.날인하고 각자 1통씩 보관한다.

20○○년 ○월 ○일

증여인	주 소						
	성 명 또 는 상 호		인	주민등록번호 또는 사업자등록번호	-	전 화 번 호	
수증인	주 소						
	성 명 또 는 상 호		인	주민등록번호 또는 사업자등록번호	-	전 화 번 호	

■ 매매계약 해제통지서

해 제 통 지 서

수 신 : △ △ △ 귀하
주 소 : ○○시 ○○구 ○○길 ○○

20○○년 ○월 ○일 귀하와 체결한 ○○계약에 의한 귀하의 ○○채무는 20○○년 ○월 ○일까지는 이행되어야 할 것임에도 불구하고 아직까지 이행하지 않았으므로 오는 20○○년 ○월 ○일까지는 빈드시 이행하여 주시기 바랍니다. 만일 위 기일까지 이행이 없는 경우는 별도로 해제의 통지가 없더라도 계약은 해제된 것이라고 지득하여 주시기 바랍니다. 최고를 겸하여 통지합니다.

20○○년 ○월 ○일

통 지 인(매도인) ○ ○ ○ (서명)

■ 매매계약서(계약적인 공급)

매 매 계 약 서

매도인 ○○○(이하 '甲'이라 한다)과 매수인◇◇◇(이하 '乙'이라 한다)은 다음과 같이 계약을 체결한다.

제1조(계약의 목적) 甲은 자신이 생산하고 있는 "A"제품을 20○○. ○. ○.부터 같은 해 ○월 ○일까지 매월 1,000개씩 합계 6,000개를 乙에게 매도한다.

제2조(단가) 제품의 단가는 금10,000원으로 한다.

제3조(인도시기 및 장소) (1) 甲은 乙에게 매월 25일까지 위 제품을 乙의 영업 장소에서 인도하여야 한다.

(2) 만일에 甲이 매월 25일까지 제품을 인도하지 못할 시에는 乙은 미인도 제품 1개당 금1,000원의 지연손해금을 甲에게 배상하여야 한다.

제4조(대금지급시기 및 지급방법) (1) 乙은 매월 제품을 인도 받은 후 5일 내에 甲에게 대금을 지급하되, 대금지급은 현금으로 하여야 한다.

(2) 만일에 乙이 제 때에 대금을 지급하지 못할 경우에는 甲에게 미지급대금의 1할을 지연손해금으로 배상하여야 한다.

제5조(제품의 하자) 甲이 乙에게 납품한 제품에 하자가 있을 시에는 甲은 乙에게이를 즉시 통지하고 乙은 위 통지를 받은 후 5일 내에 완제품으로 교환해 주어야 한다.

제6조(계약의 해제) (1) 甲과 乙은 이 계약에서 정한 의무를 위반한 상대방에 대하여 계약의 해제를 통지할 수 있다.

(2) 해제의 통지는 서면으로 하여야 한다.

제7조(관할법원) 이 계약에 관한 소송의 관할법원은 甲과 乙이 합의하여 결정하되, 합의가 이루어지지 아니한 경우에는 ○○지방법

원으로 한다.

위 계약을 증명하기 위하여 계약서 2통을 작성하고, 각 서명.날인하여 각자 1통씩 보관한다.

20○○. ○. ○.

증여인	주 소					
	성 명 또 는 상 호	인	주민등록번호 또는 사업자등록번호	-	전 화 번 호	
수증인	주 소					
	성 명 또 는 상 호	인	주민등록번호 또는 사업자등록번호	-	전 화 번 호	

■ 동산매매계약서

동산매매계약서

매도인 ○○○(이하 "갑"이라 한다)과 매수인 ◇◇◇(이하 "을"이라 한다)은 아래 표시의 동산에 관하여 다음과 같이 합의하여 계약을 체결한다.

매매목적물의 표시 : 여성용의류 20벌

제1조(목적) 갑은 그 소유의 위 여성용의류 20벌을 을에게 매도하고 을은 이를 매수한다.

제2조(매매대금) ① 매매대금은 금 _____원으로 하고 다음과 같이 지급하기로 한다.

계약금 : 금   원은 계약체결시에 지급하고

중도금 : 금   원은   년   월   일에 지급하며

잔 금 : 금   원은   년   월   일에 지급하기로 함.

② 제1항의 계약금은 잔금 수령시에 매매대금의 일부로 충당한다.

제3조(매매물건의 인도) 갑은 을의 잔금지급과 동시에 갑의 비용과 책임으로 매매물건을 을에게 인도하여야 한다.

제4조(매도인의 담보책임) 매매물건은 계약시 상태를 대상으로 한다.

제5조(위험부담) ① 매매물건이 인도 이전에 불가항력으로 인하여 매매물건이 멸실 또는 훼손되었을 경우에는 그 손해는 갑의 부담으로 한다.

② 제1항의 경우에 을이 계약을 체결한 목적을 달성할 수 없을 때에는 을은 계약을 해제할 수 있으며 이 때 갑은 이미 수령한 대금을 을에게 반환하여야 한다.

제6조(계약의 해제) ① 제2조의 중도금 지급시까지 을은 계약금을 포기하고 갑은 계약금의 배액을 상환하고 계약을 해제할 수 있다.

② 당사자 어느 일방이 본 계약을 위반하여 이행을 태만히 한 경우 상대방은 1주간의 유예기간을 정하여 이행을 최고하고, 일방이 이 최고의 기간 내에 이행을 하지 않을 경우에 상대방은 계약을 해제할 수 있다.

제7조(위약금) 제6조제2항에 의하여 일방이 계약을 해제하였을 때에는 상대방은 계약금 상당액을 손해배상금으로 지급하여야 한다.

제8조(비용) 매도증서작성 비용 및 이에 부대하는 비용, 그리고 이 매매물건의 매도로 부과되는 부가가치세는 갑이 부담하고 매매물건의 인도에 소요되는 비용은 을이 부담한다.

이 계약을 증명하기 위하여 계약서 2통을 작성하여 갑과 을이 서명.날인한 후 각각 1통씩 보관한다.

20○○. ○. ○.

매도인	주 소					
	성 명 또 는 상 호	인	주민등록번호 또는 사업자등록번호	-	전 화 번 호	
매수인	주 소					
	성 명 또 는 상 호	인	주민등록번호 또는 사업자등록번호	-	전 화 번 호	
입회인	주 소					
	성 명 또 는 상 호	인	주민등록번호 또는 사업자등록번호	-	전 화 번 호	

■ 내용증명서(잔금최고 및 이행지체로 인한 계약해제)

통 지 서

받는 사람   성 명 :
　　　　　　주 소 :

보내는 사람 성 명 :
　　　　　　주 소 :
　　　　　　연락처 :

<부동산의 표시>

<매매금액> 금　　　　　　　원(₩　　　　　　)
　　　계 약 금 :　　　　원은 20○○년 ○월 ○일
　　　　　　　　　　　　(계약일)에 지불한다.
　　　중 도 금 :　　　　원은 20○○년 ○월 ○일
　　　　　　　　　　　　지급키로 한다.
　　　잔　　금 :　　　　원은 20○○년 ○월 ○일
　　　　　　　　　　　　지급키로 한다.

1. 위와 같이 甲과 乙은 20○○. ○. ○. □□부동산에서 매매계약을 체결하고 계약금은 20△△.△.△.에, 중도금은 20○○.○.에 지급이 이루어졌습니다.

2. 본인이 잔금지급기일에 □□부동산 중개사무실에서 소유권이전에 필요한 서류를 모두 준비하여 잔금을 지급할 것을 최고하였으나 이행하지 않았고, 이후에도 수차 본인이 소유권이전에 필요한 서류를 준비한 채 잔금을 지급할 것을 통보하였으나 계

속해서 잔금지급을 이행하지 않았습니다. 이러한 사실은 □□부동산의 공인중개사 ◇◇◇도 확인하였습니다. 이에 본인은 부득이 내용증명을 발송하며 20○○. ○. ○.까지 잔금을 지급하지 않으면 20○○. ○. ○.자로 별도의 서신통보 없이 계약이 해제됨을 통지합니다.

3. 계약이 해제되면 계약금은 매도인의 소유가 되고 중도금 일부금 ○○○원(₩   )은 이로 인한 손해액을 감액하고 남는 금액에 대해서는 반환 또는 공탁할 것임을 통보합니다.

20○○년   ○월   ○일

위 발신인 ·   (서명)

(해설)

1. 내용증명의 필요성

① 매도인이 소유권이전등기에 필요한 서류를 갖추고 잔대금 지급과 동시에 이전등기 및 인도를 하려고 하였으나 매수인이 잔대금을 지급기일에 지급하지 않아 이행지체에 빠진 상태라면 매도인은 상당한 기간을 정하여 그 이행을 최고한 후, 상당한 기간이 도과하면 매매잔대금 미지급을 이유로 매매계약을 해제할 수 있다(민법 544조).

② 이 경우 매도인이 매매계약을 해제하지 아니하고 방치한다면 매매계약이 그대로 존속된 상태이기 때문에 매수인이 잔대금 지급을 하면서 소유권이전등기를 요구할 경우 매도인은 소유권이전등기절차에 응하여야 하는 경우가 발생할 수 있다. 따라서 매도인이 매매계약으로부터 이탈하여 평온하게 소유자로서의 권리를 행사하기 위해서는 내용증명 등으로 매매계약의 해제를 통보하여 위와 같은 사례가 발생하는 것을 방지할 필요가 있다.

③ 위와 같이 매매계약을 해제할 때 매매계약으로 인해 발생한 손해가 있다면 매도인은 매매계약 해제로 인한 손해에 대한 손해배

상청구도 가능하다(민법 551조). 본 서식에서는 매매계약 해제로 인한 손해액을 반환하여야 할 중도금에서 공제하는 형식을 취하고 있다.

2. 주의할 점

① 대법원 판례는 쌍무계약의 당사자 일방이 먼저 한번 현실의 제공을 하고 상대방을 수령지체에 빠지게 하였다 하더라도 그 이행의 제공이 계속되지 않는 경우는 과거에 이행의 제공이 있었다는 사실만으로 상대방이 가지는 동시이행의 항변권이 소멸하는 것은 아니므로, 일시적으로 당사자 일방의 의무의 이행제공이 있었으나 곧 그 이행의 제공이 중지되어 더 이상 그 제공이 계속되지 아니하는 기간 동안에는 상대방의 의무가 이행지체 상태에 빠졌다고 할 수는 없다고 할 것이고, 따라서 그 이행의 제공이 중지된 이후에 상대방의 의무가 이행지체 되었음을 전제로 하는 손해배상청구도 할 수 없다(대법원 1999. 7. 9. 선고 98다13754판결)라고 판시하고 있다.

② 위 판례를 토대로 볼 때, 매수인을 이행지체 상태에 빠지게 하여 매매계약을 적법하게 해제하기 위해서는 매도인이 소유권이전등기의무를 이행하기 위한 준비 상태를 유지하고 있었다는 점을 내용증명에서 명시하는 것이 필요하다. (본 서식에서는 이러한 사실을 명시하면서 그 사실을 □□부동산의 공인중개사 ◇◇◇이 확인하였다는 것도 추가적으로 명시하고 있다) 그렇지 않을 경우 매수인 측에서 동시이행항변권을 주장하여 이행지체로 인한 손해배상청구는 물론 계약 해제도 불가능할 수 있다.

3. 작성요령

매매당사자의 인적사항 및 매매대상인 부동산과 계약금·중도금·잔금 등 매매금액, 잔대금 미지급으로 인해 매수인이 이행지체에 빠지게 된 사정(잔금지급을 수차에 걸쳐서 독촉한 사정)을 기재한 후 매수인이 매매계약 불이행으로 매매계약을 해제한다는 사실을 기재하여 기명날인하면 된다.

3. 교환계약서

■ 부동산교환계약서

부 동 산 교 환 계 약 서

【교환부동산의 표시】
　　갑(○○○) : ○○시 ○○구 ○○동 ○○○-○○
　　　　　　　　 대 ○○○㎡(금 삼억원)
　　을(○○○) : ○○시 ○○구 ○○동 ○○○-○○
　　　　　　　　 대 ○○○㎡(금 이억오천만원)

제1조 (계약목적) 갑과 을은 위 부동산을 쌍방 합의 하에 아래와 같이 교환계약을 체결한다.

제2조 (대금지급) 을은 위 부동산의 교환에 차액을 갑에게 아래와 같이 지불키로 한다.
　　- 교 환 대 금 : 금 오천만원(50,000,000원)
　　- 계 　 약 　 금 : 금 오백만원(5,000,000원)은 계약시
　　　　　　　　　　　　 지불하고 갑은 이를 영수함.
　　- 잔 　 　 　 금 : 금 사천오백만원(45,000,000원)은
　　　　　　　　　　　　 200○년 ○○월 ○○일 지불한다.

제3조 (평가액) 교환물건에 설정된 피담보채권, 임차보증금 등은 다른 약정이 없는 한 평가액에 포함한다.

제4조 (완전한 권리이전 의무) 교환물건에 관하여 제한물건이 설정되어 있거나 불법점유 등 하자가 있는 때에는 소유권이전등기 일까지 이를 제거하여 완전한 소유권을 이전하여야 한다.

제5조 (제세공과금) 교환물건에 관하여 발생한 수익과 제세공과금은 소유권이전등기일을 기준으로 각 부담한다. 다만, 교환물건의 인

도를 지체한 경우에 발생한 것은 인도를 지체한 자의 부담으로
한다.

제6조 (계약해제 사유) 교환의 목적을 달성할 수 없는 때에는 계약
을 해제할 수 있으며 기수령한 내금은 반환한다.

제7조 (소유권이전시기) 소유권이전등기신청은 잔대금과 동시에 관
할 등기소에서 한다.

제8조 (인도시기) 교환물건은 계약당시의 현상대로 계약기일에서 정
한 인도일에 각각 인도하여야 한다.

　이 계약을 증명하기 위하여 계약서 2부를 작성하여 계약당사자가
이의없음을 확인하고 각자 서명.날인한다.

20○○년 ○월 ○일

증여인	주 소						
	성 명 또 는 상 호		인	주민등록번호 또는 사업자등록번호	-	전 화 번 호	
수증인	주 소						
	성 명 또 는 상 호		인	주민등록번호 또는 사업자등록번호	-	전 화 번 호	

(해설)

1. 교환의 개념

① "농지의 교환"이란 당사자 쌍방이 농지를 상호 이전할 것을 약
정하는 계약을 말합니다(「민법」 제598조).

② 통상 교환계약은 목적물의 가격이 균등한 경우에 이루어지나, 균등하지 않은 경우에는 그 차액을 보충하기 위한 보충금이 지급됩니다(「민법」 제597조).

③ 보충금(補充金)에 대해서는 매매대금에 관한 규정을 준용됩니다(「민법」 제597조).

④ 교환계약은 당사자의 합의만으로도 성립하나 농지와 같은 부동산의 교환계약은 소유권이전을 위해 교환계약서를 작성해야 합니다(「부동산등기 특별조치법」 제3조).

2. 교환계약의 효과

① 교환계약의 효력에 대해서 특별한 규정이 없으나 교환계약은 유상계약이므로 민법의 매매에 관한 규정이 준용됩니다(「민법」 제567조). 따라서 교환계약을 세결하면 교환목적물에 내한 소유권의 이전과 그 목적물을 인도할 의무가 있습니다.

② 이 때 교환목적물이나 그 소유권에 흠결이 있는 때에는 목적물의 소유자는 담보책임을 집니다(「민법」 제567조).

③ 교환계약의 의무를 고의·과실로 위반한 의무자는 이행강제, 채무불이행책임, 계약해제의 책임을 지게 됩니다(「민법」 제567조).

3. 부동산 교환계약서의 작성

① 교환계약서의 기재사항

농지와 같은 부동산의 교환계약서는 다음과 같은 내용을 기재하여 직접 작성할 수 있습니다.

- 당사자 2인(이름, 주소, 주민등록번호, 전화번호)
- 교환목적물인 각 농지의 소재지, 지목과 그 면적 및 내역 등
- 교환의 합의
- 소유권이전과 인도
- 그 밖의 특약사항

4. 교환계약서의 작성요령

교환계약서의 작성요령은 다음과 같습니다.

① 교환계약 합의의 표시

- 교환계약서에 계약의 내용이 교환계약임을 명시합니다.
- 통상은 "갑과 을은 아래의 토지에 대하여 다음과 같은 내용으로 교환계약을 체결한다."고 기재합니다.
② 농지의 표시
- 목적물을 특정하기 위해 교환계약서에 갑과 을의 부동산을 각각 기재합니다.
- 농지의 표시는 부동산등기부의 표제부 중 표시란에 기재된 것과 동일하게 기재해야 합니다.
- 농지의 소재지, 지목과 그 면적과 같은 부동산의 표시가 부동산 등기부와 일치하지 않는 경우, 교환목적물의 특정 하는 데 어려움을 겪을 수 있으므로 주의해야 합니다.
③ 당사자의 표시
- 당사자(갑, 을의 이름, 주소, 주민등록번호, 전화번호)를 교환계약서에 기재합니다. 이때 상대방의 주민등록증을 직접 확인하여 기재 내용과 상대방이 일치하는지를 확인해야 합니다.
④ 소유권이전과 인도에 관한 사항
- 농지의 소유권이전에 관한 사항과 인도일을 기재합니다.
⑤ 그 밖의 특약사항
- 그 밖의 특약사항으로는 다음과 같은 것이 있습니다.
 ∴ 보충금이 있을 때 보충금에 관한 사항
 ∴ 소유권이전의 비용, 세금 등의 부담
 ∴ 손해배상의 특약
⑥ 날짜 및 서명날인
 계약을 맺은 날짜를 기재하고 당사자의 명의의 서명날인을 합니다. 이때 대리인이 있는 경우에는 그가 대리인임을 표시하고 본인의 서명날인과 함께 대리인의 서명 날인도 기재합니다.

5. 교환계약서의 검인

농지의 교환계약을 통해 농지의 소유권을 이전받으려는 당사자는 다음의 사항이 기재된 계약서에 검인신청인을 표시하여 부동산의 소재지를 관할하는 시장·군수·구청장 또는 그 권한의 위임을 받은 자의 검인을 받아 관할등기소에 이를 제출해야 합니다(「부동산등기특별조치법」 제3조제1항).

- 당사자
- 목적부동산
- 계약연월일
- 대금 및 그 지급일자등 지급에 관한 사항 또는 평가액 및 그 차액의 정산에 관한 사항
- 부동산중개업자가 있을 때에는 부동산중개업자
- 계약의 조건이나 기한이 있을 때에는 그 조건 또는 기한

4. 소비대차계약서

■ 금전소비대차 계약서(어음으로 변제하는 경우)

금전소비대차계약서

○○○을 갑, △△△을 을로 하여, 당사자 간에 다음과 같이 금전소비대차계약을 체결한다.

제1조(대금) 갑은 금일 금 삼천만원을 빌려주고 을은 이를 받아 차용하였다.

제2조(변제기한) 변제기한은 20○○년 ○월 ○일로 한다.

제3조(변제수단) 을은 변제지급을 위해 액면 금삼천만원, 만기 20○○년 ○월 ○일의 약속어음을 1매 발행하여 갑에게 교부하고 갑은 이를 수령하였다.

본 어음에 관해서는 다음 각 조에서 정하는 이자 지급시 마다 다음 회의 이자지급일을 만기로 하는 어음으로 다시 쓰기로 한다.

제4조(이자) 이자는 연10%로 하고 을은 매월 25일까지 당해 월분을 갑의 주소지나 갑이 지정하는 장소에 지참 또는 송부하여 지급한다.

제5조(연체손해금) 기한 후 또는 기한의 이익을 잃었을 때는 이후 완제에 이르기까지 일○.○○○%에 의한 연체손해금을 지급하지 않으면 안 된다.

제6조(기한의 이익상실) 다음의 경우에는 갑으로부터의 통지최고가 없더라도 당연히 기한의 이익을 잃고 을은 즉각 그 때에 있어서의 나머지 채무 전액을 일시에 지급하지 않으면 안 된다.

1. 1회라도 이자를 기한에 지급하지 않을 때
2. 다른 채무로 인해 보전처분 또는 강제집행을 받았을 때

3. 다른 채무로 인해 경매, 파산, 화의신청이 있었을 때

4. 갑에 통지하지 않고 을이 주소를 이전했을 때

이 계약의 성립을 증명하기 위해 본 증서 2통을 작성하고 서명.날인 후 각1통을 소지한다.

20○○년 ○월 ○일

채권자	주 소						
	성 명	인	주민등록번호	-	전 화 번 호		
채무자	주 소						
	성 명	인	주민등록번호	-	전 화 번 호		

■ 금전소비대차 계약서(차주가 연대채무자인 경우)

금전소비대차계약서

금 10,000,000원정(단, 약정이자 매월 2%)

1. 상기의 금액을 채권자 ○○○으로부터 아래 연대채무자 양인이 20○○년 ○월 ○일 연대하여 차용한다

2. 위 차용한 원금은 양인이 연대하여 20○○년 ○월 ○일까지 채권자 ○○○에게 전액 지참 변제하겠으며, 약정한 이자는 매월30일에 채권자에게 지참 변제한다.

3. 만약 연대채무자들이 약정한 이자를 채권자에게 2월 이상 지급 연체한 때에는 변제기에 관계없이 언제든지 채권자가 청구하여도 이의 없겠으며, 또한 이 건 채무는 본인들이 연대하여 부담한 것이므로 청구할 경우에는 본인 양인 중 1명에 대하여 전부의 청구를 하거나 또는 동시에 혹은 순차로 본인들에 대하여 전부를 청구할 수 있다.

4. 위 계약내용을 확증하기 위하여 아래 연대채무자들은 이 증서를 자유로운 의사상태에서 작성하고 서명.날인하여 채권자에게 교부한다.

20○○년 ○월 ○일

채권자	주 소						
	성 명		인	주민등록번호	－	전 화 번 호	
연 대 채무자 (1)	주 소						
	성 명		인	주민등록번호	－	전 화 번 호	
연 대 채무자 (2)	주 소						
	성 명		인	주민등록번호	－	전 화 번 호	

■ 금전소비대차 계약서(지연손해금 특약)

금전소비대차 계약서

차용금원 금 ○○○원

채무자는 채권자로부터 위 금원을 아래와 같은 조건으로 차용한다.

제1조(대여일시) 채무자는 채권자로부터 20○○년 ○월 ○일 금 ○○○원을 차용하며 채권자는 이 금액을 즉시 채무자에게 지급한다.

제2조(변제기일 및 변제장소) 채무자는 위 금원의 차용금 원금을 20○○년 ○월 ○일까지 채권자의 주소지에서 채권자에게 변제한다.

제3조(이자의지급등) 위 차용금의 이자는 연 ○○%로 하고 지급은 매월 ○일에 채권자의 주소지에서 지급하거나 또는 채권자가 고지한 은행 계좌로 입금한다. 만일 ○회 이상의 이자지급을 지체한 때에는 채무자는 기한의 이익을 상실하고 즉시 위 차용 금원을 변제하여야 한다.

제4조(지연손해금) 위 차용금을 위 2조의 이행기일까지 변제하지 않을 경우 또는 채무자가 기한의 이익을 상실할 경우에는 그 다음날부터 채무자는 위 차용금액에 대하여 연○○%의 비율로 1년을 365일로 보고 1일단위로 계산한 지체일수에 해당하는 지연손해금을 채권자에게 지급한다.

이 금전소비대차 약정서는 채무자가 위 차용원금을 지급 받았음을 증명하는 영수증에 갈음한다.

20○○년 ○월 ○일

채 권 자	주 소					전 화 번 호	
	성 명	인	주민등록번호		-	전 화 번 호	
채 무 자	주 소					전 화 번 호	
	성 명	인	주민등록번호		-	전 화 번 호	

(관련판례)

백미 105가마니를 현물로 대여한 것이 아니라 백미 환산대금 2,415,000원을 대여하고 그 이자도 백미차용 시의 보통의 이자지급방법을 벗어나는 현금으로 수령하였다면, 달리 대여 당시의 형편과 사정에 의하여 원·피고들의 합의 아래 현물 대신 당시의 그 시가에 상당하는 현금을 교부받은 것이라는 특별한 사정이 인정되지 않는 한, 원·피고 사이에 이루어진 위 소비대차는 대여미의 형식을 빌린 금전대차라고 봄이 경험칙에 부합한다(대법원 1994. 9. 9. 선고 93다31191 판결).

■ 준소비대차계약서
(약속어음금 채무를 지급목적으로 하는 경우)

준 소 비 대 차 계 약 서

채권자 ○○○을 갑으로 하고, 채무자 △△△을 을로 하고, 연대보증인 □□□을 병으로 하여 갑, 을, 병간에 다음의 준소비대차계약을 체결한다.

제1조(목적) 갑이 을에 내하어 가지는 아래의 약속어음금에 대하여 금일 갑, 을, 병 당사자로 할 것에 합의하고, 을은 제2조 이하의 조건으로 이것을 변제하기로 약속한다.

- 아 래 -

1. 금   액 : 금○○○원정
2. 발 행 지 : ○○시
3. 지 급 지 : ○○시
4. 지급장소 : 주식회사 ○○은행 ○○지점
5. 발 행 일 : 20○○년 ○월 ○일
6. 만   기 : 20○○년 ○월 ○일
7. 발 행 인 : △△△
8. 수 취 인 : ○○○

제2조(변제일) 차용금 변제일은 2001년 12월 31일로 한다.

제3조(이자) 이자는 연 10%의 비율로, 매월 말일까지 지급하고, 을이 원리금 변제를 지체했을 때는 을은 금 원의 비율로 연체손해금을 가산하여 지급하지 않으면 안 된다.

제4조(변제장소) 채무의 변제는 갑의 주소지 또는 지정장소에 지참 또는 송부한다.

제5조(기한의 이익상실) 을은 다음의 경우 갑으로부터의 어떤 통지 또는 최고 등을 요하지 않고 당연히 기한의 이익을 잃고, 남아있는 채무 전부를 즉시 지급하지 않으면 안 된다.

1. 을이 이자 지급을 2회 이상 지체했을 때
2. 을 또는 병이 제3자로부터 가압류, 가처분, 강제집행을 받고 또는 파산, 화의신청을 받았을 때
3. 을 또는 병이 주소변경하고 그 내용을 갑에게 알리지 않을 때

제6조(보증책임) 병은 본 채무를 보증하고 을과 연대하여 을과 병 사이의 보증위탁 계약의 효력 여하에 관계없이 채무이행의 책임을 진다.

이 계약의 성립을 증명하기 위해 본 증서 3통을 작성하고 갑, 을, 병은 각기 서명. 날인한 후 각 1통씩 보관한다.

20○○년 ○월 ○일

채권자	주 소					
	성 명	인	주민등록번호	-	전 화 번 호	
채무자	주 소					
	성 명	인	주민등록번호	-	전 화 번 호	
연대보증인	주 소					
	성 명	인	주민등록번호	-	전 화 번 호	

(관련판례)

현실적인 자금의 수수 없이 형식적으로만 신규 대출을 하여 기존 채무를 변제하는 이른바 대환은 특별한 사정이 없는 한 형식적으로는 별도의 대출에 해당하나 실질적으로는 기존 채무의 변제기의 연장에 불과하므로 그 법률적 성질은 기존 채무가 여전히 동일성을

유지한 채 존속하는 준소비대차로 보아야 하고, 이러한 경우 채권자와 보증인 사이에 있어서 미리 신규 대출 형식에 의한 대환을 하는 경우 보증책임을 면하기로 약정하는 등의 특별한 사정이 없는 한 기존 채무에 대한 보증책임이 존속된다(대법원 1998. 2. 27. 선고 97다16077 판결).

■ 보증계약서(일반)

보 증 계 약 서

채권자 ○○○을 갑으로 하고 보증인 ○○○을 을로 하여, 양당사자 간에 보증 채무에 관하여 다음의 계약을 체결한다.

제1조(계약의 목적) 보증인 을은 20○○년 ○월 ○일 채권자 갑과 채무자 △△△(주소: ○○시 ○○구 ○○로 ○○번지) 간의 ○○ 계약서에 기재된 채무에 대해서 채무자가 이행을 하지 않을 때는 그 이행을 할 책임을 진다.

제2조(검색의 항변권의 포기) 보증인은 검색의 이익을 포기한다.

제3조(채무의 변제의무) 보증인은 채권자로부터 채무자가 그 채무를 이행하지 않은 취지를 통보 받은 후 ○일간 내에 제1조의 보증채무를 이행하지 않을 때는 채권자에 대하여 위약금 ○○○원을 지급한다.

이 계약을 증명하기 위해 이 증서 2통을 작성하여 각자 서명.날인하고 각 1통을 보관한다.

20○○년 ○월 ○일

채권자	주 소					
	성명또는상호	인	주민등록번호 또는 사업자등록번호	-	전화번호	
보증인	주 소					
	성명또는상호	인	주민등록번호 또는 사업자등록번호	-	전화번호	

■ 보증인변경계약서

보 증 인 변 경 계 약 서

[채권의 표시]

채권자 ○○○(이하 갑이라고 함)으로부터 채무자 ○○○(이하 을이라 함)에 대한 20○○년 ○월 ○일자 금전소비대차계약에 따른 대부원금 ○○원 및 이에 대한 20○○년 ○월 ○일 이후 다 갚는 날까지 연 ○○%의 비율에 의한 이자채권과 기한 후 연 ○○%의 비율에 의한 지연손해배상금채권.

제1조(보증계약) ○○○(이하 정이라 함)은 갑의 을에 대한 위 표시 채권에 대하여 채무자가 그 채무를 이행하지 않을 때 채무자와 연대하여 이행할 책임을 부담할 것을 약정한다.

제2조(보증계약해지) 갑은 정과 이건 연대보증계약을 체결함으로써 위 표시 채권의 연대보증인 ○○○(이하 병이라 함)과(와)의 20○○년 ○월 ○일자 체결한 연대보증계약의 해지에 동의한다.

 이상의 계약으로써 정은 갑에 대하여 연대보증채무를 부담하고, 병은 연대보증채무를 면하였음을 당사자간 확인하며, 서명·날인한 후 2통을 작성하여 각 1통씩 보관한다.

20○○년 ○월 ○일

채권자	주 소					
	성명 또는 상호	인	주민등록번호 또는 사업자등록번호	-	전 화 번 호	
연대보증인	주 소					
	성명 또는 상호	인	주민등록번호 또는 사업자등록번호	-	전 화 번 호	

■ 면책적 채무인수계약서

면 책 적 채 무 인 수 계 약 서

인수인 ◇◇◇(이하 "갑"이라고 한다)는 채무자 ○○○(이하 "병"이라고 한다)이 채권자 □□□(이하 "을"이라고 한다)에게 변제하여야 할 금 50,000,000원의 채무에 대하여 인수하고 을의 동의하에 다음과 같은 내용으로 면책적채무인수 계약을 체결한다.

다 음

1. 채무자 병이 채권자 을에게 변제하여야 할 금50,000,000원의 채무금에 대해서 채권자 을의 동의하에 갑이 위 금원을 인수하면서 채무자 병의 채무를 면책시킨다.
2. 채무자의 채무를 보증하기 위하여 입보를 했던 보증인 ×××의 연대보증과 물상보증인인 □□□의 담보는 소멸시키며 이에 따른 법적 절차를 이행하는데 채권자는 협조한다.
3. 채무자와 채권자가 체결했던 계약에 대한 그 해제권이나 취소권에 대해서는 인수인은 그 권리를 행사할 수 없다.
4. 위 면책적 채무인수계약에 대한 효력은 하기에 기재된 날짜부터 그 효력을 발생한다.

첨부서류 : 위 채권자, 채무자, 인수인의 인감증명서 각 1통

20○○년 ○월 ○일

채권자	주 소						
	성명 또는 상호	인	주민등록번호 또는 사업자등록번호	-	전 화 번 호	
채무자	주 소						
	성명 또는 상호	인	주민등록번호 또는 사업자등록번호	-	전 화 번 호	
인수인	주 소						
	성명 또는 상호	인	주민등록번호 또는 사업자등록번호	-	전 화 번 호	

■ 병존적 채무인수계약서

병존적 채무인수 계약서

채권자 ○○○은 갑으로, 채무자 ○○○은 을로, 인수인 ○○○는 병으로 하여 갑, 을, 병간에 다음과 같이 병존적 채무인수 계약을 체결한다.

제1조 인수인 병은 채권자 갑으로부터 채무자 을에 대한 다음의 채권에 대하여 채무를 인수하고 채무자 을과 함께 이행할 것을 약정하며 채권자 갑은 이를 승낙한다.

다   음

채권자 갑과 채무자 을 사이에 20○○년 ○월 ○일자 금전소비대차계약에 따른 원금30,000,000원, 이자 월2%, 변제기 20○○년 ○월 ○일, 이자 지급일은 매월 30일, 이자가 2개월 미지급시 전액 일시 상환한다는 특약의 채권

제2조 인수인 병은 채권자 갑에 대하여 제1조의 채무인수계약 증서의 약정에 따라 제1조의 채무를 이행하여야 한다.
제3조 채권자 갑은 제1조의 채권에 대해 채무자 을 및 인수인 병에 대하여 동시에, 또는 순차로 전부 또는 일부의 이행을 청구할 수 있다.

위 계약의 성립을 증명하기 위하여 계약서를 2통 작성하고, 채권자 갑과 인수인 병이 각 1통씩 보관한다.

20○○년 ○월 ○일

인 수 인	주 소					
	성 명 또 는 상 호	인	주민등록번호 또는 사업자등록번호	-	전 화 번 호	
채 권 자	주 소					
	성 명 또 는 상 호	인	주민등록번호 또는 사업자등록번호	-	전 화 번 호	

■ 금전차용계약서

금 전 차 용 계 약 서

제1조(당사자) 채권자 ○○○(이하 "갑"이라고 함.)는 20○○년 ○월 ○일 금○○○원을 채무자◎◎◎(이하 "을"이라고 함.)에게 대여하고 을은 이를 차용한다.

제2조(변제기) 차용금의 변제기한은 20○○년 ○월 ○일로 한다.

제3조(이자 및 지연손해금) ① 이자는 연 ○%의 비율로 한다.

② 원리금의 변제를 지체했을 때에는 을은 연 ○○%의 비율에 의한 지연손해금을 가산해서 지불해야 한다.

제4조(변제방법) 채무의 변제는 갑의 주소 또는 갑이 지정하는 지정 장소에 지참 또는 송금해서 지불한다.

제5조(기한이익의 상실) 을이 다음 각호의 1에 해당하는 경우에 있어서는 갑으로부터 기한의 이익을 상실하고 채무전부를 즉시 변제하여야 한다.

1. 본 건 이자의 지불을 ○개월 분 이상 지체했을 때
2. 다른 채무 때문에 강제집행, 집행보전처분을 받거나, 파산 또는 경매의 신청이 있었을 때
3. 을이 주소를 변경하고, 그 사실을 갑에게 고지하지 않았을 때

갑과 을은 상기 계약을 증명하기 위하여 본 계약서 2통을 작성하고, 각자 서명 날인한 후 1통씩을 보관한다.

20○○년 ○월 ○일

채권자	주 소					
	성 명	인	주민등록번호	-	전 화 번 호	
채무자	주 소					
	성 명	인	주민등록번호	-	전 화 번 호	

■ 경개계약서

경 개 계 약 서

제1조 채권자 이○○는 채무자 김○○에 대한 아래 약속어음 채권을 금○○○만 원의 신 채권으로 변경할 것을 약속하고 채무자 김○○은 다음 조항의 규정에 의하여 이를 이행할 것을 약속한다.

- 아   래 -

채무자 김○○이 채권자 이○○ 앞으로 ○○년 ○월 ○일 발행한 금액 ○○○만원, 만기 동년 ○월 ○일, 지급지 ○○시, 지급장소 ○○은행으로 된 약속어음 1매의 채권.

제2조 채무자는 전조의 신 채권 금○○○만원에 대하여 본 계약 일부터 변제 에 이르기까지 연 1할의 이율에 의한 이자를 부가하여 ○○년 ○월 ○일까지 채권자의 주소지에 지참하여 지급하여야 한다.

제3조 채권자는 제1조의 약속어음 1매를 채무자에게 반환하고 채무자는 이를 영수한다.

위 계약을 증명하기 위하여 본 증서 2통을 작성하여 서명.날인하고 각자 1통씩을 소지한다.

20○○년 ○월 ○일

채권자	주 소					
	성 명	인	주민등록번호	-	전 화 번 호	
채무자	주 소					
	성 명	인	주민등록번호	-	전 화 번 호	

■ 상계계약서

상 계 계 약 서

당사자 간에 임의상계하기 위하여 아래와 같이 계약을 체결한다.

제1조 김○○은 20○○년 ○월 ○일 이○○과 체결한 금전소비대차계약에 기하여 갖는 대금 ○○○만원의 채권 중 금 ○○만원을 제2조 표시의 이○○의 채권과 상계하여 소멸시킬 것을 승인한다.

제2조 이○○은 20○○'년 ○월 ○일 김○○과 체결한 ○○매매계약에 기하여 위 김○○에 대하여 가지고 있는 매매대금 채권 중 금 ○○만원의 채권액을 전조에 기재한 위 김○○의 채권과 상계하여 소멸시킬 것을 승인한다.

제3조 양당사자는 제1조 표시의 금전소비대차계약서와 제2조 표시의 ○○매매 계약서는 본 계약서에 첨부하기로 한다.

위 계약을 증명하기 위하여 본 계약서 2통을 작성하여 각자 서명. 날인하고 각1통씩 보관한다.

20○○년 ○월 ○일

김○○	주 소					
	성명 또는 상호	인	주민등록번호 또는 사업자등록번호	-	전 화 번 호	
이○○	주 소					
	성명 또는 상호	인	주민등록번호 또는 사업자등록번호	-	전 화 번 호	

5. 임대차계약서

■ 상가건물 임대차 표준계약서

이 계약서는 법무부에서 국토교통부·서울시·중소기업청 및 학계 전문가와 함께 민법, 상가건물 임대차보호법, 공인중개사법 등 관계 법령에 근거하여 만들었습니다. **법의 보호를 받기 위해 【중요확인사항】(별지)을 꼭 확인하시기 바랍니다.**

상가건물 임대차 표준계약서

임대인(이름 또는 법인명 기재)과 임차인(이름 또는 법인명 기재)은 아래와 같이 임대차 계약을 체결한다.

[임차 상가건물의 표시]

소재지				
토 지	지목		면적	㎡
건 물	구조·용도		면적	㎡
임차할부분			면적	㎡
유의사항 : 임차할 부분을 특정하기 위해서 도면을 첨부하는 것이 좋습니다.				

[계약내용]

제1조(보증금과 차임) 위 상가건물의 임대차에 관하여 임대인과 임차인은 합의에 의하여 보증금 및 차임을 아래와 같이 지급하기로 한다.

보 증 금	금 원정(₩)은
계 약 금	금 원정(₩) 은 계약시에 지급하고 수령함. 수령인 (인)

중 도 금	금　　　　　　원정(₩　　　　　　)은 ＿＿＿＿년 ＿＿＿＿＿월＿＿＿＿일에 지급하며
잔 금	금　　　　　　원정(₩　　　　　　)은 ＿＿＿＿년 ＿＿＿＿＿월＿＿＿＿일에 지급한다
차임(월세)	금　　　　　　원정(₩　　　　　　)은 매월　　일에 지급한다. 부가세 □ 불포함　□ 포함 (입금계좌:　　　　　　　　　　　)
환산보증금	금　　　　　　원정(₩　　　　　　)

유의사항 :① 당해 계약이 환산보증금을 초과하는 임대차인 경우 확정일자를 부여받을 수 없고, 선세권 등을 설정할 수 있습니다 ② 보증금 보호를 위해 등기사항증명서, 미납국세, 상가건물 확정일자 현황 등을 확인하는 것이 좋습니다 ※ 미납국세·선순위확정일자 현황 확인방법은 "별지"참조

제2조(임대차기간) 임대인은 임차 상가건물을 임대차 목적대로 사용·수익할 수 있는 상태로 ＿＿＿＿년 ＿＿＿＿월 ＿＿＿＿일까지 임차인에게 인도하고, 임대차기간은 인도일로부터 ＿＿＿＿년 ＿＿＿＿월 ＿＿＿＿일까지로 한다.

제3조(임차목적) 임차인은 임차 상가건물을 　　　　　(업종)을 위한 용도로 사용한다.

제4조(사용·관리·수선) ① 임차인은 임대인의 동의 없이 임차 상가건물의 구조.용도 변경 및 전대나 임차권 양도를 할 수 없다.

② 임대인은 계약 존속 중 임차 상가건물을 사용·수익에 필요한 상태로 유지하여야 하고, 임차인은 임대인이 임차 상가건물의 보존에 필요한 행위를 하는 때 이를 거절하지 못한다.

③ 임차인이 임대인의 부담에 속하는 수선비용을 지출한 때에는 임대인에게 그 상환을 청구할 수 있다.

제5조(계약의 해제) 임차인이 임대인에게 중도금(중도금이 없을 때는 잔금)을 지급하기 전까지, 임대인은 계약금의 배액을 상환하고, 임차인은 계약금을 포기하고 계약을 해제할 수 있다.

제6조(채무불이행과 손해배상) 당사자 일방이 채무를 이행하지 아니하는 때에는 상대방은 상당한 기간을 정하여 그 이행을 최고하

고 계약을 해제할 수 있으며, 그로 인한 손해배상을 청구할 수 있다. 다만, 채무자가 미리 이행하지 아니할 의사를 표시한 경우의 계약해제는 최고를 요하지 아니한다.

제7조(계약의 해지) ① 임차인은 본인의 과실 없이 임차 상가건물의 일부가 멸실 기타 사유로 인하여 임대차의 목적대로 사용, 수익할 수 없는 때에는 임차인은 그 부분의 비율에 의한 차임의 감액을 청구할 수 있다. 이 경우에 그 잔존부분만으로 임차의 목적을 달성할 수 없는 때에는 임차인은 계약을 해지할 수 있다.

② 임대인은 임차인이 3기의 차임액에 달하도록 차임을 연체하거나, 제4조 제1항을 위반한 경우 계약을 해지할 수 있다.

제8조(계약의 종료와 권리금회수기회 보호) ① 계약이 종료된 경우에 임차인은 임차 상가건물을 원상회복하여 임대인에게 반환하고, 이와 동시에 임대인은 보증금을 임차인에게 반환하여야 한다.

② 임대인은 임대차기간이 끝나기 3개월 전부터 임대차 종료 시까지 「상가건물임대차보호법」 제10조의4제1항 각 호의 어느 하나에 해당하는 행위를 함으로써 권리금 계약에 따라 임차인이 주선한 신규임차인이 되려는 자로부터 권리금을 지급받는 것을 방해하여서는 아니 된다. 다만, 「상가건물임대차보호법」 제10조제1항 각 호의 어느 하나에 해당하는 사유가 있는 경우에는 그러하지 아니하다.

③ 임대인이 제2항을 위반하여 임차인에게 손해를 발생하게 한 때에는 그 손해를 배상할 책임이 있다. 이 경우 그 손해배상액은 신규임차인이 임차인에게 지급하기로 한 권리금과 임대차 종료 당시의 권리금 중 낮은 금액을 넘지 못한다.

④ 임차인은 임대인에게 신규임차인이 되려는 자의 보증금 및 차임을 지급할 자력 또는 그 밖에 임차인으로서의 의무를 이행할 의사 및 능력에 관하여 자신이 알고 있는 정보를 제공하여야 한다.

제9조(재건축 등 계획과 갱신거절) 임대인이 계약 체결 당시 공사시기 및 소요기간 등을 포함한 철거 또는 재건축 계획을 임차인에게 구체적으로 고지하고 그 계획에 따르는 경우, 임대인은 임차인이 상가건물임대차보호법 제10조 제1항 제7호에 따라 계약갱

신을 요구하더라도 계약갱신의 요구를 거절할 수 있다.

제10조(비용의 정산) ① 임차인은 계약이 종료된 경우 공과금과 관리비를 정산하여야 한다.

② 임차인은 이미 납부한 관리비 중 장기수선충당금을 소유자에게 반환 청구할 수 있다. 다만, 임차 상가건물에 관한 장기수선충당금을 정산하는 주체가 소유자가 아닌 경우에는 그 자에게 청구할 수 있다.

제11조(중개보수 등)

중개보수는 거래 가액의   % 인   원(부가세 □ 불포함 □ 포함)으로 임대인과 임차인이 각각 부담한다. 다만, 개업공인중개사의 고의 또는 과실로 인하여 중개의뢰인간의 거래행위가 무효·취소 또는 해제된 경우에는 그러하지 아니하다.

제12조(중개대상물 확인 . 설명서 교부) 개업공인중개사는 중개대상물 확인.설명서를 작성하고 업무보증관계증서(공제증서 등) 사본을 첨부하여 임대인과 임차인에게 각각 교부한다.

[특약사항]

① 입주전 수리 및 개량, ②임대차기간 중 수리 및 개량, ③임차 상가건물 인테리어, ④ 관리비ㅂ의 지급주체, 시기 및 범위, ⑤귀책사유 있는 채무불이행 시 손해배상액예정 등에 관하여 임대인과 임차인은 특약할 수 있습니다.

본 계약을 증명하기 위하여 계약 당사자가 이의 없음을 확인하고 각각 서명.날인 후 임대인, 임차인, 개업공인중개사는 매 장마다 간인하여, 각각 1통씩 보관한다.

                              년   월   일

임대인	주 소							서명 또는 날인 ⑩
	주민등록 번호 (법인등록 번호)			전 화		성 명 (회사명)		
	대 리 인	주 소		주민 등록 번호		성 명		
임차인	주 소							서명 또는 날인 ⑩
	주민등록 번호 (법인등록 번호)			전 화		성 명 (회사명)		
	대 리 인	주 소		주민 등록 번호		성 명		
개업공인중개사	사무소소 재지			사무소소 재지				
	사 무 소 명 칭			사 무 소 명 칭				
	대 표	서명 및 날인	⑩	대 표	서명 및 날인		⑩	
	등록번호		전 화	등 록 번 호		전 화		
	소속공인 중개사	서명 및 날인	⑩	소속공인 중개사	서명 및 날인	⑩		

(별지) 계약시 확인사항

법의 보호를 받기 위한 중요사항!
반드시 확인하세요

< 계약기간 중 꼭 확인하세요 >

【당사자 확인 / 권리순위관계 확인 / 중개대상물 확인.설명서 확인】

① 신분증·등기사항증명서 등을 통해 당사자 본인이 맞는지, 적법한 임대 . 임차권한이 있는지 확인합니다.

② 대리인과 계약 체결 시 위임장·대리인 신분증을 확인하고, 임대인(또는 임차인)과 직접 통화하여 확인하여야 하며, 보증금은 가급적 임대인 명의 계좌로 직접 송금합니다.

③ **중개대상물 확인.설명서**에 누락된 것은 없는지, 그 내용은 어떤지 꼼꼼히 확인하고 서명하여야 합니다.

【대항력 및 우선변제권 확보】

① 임차인이 **상가건물의 인도와 사업자등록**을 마친 때에는 그 다음 날부터 제3자에게 임차권을 주장할 수 있고, 환산보증금을 초과하지 않는 임대차의 경우 계약서에 **확정일자**까지 받으면, 후순위권리자나 그 밖의 채권자에 우선하여 변제받을 수 있습니다.

 ※ 임차인은 최대한 신속히 ① 사업자등록과 ② 확정일자를 받아야 하고, 상가건물의 점유와 사업자등록은 임대차 기간 중 계속 유지하고 있어야 합니다.

② **미납국세와 확정일자 현황**은 임대인의 동의를 받아 임차인이 관할 세무서에서 확인할 수 있습니다.

< 계약기간 중 꼭 확인하세요 >

【계약갱신요구】

① 임차인이 임대차기간이 만료되기 6개월 전부터 1개월 전까지 사이에 계약갱신을 요구할 경우 임대인은 정당한 사유(3기의 차임액 연체 등, 상가건물 임대차보호법 제10조제1항 참조) 없이 거절하지 못합니다.

② 임차인의 계약갱신요구권은 최초의 임대차기간을 포함한 전체 임대차기간이 5년을 초과하지 아니하는 범위에서만 행사할 수 있습니다.

③ 갱신되는 임대차는 전 임대차와 동일한 조건으로 다시 계약된 것으로 봅니다. 다만, 차임과 보증금은 청구당시의 차임 또는 보증금의 100분의 9의 금액을 초과하지 아니하는 범위에서 증감할 수 있습니다.

　※ 환산보증금을 초과하는 임대차의 계약갱신의 경우 상가건물에 관한 조세, 공과금, 주변 상가건물의 차임 및 보증금, 그 밖의 부담이나 경제사정의 변동 등을 고려하여 차임과 보증금의 증감을 청구할 수 있습니다.

【묵시적 갱신 등】

① 임대인이 임대차기간이 만료되기 6개월 전부터 1개월 전까지 사이에 임차인에게 갱신 거절의 통지 또는 조건 변경의 통지를 하지 않으면 종전 임대차와 동일한 조건으로 자동 갱신됩니다.

　※ 환산보증금을 초과하는 임대차의 경우 임대차기간이 만료한 후 임차인이 임차물의 사용, 수익을 계속하는 경우에 임대인이 상당한 기간내에 이의를 하지 아니한 때에는 종전 임대차와 동일한 조건으로 자동 갱신됩니다. 다만, 당사자는 언제든지 해지통고가 가능합니다.

② 제1항에 따라 갱신된 임대차의 존속기간은 1년입니다. 이 경우, 임차인은 언제든지 계약을 해지할 수 있지만 임대인은 계약서 제8조의 사유 또는 임차인과의 합의가 있어야 계약을 해지할 수 있습니다.

< 계약종료 시 꼭 확인하세요 >

【보증금액 변경시 확정일자 날인】

계약기간 중 보증금을 증액하거나, 재계약을 하면서 보증금을 증액한 경우에는 증액된 보증금액에 대한 우선변제권을 확보하기 위하여 반드시 **다시 확정일자**를 받아야 합니다.

【임차권등기명령 신청】

임대차가 종료된 후에도 보증금이 반환되지 아니한 경우 임차인은 임대인의 동의 없이 임차건물 소재지 관할 법원에서 임차권등기명령을 받아, **등기부에 등재된 것을 확인**하고 이사해야 우선변제 순위를 유지할 수 있습니다. 이때, 임차인은 임차권등기명령 관련 비용을 임대인에게 청구할 수 있습니다.

【임대인의 권리금 회수방해금지】

임차인이 신규임차인으로부터 권리금을 지급받는 것을 임대인이 방해하는 것으로 금지되는 행위는 ① 임차인이 주선한 신규임차인이 되려는 자에게 권리금을 요구하거나, 임차인이 주선한 신규임차인이 되려는 자로부터 권리금을 수수하는 행위, ② 임차인이 주선한 신규임차인이 되려는 자로 하여금 임차인에게 권리금을 지급하지 못하게 하는 행위, ③ 임차인이 주선한 신규임차인이 되려는 자에게 상가건물에 관한 조세, 공과금, 주변 상가건물의 차임 및 보증금, 그 밖의 부담에 따른 금액에 비추어 현저히 고액의 차임 또는 보증금을 요구하는 행위, ④ 그 밖에 정당한 이유 없이 임차인이 주선한 신규임차인이 되려는 자와 임대차계약의 체결을 거절하는 행위입니다.

임대인이 임차인이 주선한 신규임차인과 임대차계약의 체결을 거절할 수 있는 정당한 이유로는 예를 들어 ① 신규임차인이 되려는 자가 보증금 또는 차임을 지급할 자력이 없는 경우, ② 신규임차인이 되려는 자가 임차인으로서의 의무를 위반할 우려가 있거나, 그 밖에 임대차를 유지하기 어려운 상당한 사유가 있는 경우, ③ 임대차목적물인 상가건물을 1년 6개월 이상 영리목적으로 사용하지 않는 경우, ④ 임대인이 선택한 신규임차인이 임차인과 권리금 계약을 체결하고 그 권리금을 지급한 경우입니다.

(해설)

1. 임대차계약의 당사자

임대차계약의 당사자는 보통 임대인과 임차인이므로, 임차인은 상가건물의 소유자와 임대차계약을 체결해야 안전합니다.

거래당사자는 개업공인중개사의 고의나 과실로 재산상의 손해가 발생한 경우 개업공인중개사에게 손해배상을 청구할 수 있습니다.

2. 임대차계약

① 상가건물 임대차계약

상가건물 임대차계약은 임대인이 상가건물의 전부나 일부를 임차인에게 사용·수익하게 하고, 임차인은 그에 대한 대가로 차임을 지급할 것을 약정하는 계약입니다(「민법」 제618조).

② 임대인

임대인은 임대차계약에서 임차 목적물을 사용·수익할 수 있도록 해 주고, 그에 대한 대가로서 차임을 지급받기로 한 한쪽 당사자입니다.

③ 상가건물의 임대인

상가건물의 경우에는 그 건물의 소유자가 임대인이 되는 것이 보통이나, 그 건물에 대한 처분권이 있거나 적법한 임대권한을 가지고 있는 사람도 임대인이 될 수 있습니다.

1. 소유자

상가건물의 소유자와 계약을 체결하는 경우에는 소유자의 주민등록증으로 등기부상 소유자의 인적사항과 일치하는지를 확인해야 합니다.

2. 소유자의 배우자

「민법」은 부부평등의 원칙에 따라 부부 상호 간에는 일상적인 가사에 관해 서로 대리권이 있다고 규정하고 있습니다(「민법」 제827조제1항). 그러나 상가건물 소유자의 처와 임대차계약을 체결하는 경우, 그 처가 자신의 대리권을 증명하지 못하는 이

상 그 계약의 안전성은 보장되지 않습니다.

∴ "일상적인 가사"란 부부의 공동생활에 통상적으로 필요한 식료품구입, 일용품 구입, 가옥의 월세 지급 등과 같은 의식주에 관한 사무, 교육비·의료비나 자녀 양육비의 지출에 관한 사무 등이 그 범위에 속합니다. 그러나 일상생활비로서 객관적으로 타당한 범위를 넘어선 금전 차용이나 가옥 임대, 부동산 처분 행위 등은 일상적인 가사의 범위에 속하지 않는다고 보고 있습니다(대법원 1993. 9. 28. 선고 93다16369 판결).

3. 공동소유자

상가건물의 공동소유자 중 일부와 임대차계약을 체결하는 경우에는 공유자 일부의 지분이 과반수인지를 등기부의 갑구에 기재되어 있는 공유자들의 소유권 지분으로 확인해야 합니다.

∴ 공유 상가건물의 임대행위는 공유물의 관리행위에 해당하고, 공유물의 관리에 관한 사항은 지분의 과반수로 결정하도록 하고 있기 때문입니다(「민법」제265조, 대법원 1991. 9.24. 선고 88다카33855 판결).

4. 대리인

상가건물 소유자의 대리인과 임대차계약을 체결하는 경우에는 위임장과 인감증명서를 반드시 요구해야 합니다.

∴ 위임장에는 부동산의 소재지와 소유자 이름 및 연락처, 계약의 목적, 대리인 이름·주소 및 주민등록번호, 계약의 모든 사항을 위임한다는 취지가 기재되고 연월일이 기재된 후 위임인(소유자)의 인감이 날인되어 있어야 합니다.

∴ 인감증명서는 위임장에 찍힌 위임인(소유자)의 날인 및 임대차계약서에 찍을 날인이 인감증명서의 날인과 동일해야 법적으로 문제가 발생하지않기 때문에 반드시 인감증명서가 첨부되어야 합니다.

④ 처분능력, 권한 없는 사람이 상가건물 임대차하는 경우

처분능력 또는 권한이 없는 사람이 상가건물을 임대차하는 경우에는 임대차 기간이 3년을 넘지 못합니다. 단기임대차는 기간만료 전

3개월 내에 갱신할 수 있습니다(「민법」제619조제3호 및 제620조).

⑥ 임차인

임차인은 임대차계약에서 임대인 소유의 임차물을 사용·수익하고, 그 대가로 차임을 지급하기로 하는 한쪽 당사자입니다.

⑦ 「상가건물 임대차보호법」상의 임차인

「상가건물 임대차보호법」의 보호대상이 되는 임차인은 사업자등록의 대상이 되는 상가건물을 임차한 임차인이므로, 사업자등록을 할 수 있는 자연인은 물론, 법인도 임차인이 될 수 있습니다. 따라서, 사업자등록을 할 수 없는 비법인 사단, 재단의 경우에는 「상가건물 임대차보호법」의 보호를 받을 수 없습니다.

⑧ 개업공인중개사

1. 등록된 중개사무소

상가건물의 임대차계약을 체결하려는 당사자는 시장·군수·구청장에게 등록된 중개사무소에서 계약을 체결해야 합니다(「공인중개사법」제9조).

등록된 중개사무소인지의 여부는 해당 중개사무소 안에 게시되어 있는 중개사무소등록증, 공인중개사자격증 등으로 확인할 수 있습니다(「공인중개사법」제17조, 「공인중개사법 시행규칙」제10조).

2. 유의사항

임대차 계약 당사자는 보증보험 또는 공제에 가입한 개업공인중개사의 중개를 받는 것이 안전합니다.

개업공인중개사는 고의 또는 과실로 거래당사자에게 재산상의 손해가 발생한 경우 그 손해를 배상할 책임이 있고, 이를 위해 보증보험이나 공제에 가입해야 하기 때문입니다.

3. 임대차계약 후 받아야 할 서류

① 상가건물임대차계약서

개업공인중개사는 중개대상물에 관해 중개가 완성되어 작성한 거래계약서를 거래당사자에게 각각 발급해야 합니다. 그리고 임대차계약서의 사본을 5년 동안 보존해야 합니다.

② 중개대상물 확인·설명서

개업공인중개사는 거래계약서를 작성하는 때에 중개대상물확인·설명서를 거래당사자에게 발급해야 합니다. 만약, 개업공인중개사가 중개대상물확인·설명서를 작성해 주지 않거나, 그 작성된 내용이 사실과 다른 때에는 거래당사자는 개업공인중개사에게 손해배상을 청구할 수 있습니다.

③ 공제 증서

공제증서는 개업공인중개사의 중개 사고에 대비하기 위한 손해배상책임 보장에 관한 증서로서, 개업공인중개사는 거래당사자에게 공제증서를 발급해야 합니다

4. 임대차기간

① 「상가건물 임대차보호법」은 임대차 기간의 약성이 없거나 1년 미만으로 정한 경우에는 임차인의 보호를 위해 그 기간을 최저 1년으로 보장하고 있습니다. 또한, 임차인이 1년 미만으로 정한 임대차 기간이 유효하다고 주장할 수도 있도록 하고 있습니다.

② 따라서 임대차 기간을 반드시 1년으로 기재할 필요는 없고, 임차인의 형편에 맞추어 1년 미만으로 약정할 수도 있습니다.

5. 상가건물 임대차의 종료

① 임대차계약은 임대차 기간의 정함이 있는 경우에는 그 기간이 만료됨으로써 종료됩니다. 당사자는 해지권유보의 특약이 있는 경우 등 일정한 경우에 임대차계약을 해지하여 임대차를 종료시킬 수 있습니다.

② 상가건물 임대차의 종료 원인

  1. 임대차 기간의 만료

    임대차기간의 약정이 있는 임대차의 경우 계약기간이 종료하면 임대차는 종료됩니다.

    기간의 약정이 있는 임대차의 경우 묵시의 갱신이 되는 등 특별한 사정이 없는 한 기간이 만료되면 사전 최고나 해지를 하지 않아도 임대차는 종료합니다(대법원 1969.1.28. 선고 68다1537 판결).

2. 예외적 경우

당사자 일방 또는 쌍방이 계약기간 내에 해지할 권리를 보류한 때는 당사자는 언제든지 계약해지의 통고를 할 수 있습니다(「민법」 제636조).

∴ 예를 들어, 당사자가 임대차계약을 체결하면서 그 계약서에 "부득이한 사유가 생기면 임차인이 통보한 날부터 1개월 후에 계약이 해지된 것으로 본다."라는 해지권 유보의 특약을 한 경우에는 임대차 기간의 약정이 있더라도 그 부득이한 사유를 증명하고 중도에 임대차계약을 해지할 수 있습니다(「민법」 제636조).

3. 임차인이 파산선고를 받은 경우에는 임대인 또는 파산관재인은 언제든지 계약해지의 통고를 할 수 있습니다(「민법」 제637조제1항).

∴ 이 경우 각 당사자는 계약해지로 인해 생긴 손해배상을 상대방에게 청구할 수 없습니다(「민법」 제637조제2항).

4. 임대차기간의 약정이 없는 경우

임대차기간의 약정이 없는 경우 당사자는 언제든지 계약해지의 통고를 할 수 있습니다(「민법」 제635조제1항).

■ 내용증명-최고서(상가임대차계약 갱신권 요구 주장)

최 고 서

수　신○○○ 님
　　○○도　○○시 ○○○ ○○하이츠 ○○○-○○○

1. 최고인은 귀하로부터 2010. 9. 8.자 우체국 소인이 찍힌 내용증명에서 점포의 인도를 요구받았는바, 귀하의 주장사항에 대하여는 아래 2항에서와 같이 답변하고, 아울러 귀하의 인도요구에 대한 최고인의 입장을 아래 3항에 적은 바와 같이 답변하는 바입니다.

2. 가. 최고인인 귀하의 요구에 따라 기존 100만원이던 월세를 2008. 10. 20.부터 월 110만원을 지급하여 인상해드린 바 있습니다.
　나. 화장실 시설의 개선은 법률적으로나 상도의적으로나 임대인인 귀하가 해야 할 사항이라 할 것입니다.
　다. 현재 돌출간판은 2개이며 최고인이 더 설치한 것이 없습니다. 또한 귀하가 2008년경 건물을 보수하면서 기존 간판을 버려, 최고인의 비용으로 50만원을 들여 재설치한 바 있습니다.
　라. 요금 경쟁 등은 자본주의의 기본이라 할 것임에도 이를 임대인인 귀하가 문제 삼는 건 참으로 이해할 수 없는 부분입니다.

3. 최고인은 2006. 11. 7. 귀하 소유인 ○○시 ○○동 171-17 소재 3층 건물 중 3층 전부에 대하여 계약기간을 2007. 11. 7.까지로 약정하고 당구장으로 임차하여 현재까지 묵시적으로 갱신된 계약에 의해 영업 중이며, 4년이 되는 시점은 올해 11. 7.경이라 할 것입니다. 귀하의 요구에 대하여 최고인은 상가건물임대차보호법 제10조의 규정에 따라 계약의 갱신을 요구하니 널리 이해

해 주시기 바랍니다. 참고로 위 법에 따른 갱신요구권에 따라 최고인은 5년간은 영업을 계속할 수 있고, 갱신되는 임대차는 전임대차와 동일한 조건으로 다시 계약된 것으로 보게 되어 있으므로 참고하시기 바랍니다.

20 . . .

최고인김 ○ ○ (서명)

○○시 ○○동 ○○○-○○

(해설)

1.내용증명

① 내용증명은 우편법 시행규칙 제25조 ①항 4호 가목에 따라 등기취급을 전제로 우체국창구 또는 정보통신망을 통하여 발송인이 수취인에게 어떤 내용의 문서를 언제 발송하였다는 사실을 우체국이 증명하는 특수취급 제도입니다.

② 예컨대 채무이행의 기한이 없는 경우 채무자는 이행의 청구를 받은 때로부터 지체책임을 지게 되며 이 경우 이행의 청구를 하였음을 증명하는 문서로 활용할 수 있습니다.

2.내용증명의 활용

①민법은 시효중단의 한 형태로 「최고」를 규정하고 있으며 「최고」 후 6월내에 재판상의 청구, 파산절차참가, 화해를 위한 소환, 임의출석, 압류 또는 가압류, 가처분을 하지 않는 경우 시효중단의 효력이 없는 것으로 규정하고 있습니다.
따라서 소멸시효가 임박한 경우 「최고서」를 작성하여 내용증명우편으로 송부하고 소송 시 「최고」를 하였음을 입증하는 자료로 사용할 수 있습니다.

② 계약의 해제(해지), 착오 등을 이유로 취소하는 경우 내용증명을 통하여 의사표시를 하는 것이 후일 분쟁을 미리 예방 할 수 있는 방법이 될 수 있습니다.

③ 민법 제450조는 지명채권의 양도는 양도인이 채무자에게 통지하거나 채무자의 승낙을 요하며, 통지나 승낙은 확정일자 있는 증서에 의하지 않으면 채무자 이외의 제3자에게 대항할 수 없도록 규정하고 있습니다.

따라서 채권의 양도통지를 할 경우 내용증명에 의하여 통지하면 제3자에게도 대항할 수 있게 됩니다.

3. 제출부수

3부를 작성하여 봉투와 함께 우체국에 제출

■ 건물임대차계약서(일시사용)

건 물 임 대 차 계 약 서

임대인○○○(이하"갑"이라 한다)과 임차인◇◇◇(이하 "을"이라 한다)은 아래표시의 부동산(이하 "표시부동산"이라 한다.)에 관하여 다음과 같이 합의하여 계약을 체결한다.

<부동산의 표시>

소 재 지				
	구 조		면 적	
	용 도			

제1조(목적) 갑은 표시부동산을 임대하고 을은 이를 임차하여 상품 홍보용 공간으로 사용한다.

제2조(기간) 임대차 기간은 20○○년 ○월 ○일부터 20○○년 ○월 ○일로 한다.

제3조(임차료) 임차료는 금 _____원으로 하고 다음과 같이 지급하기로 한다.

계 약 금	금	원은 계약체결시에 지급하고
잔 금	금	원은 20○○년 ○월 ○일에 지급하기로 함

제4조(부동산 명도 등) ① 위 부동산의 명도는 20○○년 ○월 ○일로 한다.

② 갑이 제1항의 인도기일까지 인도하지 못할 경우에는 금 _____원의 손해를 배상하여야 한다.

제5조(증축 및 전대 등 제한) 표시 부동산의 구조변경 또는 증.개축 시, 표시부동산의 전부나 일부를 용도 변경시, 표시부동산의 전부나 일부를 전대, 임차권의 양도하려 할 때에는 갑의 동의를 얻어야 한다.

제6조(제세공과금) 제세공과금 등은 임차기간 동안 갑이 일체 부담하기로 한다.

제7조(계약의 해제 및 해지) ① 을의 잔금 지급 전까지 갑은 계약금의 배액을 상환하고, 을은 계약금을 포기하고 이 계약을 해제할 수 있다.

② 갑은 다음과 같은 경우에 최고 없이 계약을 해지할 수 있다.

1. 을이 제5조에 위반한 경우
2. 표시부동산을 심하게 파손하고 갑의 요구에도 원상회복하지 않는 경우
3. 기타 공동생활의 질서를 문란하게 하는 행위가 있을 경우

제8조(원상회복) ① 을은 임대기간 중 그의 귀책사유에 의한 표시부동산의 파손.오손 또는 무단 변경하였을 때에는 원상회복 후 갑에게 명도 하여야 한다.

② 표시부동산의 일부 또는 전부가 을의 부주의로 인하여 화재 기타 원인으로 멸실 되었을 때에는 시가 상당액의 손해를 배상하여야 한다.

이 계약을 증명하기 위하여 계약서 2통을 작성하여 갑과 을이 서명.날인한 후 각각 1통씩 보관한다.

20○○년 ○월 ○일

임대인	주 소					
	성 명		㉑주민등록번호	－	전 화 번 호	
임차인	주 소					
	성 명		㉑주민등록번호	－	전 화 번 호	
입회인	주 소					
	성 명		㉑주민등록번호	－	전 화 번 호	

(해설)

계약 당사자 확인(임대인 확인)

① 건물의 소유자와 계약을 체결하는 경우에는 소유자의 주민등록 증이 등기부상 소유자의 인적사항과 일치하는지를 확인해야 합니다.

② 건물 소유자의 대리인과 임대차계약을 체결하는 경우에는, 위임 장과 인감증명서를 반드시 요구해야 합니다.

③ 위임장부동산의 소재지와 소유자 이름 및 연락처, 계약의 목적, 대리인 이름·주소 및 주민등록번호, 계약의 모든 사항을 위임한다 는 취지가 기재되고 연월일이 기재된 후 위임인(소유자)의 인감이 날인되어 있어야 합니다.

④ 인감증명서위임장에 찍힌 위임인(소유자)의 날인 및 임대차계약 서에 찍을 날인이 인감증명서의 날인과 동일해야 법적으로 문제 가 발생하지 않습니다.

■ 건물임대차계약서

건 물 임 대 차 계 약 서

임대인(이하"갑(甲)"이라고 함)과 임차인(이하"을(乙)"이라고 함)은
서로 간 합의 하에 다음과 같이 부동산 임대차계약을 체결한다.

1. 부동산의 표시

소 재 지	
건 물	용도 :　　구조 :　　면적 :　　㎡/(　　평)
임대할 부분	

2. 계약내용(약정사항)

　제1조(보증금) 을(乙)은 상기 표시 부동산의 임대차보증금 및 차임
　　(월세)을 다음과 같이 지불하기로 한다.
　　　◦ 보증금 : 금○○○원(₩○○○)
　　　◦ 계약금 : 금○○○원은 계약시에 지불한다.
　　　◦ 중도금 : 금○○○원은 20○○년 ○월 ○일에 지불한다.
　　　◦ 잔　금 : 금○○○원은 건물명도와 동시에 지불한다.
　　　◦ 차임(월세금) : 금○○○원은 매월 말일에 지불한다.
　제2조(임대차기간) 임대차 기간은 20○○년 ○월 ○일부터 20○○
　　년 ○월 ○일까지 ○○개월로 한다.
　제3조(건물의 인도) 갑(甲)은 상기 표시 부동산을 임대차 목적대로
　　사용.수익할 수 있는 상태로 하여 20○○년 ○월 ○일까지 을
　　(乙)에게 인도한다.
　제4조(구조변경, 전대등의 제한) 을(乙)은 갑(甲)의 동의 없이 상기
　　표시 부동산의 용도나 구조 등의 변경, 전대, 양도, 담보제공 등
　　임대차 목적 외에 사용할 수 없다.

제5조(계약의 해제) 을(乙)이 갑(甲)에게 중도금(중도금 약정이 없는 경우에는 잔금)을 지불하기 전까지는 본 계약을 해제할 수 있는바, 갑(甲)이 해약할 경우에는 계약금의 2배액을 상환하며 을(乙)이 해약할 경우는 계약금을 포기하는 것으로 한다.

제6조(원상회복의무) 乙은 존속기간의 만료, 합의해지 및 기타 해지사유가 발생하면 즉시 원상 회복하여야 한다.

제7조(민법의 적용) 본 계약에서 정하지 아니한 사항에 대해서는 민법의 규정을 적용토록 한다.

위 계약을 증명하기 위하여 계약서 2통을 작성하고, 각 서명.날인하여 각자 1통씩 보관한다.

20○○년 ○월 ○일

임대인	주 소					
	성 명	인	주민등록번호	-	전 화 번 호	
임차인	주 소					
	성 명	인	주민등록번호	-	전 화 번 호	
입회인	주 소					
	성 명	인	주민등록번호	-	전 화 번 호	

(해설)

1. 계약갱신의 범위

① 임차인의 계약갱신 요구는 최초의 임대차 기간을 포함한 전체 임대차 기간이 5년을 초과하지 않는 범위에서만 행사할 수 있습니다.

② 갱신되는 임대차는 전 임대차와 동일한 조건으로 다시 계약된

것입니다. 다만, 차임 또는 보증금은 증감할 수 있으며, 증액의 경우에는 청구 당시 차임 또는 보증금의 100분의 9의 금액을 초과할 수 없습니다.

2. 계약갱신의 예외

임대인은 다음의 어느 하나에 해당하는 경우에는 임차인의 계약갱신요구를 거절할 수 있습니다.

① 임차인이 3기의 차임액에 달하도록 차임을 연체한 사실이 있는 경우

① 임차인이 거짓, 그 밖의 부정한 방법으로 임차한 경우

③ 쌍방 합의하에 임대인이 임차인에게 상당한 보상을 제공한 경우

④ 임차인이 임대인의 동의 없이 목적 상가건물의 전부 또는 일부를 진대(轉貸)한 경우

⑤ 임차인이 임차한 상가건물의 전부 또는 일부를 고의 또는 중대한 과실로 파손한 경우

⑥ 임차한 상가건물의 전부 또는 일부가 멸실되어 임대차의 목적을 달성하지 못할 경우

⑦ 임대인이 목적 상가건물의 전부 또는 대부분을 철거하거나 재건축하기 위해 목적 상가건물의 점유 회복이 필요한 경우

⑧ 그 밖에 임차인이 임차인으로서의 의무를 현저히 위반하거나 임대차를 존속하기 어려운 중대한 사유가 있는 경우

■ 내용증명 : 주택임대차 계약해지(임대료 연체)

주택임대차 계약해지(임대료 연체)

발 신 인 ○ ○ ○
　　　주 소 ○○시 ○○로 ○○번길 ○○
수 신 인 ○ ○ ○
　　　주 소 ○○시 ○○로 ○○번길 ○○

임대차계약 해지 통고

1. 본인은 귀하와 20○○년 ○○월 ○○일 본인 소유의 주택에 대하여 아래와 같이 임대차계약을 체결한 바 있습니다.

- 아　　래 -

목적물 : ○○시 ○○로 ○○길 ○○ ○○아파트 ○○㎡
임차보증금 : 금 ○○○,○○○,○○○원
월 임대료 : 금 ○○○,○○○원
임대차기간 : 20○○년 ○○월 ○○일부터
　　20○○년 ○○월 ○○일까지

2. 귀하는 위 계약에 따라 본인에게 계약금 금○○,○○○,○○○원을 계약 당일 지급하고, 나머지 금○○○,○○○,○○○원은 같은 해 ○○월 ○○일 지급하여 잔금지급일부터 입주해오고 있습니다.

3. 그런데, 귀하는 20○○년 ○○월부터 아무런 사유 없이 월임대료를 지급하지 아니하여 본인은20○○년 ○○월 ○○일자 등 수차례 귀하에게 체납 임대료 지급을 최고하였습니다.

4. 그럼에도 불구하고 귀하는 체납 임대료를 지급하지 않고 있어 본인은 귀하에게 서면으로 임대차계약 해지를 통지하오니 본 서면을 받는 즉시 위 건물을 명도해주시고 밀린 임대료를 지급하여 주시기 바랍니다. 만일, 위 기한 내 건물명도 및 체납 임대료를 변제하시지 않으면 본인은 부득이 법적 조치를 하겠으니 양지하시기 바랍니다.

20○○. ○. ○.

위 발신인   ○○○ (서명)

(해설)

임대차계약의 중도 해지의 사유

임대차 기간의 약정이 있더라도 다음과 같은 사유가 있는 경우에는 임대차계약을 중도에 해지할 수 있습니다. 이 경우에는 해지의 의사표시가 상대방에게 도달한 때 임대차는 종료됩니다.

① 임차인이 임대차계약을 해지할 수 있는 경우
　1. 임대인이 임차인의 의사에 반하여 보존행위를 하는 경우 임차인이 이로 인해 임대차의 목적을 달성할 수 없는 때(「민법」 제625조)
　2. 상가건물의 일부가 임차인의 과실 없어 멸실 그 밖의 사유로 사용·수익할 수 없는 경우 그 잔존부분으로 임차의 목적을 달성할 수 없는 때(「민법」 제627조)

② 임대인이 해지할 수 있는 경우
　1. 임차인이 임대인의 동의 없이 임차권을 양도하거나 임차상가건물을 전대한 경우(「민법」 제629조제2항).
　2. 임차인의 차임연체액이 3기의 차임액에 달하는 경우(「상가건물 임대차보호법」 제10조의8)
　3. 임차인이 상가건물을 계약 또는 그 상가건물의 성질에 따라 정하여진 용법으로 이를 사용·수익하지 않은 경우(「민법」 제654조에 따른 제610조 제1항의 준용)

③ 차임연체 및 해지(「상가건물 임대차보호법」 제10조의8)의 규정은

「상가건물 임대차보호법」제2조제1항 단서에 따라 지역별로 정해진 보증금의 일정 기준금액을 초과하는 임대차에 대해서도 적용합니다(「상가건물 임대차보호법」제2조제3항).

■ 토지임대차계약서(사업용)

토 지 임 대 차 계 약 서

임대인 갑과 임차인 을 사이에 아래와 같이 토지임대차계약을 체결한다.

제1조(계약목적) 갑은 그 소유인 다음의 토지를 을에게 임대하기로 한다.

　　　○○시 ○○구 ○○동 ○○길　　○○주차장　1,000 ㎡

제2조(계약기간) 본 임대차계약의 존속기간은 20○○년 ○월 ○일로부터 1년간으로 한다. 단, 기간만료 시에는 갑·을간에 이의가 없을 때에는 다시 1년간 기간을 연장한 것으로 한다.

제3조(임대료) 임료는 월 금 ○○만원으로 하고 매월 말일에 익월분을 갑의 주소지에 지참하여 지급한다. 단, 갑·을 쌍방이 약정임료가 부적당하다고 인정한 때에는 그 증감을 청구할 수 있다.

제4조(계약해지) 을이 2기분이상의 임료를 지급하지 않거나 부도.파산선고.회생개시결정을 받았을 때 또는 본 계약 각 항에 위반하여 갑의 최고에도 불구하고 이를 이행하지 아니할 경우 갑은 임대차계약을 해지할 수 있다.

제5조(계약변경) 다음의 각 경우에 을은 갑의 승낙을 얻어야 한다.

　1. 을이 위의 토지를 타에 전대하거나 또는 임차권을 양도하고자 할 때.

　2. 을이 위 토지의 지목.형질을 변경하거나 사용목적에 위배되는 경우.

제6조(손해배상등) 을은 관계법령을 준수하여야 하며 을이 관계법령 위반으로 인하여 을에게 손해를 입힌 경우에 이로 인한 모든 손해와 을 및 을의 관계인(사용인·운전원 등을 포함)이 고의·과실로 인하여 갑에게 손해를 야기한 경우 이를 배상하고 복구할 의무를 진다.

제7조(안전조치 협력의무) 갑 또는 갑의 사용인은 임차토지의 보전, 방범, 방화, 구호 등에 관하여 필요한 때에는 즉시 임차토지 내에 들어가 필요한 조치를 강구할 수 있으며 이 경우 을은 갑의 조치에 협력하여야 한다.

제7조(원상회복) 을이 위 토지를 갑에게 반환할 경우에는 계약당시의 원상으로 회복하여 반환하여야 한다.

제8조(보증금) 을은 갑에게 임대차보증금으로 20○○년 ○월 ○일 ○○○만원을 지급하고 갑은 임대차종료시 토지반환과 상환으로 이를 을에게 반환한다. 단, 갑이 을에게 이행기가 도래한 임료채권 등이 있을 때에는 언제라도 대등액에서 상계할 수 있다.

제9조(계약목적) 토지의 유지와 개량 및 기타 이건 임대차계약에 관하여 필요한 사항은 필요시 갑·을이 협의하여 정한다.

제10조(기타) 임대차종료 시 을은 즉시 본 건 토지를 갑에게 인도하여야 하며 인도를 지연할 때에는 임료의 배액에 상당하는 손해금을 지급하여야 한다.

위의 계약을 증명하기 위하여 이 증서를 작성하여 각자 서명.날인하고 각 1통씩 보관하기로 한다.

20○○년 ○월 ○일

임대인	주 소					
	성 명		인주민등록번호	-	전 화 번 호	
임차인	주 소					
	성 명		인주민등록번호	-	전 화 번 호	
입회인	주 소					
	성 명		인주민등록번호	-	전 화 번 호	

(해설)

임대차 종료의 효과

① 임대차관계의 소멸 및 손해배상

임대인 또는 임차인이 임대차계약을 해지한 때에는 임대차관계는 장래를 향해 그 효력이 소멸됩니다(「민법」 제550조).

임대차계약의 해지는 손해배상의 청구에 영향을 미치지 아니하므로, 상대방에게 과실이 있으면 그 손해배상을 청구할 수 있습니다(「민법」 제551조). 다만, 임차인의 파산으로 임대차계약이 해지된 경우, 계약해지로 인한 손해는 청구하지 못합니다(「민법」 제637조).

② 임차상가이 반환 및 인차보증금이 반한

임대차가 종료되면, 임대차계약의 내용에 따라 임차인은 임차상가건물을 반환할 의무 등을 지게 되고, 임대인은 보증금을 반환할 의무를 지게 됩니다. 따라서 임차인은 차임지급의무를 지는 한편 보증금을 반환받을 때까지 임차상가건물의 인도를 거절하는 동시이행항변권을 가지게 되고(대법원 1977. 9. 28. 선고 77다1241,1242 전원합의체 판결), 임대인은 차임지급청구권을 가지는 한편 임차상가건물을 인도받을 때까지 보증금의 지급을 거절하는 동시이행항변권을 가지게 됩니다.

■ 토지임대차계약서(조경목적)

토 지 임 대 차 계 약 서

임대인 甲과 임차인 乙은 다음과 같이 토지임대차계약을 체결한다.

제1조(계약의 목적) 甲은 그 소유인 ○○시 ○○구 ○○동 ○○ 대
지100㎡ 전부를 乙의 조경업 경영에 사용, 수익하게 하고 乙은
이에 대하여 차임을 지급할 것을 약정한다.

제2조(보증금 및 차임) 임차보증금은 금100,000,000원, 차임은 매월
금 500,000원으로 정하고, 임차보증금은 계약체결과 동시에 지급
하고, 차임은 乙이 매월 25일 甲의 주소지에 지참하여 지급하거
나 甲이 지정한 예금계좌로 입금하여야 한다.

제3조(존속기간) 임대차기간은 20○○년 ○월 ○일부터 5년으로 하
고, 계약만료전 3개월전까지 乙이 목적물의 사용수익을 계속하는
경우에 쌍방이 이의를 하지 아니한 때에는 동일한 조건으로 계약
이 자동 연장된 것으로 본다.

제4조(계약의 해지) 다음 각 호의 사유가 발생하면 甲은 최고 없이
계약을 해지 하거나 계약의 갱신을 거절할 수 있다.
 1. 乙이 임차권을 타인에게 양도하거나 전대한 때
 2. 사용목적을 위반한 때
 3. 차임을 2월 이상 지체한 때

제5조(토지의 인도) 甲은 乙에게 계약의 목적이 된 토지를 20○○
년 ○월 ○일 인도하여야 한다.

제6조(임차권등기) 甲은 본계약에 의거 乙에 대하여 임차권등기를
설정해 주어야 한다.

제7조(원상회복의무) 乙은 존속기간의 만료, 합의해지 및 제4조의
해지사유가 발생하면 즉시 원상회복하여야 한다.

제8조(민법의 적용) 본 계약에서 정하지 아니한 사항에 대해서는 민

법의 규정을 적용토록 한다.

위 계약을 증명하기 위하여 계약서 2통을 작성하고, 각 서명.날인
하여 각자 1통씩 보관한다.

20○○년 ○월 ○일

임대인	주 소				전 화 번 호	
	성 명	인	주민등록번호	-		
임차인	주 소				전 화 번 호	
	성 명	인	주민등록번호	-		
입회인	주 소				전 화 번 호	
	성 명	인	주민등록번호	-		

■ 토지임대차계약서(건물 소유목적)

토 지 임 대 차 계 약 서

○○○을 갑, ◇◇◇을 을로 하여 갑, 을 사이에 갑 소유의 별지목록1 기재 토지(이하 '이건 토지'라 함)의 임대차에 관하여 다음과 같이 계약한다.

다   음

제1조(계약목적) 갑은 이건 토지를 을에게 임대하고, 을은 이건 토지를 임차하며 차임을 지급할 것을 약정한다.

제2조(사용목적) ① 을은 이건 토지 위에 별지목록2 기재 건물(이하 '이건 건물'이라 함)을 건축하고 소유할 수 있다.

② 을이 이건 건물에 대하여 증축을 하거나 개축을 하고자 할 때에는 사전에 갑의 서면에 의한 승낙을 얻어야 한다.

③ 을이 위 항을 위반하였을 때에는 갑은 최고 없이 이건 계약을 해지할 수 있다.

제3조(기간) 이건 계약의 기간은 20○○년 ○월 ○일부터 20○○년 ○월 ○일까지 사이 ○○년으로 한다.

제4조(차임) ① 을은 계약 체결 후 즉시 금○○○원을 권리금으로 갑에게 지급한다.(임차보증금은 금○○○원으로 한다.)

② 차임은 월 금○○○원으로 하기로 하되 매달 말일에 지급하기로 한다. 지급 방법은 을이 갑에 대하여 송금(지참) 방식에 의하여 지급하기로 한다.

③ 을이 제1항의 금원을 지급하지 않거나, 제2항의 금원을 연속 여부에 관계없이 2회 이상 연체하였을 때에는 갑은 아무런 최고 없이 이 계약을 해제, 해지할 수 있다.

제5조(전대 등) ① 을은 사전에 갑의 서면에 의한 승낙 없이 이건 토지임차권을 제3자에게 양도하거나 이건 토지를 무단으로 제3자

에게 사용케(제3자에게 전대) 하여서는 아니 된다.

② 을이 위 항의 규정을 위반하였을 때에는 갑은 아무런 최고 없이 이 계약을 해지할 수 있다.

제6조(계약의 실효 등) ① 천재지변, 토지수용 등 갑, 을 누구의 책임으로도 돌릴 수 없는 사유에 의해 이건 토지를 사용치 못하게 되었을 때에는 이 계약은 해지된 것으로 본다.

② 위 항의 경우에는 당사자 상호간 손해배상의 청구를 하지 않기로 한다.

제7조(상린관계) 을은 건물을 짓고 본 건 토지를 이용함에 있어서는 이웃과의 조화로운 이용을 도모하고, 타인에게 일체의 불쾌감을 주는 행위를 하여서는 아니된다.

제8조(계약종료후의 조치) ① 이 계약이 종료된 때에는 을은 즉시 이건 토지를 원상복구한 뒤 갑에게 반환하여야 한다. 다만, 을이 지상물매수청구권을 행사하고, 갑이 건물을 매입할 의무가 있을 때에는 을은 갑에 대해 이건 토지를 그 건물과 함께 인도함으로써 족한 것으로 한다.

② 을이 위 항 본문의 의무를 이행하지 않을 경우 갑은 을의 비용으로 이건 토지를 원상복구할 수 있다.

제9조(기타) 갑, 을은 성실하게 이 계약을 이행하기로 하며, 이 계약이 정하지 않은 사항이 발생했을 때나, 이 계약 각 조항의 해석에 이의가 있을 때에는 상호간에 성심성의껏 협의하여 해결한다.

이상과 같이 계약했으므로 계약서 2통을 작성하고, 갑과 을이 서명.날인한 후 각자 1통을 보관하기로 한다.

20○○년 ○월 ○일

임대인	주 소					
	성 명	인주민등록번호		–	전 화 번 호	
임차인	주 소					
	성 명	인주민등록번호		–	전 화 번 호	

[별 지1]

부 동 산 목 록

○○시 ○○구 ○○동 ○○
대 ○○○○㎡. 끝.

[별 지2]

부 동 산 목 록

○○시 ○○구 ○○동 ○○
[도로명주소] ○○시 ○○구 ○○길 ○○
위 지상
철근콘트리트조 슬래브지붕 2층 주택
1층 80.35㎡
2층 50㎡. 끝.

■ 임대차계약 종료 후의 토지 인도 최고장

임대차계약 종료 후의 토지 인도 최고장

본인과 귀하 사이에 ○○시 ○○구 ○○동 ○○대지에 관하여 체결된 토지임대차계약이 20○○년 ○월 ○일이 경과함으로써 종료되었습니다. 본인이 귀하에게 위 토지를 인도하여 줄 것을 여러 차례 최고하였음에도 불구하고, 귀하는 현재까지 이를 이행하지 않고 있습니다. 귀하의 계속적인 토지 사용으로 인하여 본인은 상당한 손해를 입고 있으므로, 본 통지서를 받는 즉시 위 토지를 인도하여 줄 것을 최고합니다.

20○○년 ○월 ○일

토지소유자　○　○　○　(인)
○○시 ○○구 ○○길 ○○

임차인　○　○　○　귀 하
　　　　○○시 ○○구 ○○길 ○○

■ 임대차계약 갱신거절통지서

임대차계약 갱신거절통지서

본인 소유의 ○○도 ○○군 ○○면 ○○리 ○○대지 300평방미터에 대한 귀하와의 3년의 토지임대차계약이 20○○년 ○월 ○일 기간만료로써 소멸되었으나 귀하는 위 대지를 더 사용할 사정이 있다는 이유로 위 계약의 갱신을 요청하였는바, 본인은 조만간 위 지상에 주택을 건립할 예정에 있으므로 귀하의 갱신청구를 거절합니다.

20○○년 ○월 ○일

○○시 ○○구 ○○길 ○○
　　　　토지임대인 : ○　○　○　(서명)

○○시 ○○구 ○○길 ○○
토지임차인　○　○　○　귀　하

■ 아파트, 맨션, 빌라 등의 임대사업용 건물 임대차계약서

부동산(빌라)임대차계약서
-임대사업자용-

임대인 ○○○(이하 '갑'이라 한다.)과 임차인 □□□(이하 '을'이라 한다.)은 아래 표시 부동산에 관해 '갑'은 '을'에게 목적 부동산을 임대하고 '을'은 '갑'에게 임차보증금을 지급하기로 하는 임대차계약을 다음 같이 체결한다.

제1조 (부동산의 표시)
    소재지 : ○○시 ○○구 ○○동 ○○길 소재 ○○빌라
            지상 ○층 ○○호(○○㎡)
    구　조 : 철근콘크리트조 경슬래브지붕
    용　도 : 주택
    총임대면적(공유포함) : ○○㎡(○○평), 전유면적 : ○○㎡
제2조(임차보증금) '을'은 임차보증금 및 월차임을 다음 각 호에 정한 금액과 지급방법에 따라 '갑'에게 지급하여야 한다.
    1. 임차보증금은 금○○○원으로 한다.
    2. 계약금은 금○○○원으로 하고 계약 체결시 지불한다.
    3. 잔금 금○○○원은 20○○년 ○월 ○일 지불한다.
    4. 월 차임은○ ○원으로 정하고 매월 말일에 지급한다.
제3조(임대차기간) 임대차기간은 20○○년 ○월 ○일부터 20○○년 ○월 ○일까지 ○년으로 한다.
제4조(목적물의 인도) '갑'은 위 부동산을 임대차목적대로 사용 수익할 수 있는 상태로 하여 20○○년 ○월 ○일까지 '을'에게 인도한다.
제5조(전대 및 양도 등의 금지) '을'은 '갑'의 동의 없이 위 부동산의 용도나 구조를 변경하지 못하고 임차 목적물을 전대 또는 임대차

목적 이외의 용도에 사용하지 못하며 임차권을 양도할 수 없다.

제6조(관리비 등의 부담) '을'이 입주 후 발생되는 재세공과금, 관리비등은 '을'이 부담한다.

　1. 수도, 전기료, 냉.난방비, 청소비 등 관리비는 월 ○○○원으로 정하고, 을은 임차료 납부시에 일괄하여 '갑'에게 지급하기로 한다.

　2. '을'이 임차료와 관리비를 납부기간내에 납입치 아니하면 그 금액을 임차　보증금에서 공제한다.

제7조(수선비 부담구분) ① '갑'은 건물구조체 기본구조 및 공용부분, 공용설비의 유지보전에 필요한 수선을 할 의무를 진다.

　② '을'은 건물의 기본구조외에 칸막이, 천장, 유리, 전구, 소모성 기구 등 '을'이사용할 목적으로 설치된 부분에 대한 수선비를 부담한다.

제8조(손해배상책임) '을'이 위 목적물을 사용함에 있어서 고의 또는 과실로　건물을 훼손한 경우 '을'은 손해배상책임을 진다.

제9조(계약기간만료로 인한 해지) ① 임대차계약기간이 만료한 경우 '을'은 위 부동산을 원상으로 회복하여 '갑'에게 인도하여야 하며 '갑'은 임차보증금을 반환하여야 한다.

　② '갑'의 보증금 반환이 지체된 경우 '갑'은 보증금에 대하여 월 ○○%의 지연 배상금을 '을'에게 지급하여야 한다.

제10조(이행전의 해제) '을'이 '갑'에게 중도금(중도금이 없을 때에는 잔금)을 지불할 때까지는 '갑'은 계약금의 배액을 상환하고 '을'은 계약금을 포기하고 이 계약을 해제 할 수 있다.

제11조(기타) 이 계약서 상에 없는 사항에 대하여 이의가 있는 경우에는 쌍방의 협의하에 처리하기로 하고 협의가 성립되지 않을 경우 관계법령 및 임대차관례에 따르기로 한다.

※ 기타 특약사항 기재

위 계약조건을 확실히 하고 후일에 증하기 위하여 본 계약서를 작성하고 각 1통씩 보관한다.

20○○년 ○월 ○일

임대인	주 소					
	성 명	인주민등록번호		-	전 화 번 호	
임차인	주 소					
	성 명	인주민등록번호		-	전 화 번 호	

(관련판례)

임대목적물인 점포 등을 지방자치단체에 기부채납하고 일정기간 동안 무상 사용권을 갖는 자로부터 점포를 임차한 자가 그 점포를 전대하여 오던 중 무상사용기간이 경과하였고, 지방자치단체로부터 그 점포의 관리·운영을 위임받은 자가 전차인을 상대로 점포의 명도 등을 청구한 경우, 전차인은 이행불능으로 인한 전대차계약의 종료를 이유로 전대인에게 전차임의 지급을 거절할 수 있다고 한 사례(대법원 2009.9.24. 선고 2008다38325 판결).

■ 임대차계약서(임대인 부재)

부동산(상가)임대차계약서

임대인 ○○○(이하 '갑'이라 한다.)과 임차인 ○○○(이하 '을'이라 한다.)은 아래 표시 부동산에 관해 '갑'은 '을'에게 목적 부동산을 임대하고 '을'은 '갑'에게 임차보증금을 지급하기로 하는 임대차계약을 다음과 같이 체결한다.

단, 본 임대차계약의 체결은 '갑'의 위임을 받은 대리인○○○(이하 '병'이라 한다.)이 '갑'을 대리하여 수행한다.

제1조(부동산의 표시)
　　소재지 : ○○도 ○○시 ○○구 ○○동 ○○길 2층
　　구　　조 : 철근콘크리트조 슬래브지붕
　　용　　도 : 근린생활시설(상가)
　　면　　적 : 53.2㎡
제2조(임차보증금 및 월차임 지급방법) '을'은 임차보증금 및 월차임을 다음 각 호에 정한 금액과 지급방법에 따라 '갑'에게 지급하여야 한다.
　　1. 임차보증금은 금○○○만원으로 한다.
　　2. 계약금은 금○○○만원으로 하고 계약 체결시 지불한다.
　　3. 잔금 금○○○만원은 ○○년 ○월 ○일 지불한다.
　　4. 월차임은 금○○만원으로 정하여 매월 ○일까지 지급하기로 한다.
제3조(임대차기간) 임대차기간은 20○○년 ○월 ○일부터 20○○년 ○월 ○일까지 2년으로 한다.
제4조(목적물의 인도) '갑'은 위 부동산을 임대차목적대로 사용 수익할 수 있는 상태로 하여 20○○년 ○월 ○일까지 '을'에게 인도한다.
제5조(전대 및 양도 등의 금지) '을'은 '갑'의 동의 없이 위 부동산의 용도나 구조를 변경하지 못하고 임차목적물을 전대 또는 임대차

목적 이외의 용도에 사용하지 못하며 임차권을 양도할 수 없다.

제6조(재세공과금 등의 부담) '을'이 입주 후 발생되는 부담금, 제세공과금, 관리비등은 '을'이 부담한다.

제7조(차임연체로 인한 해지) '을'이 차임을 2기에 달하도록 지불하지 않은 경우 '갑'은 최고 없이 임대차 계약을 해지하고 위 부동산의 반환을 요구할 수 있다.

제8조(계약기간만료로 인한 해지) 임대차계약기간이 만료한 경우 '을'은 위 부동산을 원상으로 회복하여 '갑'에게 인도하여야 하며 '갑'은 임차보증금을 반환하여야 한다.

제9조(이행전의 해제) '을'이 '갑'에게 중도금(중도금이 없을 때에는 잔금)을 지불할 때까지는 '갑'은 계약금의 배액을 상환하고 '을'은 계약금을 포기하고 이 계약을 해제할 수 있다.

제10조(권리금 등) 기간만료로 인해 본 임대차계약이 해지될 경우 '을'은 '갑'에게 권리금 및 시설비등을 요구할 수 없다. 단, 계약기간 중 '갑'이 '을'의 동의 없이 매매 하거나 기타 '갑'의 귀책사유에 의해 임대차 계약이 해지될 경우 '갑'은 '을'에게 권리금 및 시설비를 지급하여야 하며 기타 손해가 있으면 그 배상을 하여야 한다.

※ 이하 기타 특약사항 기재

20○○년 ○월 ○일

임대인 (갑)	주 소					
	성 명	인	주민등록번호	-	전 화 번 호	
임차인 (을)	주 소					
	성 명	인	주민등록번호	-	전 화 번 호	
(갑)의 대리인 (병)	주 소					
	성 명	인	주민등록번호	-	전 화 번 호	

첨 부 : '갑'의 인감도장이 날인된 위임장.
　　　　'갑'의 인감증명 1통.

위　　임　　장

위임인 　○　○　○ 　(인)
　　　　　　주 소 : ○○시 ○○구 ○○길 ○○
　　　　　　전화번호 : ○○○ - ○○○○
　　　　　　주민등록번호 : 111111 -1111111

수임인 　○　○　○ 　(인)
　　　　　　주 소 : ○○시 ○○구 ○○길 ○○
　　　　　　전화번호 : ○○○ - ○○○○
　　　　　　주민등록번호 : 111111 -1111111

위임인 ○○○은 ○○도 ○○시 ○○동 ○○○-○○소재 부동산에 관하여 임대인으로서의 임대차계약체결에 관한 권한 일체를 수임인 ○○○에게 위임한다.

　　　　　　　　　　　　　20○○년 ○월 ○일
　　　　　　　　　　　　　위임인 ○　○　○ 　(인)

첨부 : 위임인 ○○○의 인감증명 1통.

■ 토지임대차계약서(주차장운영 목적)

부 동 산 임 대 차 (월세) 계 약 서

임대인과 임차인은 서로간 합의하에 다음과 같이 부동산 임대차계약을 체결한다.

제1조 (임대차대상 부동산의 표시)

소 재 지					
토 지	지목 : , 면적 : m²(평)			용 도	주 차 장

제2조(보증금 등) 임차인은 상기 표시 부동산의 임대차보증금을 다음과 같이 지불하기로 한다.

월 세 금	金 원整 (W)	
계 약 금	金 원整은 계약시에 지불한다.	
중 도 금	金 200 년	원整은 월 일에 지불한다.
잔 금	金 200 년	원整은 월 일에 지불한다.

제2조(계약기간) 임대차 기간은 20○○년 ○월 ○일부터 20○○년 ○월 ○일까지로 한다.

제3조(부동산인도) 임대인은 상기표시 부동산을 임대차 목적대로 사용 수익할 수 있는 상태로 하여20○○년 ○월 ○일까지 임차인에게 인도한다.

제4조(전대등 제한) 임차인은 임대인의 동의 없이 상기 표시 부동산의 용도나 구조 등의 변경, 전대, 양도, 담보제공 등 임대차 목적 외에 사용할 수 없다.

제5조(계약해제) 임차인이 임대인에게 중도금(중도금 약정이 없는

경우에는 잔금)을 지불하기 전까지는 본 계약을 해제할 수 있는
바, 임대인이 해약할 경우에는 계약금의 2배액을 상환하며 임차
인이 해약할 경우에는 계약금을 포기하는 것으로 한다.

제6조(임대료) 임차인은 월임대료를 매월 말까지 임대인에게 지급
한다.

제7조(계약해지) 임차인이 위 제4조를 위반하거나 또는 위 제6조에
정해진 임대료지불을 2회 이상 지체했을 때는 임대인은 최고하지
않고도 이 계약을 해지할 수 있으며, 이에 대해 임차인은 이의제
기를 하지 못한다.

제8조(원상회복) 임차인은 위 임대차기간이 만료하면 재계약을 체결
하지 않는 한 만료와 동시에 임차목적물을 임대인에게 인도하며
임대인의 동의 없이 설치한 지상물을 철거하여 원상회복할 의무
가 있으며 이를 이행치 아니한 상태에서 토지 인도시 임차인은
그 지상물에 대한 권리를 포기하며 철거에 소요되는 비용을 부담
한다.

위의 계약을 증명하기 위하여 계약서 3통을 작성하여 각자 서명.날
인하고 각 1통씩 보관하기로 한다.

20○○년 ○월 ○일

임대인	주 소				
	성 명	인	주민등록번호	-	전 화 번 호
임차인	주 소				
	성 명	인	주민등록번호	-	전 화 번 호
입회인	주 소				
	성 명	인	주민등록번호	-	전 화 번 호

■ 임대차계약 해지통지서

임대차계약해지통지

수 신 인   임 대 인   ○   ○   ○
　　　　　　　주소 :   ○○시 ○○구 ○○길 ○○

발 신 인   임 차 인   ○   ○   ○
　　　　　　　주소 :   ○○시 ○○구 ○○길 ○○

목적물 : ○○시 ○○구 ○○길 ○○○번지 ○○호
　　　　　철근콘크리트 기와지붕 4층 건물중 3층 302호

제목 : 임대차계약해지

상기 물건지에 대해서 임대인과 임차인은 20○○년 ○월 ○일부터 20○○년 ○월 ○일까지 ○년간 임대차계약을 체결하였는 바, 20○○년 ○월 ○일에 계약이 종료되므로 이에 계약을 해지하고자 본 통지서를 보냅니다. 20○○년 ○월 ○일까지 건물을 비우겠사오니 이때에 맞추어 임대차보증금 전액을 반환해주시기를 부탁드립니다.

　　　　　　　　　20○○년 ○월 ○
　　　　　　　　　　임차인 ○   ○   ○ (서명)

■ 임대차계약 갱신청구서

임대차계약갱신청구서

20○○년 ○월 ○일자로 임대인 ○○○와 체결한 식목을 목적으로한 토지 임대차계약에 따라, 임차하고 있는 ○○시 ○○구 ○○동 소재 ○○○평방미터 토지에 대해 임차인의 임차권이 20○○년 ○월 ○일자로 존속기간이 만료되어 소멸예정입니다. 그러나, 위 토지 상에는 본인이 식재한 수목이 현존하고 있으므로 계약의 갱신을 청구합니다.

20○○년 ○월 ○일

임차인 ○ ○ ○
○○시 ○○구 ○○길 ○○번지

임대인 ○ ○ ○   귀하
　　　　○○시 ○○구 ○○길 ○○번지

(해설)

1. 계약 자동 갱신

임대인이 임대차기간이 만료되기 6개월 전부터 1개월 전까지의 기간에 임차인에게 갱신거절의 통지를 하지 않거나 계약조건을 변경하지 않으면 갱신하지 않는다는 뜻의 통지를 하지 않는 경우에는 그 임대차 기간이 끝나고 다시 전 임대차와 동일한 조건으로 임대차한 것으로 간주합니다.

2. 자동 갱신의 효과

이에 따라 상가건물 임대차계약이 자동 갱신되면 종전의 임대차와 동일한 조건으로 다시 임대차한 것으로 간주됩니다. 따라서, 보증금과 차임도 종전의 임대차와 동일한 조건으로 임대차한 것으로 됩니다. 다만, 임대차의 존속기간은 1년으로 봅니다.

3. 자동 갱신된 임대차계약의 해지

① 상가건물 임대차계약이 묵시적으로 자동 갱신된 경우 임차인은 언제든지 갱신된 임대차계약을 해지할 수 있습니다.

② 임차인이 임대차계약을 해지하는 경우에는 임대인이 통지를 받은 날부터 3개월이 지나면 그 효력이 발생합니다.

■ 임대차계약서(자동차)

임 대 차 계 약 서

제1조(목적물)

자 동 차 등록번호		계약기간	~
차 종		임대금액	
차 명		위 약 금	
차대번호		비 고	

제1조(임차인의 자격) 임차인은 승용차는 만 21세 이상, 승합차는 만 30세 이상으로 도로교통법상 유효한 운전면허증을 소지하여야 한다.

제2조(대여요금) ①기본요금에는 차량대여료, 종합보험료, 부가가치세가 포함되어 있으며, 계약기간의 초과시 임대인은 별도의 초과시간 요금을 청구할 수 있다.

②임대차계약 시에 사용예정금액을 선납하며 차량 반납시에 최종정산을 원칙으로 하며, 부대장비의 이용시 소정의 사용료를 추가로 청구할 수 있다.

제3조(보험보상및차량사고) ①임대차량은 자동차종합보험에 가입하여야 하며, 차량의 보험료는 임대인이 지급하기로 한다.

②임차기간동안 임차인의 고의.과실에 의한 차량사고 발생시 수리비는 임차인이 부담하며, 차량수리기간 동안의 휴차 보상료는 임차료의 70%로 하기로 한다.

제4조(교통법규) 임차기간동안 임차인은 교통법규를 준수하여야 하며, 임차인의 교통법규 위반으로 인한 범칙금은 임차인이 부담하기로 한다.

제5조(연료및주행거리) 유류는 임차인의 부담으로 하며 차량 반납

시에는 최초 대여 시부터 사용한 유류를 채워 반납하여야 하며, 주행거리에는 제한이 없는 것으로 한다.

제6조(계약연장) 계약기간을 연장하여 사용할 경우 사전에 임대인의 동의를 받아야 한다. 임대인의 사전 동의 없이 연장 사용할 경우 임차인은 위약금을 변상하여야 하며, 연장기간 중에 발생한 보험 및 차량손해에 대해서는 임대인은 책임을 지지 아니한다.

20○○년 ○월 ○일

임대인	주 소					
	성 명	⑩주민등록번호		-	진화번호	
임차인	주 소					
	성 명	⑩주민등록번호		-	전화번호	

■ 임대차계약서(농기계)

임 대 차 계 약 서

제1조(당사자) 당사자의 표시

　　갑: 임대인　성명　○　○　○

　　　　　　　주소　○○도 ○○군 ○○면 ○○길 ○○

　　을: 임차인　성명　○　○　○

　　　　　　　주소　○○도 ○○군 ○○면 ○○길 ○○

제2조(목적물) 목적동산의 표시

　　컴파인 1대

제3조(임대료) 임대료는 매월 금(　　　　　)원으로 정하고 을은 갑
에게 월말에 지급하기로 한다.

제4조(임대차기간) 임대차계약기간은 20○○년 ○월 ○일부터 20○
○년 ○월 ○일까지로 한다.

제5조(전대등의 제한) 을은 갑의 승낙 없이 이 동산을 다른 사람에
게 양도.전대하여서는 아니 되며, 임의로 형질을 훼손하거나 변
경을 할 수 없다.

제6조(계약해지) 을이 3, 4항을 위반하거나 임대료지불을 2개월 이
상 체납하였을 시는 갑은　최고없이 이 계약을 해지할 수 있다.

제7조(위험부담) 을의 귀책사유로 인하여 위 동산이 멸실, 훼손되었
을 때에는 그 손해를 배상하여야 한다.

　위 계약을 증명하기 위하여 계약서2통을 작성하여 서명.날인한 다
음 각 1통씩 보관한다.

　　　　　　　　　　　20○○년 ○월 ○일

임대인 (갑)	주 소					
	성 명		인주민등록번호	–	전 화 번 호	
임차인 (을)	주 소					
	성 명		인주민등록번호	–	전 화 번 호	

■ 일반점포의 임대차계약서

점 포 임 대 차 계 약 서

임대인 ＿＿＿＿(이하"갑"이라 한다)과 임차인 ＿＿＿＿(이하 "을"이라 한다)은 아래 표시의 부동산(이하"표시부동산"이라 한다.)에 관하여 다음과 같이 합의하여 계약을 체결한다.

〈부동산의 표시〉

소재지	구조		면적	
	용도			

제1조(목적) 갑은 표시부동산을 임대하고 을은 이를 임차하여 식당으로 사용한다.

제2조(보증금) 임차보증금은 금 ＿＿＿＿원으로 하고 다음과 같이 지급하기로 한다.

계 약 금	금	원은 계약체결시에 지급하고
중 도 금	금	원을 20○○년 ○월 ○일 지급하고
잔 금	금	원은 20○○년 ○월 ○일 지급한다.

제3조(건물의 인도) ① 위 부동산의 명도는 20○○년 ○월 ○일로 한다.

② 갑이 제1항의 인도기일까지 인도하지 못할 경우에는 이 때부터 인도일 전일까지 1일당 금 ＿＿＿＿원의 손해를 배상하여야 한다.

제4조(임대차기간) 임대차 기간은 20○○년 ○월 ○일부터 20○○년 ○월 ○일까지로 한다.

제5조(월차임) 월세금액은 매월 10일에 지불키로 하되 만약 기일내에 지불치 못할시에는 보증금에서 공제키로 한다.

제6조(임대인의 동의) 표시부동산의 구조변경 또는 증.개축 시, 표시부동산의 전부나 일부를 용도 변경 시, 표시부동산의 전부나 일부를 전대, 임차권의 양도 또는 담보제공하려 할 때에는 임대인의 동의를 얻어야 한다.

제7조(공과금등) 공과금 등은 다음과 같이 부담하기로 한다.

1. 갑이 부담하는 비용 : 재산세 등 부동산에 귀속되는 세금, 대수선비

2. 을이 부담하는 비용 : 전기료.수도료.가스 등의 사용료, 화재보험료, 관리비 기타 쉽게 수리할 수 있는 소수선비

제8조(계약의 해제 및 해지) ① 을의 중도금 지급 전까지 갑은 계약금의 배액을 상환하고 을은 계약금을 포기하고 이 계약을 해제할 수 있다.

② 갑은 다음과 같은 경우에 최고없이 계약을 해지할 수 있다.

1. 을이 제6조에 위반한 경우

2. 표시부동산을 심하게 파손하고 갑의 요구에도 원상회복하지 않는 경우

3. 기타 공동생활의 질서를 문란하게 하는 행위가 있을 경우

제9조(원상회복)

1. 을은 임대기간 중 그의 귀책사유에 의한 표시부동산의 파손.오손 또는 무단 변경하였을 때에는 원상회복 후 갑에게 명도하여야 한다.

2. 표시부동산의 일부 또는 전부가 을의 부주의로 인하여 화재 기타 원인으로 멸실되었을 때에는 시가 상당액의 손해를 배상하여야 한다.

이 계약을 증명하기 위하여 계약서 2통을 작성하여 갑과 을이 서명.날인한 후 각각 1통씩 보관한다.

20○○년 ○월 ○일

임대인	주 소					
	성 명		㉑주민등록번호	-	전 화 번 호	
임차인	주 소					
	성 명		㉑주민등록번호	-	전 화 번 호	
입회인	주 소					
	성 명		㉑주민등록번호	-	전 화 번 호	

(관련판례)

임대차는 당사자 일방이 상대방에게 목적물을 사용·수익하게 할 것을 약정하고 상대방이 이에 대하여 차임을 지급할 것을 약정함으로써 성립하는 것으로서(민법 제618조 참조), 임대인이 그 목적물에 대한 소유권 기타 이를 임대할 권한이 없다고 하더라도 임대차계약은 유효하게 성립한다. 따라서 임대인은 임차인으로 하여금 그 목적물을 완전하게 사용·수익하게 할 의무가 있고, 또한 임차인은 이러한 임대인의 의무가 이행불능으로 되지 아니하는 한 그 사용·수익의 대가로 차임을 지급할 의무가 있으며, 그 임대차관계가 종료되면 임차인은 임차목적물을 임대인에게 반환하여야 할 계약상의 의무가 있다. 다만 이러한 경우 임차인이 진실한 소유자로부터 목적물의 반환청구나 임료 내지 그 해당액의 지급요구를 받는 등의 이유로 임대인이 임차인으로 하여금 사용·수익하게 할 수가 없게 되면 임대인의 채무는 이행불능으로 되고 임차인은 이행불능으로 인한 임대차의 종료를 이유로 그 때 이후의 임대인의 차임지급 청구를 거절할 수 있다 (대법원 2009.9.24. 선고 2008다38325 판결).

■ 주택 임대차계약서

이 계약서는 법무부에서 국토교통부·서울시·중소기업청 및 학계 전문가와 함께 민법, 상가건물 임대차보호법, 공인중개사법 등 관계법령에 근거하여 만들었습니다. 법의 보호를 받기 위해 【중요확인사항】(별지)을 꼭 확인하시기 바랍니다.

주택임대차계약서

임대인(   )과 임차인(   )은 아래와 같이 임대차 계약을 체결한다.

[임차 주택의 표시]

소재지	(도로명주소)			
토 지	지목		면적	m²
건 물	구조·용도		면적	m²
임차할 부분	상세주소가 있는 경우 동층·호 정확히 기재		면적	m²

미납 국세	선순위 확정일자 현황	
□ 없음 (임대인 서명 또는 날인 _____ ㉑)	□ 해당 없음 (임대인 서명 또는 날인 _____ ㉑)	확정일자 부여란
□ 있음(중개대상물 확인·설명서 제2쪽 Ⅱ. 개업공인중개사 세부 확인사항 '⑨ 실제 권리관계 또는 공시되지 않은 물건의 권리사항'에 기재)	□ 해당 있음(중개대상물 확인·설명서 제2쪽 Ⅱ. 개업공인중개사 세부 확인사항 '⑨ 실제 권리관계 또는 공시되지 않은 물건의 권리사항'에 기재)	
유의사항:미납국세 및 선순위 확정일자 현황과 관련하여 개업공인중개사는 임대인에게 자료제출을 요구할 수 있으나, 세무서와 확정일자부여기관에 이를 직접 확인할 법적권한은 없습니다. ※ 미납국세·선순위확정일자 현황 확인방법은 "별지"참조		

[계약내용]

제1조(보증금과 차임) 위 부동산의 임대차에 관하여 임대인과 임차인은 합의에 의하여 보증금 및 차임을 아래와 같이 지불하기로 한다.

보증금	금	원정(₩)	
계약금	금	원정(₩)은 계약시에 지불하고 영수함. 영수자 (인)	
중도금	금	원정(₩)은 _____년 월 일에 지불하며	
잔 금	금	원정(₩)은 _____년 월 일에 지불한다	
차임(월세)	금	원정은 매월 일에 지불한다 (입금계좌:)	

제2조(임대차기간) 임대인은 임차주택을 임대차 목적대로 사용·수익할 수 있는 상태로 _____년 ____월 ____일까지 임차인에게 인도하고, 임대차기간은 인도일로부터 _____년 ____월 ____일까지로 한다.

제3조(입주 전 수리) 임대인과 임차인은 임차주택의 수리가 필요한 시설물 및 비용부담에 관하여 다음과 같이 합의한다.

수리 필요 시설	□없음 □있음(수리할 내용:)
수리 완료 시기	□잔금지급 기일인 _____년 ____월 ____일까지 □ 기타 ( )
약정한 수리 완료 시기까지 미 수리한 경우	□수리비를 임차인이 임대인에게 지급하여야 할 보증금 또는 차임에서 공제 □기타( )

제4조(임차주택의 사용·관리·수선) ① 임차인은 임대인의 동의 없이 임차주택의 구조변경 및 전대나 임차권 양도를 할 수 없으며, 임대차 목적인 주거 이외의 용도로 사용할 수 없다.

② 임대인은 계약 존속 중 임차주택을 사용·수익에 필요한 상

태로 유지하여야 하고, 임차인은 임대인이 임차주택의 보존에 필요한 행위를 하는 때 이를 거절하지 못한다.

③ 임대인과 임차인은 계약 존속 중에 발생하는 임차주택의 수리 및 비용부담에 관하여 다음과 같이 합의한다. 다만, 합의되지 아니한 기타 수선비용에 관한 부담은 민법, 판례 기타 관습에 따른다.

임대인 부담	(예컨대, 난방, 상·하수도, 전기시설 등 임차주택의 주요설비에 대한 노후·불량으로 인한 수선은 민법 제623조, 판례상 임대인이 부담하는 것으로 해석됨)
임차인 부담	(예컨대, 임차인의 고의·과실에 기한 파손, 전구 등 통상의 간단한 수선, 소모품 교체 비용은 민법 제623조, 판례상 임차인이 부담하는 것으로 해석됨)

④ 임차인이 임대인의 부담에 속하는 수선비용을 지출한 때에는 임대인에게 그 상환을 청구할 수 있다.

제5조(계약의 해제) 임차인이 임대인에게 중도금(중도금이 없을 때는 잔금)을 지급하기 전까지, 임대인은 계약금의 배액을 상환하고, 임차인은 계약금을 포기하고 이 계약을 해제할 수 있다.

제6조(채무불이행과 손해배상) 당사자 일방이 채무를 이행하지 아니하는 때에는 상대방은 상당한 기간을 정하여 그 이행을 최고하고 계약을 해제할 수 있으며, 그로 인한 손해배상을 청구할 수 있다. 다만, 채무자가 미리 이행하지 아니할 의사를 표시한 경우의 계약해제는 최고를 요하지 아니한다.

제7조(계약의 해지) ① 임차인은 본인의 과실 없이 임차주택의 일부가 멸실 기타 사유로 인하여 임대차의 목적대로 사용할 수 없는 경우에는 계약을 해지할 수 있다.

② 임대인은 임차인이 2기의 차임액에 달하도록 연체하거나, 제4조 제1항을 위반한 경우 계약을 해지할 수 있다.

제8조(계약의 종료) 임대차계약이 종료된 경우에 임차인은 임차주택을 원래의 상태로 복구하여 임대인에게 반환하고, 이와

동시에 임대인은 보증금을 임차인에게 반환하여야 한다. 다만, 시설물의 노후화나 통상 생길 수 있는 파손 등은 임차인의 원상복구의무에 포함되지 아니한다.

제9조(비용의 정산) ① 임차인은 계약종료 시 공과금과 관리비를 정산하여야 한다.

② 임차인은 이미 납부한 관리비 중 장기수선충당금을 소유자에게 반환 청구할 수 있다. 다만, 관리사무소 등 관리주체가 장기수선충당금을 정산하는 경우에는 그 관리주체에게 청구할 수 있다.

제10조(중개보수 등) 중개보수는 거래 가액의   % 인 원(□ 부가가치세 포함   □ 불포함)으로 임대인과 임차인이 각각 부담한다. 다만, 개업공인중개사의 고의 또는 과실로 인하여 중개의뢰인간의 거래행위가 무효·취소 또는 해제된 경우에는 그러하지 아니하다.

제11조(중개대상물확인.설명서 교부) 개업공인중개사는 중개대상물 확인.설명서를 작성하고 업무보증관계증서(공제증서등) 사본을 첨부하여 _____년 _____월 _____일 임대인과 임차인에게 각각 교부한다.

[특약사항]

상세주소가 없는 경우 임차인의 상세주소부여 신청에 대한 소유자 동의여부(□ 동의   □ 미동의)

※ 기타 임차인의 대항력·우선변제권 확보를 위한 사항, 관리비·전기료 납부방법 등 특별히 임대인과 임차인이 약정할 사항이 있으면 기재
 –【대항력과 우선변제권 확보 관련 예시】"주택을 인도받은 임차인은 _____년 _____월 _____일까지 주민등록(전입신고)과 주택임대차계약서상
  확정일자를 받기로 하고, 임대인은 _____년 _____월 _____일(최소한 임차인의 위 약정일자 이틀 후부터 가능)에 저당권 등 담보권을 설정할 수 있다"는 등 당사자 사이 합의에 의한 특약 가능

본 계약을 증명하기 위하여 계약 당사자가 이의 없음을 확인하고 각각 서명.날인 후 임대인, 임차인, 개업공인중개사는 매 장마다 간인하여, 각각 1통씩 보관한다.

년   월   일

임대인	주 소						서명 또는 날인 ㉑
	주민등록번호 (법인등록번호)		전화		성 명 (회사명)		
	대 리 인	주소	주민등록번호		성 명		
임차인	주 소						서명 또는 날인 ㉑
	주민등록번호 (법인등록번호)		전 화		성 명 (회사명)		
	대 리 인	주소	주민등록번호		성 명		
중개업사	사무소소재지		사무소소재지				
	사 무 소 명 칭		사 무 소 명 칭				
	대 표	서명 및 날인 ㉑	대 표	서명 및 날인			㉑
	등록번호	전화	등 록 번 호			전화	
	소속공인중개사	서명 및 날인 ㉑	소속공인중개사	서명 및 날인			㉑

(별지) 계약시 확인사항

법의 보호를 받기 위한 중요사항!
(반드시 확인하세요)

< 계약 체결 시 꼭 확인하세요 >

【 당사자 확인 / 권리순위관계 확인 / 중개대상물 확인·설명서 확인】

① 신분증·등기사항증명서 등을 통해 당사자 본인이 맞는지, 적법한 임대·임차권한이 있는지 확인합니다.

② 대리인과 계약 체결 시 위임장·대리인 신분증을 확인하고, 임대인(또는 임차인)과 직접 통화하여 확인하여야 하며, 보증금은 가급적 임대인 명의 계좌로 직접 송금합니다.

③ **중개대상물 확인·설명서**에 누락된 것은 없는지, 그 내용은 어떤지 꼼꼼히 확인하고 서명하여야 합니다.

【 대항력 및 우선변제권 확보】

① 임차인이 주택의 인도와 주민등록을 마친 때에는 그 다음날부터 제3자에게 임차권을 주장할 수 있고, 계약서에 확정일자까지 받으면, 후순위권리자나 그 밖의 채권자에 우선하여 변제받을 수 있습니다.

- 임차인은 최대한 신속히 ① 주민등록과 ② 확정일자를 받아야 하고, 주택의 점유와 주민등록은 임대차 기간 중 계속 유지하고 있어야 합니다.

② **등기사항증명서, 미납국세, 다가구주택 확정일자 현황** 등 반드시 확인하여 선순위 담보권자가 있는지, 있다면 금액이 얼마인지를 확인하고 계약 체결여부를 결정하여야 보증금을 지킬 수 있습니다.

※ 미납국세와 확정일자 현황은 임대인의 동의를 받아 임차인이 관할 세무서 또는 관할 주민센터·등기소에서 확인하거나, 임대인이 직접 납세증명원이나 확정일자 현황을 발급받아 확인시켜 줄 수 있습니다.

< 계약기간 중 꼭 확인하세요 >

【차임증액청구】

계약기간 중이나 묵시적 갱신 시 차임·보증금을 증액하는 경우에는 5%를 초과하지 못하고, 계약체결 또는 약정한 차임 등의 증액이 있은 후 1년 이내에는 하지 못합니다.

【월세 소득공제 안내】

근로소득이 있는 거주자 또는 「조세특례제한법」제122조의3 제1항에 따른 성실사업자는 「소득세법」 및 「조세특례제한법」에 따라 월세에 대한 소득공제를 받을 수 있습니다. 근로소득세 연말정산 또는 종합소득세 신고 시 주민등록표등본, 임대차계약증서 사본 및 임대인에게 월세액을 지급하였음을 증명할 수 있는 서류를 제출하면 됩니다. 기타 자세한 사항은 국세청 콜센터(국번 없이 126)로 문의하시기 바랍니다.

【묵시적 갱신 등】

① 임대인은 임대차기간이 끝나기 6개월부터 1개월 전까지, 임차인은 1개월 전까지 각 상대방에게 기간을 종료하겠다거나 조건을 변경하여 재계약을 하겠다는 취지의 통지를 하지 않으면 종전 임대차와 동일한 조건으로 자동 갱신됩니다.

② 제1항에 따라 갱신된 임대차의 존속기간은 2년입니다. 이 경우, 임차인은 언제든지 계약을 해지할 수 있지만 임대인은 계약서 제7조의 사유 또는 임차인과의 합의가 있어야 계약을 해지할 수 있습니다.

< 계약종료 시 꼭 확인하세요 >

【보증금액 변경시 확정일자 날인】

계약기간 중 보증금을 증액하거나, 재계약을 하면서 보증금을 증액한 경우에는 증액된 보증금액에 대한 우선변제권을 확보하기 위하여 반드시 다시 확정일자를 받아야 합니다.

【임차권등기명령 신청】

임대차가 종료된 후에도 보증금이 반환되지 아니한 경우 임차인은 임대인의 동의 없이 임차주택 소재지 관할 법원에서 임차권등기명령을 받아, 등기부에 등재된 것을 확인하고 이사해야 우선변제 순위를 유지할 수 있습니다. 이때, 임차인은 임차권등기명령 관련 비용을 임대인에게 청구할 수 있습니다.

※ 주택임대차계약시 유의사항

주택임대차계약시 유의사항

1. 계약시 준비사항

고액수표인 경우 수표번호, 발행지점, 발행일 등을 수첩에 적어 두면 분실이나 도난시 해당은행에 신속하게 지급정지 요청을 할 수 있는 이점이 있다.

2. 임대차건물의 권리분석

(1) 주택의 토지 및 건물 등기부 등본을 직접 떼어보고 확인
  ○ 표제부 : 임차주택이 맞는지 확인, 토지의 지분면적확인 (가격감정)
  ○ 갑 구 : 소유자 이름과 주소확인, 가등기, 압류, 가압류 등 확인
  ○ 을 구 : 지상권,지역권,전세권,저당권,임차권 등 확인
  ○ 가장 좋은 것은 소유권등기 외에 아무것도 물권등기가 없는 것임
  ○ 저당권이 설정된 경우는 경매가 실행될 경우를 가정하여 자기의 보증금 회수가 될 것인지 계산해볼 것(경매시 가격으로 판단)
  ○ 가처분, 가등기, 가압류, 압류, 예고등기 등은 계약을 하지 않는다.(이들 권리에게는 주택임대차가 대항력이 없음)
(2) 토지이용계획 확인원을 떼어 볼 것
  ○ 도시계획상 철거대상 여부확인
  ○ 참고로 토지대장. 가옥대장도 확인(구청에서 발급)
  ○ 미등기·무허가의 주택을 임차하는 경우 대지 소유자를 찾아내어 주택의 세부내용을 파악할 것
  ※ 경매시에는 일반매매보다 가격이 하락되는 것이 보통임

3. 계약시 확인사항

본인확인(전 임차인도 같이 합석하면 좋다)

 (1) 등기부상 본인이 나온 경우 ⇒ 주민등록증으로 본인 확인(통상 중
 개업자가 함)

 (2) 부인이 나온 경우 ⇒ 최소한 권리증은 확인(물론 주민등록증도)

 (3) 대리인이 나온 경우 ⇒ 위임장 + 인감증명서(주민등록증으로 본인
 확인)

4. 계약직전 확인사항

(1) 임차주택의 사용부분(계약서상에 정확히 표시)

(2) 계약의 개요

 - 계약금 및 잔금(필요시 중도금)의 금액 및 지급일정
  (통상은 계약금 10%를 지불하고 나머지는 잔금으로 하며 잔금
  은 주택의 인도와 동시에 지불)

 - 임대차 기간

(3) 전 임차인의 퇴거일과 자기의 입주일

(4) 전 임차인과의 관리비 등 제세공과금 처리문제

(5) 시설상태 및 수리여부 확인(벽면 도배포함)

(6) 구조변경 및 원상회복문제

(7) 위약 및 계약해제사항(계약금의 성격 및 해약조건)

(8) 기타 특약사항

(9) 중개수수료 문제

5. 계 약

(1) 계약서의 내용을 읽어보고 이상이 없으면 계약서에 기명·날인한다.

(2) 기명·날인한 계약서를 1부 보관한다.

(3) 계약금을 주고, 계약금 영수증을 받는다.

(4) 잔금(필요시 중도금) 지급일의 시간을 우선 정하고 추후 시간이
 변동되면 연락하기로 한다(집주인과 중개인의 연락처를 반드시
 적어 놓을 것)

(5) 중개업자에게 중개물건 확인서를 받고 중개수수료의 1/2을 지

불한다.

6. 중 도 금

중도금이 없는 계약은 잔금이 중도금 및 잔금으로 간주된다.
(1) 민법 제565조
   중도금이 지급되면서 계약은 확정되었다고 볼 수 있다.

> 당사자의 다른 약정이 없는 한 상대방이 계약의 이행에 착수 할 때
> 까지는 매수인은 계약금을 포기하고 매도인은 계약금의 배액을
> 변상하고 계약을 해제할 수 있다.

   (계약의 이행의 예 : 중도금의 지급, 임대주택을 비우는 일 등)
(2) 위의 법조문처럼 중도금 혹은 잔금이 지급되기 전까지는 임차인
   은 계약금을 포기하고 임대인은 배액을 변상하고 임대차계약을
   해제할 수 있는데 이때에는 상대방에게 손해배상을 해주지 않아
   도 된다.

7. 잔금처리

계약시 등기부 확인을 하였더라도
(1) 전세 계약의 잔금을 지급하는 날 혹은 이사하는 날은 등기부상
   의 내용이 계약시와 변동이 없는지 확실히 확인한 후
(2) 잔금을 지불하고 영수증을 받는다. 또한 동시에 주택에 대한 키
   를 받는다(주택의 시설상태 여부도 확인).
(3) 종전 임차인과(혹은 집주인) 관리비 등 제공과금을 처리한다.
(4) 중개수수료의 1/2을 지불한다.

8. 임대차 대항력 구비 조치

주택임대차보호법의 적용을 받기 위한 대항력 구비요건을 신속하게
준비할 것
(1) 잔금지급 즉시 주민등록 전입신고를 마친다.
(2) 동시에 임대차 계약서상에 확정일자를 부여받는다(공증사무실,
   법원, 읍·면·동사무소)
(3) 주민등록신고는 가족전원이 아니더라도 일부만 하여도 상관없음

(4) 집주인이 전세권이나 임차권의 등기를 해주면 즉시 등기를 하는 것이 유리함.

(5) 임차인의 지위등급(등급이 높을수록 임차인이 유리합니다)

등 급	내 용	비 고
1	전세권이나 임차권 등기	확실한 물권적 효력
2	이사 + 주민등록 + 확정일자 부여	대항력 및 우선변제권 획득
3	이사 + 주민등록	대항력만 획득

※ 임차권을 등기하면 제3자에 대한 대항력만 있으므로 이 경우 주택이 매매 혹은 경매되어도 상관없이 사용·수익할 수 있다(우선변제권은 없음)

■ 내용증명—누수로 인한 임대차계약 해지 통지 및 보증금 반환청구

누수로 인한 임대차계약 해지 통지 및 보증금 반환청구

수신인 : ○○○(주민등록번호)
　　　　　 인천 ○○구 ○○동 ○○길 ○○
발신인 : ○○○(주민등록번호)
　　　　　 서울 ○○구 ○○동 ○○길 ○○

1. 발신인은 귀사 소유인 서울 ○○구 ○○동 ○○길, 지층 안쪽 방 2칸에 대하여 계약기간을 2012. 4. 15.부터 2014. 4. 15.까지 24개월로, 임대차보증금을 35,000,000원으로 정하고 거주하고 있는 임차인입니다.

2. 상기 물건지에 대해서 올해 7월부터 큰방 쪽의 심한 누수와 큰방과 작은방, 주방 벽면의 심한 곰팡이로 인하여 도저히 사람이 살 수 없는 상황이고, 발신인이 귀하에게 얘기하니 귀하는 수리해 준다고 했다가 보증금을 반환해 준다고 했다가 지키지도 않는 약속들을 반복하거나 사는 데 지장이 없다는 등 발신인의 요구사항을 전혀 받아들이지 않고 있습니다.

3. 이에 발신인은 계약기간 내이지만 위와 같은 사유로 계약 종료를 요구하며, 새로운 입주자가 결정되지 않더라도 이 내용증명을 송달받은 날로부터 7일 이내에 임대차 보증금 및 이사비용 원(단 이사 올 당시 기준임, 이하 같음), 부동산동개수수료 원 반환하여 주실 것을 본 내용증명으로 요구합니다.

4. 위와 같은 발신인의 요구사항에 불응할 경우, 발신인은 임차보증

금반환 등 청구의 본안소송과 임차권등기신청사건의 각 소송비용, 판결 이후의 강제집행에 따른 집행비용 등을 귀하가 부담해야 한다는 사실을 미리 고지하니, 부디 빠른 시일 내에 보증금을 반환하여 상호간에 불미스런 일이 발생치 않도록 해 주시기 바랍니다.

20○○. ○. ○.

발신인 ○○○ (서명)

(해설)

1. 내용증명

내용증명은 우편법 시행규칙 제25조 ①항 4호 가목에 따라 등기취급을 전제로 우체국창구 또는 정보통신망을 통하여 발송인이 수취인에게 어떤 내용의 문서를 언제 발송하였다는 사실을 우체국이 증명하는 특수취급 제도입니다.

예컨대 채무이행의 기한이 없는 경우 채무자는 이행의 청구를 받은 때로부터 지체책임을 지게 되며 이 경우 이행의 청구를 하였음을 증명하는 문서로 활용할 수 있습니다.

2. 내용증명의 활용

① 민법은 시효중단의 한 형태로 「최고」를 규정하고 있으며 「최고」 후 6월내에 재판상의 청구, 파산절차참가, 화해를 위한 소환, 임의출석, 압류 또는 가압류, 가처분을 하지 않는 경우 시효중단의 효력이 없는 것으로 규정하고 있습니다.

따라서 소멸시효가 임박한 경우 「최고서」를 작성하여 내용증명우편으로 송부하고 소송 시 「최고」를 하였음을 입증하는 자료로 사용할 수 있습니다.

② 계약의 해제(해지), 착오 등을 이유로 취소하는 경우 내용증명을 통하여 의사표시를 하는 것이 후일 분쟁을 미리 예방 할 수 있는 방법이 될 수 있습니다.

③ 민법 제450조는 지명채권의 양도는 양도인이 채무자에게 통지하거나 채무자의 승낙을 요하며, 통지나 승낙은 확정일자 있는 증서에 의하지 않으면 채무자 이외의 제3자에게 대항할 수 없도록 규정하고 있습니다. 따라서 채권의 양도통지를 할 경우 내용증명에 의하여 통지하면 제3자에게도 대항할 수 있게 됩니다.

(※ 배달증명은 확정일자 있는 증서로 보지 않음 대법원 2001다80815)

■ 임대차계약 해지 통지 및 보증금 반환청구

임대차계약 해지 통지 및 보증금 반환청구

수신인 : 임대인 ○○○ (주민등록번호)
　　　　서울 ○○구 ○○동 ○○○길 ○○

발신인 : 임차인 ○○○ (주민등록번호)
　　　　서울 ○○구 ○○동 ○○○길 ○○

1. 임대차계약내용
   부동산소재지 : 서울 ○○구 ○○동 ○○길 ○○ 지층 2호
   임대차 계약기간 : 20○○년 7월 15일부터 20○○년 7월 14일
   임대차 보증금 : 일금 오천만원 정

2. 상기 물건지에 대해서 귀하와 발신인이 20○○년 7월 15일부터
   20○○년 7월 14일까지 전세(임대차) 계약을 체결하여 20○○년
   7월 14일부로 계약이 종료되며, 20○○년 7월부터 작은방의 누
   수 및 심한 곰팡이로 사용하지 못하였으며 방안 물건에도 심각
   한 손상을 입었습니다.
   이에 발신인은 계약 만기 내이지만 위와 같은 사유로 계약 종료
   를 요구하며, 새로운 입주자가 결정되지 않더라도 이 내용증명을
   송달받은 날로부터 5일 이내에 임대차 보증금을 발신인의 계좌
   (우리은행 : ○○○-○○○○○○-○○-○○○　예금주 : 황임
   차) 반환하여 주실 것을 본 내용증명으로 요구합니다.

3. 발신인은 현재 다른 집을 20○○. 7. 14. 전세보증금 3천만원에
   월차임 30만원으로 계약한 상태인바, 귀하가 보증금을 반환치않
   을 경우 발신인은 월 30만원씩의 차임을 지급하게 될 것입니다.

4. 또한 귀하도 알고 있듯이 발신인의 임차보증금 5천만원 중 3,500만원은 우리은행으로부터 근로자 전세대출로 대출받은 돈이므로 귀하가 이를 늦게 반환할 경우에는 그에 대한 월 14만원씩의 이자가 발생합니다.

5. 위 3항 및 4항의 돈은, 민법상 특별손해에 해당하는 것으로서 미리 통지하는 것이며, 추후 소송 시에는 임차보증금반환의 본안사건과 임차권등기신청사건의 소송비용뿐만 아니라 위와 같은 특별손해에 대하여도 귀하가 부담해야 한다는 사실을 미리 특정하여 고지하는 것이므로, 부디 빠른 시일 내에 보증금을 반환하여 상호간에 불미스런 일이 발생지 않도록 해 주시기 바랍니다.

20○○년   월   일

임차인   ○○○   (서명)

■ 기계류 임대차(리스)계약서

기계류 임대차(리스)계약서

○○○(이하 갑이라 한다)과 ◇◇◇(이하 을이라 한다)은 갑이 소유하고 있는 별지목록 기재 기계(이하 '본 계약기계'라 한다)에 대하여 다음과 같은 조건으로 임대차계약을 체결한다.

제1조(목적) 갑은 을에게 본 계약기계를 임대하고 을은 이를 임차하여 사용하면서 갑에게 임대료를 지급한다.

제2조(기간 및 자동갱신) 본 계약의 계약기간은 20○○년 ○월 ○일부터 20○○년 ○월 ○일까지로 한다. 기간만료일로부터 임대인이 해지통지를 하는 경우에는 3월, 임차인이 해지통지를 하는 경우에는 1월 전에 상대방에게 문서로써 해지의 의사표시를 하여야 하며 그 기간 내에 해지의 의사표시가 없는 경우에는 계약은 1년씩 갱신된다. 갱신된 계약의 조건은 당사자간에 다른 의사표시가 없는 한 전 계약의 조건과 동일한 것으로 본다.

제3조(인도방법 및 의무) ① 갑은 본 계약기계를 20○○년 ○월 ○일까지 갑과 을이 협의한 장소에서 또는 계약당시 본 계약기계가 있는 장소에서 을에게 인도한다. 본계약기계의 인도시 갑은 기계의 현재 상태, 작동성능, 조작방법, 수리방법 등에 관한 설명서를 을에게 교부한다.

② 을은 본 계약기계를 인도 받은 즉시 기계의 현재상태 등을 조사하여야 하며 하자를 발견한 경우 즉시 그 사실을 갑에게 문서로써 통지하여야 한다. 단, 사전에 갑이 그 사실을 알고 있었던 경우에는 예외로 하며 이 경우 입증책임은 을이 부담한다.

③ 전항의 통지를 게을리 하여 을이 입은 손해에 대하여 갑은 배상의 책임이 없다.

제4조(책임) ① 갑은 을로부터 전조 제2항에 의한 통지를 받거나 본

계약체결 후 6월내에 을의 귀책사유에 의하지 않고 본 계약기계에 하자가 발생한 경우 본 계약기계에 대한 하자보수의무를 진다.

② 전항의 하자에 대하여 을은 제6조제1항 및 제2항에서 정하고 있는 임료의 감액이외에 손해의 배상을 청구할 수 있다.

③ 갑은 을의 귀책사유에 의해 본 계약기계가 멸실 또는 파손되거나 성능저하 등의 손해가 발생하는 경우 을에게 그 배상을 청구할 수 있다.

④ 본 계약체결 후 본 계약기계로 인하여 제3자가 입은 손해에 대한 배상책임은 을이 부담한다. 단 그 손해가 을의 귀책사유에 의한 것이 아니고 갑 또는 을 중 누구의 책임인지 밝혀지지 않거나 쌍방 누구의 책임도 아닌 경우에는 갑과 을은 반분하여 배상책임을 진다.

제5조(보증금) 을은 갑에게 본 계약에 대한 손해의 담보로써 금 ○○○원을 20○○년 ○월 ○일까지 지급하여야 한다.

제6조(임료) 을은 본 계약기계의 사용대가로 매월 금○○○원을 현금으로 갑에게 지급하여야 한다. 임료의 지급기한은 매 익월 10일 이내로 한다.

제7조(임료의 감액) ① 을이 제3조 제2항에 의한 하자의 통지를 갑에게 한 경우 그 하자로 인하여 입은 손해에 상응하는 임료의 감액을 청구할 수 있다.

② 을은 을의 귀책사유에 의하지 않은 본 계약기계의 하자로 손해를 입거나 추가적인 비용을 부담하게 된 경우 그 실손해에 상응하는 임료의 감액을 문서로써 갑에게 청구할 수 있다.

③ 제6조에서 정하고 있는 임료는 경제사정의 급격한 변동 기타 특별한 사정이 있는 경우에는 을은 갑에게 그 사유를 입증하여 임료의 감액을 청구할 수 있으며 감액사유에 대한 입증책임은 을이 진다.

제8조(금지행위) 을은 본 계약기계에 대하여 사전에 갑의 승낙을 얻지 아니하고 담보의 설정, 양도 및 전대행위를 할 수 없다.

제9조(계약의 해제) ① 갑과 을은 쌍방이 본 계약에서 정하고 있는 의무를 이행하지 않거나 정당한 이유 없이 이행을 거부하는 경우

계약을 해제할 수 있다. 해제의 의사표시는 확정일자 있는 문서로써 하며 해제의 효력은 그 의사표시가 상대방에게 송달된 때부터 발생한다.

② 갑과 을은 상당한 기간을 정하여 상대방에게 이행여부의 확답을 최고할 수 있으며 상대방이 상당한 기간내에 확답을 하지 않는 경우에는 별도의 의사표시 없이 계약을 해제할 수 있다.

③ 갑과 을은 서로의 귀책사유에 의하지 않은 부득이한 사유로 인하여 더 이상 계약의 목적을 달성할 수 없게 되는 경우 상대방에게 손해를 배상하지 않고 계약을 해제할 수 있다. 단 입증책임은 그 사유를 주장하는 자에게 있다.

제10조(보험가입) 을은 본 계약기계를 인도받은 후 ○일 이내에 본계약기계에 대한 손해를 담보하기 위하여 보험에 가입하여야 한다.

제11조(협의) 갑과 을은 신의성실의 원칙에 따라 본 계약을 이행하여야 하며 본 계약의 해석에 다툼이 있는 경우에는 쌍방 협의에 의하여 정하되 협의가 이루어지지 않는 경우 상관습이 있으면 그에 의하고 관습이 없는 경우에는 관계 법령과 판례의 해석에 따른다.

제12조(준거법, 관할) 민사에 관하여 다툼이 있는 경우 준거법은 갑의 본점이 소재하고 있는 국가의 법으로 하며 법원의 관할은 갑의 본점소재지 관할 법원으로 한다.

본 계약 체결의 증거로써 갑과 을은 본 계약서 2통을 작성하여 쌍방이 서명(기명) 날인한 후 각 1통씩 보관한다.

20○○년 ○월 ○일

임대인	주 소				
	성 명	인 주민등록번호	-	전 화 번 호	

임차인	주 소				
	성 명	인 주민등록번호	-	전 화 번 호	

[별 지]

기 계 목 록

품 명	수 량(개)	제작회사	고유번호
전기용접기	5	○○○	○○○
산소용접기	5	○○○	○○○
그라인다	2	○○○	○○○

■ 임대차계약서(기계, 설비)

임 대 차 계 약 서

임대인은 그 소유인 다음 표시의 동산을 임차인에게 임대하고 사용·수익하도록 하며 임차인은 이것을 임차하여 그 임료를 지급할 것을 약정한다.

제1조(목적물)
 1. ○○형 제작기계 ○대
 2. ○○형 발동기 ○대

제2조(임대료) 임료는 매월 금 200,000원으로 하고 임차인은 매월 말일까지 당해 ○월분을 임대인의 주소에 지참하여 지급하여야 한다.

제3조(계약해지) 임차인이 임료의 지급을 2개월 이상 태만히 할 때는 임대인은 즉시 본 계약을 해제하여 임대물의 반환을 청구할 수 있다.

제4조(목적외 사용금지) 임차인은 임차물을 그 성질 및 용법에 따라 사용·수익하는 이외의 목적에 사용·수익할 수 없다.

제5조(제세공과금) 대여물건에 관한 공조공과 및 화재보험료는 '임차인'이 부담하고 화재보험금의 수취인 명의는 '임대인'으로 한다.

제6조(양도 등의 제한) 임차인은 임차권을 양도 또는 임차물을 제3자에게 전대할 수 없다.

제7조(존속기간) 본 임대차의 존속기간은 계약 일로부터 ○년으로 한다.

제8조(위험부담) 임차인이 그의 귀책사유로 인하여 임차물을 멸실·훼손하였을 때는 그 손해를 배상하여야 한다.

제9조(계약종료) 임차인은 임대차가 종료했을 때 즉시 임차물을 임대인에게 반환하여야 한다.

위의 계약을 입증하기 위하여 본 증서 2통을 작성하고 각자 1통씩 보존한다.

20○○년 ○월 ○일

임대인	주 소					
	성 명	인	주민등록번호	-	전 화 번 호	
임차인	주 소					
	성 명	인	주민등록번호	-	전 화 번 호	

■ 임대차계약서(컴퓨터)

임 대 차 계 약 서

아래 표시 컴퓨터의 임대차계약에 있어 임대인 ○○○(이하 '갑'이라한다)과 임차인 ○○○(이하 '을'이라 한다)은 다음 계약내용과 같이합의하여 임대차계약을 체결한다.

컴퓨터의 표시

> (※ 컴퓨터 종류 및 품목 기재)

제1조(사용목적) 을은 위 컴퓨터를 이 계약 당시의 상태대로 사용하여야 한다.

제2조(임차료) 임차료는 매월 금 ○○○원으로 하고 을은 매월 말일 갑에게 지참 하여 지급하거나 갑이 지정한 온라인 예금계좌로 입금하여야 한다.

제3조(임대차기간) 임대차기간은 계약 일로부터 6개월로 하고 계약기간 만료 1개 월 전까지 계약기간 만료 통지나 임차료 증감청구 등 당사자의 이의 제기가 없으면 계약은 6개월씩 자동연장 되는 것으로 한다.

제4조(계약의 해지) 을이 임차료를 2개월 분 이상을 지연시킨 경우 갑은 계약을 해지할 수 있다.

제5조(위약금) 갑이 제3자에 대한 소유권의 양도 기타 사유로 을의 컴퓨터 사용을 방해하여 임대차의 목적을 달성할 수 없게 한 때에는 위약금으로 금○○○원을 배상하여야 한다.

제6조 본 계약에서 특별히 정한 바가 없는 경우는 민법의 규정에 의하여 해결한다.

이 계약을 증명하기 위하여 계약서 2통을 작성하여 갑과 을이 서명.
날인한 후 각1통씩 보관한다.

20○○년 ○월 ○일

임대인	주 소					
	성 명	인주민등록번호	-	전 화 번 호	
임차인	주 소					
	성 명	인주민등록번호	-	전 화 번 호	

■ 임대차계약서(자동판매기)

임 대 차 계 약 서

○○주식회사를 갑으로 하고, ○○상점을 을로 하여 양 당사자 간에 자동판매기의 임대차에 관하여 아래와 같이 계약을 체결한다.

제1조(목적물) 이 계약에서 물건이란 별표에 기재된 것을 말한다.

제2조(계약조건) 물건의 계약기간, 설치장소 및 사용료는 다음과 같이 한다.

  1. 계약기간 : 20○○년 ○월 ○일부터 20○○년 ○월 ○일까지

  2. 설치장소 : 서울시 ○○구 ○○길 ○○번지 ○○ ○○상점 내

  3. 사 용 료 : 1대당 월 ○○○원

제3조(용도변경의 금지 등) ① 을은 물건을 별표에 기재된 물품의 판매 이외의 용도로 사용할 수 없으며 타인에게 매도, 전대, 저당에 제공할 수 없다.

제4조(반환의무) 제2조의 계약기간 경과 후에는 을은 갑에게 즉시 물건을 반환한다.

제5조(설치장소변경금지 등) ① 갑은 물건의 설치공사를 갑의 비용으로 하며 을은 설치에 필요한 사항에 협조한다

② 을은 갑의 승낙 없이 물건을 무단으로 제2조의 설치장소가 아닌 곳에 설치할 수 없다.

제6조(관리의무와 비용부담) ① 을은 천재지변 등 불가항력의 경우를 제외하고 물건의 분실과 훼손에 대하여 책임을 지며 계약기간 중 선량한 관리자의 주의의무로써 이를 사용토록 한다.

② 물건에 발생한 고장에 대하여는 갑이 수리하기로 하고, 을의 관리상의 부주의로 인한 경우에는 그 수리비용은 을이 부담한다.

제7조(사용료의 지급) ① 을은 물건의 사용료를 매월 1일에 갑이 지정하는 통장계좌로 입금하도록 한다.

② 을이 기일까지 사용료 지급을 2기 이상 연체할 경우 갑은 을에게 물건의 사용정지 혹은 반환요구를 할 수 있으며 이 경우 을은 계약기간중이라도 갑의 요구에 따른다.

제8조(규정외 사항) 이 계약에 명시하지 않는 사항은 관례에 의한다.

이 계약을 보증하기 위해 본서 2통을 작성하고, 갑·을 각 1통을 보관한다.

20○○년 ○월 ○일

임대인	주　소					
	성　명	인주민등록번호		-	전 화 번 호	
임차인	주　소					
	성　명	인주민등록번호		-	전 화 번 호	

[별 표]

기계번호	형　식	판매품목	비 고
B123	KS○○	○○	
B124	KS○○	○○	
B125	KS○○	○○	

6. 위임계약서

■ 위임계약서(건물매도)

위 임 계 약 서

위임인 ○○○(이하 "갑"이라 한다)와 수임인 ○○○(이하"을"이라 한다)는 다음과 같이 합의하여 위임 계약을 체결한다.

▷ **다   음** ◁

제1조(계약의 목적) 갑은 을에게 갑 소유의 ○○시 ○○구 ○○길 ○○소재 철근콘크리트조 ○○평의 건물 1동을 대금 ○○○원 이상으로 매각하는 일과 이에 관련된 일체의 행위를 위임한다.

제2조(계약기간) 계약기간은 20○○년 ○월 ○일까지로 한다.

제3조(비용의 부담) 위임사무에 관한 비용은 위임자가 부담하고 수임자의 청구가 있을 때에는 이를 선급한다.

제4조(보 수) 수임자에 대한 보수는 금 ○○○원으로 하고 위임사무가 완결한 때에 이를 지급한다.

제5조(복대리인) 수임자는 필요 있을 경우에는 수임자의 책임으로 복대리인을 선임할 수 있다.

제6조(계약의 해지) ① 갑 또는 을은 언제든지 계약을 해제할 수 있다.

제7조(을의 보고의무) 을은 갑의 청구가 있는 때에는 위임사무의 처리상황을 보고하고 위임이 종료한 때에는 지체 없이 그 전말을 보고하여야 한다.

제8조(규정외 사항) ① 이 계약에 정하지 않은 사항 또는 이 계약조항의 해석에 대하여 이의가 발생한 때에는 갑과 을이 협의하여 해결하기로 한다.

② 당사자간에 협의가 이루어지지 아니할 경우에는 일반적인 상

관례에 따른다.

 본 계약에 대하여 계약당사자가 이의 없음을 확인하고 각자 기명.날
인(서명)한다.

200○년 ○월 ○일

위임인	주 소					
	성 명		인주민등록번호	-	전 화 번 호	
수임인	주 소					
	성 명		인주민등록번호	-	전 화 번 호	

■ 위탁계약서(회사의 경영)

경 영 위 탁 계 약 서

위탁자 ○○주식회사(이하 "갑"이라 한다)와 수탁자 ○○주식회사(이하 "을"이라 한다)는 다음과 같이 합의하여 경영위탁 계약을 체결한다.

▷ **다 음** ◁

제1조(계약의 목적) 갑이 별지 목록기재한 점포(이하 '본 건 점포'라 한다)에서 ○○주식회사라는 명칭으로 경영하는 식품판매의 경영을 을에게 위탁하고 을은 이를 승낙한다.

제2조(상호사용) 을은 갑의 상호를 사용하여, 을의 계산으로 식품판매를 경영한다.

제3조(현상인도 및 변경) 갑은 점포 안에 설치.부가된 경영용 설비비품 등 모든 것을 을에게 인도하기로 하고, 을은 현상을 유지하여 점포를 경영한다. 다만, 을은 식품판매의 경영을 함에 있어 점포를 개축.개조 등이 필요한 경우에 갑의 동의 및 점포 임대인의 승낙을 득하여 개축.개조 등을 할 수 있다.

제4조(계약기간) 계약기간은 20○○년 ○월 ○일부터 20○○년 ○월 ○일까지로 한다.

제5조(계약의 갱신) ① 갑 또는 을이 계약기간이 만료되기 6개월 전부터 1개월 전까지 사이에 상대방에게 갱신거절의 통지 또는 조건을 변경하지 아니하면 갱신하지 아니한다는 뜻의 통지를 아니한 경우에는 그 기간이 만료된 때에 전 경영위탁과 동일한 조건으로 다시 경영위탁한 것으로 본다.

② 제1항에 의하여 계약이 갱신된 경우 경영위탁의 존속기간은 정함이 없는 것으로 본다.

제5조의2(묵시적 갱신의 경우의 계약의 해지) ① 제5조제1항의 경우

당사자는 언제든지 계약해지의 통지를 할 수 있다.

② 상대방이 전항의 통지를 받은 날로부터 3개월이 경과하면 해지의 효력이 발생한다.

제6조(경영권 사용료) 경영권 사용료는 1개월 금○○○원으로 하고, 을은 매월 말일에 갑에게 지참 또는 송금에 의한 방법으로 지급한다.

제7조(자금의 조달) 계약 기간 중 발생하는 식품판매경영에 대해 필요한 자금의 조달은 모두 을의 부담으로 하고, 을은 갑에 대해 자금조달을 요구하지 않는다.

제8조(비용부담) 계약기간 중 식품판매경영에 관해 지출해야 하는 제비용은 식품판매경영에서 얻는 수입에서 지급하고, 부족한 경우에는 을이 부담한다.

제9조(보증금 예탁) 을은 전항의 경비 중 매월 정기적으로 지급해야 하는 점포 임차료, 냉.난방비, 전화료의 지급보증을 위해 1개월 금○○○원을 을은 매월 말일에 경영권 사용료와 함께 선불로서 예탁한다. 단, 갑은 이 예탁금에 의해 전 단계의 비용을 지급 후 돈이 남은 경우에는 정산하여 지급하고, 부족분이 생겼을 때는 즉시 그 부족분을 지급한다.

제10조(세금의 납부) 을의 이익은 제8조 및 제9조의 비용을 공제한 후의 판매액으로 하고, 동 이익에 해당하는 제 세액을 갑이 하는 소득세 신고기일까지 갑에게 교부하여 갑의 납세에 지장을 초래하지 않도록 한다.

제12조(을의 보고의무) 을은 갑의 청구가 있는 때에는 위임사무의 처리상황을 보고하고 위임이 종료한 때에는 지체 없이 그 전말을 보고하여야 한다.

제13조(계약의 해지) 을이 다음 각 호의 1에 해당하는 행위를 했을 경우에 갑은 계약을 해지할 수 있다.

1. 본 건 점포에서 식품판매 이외의 경영을 개시한 경우
2. 본 '○○상사주식회사'의 명칭을 변경했을 경우
3. 타인으로 하여금 식품경영을 하게 했을 때
4. 타인으로 하여금 본 건 점포를 점유 사용하게 했을 때

5. 경영권 사용료, 보증금의 예탁기일을 2기이상 연체하였을 경우
6. 특별한 이유 없이 10일 이상 휴업한 경우
7. 본 건 점포를 무단으로 개축.개조 등을 한 경우
8. 당사자의 파산(사망)

제14조(점포의 인도 등 및 청산) ① 기간만료 또는 해지에 의해 본 계약이 종료했을 때는 을은 즉시 식품판매의 경영을 중지하고, 점포 및 점포 내에 설치된 영업용 모든 설비 및 비품 등 일체를 현상 그대로 유지하여 인도한다.

② 계약이 종료했을 때는 갑과 을은 1개월 이내에 모든 경비를 청산하여 청산금을 지급하여야 한다.

제15조(비용상환청구) 을은 갑에게 점포를 증.개축한 이익이 현존하는 한도에서 그 비용상환을 청구할 수 있다. 다만, 그 이외의 비용은 청구할 수 없다.

제16조(규정외 사항) ① 이 계약에 정하지 않은 사항 또는 이 계약조항의 해석에 대하여 이의가 발생한 때에는 갑과 을이 협의하여 해결하기로 한다.

② 당사자간에 협의가 이루어지지 아니할 경우에는 일반적인 상관례에 따른다.

본 계약에 대하여 계약당사자가 이의 없음을 확인하고 각자 기명.날인(서명)한다.

200○년 ○월 ○일

위임인	주 소					
	성 명		인	주민등록번호	-	전 화 번 호	
수임인	주 소					
	성 명		인	주민등록번호	-	전 화 번 호	

7. 임치계약서

■ 임치계약서(일반)

임 치 계 약 서

임치인 ○○○(이하 '갑'이라 칭함)와 수치인 △△△(이하 '을'이라 칭함)은 다음과 같은 내용의 임치계약을 체결한다.

제1조(임치계약의 약정) '갑'은 그가 소유하는 아래 물품을 제2조 이하의 내용에 따라 '을'에게 임치하고, '을'은 이를 보관할 것을 수락한다.

〈아   래〉

      가. 물 품 명 : ○○○○
      나. 수   량 :   ○개

제2조(보관일시) : 20○○년 ○월 ○일

제3조(보관장소) : ○○시 ○○구 ○○길 ○○

제4조(보관비용지급) 임치물품의 보관비용은 매일 금 ○○○원으로 정하고 임치물 반환시 '을'의 주소에 지참하여 지급한다.

제5조(계약의 해지) '을'은 '갑'이 계약상의 의무를 위반하였을 경우, 즉시 계약을 해지할 수 있다.

제6조(계약의 종료) 계약의 해제 또는 해지로 인한 경우 이외에 '갑'이 사망하거나, 금치산, 파산의 선고 등을 받은 경우에는 본 계약이 당연히 종료된 것으로 본다.

제7조(임치인의 의무) 본 계약이 해제 또는 해지된 경우 '갑'은 신속히 보관소재지를 변경하는 절차를 마치고 물품을 반출하여야 한

다. 만일 '갑'이 물품을 반출하지 아니하는 경우 소정보관료상당
의 손해금을 '을'에게 지급하여야 한다.

제8조(수치인의 의무)

가. '을'은 '갑'이 보관을 의뢰한 물품의 보전을 위해 적극적으로
협력할 의무가 있다.

나. '갑' 또는 '갑'의 사용인 및 그 지정인은 전호에 필요한 조치를
강구하기 위하여 수시로 보관장내에 출입할 수 있다.

제9조(통지의무) '갑'과 '을'은 본 계약을 해약하고자 할 경우에는 1
일전 구두나 서면으로 그 통지를 하여야한다.

제10조(보증인의 책임) '갑'의 보증인은 '갑'과 연대하여 본 계약에
기인한 '을'에 대한 채무이행에 대한 책임을 부담한다.

제11조(성실의무등) 본 계약의 해석운영에 관한 의문이 생겼을 때
또는 본 계약의 규정에 없는 사항에 관하여는 쌍방이 성의를 가
지고 협력하며 상관습 등에 의하고, 법적분쟁 발생시 소송법원은
'을'의 주소지를 관할하는 법원으로 한다.

본 계약의 성립을 증명하기 위하여 본 증서 2통을 작성 서명·날인한
후 각 1통씩 보관하기로 한다.

20○○년 ○월 ○일

임 치 인	주 소					
	성 명	인	주민등록번호	-	전 화 번 호	
수 치 인	주 소					
	성 명	인	주민등록번호	-	전 화 번 호	
연대 보증인	주 소					
	성 명	인	주민등록번호	-	전 화 번 호	

■ 임치계약서(계속적인 상품보관)

임 치 계 약 서

임치인 : ○ ○ ○
주 소 : ○○시 ○○구 ○○길 ○○

수치인 : ○ ○ ○
주 소 : ○○시 ○○구 ○○길 ○○

임치인 ○○○(이하 '갑'이라 칭함)와 수치인 ○○○(이하 '을'이라 칭함)은 다음과 같은 내용의 임치계약을 체결한다.

제1조(임치계약의 약정) '갑'은 그가 소유하는 아래 물품을 제2조 이하의 내용에 따라 '을'에게 임치하고, '을'은 이를 보관할 것을 수락한다.

〈아   래〉
가. 물 품 명 : ○○○○
나. 수   량 :   ○개

제2조(보관기간) : 20○○년 ○월 ○일부터 20○○년 ○월 ○까지
제3조(보관장소) : ○○시 ○○구 ○○길 ○○
제4조(보관비용지급) 임치물품의 보관비용은 금 ○○○원으로 정하고 '갑'은 매월○일까지 그 익월 분을 수치인 '을'의 주소에 지참하여 지급한다. 단, 본 계약성립의 ○월분은 계약성립과 동시에 지급키로 한다.
제5조(계약의 해지) '을'은 '갑'이 제4조에 의한 보관료의 지급의무를 이행하지 아니하거나 계약상의 의무를 위반하였을 경우, 즉시

계약을 해지할 수 있다.

제6조(계약의 종료) 계약의 해제 또는 해지로 인한 경우 이외에 '갑'이 사망하거나, 금치산, 파산의 선고 등을 받은 경우에는 본 계약이 당연히 종료된 것으로 본다.

제7조(임치인의 의무) 본 계약이 해제 또는 해지된 경우 '갑'은 신속히 보관소재지를 변경하는 절차를 마치고 물품을 반출하여야 한다. 만일 '갑'이 물품을 반출하지 아니하는 경우 소정보관료상당의 손해금을 '을'에게 지급하여야 한다.

제8조(수치인의 의무)

가. '을'은 '갑'이 보관을 의뢰한 물품의 보전을 위해 적극적으로 협력할 의무가 있다.

나. '갑' 또는 '갑'의 사용인 및 그 지정인은 전호에 필요한 조치를 강구하기 위 하여 수시로 보관장내에 출입할 수 있다.

제9조(통지의무) '갑'과 '을'이 보관계약의 기간내에 본 계약을 해약하고자 할 경우에는 7일전 구두나 서면으로 그 통지를 하여야한다.

제10조(보증인의 책임) '갑'의 보증인은 '갑'과 연대하여 본 계약에 기인한 '을'에 대한 채무이행에 대한 책임을 부담한다.

제11조(성실의무등) 본 계약의 해석운영에 관한 의문이 생겼을 때 또는 본 계약의 규정에 없는 사항에 관하여는 쌍방이 성의를 가지고 협력하며 상관습 등에 의하고, 법적분쟁 발생시 소송법원은 '을'의 주소지를 관할하는 법원으로 한다.

본 계약의 성립을 증명하기 위하여 본 증서 2통을 작성 서명.날인한 후 각 1통씩 보관하기로 한다.

20○○년 ○월 ○일

임치인	주 소					
	성 명	인	주민등록번호	-	전 화 번 호	
수치인	주 소					
	성 명	인	주민등록번호	-	전 화 번 호	
연대 보증인	주 소					
	성 명	인	주민등록번호	-	전 화 번 호	

■ 임치계약서(농산물)

임 치 계 약 서

위 임치인(이하 "갑"이라 칭함)과 수치인 (이하 "을"이라 칭함) 당사자간 다음과 같이 농산물 임치계약을 체결한다.

제1조 "갑"은 그 소유인 아래 표시의 농산물을 "을"에게 임치하고 "을"에게 보관에 따른 보관료를 지급할 것을 약정한다.

〈아   래〉

건고추 : 4000 킬로그램(10 킬로그램들이 400포)

제2조(임치기간) 본 임치계약 성립일인 20○○년 ○월 ○일부터 20○○년 ○월 ○일까지, 12개월간

제3조(보관료) 보관료는 월 200,000원으로 하고 "갑"은 매월 말일까지 당해 월분을 "을"의 사업장에 지참하여 지급하여야 한다.

제4조(임치물가격) "갑"이 임치청약신청당시 농수산물 도매단가에 의한 가격으로 명시한 금 14,000,000원으로 정하고 이를 보관증에 명기한다. 단, "갑"은 임치물의 가격이 현저하게 변동되었을 때는 지체없이 임치물의 가격의 변경을 "을"에게 통지 하여야하며, 이 경우 보관증을 제출하여야 하고 이 경우 "을"이 "갑"과 협의하여 적정하다고 인정되는 가격으로 변경할 수 있다.

제5조(보관방법) ① "을"은 임치물의 입고당시 상태로 을이 정한 방법에 따라 보관한다.

② "을"은 "갑"의 동의 없이도 임치물의 입고당시의 보관장소 또는 보관시설의 변경, 이적, 혼적, 환적 또는 보관방법을 변경할 수 있다.

제6조(재임치) "을"은 부득이 한 사유로 임치물을 보관할 수 없을 경우에 "갑"의 동의없이 "을"의 비용으로 다른 창고업자의 창고에 재임치할 수 있다. 이 경우, "갑"에게 그 취지를 통지하여야 한다.

제7조 (보관증등의 발행) "을"은 보관증 또는 입고 통지서를 발행하여야 하고 "갑"은 보관증 등을 타에 양도하거나 담보물로 제공하지 못한다.

제8조(보관증의 멸실등) ① "갑"이 보관증을 도난, 분실 또는 멸실한 경우에는 "을"에 서면신고와 동시에 관할법원에 공시최고 절차를 취하고 제권을 받아야 한다.

① "갑"은 전항의 절차를 필하고 "을"이 타당하다고 인정하는 담보물을 제공한 후에 임치물이 출고 또는 보관증 재발행을 청구할 수 있다.

제9조(임치물의 검사) "을"은 임차물의 입고시 또는 보관중이더라도 의심이 갈 때에는 "갑"의 승인과 비용부담으로 임치물의 전부 또는 일부의 내용을 검사 할 수 있다. 다만, "갑"의 동의를 얻을 시간적 여유가 없을 때에는 임의로 검사할 수 있으며, 이후 검사 취지를 통지하여야 한다.

제10조(임치물 출고) ① "갑"이 임치물의 전부 또는 일부를 계약만료전 출고 청구하고자 할 때에는 소정의 양식에 의한 청구사항을 기재하고 서명.날인 후 보관증 기타 임치를 증명하는 서류를 첨부하여 "을"에게 제출한다.

② 전항의 경우, "갑"은 임치기간에 비례하여 발생한 보관료, 작업료 및 기타 제비용을 을에게 지급하여야 한다.

③ 임치물에 대한 출고수속을 필한 "갑"은 지체없이 임치물을 인수하여야 하고, "갑"은 출고에 관한 서류를 타에 양도하거나 담보물로 제공하지 못한다.

④ "갑"이 보관료, 기타 제 비용을 지불하지 아니할 경우에는 "을"은 출고의 청구에 불응할 수 있다.

⑤ "을"은 임치기간 만료 후에는 "갑"에게 임치물의 출고 또는 임치기간의 갱신절차에 대하여 일정한 기간을 정하여 최고할 수

있고 일정한 최고기간 내에 인수하지 않거나, 아무런 조치가 없을 때에는 임치물 인수를 거부하는 것으로 간주할 수 있다.

⑥ 전항의 출고최고에도 불구하고 "갑"이 임치물의 인수를 하지 않을 경우 "을"은 상법 제165조 및 민사집행법에 의하여 경매할 수 있고, 경매하였을 경우 경매대금에서 보관료, 경매비용, 기타 제비용을 공제한 잔액은 "갑"에게 지불하고 그러하지 못할 경우에는 공탁하여야 한다.

제11조(보험가입) "을"은 임치물에 대한 화재, 도난으로 입은 "갑"의 재산상 피해를 보상하기 위하여 보험에 가입하여야 하고 보험금액은 임치 청약서에 표시된 임치금액인 14,000,000원을 보험금액으로 정하며 보험에 부보한 후 임치물의 일부를 출고할 때에는 재고 임치물에 대한 가격을 보험금액으로 정하고 보험사고발생시 "갑"은 "을"을 경유하여 보험금을 수령한다.

제12조(임치물의 손해배상) ① "을"의 임치물에 대한 책임은 임치물을 인수받을 때에 발생하여 임치물을 인도하였을 때에 끝난다.

② "을"은 제6조에 의하여 타 창고업자에 임치물을 재임치 했을 경우에 있어서도 이 약관에 의하여 그 임치물에 관한 책임을 진다.

③ 천재지변, 기타 불가항력으로 인하여 재해사고가 발행한 때나 임치물의 성질의 하자 또는 포장의 불완전등으로 인하여 손해가 발생한 때 화재로 인한 손해의 경우 보험자가 보험금을 지불하였을 때에는 "을"은 손해배상의 책임을지지 아니한다.

④ 임치물의 멸실 또는 훼손등으로 인하여 발생한 손해에 대한 배상금액의 산정기준은 손해발생당시의 농수산물 도매단가에 의하여 손해의 정도에 따라서 산정한다. 단, 시가가 임치가격에 의한 금액을 한도로 손해의 정도에 따라 산정한다.

⑤ 손해배상은 현금 또는 현물로서 이를 변제할 수 있다.

제13조(임치계약의 해지) ① "갑"이 임치물의 보관료를 3회 이상 연체하고 임치물의 가격이 보관료, 기타 제비용을 지급함에 부족하거나, 정당한 이유 없이 임치물의 검사에 불응할 때,

② "갑"이 임치 계약만료 전 일부 출고청구를 하였음에도 불구하

고 부득이한 사유 없이 출고를 7일 이상 지연할 경우 당사자는 각 임치계약을 해지할 수 있다.

③ 임치계약을 해지할 경우 이로 인한 손해배상의 책임은 유책당사자에게 있다.

제14조(소송) 이 계약에 관한 소송의 관할 법원은 "갑"과 "을"이 합의하여 결정하는 관할법원으로 하며, "갑"과 "을"간에 합의가 이루어지지 아니한 경우에는 위 임치물의 보관장소 소재지 관할법원으로 한다.

이를 증명하기 위하여 계약서 2부를 작성하여 "갑"과 "을"이 각각 서명.날인한 후 각 1부씩 보관한다.

20○○년 ○월 ○일

임치인	주 소					
	성 명 또 는 상 호		인	주민등록번호 또는 사업자등록번호	-	전 화 번 호	
수치인	주 소					
	성 명 또 는 상 호		인	주민등록번호 또는 사업자등록번호	-	전 화 번 호	

8. 화해계약서

■ 화해계약서(교통사고, 물적손해)

화 해 계 약 서

피해자 (갑) 주　　소 : ○○시 ○○구 ○○길 ○○번지
　　　　　　 성　　명 : ○　○　○(주민등록번호)
　　　　　　 전화번호 : ○○○-○○○○-○○○○
가해자 (을) 주　　소 : ○○시 ○○구 ○○길 ○○번지
　　　　　　 성　　명 : ○　○　○(주민등록번호)
　　　　　　 전화번호 : ○○○-○○○○-○○○○

제1조(사건발생 개요) 가해자 을은 20○○. ○. ○. 10:00경 을 소유의 자동차를 운전해서 ○○시 ○○구 ○○길 ○○번지 횡단보도를 접어들려고 할 때 갑자기 뛰어 든 성명불상의 무단횡단자를 피하려다 같은 방향으로 진행하던 피해자 갑 소유의 승용차의 옆면을 충돌하여 수리비 등 금○○○○원의 피해가 발생하였다.

제2조(손해배상금) 이에 을은 을의 과실을 인정하고 위 차량수리비 등의 물적피해에 대한 손해배상금 ○○○○원 중 ○○○원을 20○○. ○. ○.까지 갑에게 지급할 것을 약속한다.

제3조(청구의 포기) 위의 손해배상금은 갑 소유의 자동차 수리비등 일체의 손해를 포함하는 것으로 향후 물적피해에 대하여서는 상호 이의를 제기하지 않을 것을 확인한다. 단, 위 물적피해를 제외한 인적피해가 밝혀지는 경우에는 추후 별도로 갑과 을이 상호협의를 통하여 해결하도록 한다.

20○○.　　○.　　○.

피해자	주 소						
	성 명		인	주민등록번호	-	전 화 번 호	
가해자	주 소						
	성 명		인	주민등록번호	-	전 화 번 호	
입회인	주 소						
	성 명		인	주민등록번호	-	전 화 번 호	

■ 화해계약서(교통사고, 인적손해)

화 해 계 약 서

피 해 자(갑) ○ ○ ○
가 해 자(을) ○ ○ ○
사 용 자(병) ○○주식회사
　　　　　　 대표이사 ○ ○ ○

1. 사고 발생 일시   ○○○○년 ○월 ○일 오후 ○시 ○분경
2. 사 고 장 소   ○○시 ○○구 ○○길 ○번지 ○○교차로
　　　　　　　　　 ○○미터 동쪽
3. 상해의 부위.정도 우상완 골절(右上腕 骨折), 좌하퇴 타박
　　　　　　　　　 (左下腿 打撲) (사망사고인 경우는 생략)
4. 차 량 번 호   ○○차○○○○호

제1조(손해배상금) 위의 교통사고에 의하여 가해자「을」과 그 사용
　　자이며 자동차의 보유자인「병」은 피해자「갑」에게 손해배상으로
　　금 ○○만원을 연대하여 지급할 의무가 있다. 이에「병」은「갑」
　　에게 위 금액을 지급하며「갑」은 이를 수령하였다.
제2조(청구의 포기)「갑」은「을」및「병」에게 그 나머지의 청구를 면제
　　하여「갑」은 금후「을」및「병」에게 어떠한 청구도 하지 않을 것을
　　약속한다.

「갑」.「을」및「병」은 이상과 같이 합의한다.

　　　　　　　　　　　　　　　　　　20○○년 ○월 ○일

피해자	주　소					
	성　명		인	주민등록번호	-	전　화 번　호
가해자	주　소					
	성　명		인	주민등록번호	-	전　화 번　호
사용자	주　소					
	성　명		인	주민등록번호	-	전　화 번　호

■ 화해계약서(토지경계확정)

화 해 계 약 서

A토지소유자 ○○○을 「갑」, B토지 소유자 ○○○을 「을」이라 하여 당사자 사이에 다음과 같이 화해계약을 체결하고 갑과 을의 토지의 경계를 확정한다.

제 1 조(합의사항) 갑 소유의 아래 표시 A토지와 을 소유의 아래 표시 B토지와의 경계에 관한 모든 분쟁을 본 화해계약에 의해 종결하는 것으로 갑과 을은 합의하였다.

제 2 조(경계의 확정) 갑의 토지와 을의 토지와의 경계 (이하 '경계선'이라고 한다) 는 별지 첨부 도면 '가'점과 '나'점을 연결한 선으로 확정한다.

제 3 조(경계선을 넘는 토지의 인도) 을은 을 소유의 건물 중 경계선을 넘는 부분을 철거하고 경계선을 넘은 토지(사선표시부분)를 본 계약 체결일로부터 ○○일 이내에 갑에게 인도한다.

제 4 조(철거비용) 갑은 을에 대해 제3조의 경계선을 넘는 건물의 철거비용 금 ○○○원을 토지를 인도받음과 동시에 지급한다.

제 5 조(경계선상 담의 설치) ① 갑은 경계선을 넘은 건물의 철거 및 토지인도가 완료된 날부터 ○○일 이내에 경계선상에 콘크리트 블록으로 된 담을 다음과 같이 설치한다.

  ○ 높이 : ○○미터
  ○ 길이 : '가'점에서 '나'점까지 약 ○○미터
  ○ 두께 : ○○센티미터

② 전항의 비용은 갑과 을이 각자 2분의1씩 부담하는 것으로 하며, 담의 소유권은 갑과 을이 공유한다.

제 6 조(화해절차) 본 계약은 ○○년 ○월 ○일까지 갑이 을을 상대로 ○○법원에 제소전화해신청을 하기로 하며 그 비용은 갑이 부

담한다.

제 7 조(기타) 본 계약에서 규정한 것 이외에는 갑과 을간의 그 어떠한 채권 채무도 없음을 확인한다.

이상과 같이 화해계약이 성립하였으므로 본 증서 2통을 작성하고 갑과 을은 각 1 통씩 보관한다.

20○○년 ○월 ○일

A 토지 소유자	주 소					
	성 명 또 는 상 호		인	주민등록번호 또는 사업자등록번호	-	전 화 번 호
B 토지 소유자	주 소					
	성 명 또 는 상 호		인	주민등록번호 또는 사업자등록번호	-	전 화 번 호

[A 토지의 표시]

소 재   ○○시 ○○구 ○○동 ○○번지

지 목   대지

면 적   ○○○m²

[B 토지의 표시]

소 재   ○○시 ○○구 ○○동 ○○번지

지 목   대지

면 적   ○○○m²

[A, B토지의 도면]

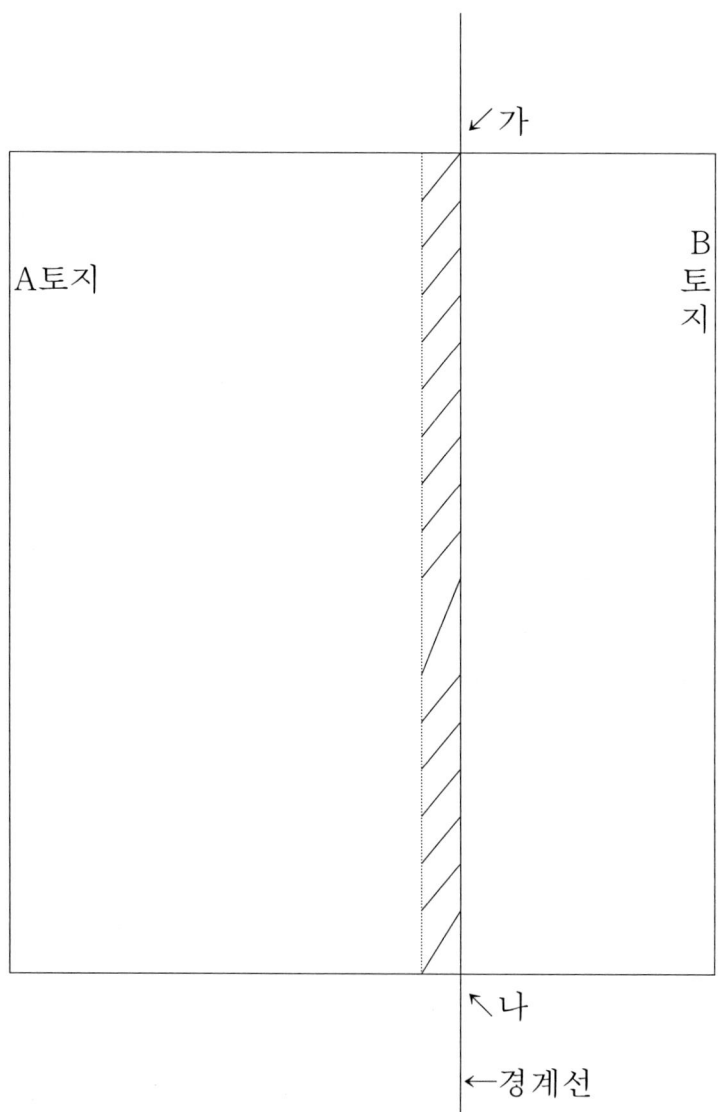

■ 화해계약서(빌딩인도)

화 해 계 약 서

명도인(갑) 주   소 : ○○시 ○○구 ○○길 ○○번지
　　　　　　성   명 : 주식회사 ○○
　　　　　　　　　　　 대표이사 ○ ○ ○
　　　　　　전화번호 : ○○○-○○○○-○○○○

인수인(을) 주   소 : ○○시 ○○구 ○○길 ○○번지
　　　　　　성   명 : ○○건설 주식회사
　　　　　　　　　　　 대표이사 ○ ○ ○
　　　　　　전화번호 : ○○○-○○○○-○○○○

○○시 ○○구 ○○길 ○○번지 소재 주식회사 ○○ 빌딩을 신축하는데 있어서 동 건물 15층의 ○○○㎡를 임차사용중인 ○○주식회사(이하 갑)와 ○○건설 주식회사(이하 을)는 아래와 같이 계약을 체결한다.

〈아   래〉

제1조(인도의 승인) 갑은 을이 주식회사 ○○ 건물을 철거하여 신축하기 위해 현재 임차 사용 중인 동 건물 15층 ○○○㎡의 사무실을 다음과 같은 조건하에 을에게 완전히 인도하는 것을 승인한다.

제2조(인도대금) 갑의 인도와 관련된 보상비용 등을 총 금액 ○○○○원으로 정하고, 을로부터 위 금원을 지급 받음과 동시에 15층 빌딩을 을에게 완전히 인도하는 것을 승인하고 을은 갑에게 전체 금액 중 금 ○○○○원을 교부한다. 특히 잔금 ○○○○원에 있어서는 인도절차 완료와 동시에 을은 갑에게 지급하는 것으로 한다.

제3조(인도기한) 갑의 전 조항에 규정하는 인도의 기한은 20○○.

○. ○.까지로 한다.

제4조(권리의 포기) 갑은 ○○○으로부터 양도받은 본 건 건물 15층의 임차권 외에 모든 것을 을을 위해 포기하고 을을 위한 기한까지 완전하게 인도하는 것을 승인함과 동시에 이후 본 건 빌딩 15층에 대한 임차권과 관련해서는 제3자로부터 이의나 불만 등이 있어도 모든 것을 갑이 해결하고 을에 대해서는 일체의 피해가 없도록 약속한다.

제5조(위험부담) 천재지변이나 화재로 인한 소실로 인해 본 건 빌딩 15층 ○○○㎡가 인도 절차완료 전에 불의의 재난을 만나더라도 본 계약은 효력을 가지며 을은 본 계약대금을 지급해야 한다.

제6조(인수인의 의무) 을은 갑이 본 건 빌딩 15층에서 이전한 후에 갑의 앞으로 배달되는 각종 우편물, 화물 등에 대해서는 지체 없이 갑의 이전지로 전송해주어야 할 책임을 지며, 갑을 찾아오는 내방객들에 대해서도 갑의 이전지 및 약도를 명기한 간판을 알아보기 쉬운 장소에 게시하며 내방객들의 질문에 대해서도 친절하게 가르쳐 주어야 한다.

이상 이 계약의 성립을 증명하기 위해 본 계약서 3통을 각자가 서명. 날인한 후에 갑.을.입회인이 각각 한 장씩 보관한다.

20○○년 ○월 ○일

인도인	주 소					
	성 명	인	주민등록번호	-	전 화 번 호	
인수인	주 소					
	성 명	인	주민등록번호	-	전 화 번 호	
입회인	주 소					
	성 명	인	주민등록번호	-	전 화 번 호	

■ 화해계약서(임대주택인도)

화 해 계 약 서

임대인 ○○○을 「갑」, 임차인 ○○○을 「을」이라 하여 당사자 간에 다음과 같이 합의가 성립되어 화해계약서를 작성한다.

제1조(임대차계약의 종료) 갑 소유의 수원시 ○○구 ○○길 ○○번 지 소재 주상복합 건물의 1층 부분(갑과 을간의 20○○년 ○월 ○일자 점포임대차계약 제1조 기재한 부분)에 대한 을의 임차기 간은 그 만료일인 20○○년 ○월 ○일에 종료되었음을 당사자들 은 확인한다.

제2조(유예기간) 갑은 을에 대해 본 건 주택의 인도를 20○○년 ○월 ○일까지 유예하고, 을은 같은 날에 본 건 주택을 인도한다.

제3조(유예기간중 사용료) 위 인도유예기간 중 을은 갑에게 임대료 상당액을 손해금으로 지급해야 하며 본 계약월의 다음달부터 매 월 15일에 금○○○원을 지참 또는 송금하여 지급한다.

제4조(유예기한의 이익상실) 을은 다음 각 호의 1에 해당하는 사유 발생시 제2조 인도유예기한의 이익을 상실하고 즉시 본 건 주택 으로부터 퇴거하여 갑에게 인도한다.

  1. 제3조의 손해금의 지급을 ○회 이상 게을리 했을 때
  2. 본 건 주택을 ○○업 이외의 영업용도로 사용한 때
  3. 본 건 주택의 원상태를 변경할 때
  4. 본 건 주택의 일부 또는 전부를 제3자에게 점유 이전했을 때 (이유 불문)
  5. 을이 사용한 수도·전기·가스요금 등 공과금 지급을 게을리 했 을 때

제5조(합의관할) 갑과 을은 본 건 합의에 대한 분쟁이 발생할 경우 ○○법원에서 소를 제기하기로 한다.

이상과 같은 합의를 증명하기 위해 본 증서 2통을 작성하고 각자 1통씩을 보관한다.

20○○년 ○월 ○일

임 대 인	주 소					
	성 명	인	주민등록번호	-	전 화 번 호	
임 차 인	주 소					
	성 명	인	주민등록번호	-	전 화 번 호	
입 회 인	주 소					
	성 명	인	주민등록번호	-	전 화 번 호	

9. 저당권 등 설정계약서

■ 근저당권설정계약서(토지, 건물)

<table>
<tr><td colspan="2" align="center">근 저 당 권 설 정 계 약 서</td></tr>
<tr>
<td>부
동
산
의
표
시</td>
<td>
1. ○○시 ○○구 ○○동 ○○
   대 ○○○m²
2. 위 지상 라멘조 및 벽돌조 평슬래브지붕 2층 주택
   1층 ○○○m²
   2층 ○○○m². 끝.
</td>
</tr>
<tr>
<td colspan="2">
위 부동산에 대하여 채권최고액 금○○○원정으로 정하고 아래와 같은 약정하에 근저당권 설정등기를 하기 위하여 이 증서를 작성하고 다음에 기명 날인함.

20○○년 ○월 ○일
</td>
</tr>
<tr>
<td colspan="2">
근저당권설정자겸 채무자   △   △   △ (인)

근 저 당 권 자   ○   ○   ○ (인)
</td>
</tr>
</table>

〈아　　　　　래〉

제1조 근저당권설정자는 채무자가 위 금액 범위 안에서 채권자에 대하여 기왕 현재 부담하고 또는 장래 부담하게 될 단독 혹은 연대채무나 증인으로서 기명 날인한 차용금증서, 각서, 지급증서 등의 채무와 발행배서 보증인 수반한 모든 어음채무 및 수표금상의 채무 또는 상거래로 인하여 생긴 모든 채무를 담보하고자 앞에 기재된 부동산에 순위제 ○번의 근저당권을 설정한다.

제2조 장래 거래함에 있어서 채권자 사정에 따라 대여를 중지 또는 한도액을 축소시킬 지라도 채무자는 이의하지 않겠다.

제3조 채무자가 약정한 이행의무를 한번이라도 지체하였을 때 또는 다른 채무자로부터 가압류 압류경매를 당하든가 파산선고를 당하였을 때는 기한의 이익을 잃고 즉시 채무금 전액을 완제하여야 한다.

제4조 저당물건의 증축 개축수리 개조 등의 원인으로 형태가 변경될 물건과 부가 종속된 물건도 이 근저당권에 효력이 미친다.

제5조 보증인은 채무자 및 근저당권 설정자와 연대하여 이 계약의 책임을 부담함은 물론 저당물건의 하자 그 외의 사유로 인하여 근저당권의 일부 또는 전부가 무효로 저당물건의 하자 그 외의 사유로 인하여 근저당권의 일부 또는 전부가 무효로 될 때에도 연대보증 책임을 진다.

제6조 이 근저당권에 관한 소송은 채권자 주소지를 관할하는 법원으로 한다.

(관련판례)

부동문자로 된 근저당권설정계약서의 일부조항에 "연대보증책임을 부담한다."는 문언이 적혀 있고 말미 서명부분에 "근저당권설정자 겸 연대보증인"이라고 적혀 있는 경우, 물상보증인이 근저당권설정계약체결 시 채무자의 물품대금채무에 관하여 연대보증 할 의사가 있었는지 여부와 채권자가 물적 담보 외에 인적담보까지 요구하였는지 여부, 근저당권설정계약서에 근저당권설정계약과는 별개의 계약이라고 할 수 있는 연대보증의 조항이 마치 근저당권설정계약에 관한 약정사항인 듯이 적힌 연유, 물상보증인이 근저당권설정계약 당시 연대보증 조항을 알고 있었거나 채권자 측에서 이를 설명하여 주었는지 여부 등에 나아가 심리하여, 처분문서인 근저당권설정계약서에 적혀있는 있는 내용과는 달리 물상보증인이 체결한 것은 근저당권설정계약뿐이고 연대보증계약은 체결하지 않았다고 인정할 특별한 사정은 없는지 살펴본 다음, 물상보증인이 채권자에 대한 물품대금채무에 대해 연대보증하기로 약정하였는지 여부에 대해 판단하였어야 함에도, 이에 나아가 심리함이 없이 근저당권설정계약서 일부 조항에 연대보증의 약정이 적혀 있다는 사실만으로 물상보증인이 물품대금채무에 대해 연대보증책임을 부담하기로 약정하였다고 인정한 원심판결에는 심리미진의 위법이 있다고 한 사례 (대법원 1994. 9. 30. 선고 94다13107 판결)

■ 근저당권설정계약서(물상보증)

근 저 당 권 설 정 계 약 서

채권자 ○○주식회사와 채무자 △△주식회사 및 담보제공자 □□□ 간에 근저당설정에 관하여 다음과 같이 계약한다.

제1조 20○○년 ○○월 ○○일자로 채권자 ○○주식회사과 채무자 △△주식회사 사이에 체결한 계속적 석탄매매 등 상거래 계약에 기준하여 위의 거래 및 그 파생거래에 따라, 채무자 △△주식회사이 채권자 ○○주식회사에게 이미 부담하였으며, 또한 장차 부담할 채무의 이행을 담보하기 위하여 별지목록1 채무자 △△주식회사의 소유에 속하는 부동산 표시 위에 제○○번, 별지목록2 담보제공자 □□□ 소유에 속하는 부동산표시에 순위 제○○번의 근저당권을 설정한다.
  ① 채권최고액 ○○○만원
  ② 약정기한 20○○년 ○월 ○일부터 20○○년 ○월 ○일까지
  ③ 이자는 년 2할로 하며 매월말일 지참 지급한다.
제2조 채무자 △△주식회사이나 담보제공자 □□□이 다음 각 호의 하나라도 해당되었을 때에는 전부 기한의 이익을 잃으며 즉시 현존하는 채무금을 일시에 지불하여야 한다.
  ① 1회라도 거래채무의 지불을 지연시켰을 때
  ② 다른 채무 때문에 가압류, 가처분, 강제집행, 경매신청 등을 받았을 때
  ③ 담보물건을 멸실, 훼손 혹은 가치를 상당히 감소시켰을 때
  ④ 기타 본 계약에 위반하는 행위가 있었을 때
제3조 채무자 △△주식회사이나 담보제공자 □□□은 담보물건의 전부나 일부를 팔거나 또는 빌려주는 등, 그 형상을 변경하려 하는 때에는 미리 채권자 ○○주식회사에게 동의를 얻어야 한다.

제4조 채무자 △△주식회사과 담보제공자 □□□이 기한의 이익을 잃고 또는 기한 내에 변제를 하지 못하였을 경우에는 채권자 ○○주식회사은 그 선택에 따라 담보물건의 경매와 바꾸어 대물변제로서 담보물건의 전부의 소유권을 돈○○만원으로 견적하고 취득할 수가 있는 것으로 하여 본 계약에 기준한 근저당권설정과 동시에 소유권이전청구권보전의 가등기를 하는 것으로 한다.

제5조 제1항 및 제4항에 기준하는 등기는 채무자 △△주식회사의 책임과 비용으로 한다.

 위와 같은 계약을 증명하기 위하여 본 계약서 3통을 작성해서 각각 서명·날인한 것을 1통씩 보존한다.

20○○년 ○월 ○일

채권자	주 소					
	성 명	인	주민등록번호	-	전 화 번 호	
채무자	주 소					
	성 명	인	주민등록번호	-	전 화 번 호	
담보제공자	주 소					
	성 명	인	주민등록번호	-	전 화 번 호	

[별 지1]

부 동 산 의 표 시

○○시 ○○구 ○○동 ○○
대 ○○○㎡. 끝.

[별 지2]

부 동 산 의 표 시

(1동의 건물의 표시)

    ○○시 ○○구 ○○동 ○○

    라멘조 및 벽돌조 평슬래브지붕 4층 다세대주택

    1층   297.39 ㎡

    2층   297.39 ㎡

    3층   297.39 ㎡

    4층   259.62 ㎡

    지1층 190.84 ㎡

    지2층 228.34 ㎡ (지2층내 주차장 228.34임)

구조: 지2층-3층 : 라멘조

            4층 : 벽돌조

전유부분의 건물의 표시

    건물의 번호 : 2층 에이호

    구   조 : 라멘조

    면   적 : 66.34 ㎡

대지권의 표시

    토지의 표시 : ○○시 ○○구 ○○동 ○○ 대 574 ㎡

    대지권의 종류 : 소유권

    대지권의 비율 : 574분의 30.481. 끝.

(관련판례)

갑이 지능이 박약한 을을 꾀어 돈을 빌려주어 유흥비로 쓰게 하고 실제준 돈의 두 배 가량을 채권최고액으로 하여 자기 처인 병 앞으로 근저당권을 설정한 사안에서, 근저당권설정계약은 독자적으로 존재하는 것이 아니라 금전소비대차계약과 결합하여 그 전체가 경제적, 사실적으로 일체로서 행하여진 것이고 더욱이 근저당권설정계약의 체결원인이 되었던 갑의 기망행위는 금전소비대차계약에도 미쳤으므로 갑의 기망을 이유로 한 을의 근저당권설정계약취소의 의사표시는 법률행위의 일부무효이론과 궤를 같이 하는 법률행위의 일부취소의 법리에 따라 소비대차계약을 포함한 전체에 대하여 취소의 효력이 있다고 한 사례 (대법원 1994. 9. 9. 선고 93다31191 판결)

■ 근저당권설정계약서(자동차)

근 저 당 권 설 정 계 약 서

채권최고액　　일금 오백만원정(₩5,000,000원)

　채권자 겸 근저당권자○○○, 근저당권설정자○○○, 채무자○○○ 사이에 다음과 같이 자동차 또는 건설기계(이하 "자동차"라 한다) 근저당권 설정계약을 체결한다.

〈다　　　　　음〉

제1조(근저당권설정) 근저당권설정자○○○은 채권자 겸 근저당권자 ○○○에 대해 상기금액을 채무의 최고액으로 하고 그 범위 내에 서 채무자○○○의 자동차구입으로 인한 채무(할부금융대출금, 외상채무금, 어음금, 수표금, 각서금 등)와 병이 부담할 제비용, 채무자○○○이 채권자 겸 근저당권자○○○에게 지급해야 할 이 자와 지연손해금 기타 각종의 원인으로 채무자○○○이 채권자 겸 근저당권자○○○에게 현재 또는 장래 부담할 채무를 담보하 기 위해 근저당권설정자○○○ 소유인 별지목록 기재 자동차 및 그 부속물건에 순위 제2번의 근저당권을 설정한다. 위 한도내의 원금에 대한 이자 등 종속된 채무는 위 한도 초과시라도 본 근저 당권에 의해 담보될 것으로 한다.

제2조(근저당권의 효력범위) 이 근저당권의 효력은 현재 근저당 물 건에 부속한 일체의 물품과 장래 수리 또는 개조 기타 사유로 부 가 종속될 제 장치, 기계기구 등 일체의 부속물건에도 당연히 미 치는 것으로 한다.

제3조(변제방법 및 이자) 채무자○○○은 제1조에서 정한 본 채무를 약정한 변제기일에 채권자 겸 근저당권자○○○이 지정한 방법에

따라 이행하여야 하며, 채무연체시 채무액 및 이에 대하여 연체일로부터 완제일까지 연25 %의 비율에 의한 지연손해금을 채권자 겸 근저당권자○○○에게 지급하여야 한다.

제4조(보험계약) 근저당권설정자○○○은 본 저당물건에 채권자 겸 근저당권자○○○이 지정한 보험회사와 채권자 겸 근저당권자○○○이 지정한 종류와 금액의 보험계약을 체결하고 본 계약이 존속하는 한 이를 계속하기로 하며 이 보험계약에 가입한 권리는 이를 채권자 겸 근저당권자○○○에게 양도 또는 질권을 설정한다.

제5조(저당물건의 경매 및 회수) 채무자○○○이 제1조에서 정한 본 계약상의 의무 불이행시 채권자 겸 근저당권자○○○은 즉시 본 저당물을 경매하거나 그 절차상 채권자 겸 근저당권자○○○이 임의로 회수하여 관리할 수 있다.

제6조(제 절차의 이행과 비용) 채권자 겸 근저당권자○○○이 본 계약에 의한 근저당권의 설정, 변경, 이전, 말소등에 관한 등록 및 기타 제절차를 요구할 때는 근저당권설정자○○○과 채무자○○○은 자기의 비용으로 지체없이 이행하고 근저당물건에 대해 근저당권설정자○○○과 채무자○○○이 부담한 비용을 채권자 겸 근저당권자○○○이 대납하였을 때에는 근저당권설정자○○○과 채무자○○○은 대납금액을 즉시 채권자 겸 근저당권자○○○에게 지급한다.

제7조(저당물건의 보고 조사) 채권자 겸 근저당권자○○○이 본 저당물건의 실황 조사 또는 통보를 청구할 때에는 채무자○○○과 근저당권설정자○○○은 언제든지 이에 응하여야 한다.

제8조(합의관할) 본 계약에 대한 소송은 ○○지방법원을 관할법원으로 한다.

위 계약의 증거로 본 증서를 작성하고 당사자가 기명날인하여 이를 확인한다.

자동차등록번호	차대번호	차　명	년　식	사용본거지

20○○년 ○월 ○일

채권자	주　소					
	성　명	인	주민등록번호	-	전 화 번 호	
채무자	주　소					
	성　명	인	주민등록번호	-	전 화 번 호	

■ 저당권설정계약서(건설기계, 중기)

저 당 권 설 정 계 약 서

건설기계 소유자○○○(채무자)와 채권자○○○사이에 ○○○년 ○월 ○일 건설기계(중기)담보의 저당권 설정에 관하여 다음과 같이 계약을 체결한다.

제1조 건설기계 소유자○○○은 채권자○○○에게 다음 건설기계(중기)(이하 중기라 함)를 본 계약서의 조항에 의하여 담보로 제공하고 채권자○○○은 이에 대하여 저당권을 설정하며 제2조의 금원을 대여한다.

구 분	건설기계 등록번호	건설 기계명	형 식 (년식을포함)	중기번호	원동기의 형 식	사 용 의 본거위치

제2조 대여금 :   원(W). 이자 : 연2할, 변제는 아래와 같이 ○회로 나누어 분할 변제하기로 한다.

금 액	지 급 기 일	금 액	지 급 기 일
금 원	년 월 일	금 원	년 월 일
금 원	년 월 일	금 원	년 월 일
금 원	년 월 일	금 원	년 월 일

제3조 건설기계 소유자○○○이 제2조의 변제기일에 변제를 지연하면 대여금원에 대한 이율은 제2조의 규정에도 불구하고 연 4할로 금원을 채권자○○○에게 지급하여야 한다.

제4조 ① 건설기계 소유자○○○은 본 계약에 따른 금전채무의 이

행을 담보하기 위하여 제1조 기재의 등록건설기계(중기)에 채권자○○○을 저당권자로 하는 제1순위의 저당권을 설정한다.

② 건설기계 소유자○○○은 위에 설정한 저당권에 대하여 지체 없이 건설기계(중기)저당법에 의한 등록절차를 완료하여야 한다. 단, 저당권설정등록에 요하는 비용은 甲의 부담으로 한다.

제5조 위의 건설기계(중기)가 멸시 또는 훼손하거나 그 가격이 제2조에 의한 잔대금 채무액 이하로 하락되었다고 인정될 때에는 건설기계 소유자○○○은 채권자○○○의 청구에 의하여 언제라도 추가담보 또는 대체담보를 제공하여야 한다.

제6조 건설기계 소유자○○○은 채권자○○○의 승낙 없이 위 건설기계(중기)의 형상을 변경하거나 제물건을 부가하여 기필 또는 차대에 부과한 등록부호, 성명, 상표, 증명 부호를 제거, 말소 은폐하여서는 아니 된다.

제7조 건설기계 소유자○○○은 제6조에 게재한 채무완제에 이르기까지 위의 차량을 채권자○○○의 승낙없이 타에 매매, 양도, 대여 또는 담보공여, 기타 채권자○○○에게 손해를 줄 우려가 있는 일체의 행위를 할 수 없다. 또한 건설기계 소유자○○○은 선량한 관리자의 주의로써 차량을 사용 보관하여야 하며 제3자로부터 압류, 가압류, 가처분 등을 당한 때에는 즉시 채권자○○○에게 그 사실을 통지하여야 한다.

제8조 다음 각호의 사유가 발생한 때에는 건설기계 소유자○○○은 변제기한의 이익을 상실한다. 이 경우, 건설기계 소유자○○○은 즉시 채권자○○○에게 그 시점의 채무금액을 일시에 지급하여야 한다.

1. 건설기계 소유자○○○이 본 계약에 정하는 채무 또는 의무를 일부라도 약속된 기일에 이행치 아니한 경우.

2. 건설기계 소유자○○○이 압류, 가압류, 가처분, 파산의 신청, 형사소추, 어음교환소의 은행거래 정치처분을 받거나 기타 신용을 현저히 상실하였다고 인정할 사유가 생길 때.

3. 건설기계 소유자○○○이 위의 차량에 관한 공조 공과를 체납한 경우.

4. 건설기계 소유자○○○이 감독관청으로부터 그 영업의 정지.허가의 취소나 차량사용인가의 취소를 받거나 영업을 폐지.변경한 때.

5. 건설기계 소유자○○○이 본 계약을 위반한 경우.

제9조 ① 건설기계 소유자○○○이 본 계약에 정한 채무이행을 해태한 때에는 채권자○○○은 그 선택에 따라 채권자○○○이 선임한 감정인의 위 차량에 대한 감정가격으로 본 계약에 의한 건설기계 소유자○○○의 채무 중 그 상당액에 대하여 대물변제로서 위의 차량의 소유권을 무조건 종국적으로 취득할 수 있다. 건설기계 소유자○○○은 감정가격에 대하여 이의를 할 수 없으며 차량을 즉시 채권자○○○에게 인도하여야 한다.

② 전항에 의한 대물변제 예약완결의 의사표시는 채권자○○○이 건설기계 소유자○○○에게 내용증명우편으로 일방적으로 그 취지를 건설기계 소유자○○○의 현주소로 발신함으로써 이루어진다.

제10조 ① 제8조 각호의 1에 해당하는 사유가 발생한 경우에 채권자○○○은 아무런 최고 절차 없이 즉시 본 계약을 해제할 수 있다.

② 전항의 계약을 해제할 수 있는 경우라 할지라도 건설기계 소유자○○○ 또는 건설기계 소유자○○○의 보증인으로부터 상당금액의 지급이 있거나, 담보의 제공 또는 적당한 보증인을 세웠을 때에는 채권자○○○은 계약해제권을 행사할 수가 없다.

제11조 건설기계 소유자○○○이 주소를 변경한 경우에는 3일 이내에 이를 통지하여야 하며 이를 해태한 때에는 채권자○○○로부터 건설기계 소유자○○○에게 구조소로 발송한 우편물의, 미도착 또는 연착에 의하여 생긴 손해 내지 불이익에 대하여 채권자○○○은 책임을 부담치 아니한다.

제12조 본 계약중 채권자○○○의 승낙이 필요한 경우나 채권자○○○에게 대한 통지는 모두 서면에 의하여야 한다.

제13조 본 계약에 관한 일체의 소송에 대하여는 ○○지방법원을 관할법원으로 할 것을 합의한다.

제14조 보증인들은 본 계약에 의한 채권자○○○의 금전채무에 대하여 연대보증 한다.

제15조 ① 보증인이 압류, 가압류, 가처분, 파산의 신청 또는 형사소추를 받거나 기타 보증인으로서 부당한 사유가 생긴 때에는 건설기계 소유자○○○은 채권자○○○에게 신규로 적당한 보증인을 세울 것을 요구할 수 있다.

② 전항의 사유가 생긴 때, 건설기계 소유자○○○은 즉시 채권자○○○에게 통지하고 지체없이 채권자○○○이 요구하는 적당한 보증인을 세워야 한다.

제16조 건설기계 소유자○○○ 또는 보증인 등은 본 계약상의 금전채무(단, 제17조 2호에 의한 손해배상채무를 제외함)에 대하여 그 이행을 해태한 경우에는 위의 저당권실행의 전후를 불문하고 즉시 강제집행을 받아도 이의가 없음을 인낙한다.

위의 계약을 증명하기 위하여 본 증서 2통을 작성하여 각자 서명.날인하고 건설기계 소유자○○○.채권자○○○ 각 1통씩 소지한다.

20○○년 ○월 ○일

채권자	주 소					
	성 명	인	주민등록번호	-	전 화 번 호	
채무자	주 소					
	성 명	인	주민등록번호	-	전 화 번 호	
연대보증인	주 소					
	성 명	인	주민등록번호	-	전 화 번 호	

■ 저당권설정계약서(토지)

저 당 권 설 정 계 약 서

위 당사자 간에 다음과 같이 저당권설정계약을 체결한다.

제1조 저당권설정자는 채권자와 채무자간에 체결된 아래와 같은 금전 소비대차 계약에 기한 채무자의 채무의 이행을 담보하기 위하여 본 계약서 말미에 기재한 저당권설정자 소유의 부동산에 대하여 순위 제○번의 저당권을 설정한다.

제2조 채권지외 채무사간에 체결한 금전소비대차계약의 내용은 다음과 같다.

  1. 채무금액 : 금 ○○○원
  2. 변제기한 : 20○○년 ○월 ○일
  3. 변제방법 : 일시불
  4. 이   율 : ○○%
  5. 이자지급 및 방법 : 매월 말일, 통장입금

제3조 채무자가 약정한 이행의무를 한 번이라도 지체하였을 때 또는 다른 채권자로부터 가압류, 압류경매를 당하든가 또는 파산선고를 당하였을 때는 기한의 이익을 잃고 즉시 채무금 전액을 완제하여야 한다.

제4조 저당 물건의 증축, 개축, 수리, 개조 등의 원인으로 형태가 변경된 물건과 부가 종속된 물건도 이 저당권의 효력이 미친다.

제5조 이 저당권에 관한 소송은 저당권의 목적인 부동산의 소재지를 관할하는 법원으로 한다.

제6조 본 저당권설정계약의 목적인 부동산은 다음과 같다.

  부동산의 표시 : ○○시 ○○구 ○○동 ○○
                 대 ○○○평방미터.

위 계약을 확실히 하기 위하여 이 증서를 작성하고 다음에 기명날인 한다.

20○○년 ○월 ○일

채권자 겸 저당권자	주 소					
	성 명	인주민등록번호		-	전 화 번 호	
채 무 자	주 소					
	성 명	인주민등록번호		-	전 화 번 호	
저당권 설정자	주 소					
	성 명	인주민등록번호		-	전 화 번 호	

■ 저당권설정계약서(채무 담보)

저 당 권 설 정 계 약 서

○○○(이하 갑이라 함)와 △△△(이하 을이라 함)와는 을이 갑에 대한 채무를 담보하기 위하여 다음과 같이 저당권설정계약을 체결한다.

제1조(목적) 서기 20○○년 ○월 ○일 갑, 을간에 체결된 계약(이하 기본계약이라 함)에 의하여 을의 아래 채무(이하 본건채무라 함)의 이행을 담보하기 위하여 을은 갑에 대하여 을 소유의 별지목록 물건(이하 본물건이라 함)에 대하여 제1순위의 저당권을 설정한다.

1. 채무의 발생원인 : 20○○년 ○월 ○일 금전소비대차
2. 채무금액 : 삼천만원정
3. 변제기일 : 20○○년 ○월 ○일
4. 변제방법 : 일금일천오백만원을 20○○년 ○월 ○일까지 지급하고 나머지 금일천오백만원은 20○○년 ○월 ○일까지 지급한다.
5. 이 율 : 연 9.9%
6. 이자지급 및 방법 : 매월25일에 갑의 주소지 또는 지정장소에 지참 또는 송부한다.
7. 특 약 : 을은 채무이행을 태만하였을 때 또는 채무기한의 이익을 상실하였을 때는 변제할 금액에 대하여 일금삼천만원에 대하여 일일 8,136원의 비율로 손해금을 지급한다.

제2조(금지행위) 을은 갑의 동의를 얻지 아니하고 다음 각호의 행위를 하여서는 아니된다.

1. 본물건의 현황을 변경하는 것
2. 본물건의 소유권을 타인에게 이전하는 것

3. 본물건상에 타의 저당권, 근저당권, 임차권, 전세권, 기타 본저당권 행사의 방해가 되는 권리를 설정하는 것
4. 공조공과 기타 담보물건에 관하여 부담을 체납하는 것
5. 원인 여하를 불문하고 직접 또는 간접으로 본물건의 가격을 감할 염려있는 행위를 하는 것

제3조(증담보 등) 본물건에 원인여하를 불문하고 변경, 멸실 또는 그의 가격이 감소하였을 때에는 을은 갑의 청구에 따라 증담보 혹은 현금을 제공하고, 또는 새로이 갑의 승인하는 보증인을 설정하여야 한다.

제4조(보험금의 질권설정) ① 을은 본 계약에 의한 채무금 전액이 완제되기까지 저당물건에 갑이 승인하는 금액 이상의 보험계약을 하고 갑은 그 보험금지급청구권에 질권을 설정한다.
② 제1항의 보험금의 청구원인이 발생하였을 때에는 갑이 이 보험금을 청구 수령하고, 기한의 여하에 불구하고 본건 채무의 변제에 충당하여도 을은 이의를 말하지 못한다.

제5조(기한의 이익상실) 을이 다음 각 호의 1에 해당할 때는 본건채무에 대하여 기한의 이익을 상실하고 하등의 최고 없이 저당권을 실행하여도 을은 이의가 없다.
1. 을이 계약 또는 기본 계약조항의 1에 위반하였을 때
2. 어음부도를 내고, 또는 지급을 정지하였을 때
3. 가압류, 가처분, 강제집행, 혹은 경매 등의 신고를 받고, 또는 체납처분 혹은 보전압류를 받았을 때
4. 파산, 화의, 회사정리 등의 신고를 받고 또는 자신이 신고하였을 때
5. 영업의 전부 또는 일부를 제3자에 양도하였을 때
6. 기타 갑에 있어서 을이 채무를 이행하지 못할 염려가 있다고 인정하였을 때

제6조(저당권의 실행) 을이 채무이행을 태만하였을 때는 물론, 기한의 이익을 상실할 사유가 발생하였을 때, 본계약에 위반하였을 때 또는 본 저당권이 침해당할 우려가 있다고 갑이 인정하였을 때는 갑은 통지최고를 하지 아니하고 을의 저당권을 실행하고 채

무의 변제를 받을 수 있다.

제7조(임의처분) ① 저당권을 실행할 수 있는 경우 갑은 경매절차에 의하지 아니하고 공인감정기관의 감정가격에 의하여 저당 물건을 일괄하여 또는 분할하여 임의로 처분할 수 있고, 처분에 의한 취득금은 처분비용을 공제하고 갑이 정하는 순서에 의하여 본 건 채무의 변제에 충당키로 한다.

② 을은 갑의 요구가 있을 때는 즉각 전항의 임의처분에 필요한 권리증, 인감 증명서, 위임장을 갑에게 교부하고 이에 협력한다.

제8조(대물변제) ① 저당권을 실행할 수 있는 경우 갑은 그의 선택에 의하여 저당권의 실행에 대하여 저당물건의 전부 또는 임의의 일부의 가액을 현재의 채무액의 전부 또는 임의의 일부와 동액으로 보고 그 소유권을 대물변제로서 취득할 수 있다.

② 전항에 의한 갑의 권리를 보전하기 위하여 을은 저당물건에 대하여, 갑에 대하여 소유권이전청구권 보전의 가등기를 할 수 있다.

제9조 본 계약증서의 작성 및 등기 기타 본 계약에 관한 일체 비용은 을이 부담한다.

본 계약체결을 증명하기 위하여 본서 2통을 작성하고 서명. 날인한 후 당사자는 각1통을 보관한다.

20○○년 ○월 ○일

저당권자 (갑)	주소					
	성명	인	주민등록번호	-	전 화 번 호	
저당권설정자 (을)	주소					
	성명	인	주민등록번호	-	전 화 번 호	

[별 지]

부 동 산 의 표 시

(1동의 건물의 표시)

　　　　○○시 ○○구 ○○동 ○○

　　　　라멘조 및 벽돌조 평슬래브지붕 4층 다세대주택

　　　　1층　　297.39 ㎡

　　　　2층　　297.39 ㎡

　　　　3층　　297.39 ㎡

　　　　4층　　259.62 ㎡

　　　　지1층　190.84 ㎡

　　　　지2층 228.34 ㎡ (지2층내 주차장 228.34임)

구조: 지2층-3층 : 라멘조

　　　　　　4층 : 벽돌조

전유부분의 건물의 표시

　　　건물의 번호 : 2층 에이호

　　　구　　　　조 : 라멘조

　　　면　　　　적 : 66.34 ㎡

대지권의 표시

　　　토지의 표시 : ○○시 ○○구 ○○동 ○○ 대 574 ㎡

　　　대지권의 종류 : 소유권

　　　대지권의 비율 : 574분의 30.481.　끝.

■ 지상권설정계약서

수 입
인 지

지 상 권 설 정 계 약 서

> * 굵은 선 □ 으로 표시된 란 (제3조 및 계약서 끝부분)은 지상권
> 설정자가 반드시 자필로 기재하시기 바랍니다.

년   월   일

채권자겸
지상권자 : _____ ㊞
주   소 :
채 무 자 : _____ ㊞
주   소 :
지상권설정자 : _____ ㊞
주   소 :

위 당사자 사이에 아래와 같이 지상권설정계약을 맺는다.

제1조(지상권의 설정) 지상권설정자(이하 "설정자"라 한다)는 그의 소유인 이 계약서 끝부분 토지목록란에 기재된 토지 위에, 지상권자가 건물 기타 공작물이나 수목을 소유하기 위하여 그 토지를 사용할 수 있도록 지상권을 설정한다.

제2조(지료) 지료는 없는 것으로 한다.

제3조(존속기간) 지상권의 존속기간은 설정등기일부터 ○년으로 한다.

제4조(토지의 보존 등) ① 설정자는 사전에 지상권자의 서면 승낙없이 지상권의 목적인 토지에 공작물구축 기타 그 현상을 변경하는 행위를 아니한다.

② 설정자는 지상권의 목적인 토지에 멸실·훼손·공용징수 기타 사유로 말미암아 이상이 생길 염려가 있을 때에는 곧 지상권자에게 통지하며, 그 처리에 관하여는 지상권자의 지시에 따르기로 한다.

제5조(제 절차 이행과 비용 부담) 설정자는 지상권자의 청구가 있는 대로 이 계약에 의한 지상권의 설정·변경·경정·이전·말소 등에 관한 등기 기타 필요한 절차를 지체없이 밟겠으며, 이에 드는 모든 비용은 채무자와 연대하여 부담한다.

제6조(관할법원 합의) 이 계약에 관하여 소송의 필요가 생긴 때에는 법이 정하는 관할법원과 아울러 지상권자의 소재지 지방법원을 관할법원으로 한다.

토지목록

(※토지명 등 구분표시)

※ 설정자는 다음 사항을 읽고 본인의 의사를 사실에 근거하여 자필로 기재하여 주십시오
(기재 예시 : 수령함).

이 계약서 사본을 확실히 수령하였습니까?	

이 계약서에 따라 등기되었음을 확인하고 등기권리증을 수령함.
년   월   일   지상권설정자   ㊞

■ 가등기담보설정계약서

가등기담보설정계약서

채권자 ○○○ 을 갑이라고 하고 채무자 △△△을 을이라 하여 갑.
을 사이에 다음과 같이 계약을 체결한다.
1. 갑은 다음과 같이 을에게 금전을 대여하고 을은 정히 이를 수령
   하였다.
   (1) 원금 금 ○○○원
   (2) 이자 월 ○푼으로 하고 매달 ○일 지급한다.
   (3) 연체이자는 월 ○푼 ○리 한다.
   (4) 변제기일 20○○년 ○월 ○일
   (5) 변제방법 갑의 집으로 지참지급 하거나 송금한다.
2. 을이 그 이자를 ○개월 이상 연체하였을 때에는 기한의 이익을
   상실하고 원리금전액을 즉시 지급하여야 한다.
3. 을은 갑에 대한 전항의 채무이행을 담보하기 위해 을 소유의 별지
   목록 기재 부동산에 관하여 갑과 매매예약을 체결하고 이를 원인으
   로 갑앞으로 소유권이전청구권보전을 위한 가등기를 경료한다. 위
   가등기경료 비용은 을의 부담으로 한다.
4. 을이 원리금변제기일에 원리금을 변제하지 아니할 때에는 위 부
   동산에 관하여그 변제기일 다음날로 당사자 사이에 매매가 완결
   된 것으로 보아 을은 갑에게위 가등기에 기한 본등기절차를 이
   행하되, 을이 원리금을 모두 변제하였을 때에는 갑은 위 가등기
   를 말소하여야 한다. 위 본등기절차비용이나 가등기말소비용은
   모두 을의 부담으로 한다.
5. 위 가등기에 기한 본등기절차가 이행되었을 경우 위 부동산은 갑의
   소유로 된다.

위 계약사실을 증명하기 위하여 이 계약서를 2통 작성하여 갑.을 각 1통

씩 보관한다.

20○○년 ○월 ○일

채 권 자	주 소					
	성 명		인주민등록번호	-	전 화 번 호	
채 무 자	주 소					
	성 명		인주민등록번호	-	전 화 번 호	

[별 지]

부 동 산 의 표 시

(1동의 건물의 표시)

　　　　○○시 ○○구 ○○동 ○○

　　　　라멘조 및 벽돌조 평슬래브지붕 4층 다세대주택

　　　　1층　　297.39 ㎡

　　　　2층　　297.39 ㎡

　　　　3층　　297.39 ㎡

　　　　4층　　259.62 ㎡

　　　　지1층 190.84 ㎡

　　　　지2층 228.34 ㎡ (지2층내 주차장 228.34임)

구조: 지2층-3층 : 라멘조

　　　　　　4층 : 벽돌조

전유부분의 건물의 표시

　　　건물의 번호 : 2층 에이호

　　　구　　　　조 : 라멘조

　　　면　　　　적 : 66.34 ㎡

대지권의 표시

    토지의 표시 : ○○시 ○○구 ○○동 ○○ 대 574 ㎡

    대지권의 종류 : 소유권

    대지권의 비율 : 574분의 30.481.　끝.

■ 기계매도담보계약서

특정채무담보

기계매도담보계약서

> ※ 담보의 제공은 재산상 손실을 가져올 수도 있는 중요한 법률
>   행위이므로 미리 뒷면 "담보제공자가 꼭 알아 두어야 할 사
>   항"과 계약서의 내용을 잘 읽은 후 신중한 판단을 하시고,
> ※ 굵은선 으로 표시된 란은 담보제공자가 반드시 자필로 기
>   재하시기 바랍니다.

채 권 자 겸
매도 담보 권자 : _____ ○

주   소 _____

채   무   자 : _____ ○

주   소 _____

매 도 담 보   권
설   정   자 : _____ ○

주   소 _____

| 본 인 확 인 |
| 인 감 대 조 |
| |

년   월   일

거 래 약 정	년 월 일자 약정서
금 액	금 원
상 환 기 일	년 월 일
이자율, 지급시기	연 %
지 연 배 상 금	상환기일에 지급하지 아니한 때 또는 기한의 이익을 상실한 때에는 지급하여야 할 금액에 대하여 곧 연 %의 비율로 1년을 365일로 보고 1일 단위로 계산한 지체일수에 해당하는 지연배상금을 지급한다.

위 당사자 사이에 아래와 같이 매도담보권 설정계약을 맺는다.

제1조(매도담보권의 설정) 매도담보권 설정자(이하 "설정자"라 한다)는 채무자의 채권자에 대한 다음 채무를 담보하기 위하여 이 계약서 끝부분 "매도담보 목적물 목록"란에 기재한 물건(이하 "담보목적물"이라 한다)의 소유권을 채권자에게 양도하고 채권자 앞으로 그 담보목적물의 인도를 마쳤다.

피담보채무의 표시 :

제2조(담보목적물의 점유.보존.관리) ① 담보목적물 (제6조의 갈아넣거나 새로 들여온 물건을 포함한다. 이하같다)은 설정자가 채권자의 대리인으로서 이후 점유.사용.보존.관리하며 그 비용을 부담한다.

② 담보목적물의 점유.사용.보존.관리에 있어서 설정자는 선량한 관리자로서의 주의 의무를 다하며, 보관장소.보관설비.기타 관리방법 등에 관하여 채권자의 지시가 있으면 설정자는 이에 따라야 하며, 이를 변경하고자 하는 때에는 사전에 채권자의 승낙을 받아야 한다.

제3조(보험계약) ① 설정자는 담보목적물에 대하여 채권보전에 필요한 범위내에서 채권자가 지정하는 종류와 금액으로 보험계약을 맺고, 그 보험계약에 따른 권리위에 채권자를 위하여 질권을 설

정하여 그 보험증권을 채권자에게 교부하며, 이 계약에 의한 피담보채무가 존속하는 동안 이를 계속 유지한다.

② 설정자가 제1항에 의한 보험계약외에 담보목적물에 대하여 따로 보험계약을 맺은 때에는 이를 곧 채권자에게 통지하며, 채권자가 채권보전상 필요에 따라 청구하는 경우에는 그 보험계약에 관하여도 제1항과 같은 절차를 밟는다.

③ 설정자가 제1항, 제2항에 정하는 바에 따르지 아니함으로써 채권자가 채권보전상 필요한 보험계약을 설정자를 대신하여 맺거나 계속하고 그 보험료를 지급한 때에는, 채무자와 설정자는 연대하여 채권자가 지급한 보험료 기타의 제 비용을 은행여신거래기본약관 제4조에 준하여 곧 갚는다.

④ 제1항 내지 제3항에 의한 보험계약에 터잡아 채권자가 보험금을 수령한 때에는, 다른 담보물의 제공 등 상당한 사유가 없는 한, 피담보 채무의 기한도래전입지라도, 채권자는 그 수령금으로 은행여신거래기본약관 제12조에 준하여 채무의 변제에 충당할 수 있다.

제4조(담보목적물의 보존 등) ① 담보목적물이 멸실.훼손되거나 그럴 염려가 있는 경우에는 설정자는 그 예방 또는 구제를 위한 법적 절차를 취하고, 채권자에게 그러한 사실을 통지하여야 한다.

② 담보목적물에 대하여 권리를 주장하는 자가 있거나, 법적 다툼이 발생한 경우에, 설정자는 권리보전을 위한 법적 절차를 밟아야 한다.

제5조(다른담보의 제공) 설정자의 책임있는 사유로 말미암아 담보목적물에 대한 채권자의 소유권 취득이 무효로 되거나 실효될 염려가 있는 때에는 설정자는 채권자의 청구에 의하여 그에 갈음할 수 있는 다른 담보를 채권자에게 제공한다.

제6조(담보가치의 유지) 제4조 제1항의 경우에는 채권자의 청구에 따라 설정자가 상당액의 물건을 곧 보충하여 채권자에게 양도하기로 한다.

제7조(담보목적물의 변경) ① 설정자는 담보목적물의 전부 또는 일부를 갈아 놓거나 또는 새로 물건을 들여올 때에는 채권자의 승

인을 받겠으며, 그 갈아 놓은 물건이나 새로 들여온 물건에 대하여도 따로 계약할 것 없이 이 계약에 의하여 모두 채권자에게 양도되고 인도를 마친 것으로 한다.

② 담보목적물에 의하여 제조.가공되는 재공품.반제품.완제품.부산물이나 담보목적물에 부합된 물건도 당연히 이 계약에 의하여 양도되고 인도를 마친 것으로 한다.

제8조(담보목적물의 처분) 담보목적물을 법정절차에 의하여 처분하기 곤란하거나 법정절차에 의하여 처분할 경우 채권보전에 지장을 초래할 상당한 사유가 있다고 인정되는 때에는 채권자는 담보목적물을 일반적으로 적당하다고 인정되는 시기.방법.가격 등에 의하여 담보목적물을 처분하고, 그 매각대금으로 채무의 변제에 충당하거나 채무의 전부 또는 일부의 변제에 갈음하여 담부목적을 취득할 수 있다. 이 경우에 채권자는 담보목적물을 처분 또는 취득하기 10일전까지 설정자에게 그 사실을 통지하기로 한다.

제9조(담보목적물의 인도.대리처분 등) ① 매도담보권의 실행을 위하여 채권자가 요구하는 때에는 설정자는 담보목적물을 지체없이 채권자 또는 채권자가 지정하는 자에게 양도한다.

② 매도담보권의 실행을 위하여 채권자가 요구하는 때에는 설정자는 채권자를 대리하여 담보목적물을 처분하고, 그 매각대금이 매수인으로부터 직접 채권자에게 지급되도록 한다.

제10조(물상대위) 담보목적물에 대하여 멸실.훼손.공용징수 기타의 원인으로 제3자에 대한 보험금.배상금.보상금 등의 청구권이 생긴 때에는, 다른 담보물의 제공 등 상당한 사유가 없는 한, 피담보채무의 기한도래전일지라도, 채권자는 이를 수령하여 은행여신거래기본약관 제12조에 준하여 채무의 변제에 충당할 수 있다.

제11조(담보목적물의 회보.조사) 채권자는 채권보전에 필요한 경우 수시로 담보목적물에 대한 현황을 조사할 수 있으며, 이 경우 조사에 필요한 협력을 한다.

제12조(비용부담) 매도담보권의 설정.보전.행사 및 담보목적물의 보존.관리에 드는 각종비용은 채무자와 설정자가 연대하여 부담하고, 채권자가 대신 지급한 때에는 그 지급금에 대하여 은행여신

거래기본약관 제4조에 준하여 이를 곧 갚는다.

제13조(다른 담보.보증약정과의 관계) ① 설정자가 채무자의 채권자에 대한 피담보채무에 관하여 따로 담보를 제공하고 있거나 보충을 하고 있는 경우에는 별도의 약정이 없는 한 그 담보나 보증은 이 계약에 의하여 변경되지 아니하며 이 계약에 의한 담보책임과 별개의 것으로 누적적으로 적용된다.

② 담보가치의 하락 등을 대비한 채권자의 청구에 의하여 설정자가 같은 피담보채무에 관하여 담보제공과 동시에 같은 금액으로 연대보증을 한 경우, 그 중 어느 하나의 일부 또는 전부를 이행한 때에는 제1항에 불구하고 그 이행한 범위내에서 다른 책임도 면한다.

제14조(특약 사항)

※ 설정자는 다음 사항을 읽고 본인의 의사를 사실에 근거하여 자필로 기재하여 주십시오.

(기재예시 : 1.수령함, 2.들었음)

(기재란)

매도담보목적물 목록

1. 은행여신거래기본약관과 이 계약서 사본을 확실히 수령하였습니까?	
2. 위 약관과 계약서의 중요한 내용에 대하여 설명을 들었습니까?	

상 담 자	직 위 :	성명:	인

소　재　지		
보관창고명 및 보관장소		
물 건	종　별	
	수　량	
	단　가	
	가　액	
보 험	회사명	
	종　별	
	금　액	

10. 양도계약서

■ 양도담보계약서

양 도 담 보 계 약 서

채권자 ○○○과 채무자 ○○○은 별지 기재의 물건에 대하여 다음과 같이 계약한다.

제1조(목적) 채무자 ○○○은 양도담보의 목적으로 별지 물건을 금일 금○○○만원에 채권자 ○○○에게 매도하기로 하며, 위 담보 물건의 소유권은 20○○년 ○월 ○일에 채권자 ○○○에게 이전됨을 확인한다.

제2조(대금지급방법) 채권자 ○○○은 채무자 ○○○에 대하여 제1조의 매매대금을 20○○년 ○월 ○일에 현금으로 채무자 ○○○의 주소지에서 지급하기로 한다.

제3조(사용권) ① 채무자 ○○○은 별지 물건을 사용할 수 있다.

② 채무자 ○○○이 별지 물건을 사용할 경우에는 사용료는 1개월에 금 ○○만원으로 하고 매월 말일 사용료를 채권자 ○○○에게 직접 지급하여야 한다.

③ 채무자 ○○○이 사용료의 지급을 2회 이상 연체하였을 경우 채권자 ○○○은 즉시 사용계약을 해제하고 별지 물건의 인도를 청구할 수 있으며, 채무자 ○○○은 채권자 ○ ○○의 인도청구를 받는 즉시 물건을 인도하여야 한다.

제4조(계약기간 등) ① 본 계약기간은 20○○년 ○월 ○일까지로 하며, 채무자 ○○○은 계약 기간내에 채무자 ○○○이 제1조의 매매대금을 현금으로 갑에게 반환하면 별지 물건에 대한 소유권은 그 즉시 다시 채무자 ○○○에게 귀속한다.

② 채무자 ○○○이 계약기간내에 위 매매대금을 채권자 ○ ○○

에게 반환하지 못할 경우에는 별지 물건의 소유권은 확정적으로 채권자 ○○○에게 귀속되며 채무자 ○○○은 별지 물건을 다시 살 수 없으며 즉시 채권자 ○○○에게 별지 물건을 인도하여야 한다.

제5조(물건관리 등) ① 채무자 ○○○은 별지 물건을 사용함에 있어 선량한 관리자로서의 주의 의무를 다하여야 하고, 물건관리에 필요한 모든 비용은 채무자 ○○○이 부담하기로 한다.

② 채무자 ○○○은 위 ①항에 의한 물건관리를 함에 있어 발생할지 모르는 사고에 대비하기 위하여 채무자 ○○○의 비용부담으로 갑이 지정하는 보험회사와 손해배상보험에 가입하기로 하며, 이 경우 채무자 ○○○은 보험금지급청구권에 대하여 채권자 ○○○을 권리자로 질권을 설정해 주어야 한다.

③ 채무자 ○○○은 본 계약기간동안 양도 담보된 별지 물건에 대하여 채권자 ○○○의 동의나 승낙 없이 제3자에 대한 또 다른 담보설정이나 임대 등의 일체의 처분행위를 하여서는 안 된다.

제6조(분쟁 및 관할) 채권자 ○○○과 채무자 ○○○ 사이에 체결된 본 계약에 없는 사항의 문제가 발생되었을 때에는 민법 등의 법령을 참작하여 서로 협의로써 해결함을 원칙으로 하고, 협의가 되지 않을 경우 그 관할법원은 채권자 ○○○의 주소지를 관할하는 법원으로 한다.

채권자 ○○○과 채무자 ○○○은 이상과 같이 계약하고 본 계약서를 2통 작성하여 각 서명.날인한 후 공증하여 각 1통씩 이를 소유하기로 한다.

20○○년 ○월 ○일

채권자	주 소					
	성 명	인	주민등록번호	-	전 화 번 호	
채무자	주 소					
	성 명	인	주민등록번호	-	전 화 번 호	

[별지]

양 도 담 보 물 건

연 번	물 건 명	제작회사(모델명)	제작 년도	비 고
1	CNC 선반	○○공업사(NP 1230)	1998	2대
2	프레스기계	○○기계산업사(Q-20)	2000	1대
3	대형에어컨	○○전자(SS-1100)	2000	3대
4	컴퓨터	○○컴퓨터 (펜티엄Ⅳ,S9-880)	2001	5대

끝.

■ 자동차양도담보계약서

자 동 차 양 도 담 보 계 약 서

자동차의 표시 : 별 지
양도담보자 ○○○와 양도담보권리자 ○○○는 아래와 같이 자동차
양도담보계약을 체결한다.

〈아   래〉

제1조 양도담보자 ○○○는 양도담보권리자 ○○○에게서 20○○년
○월 ○일에 금 5,000,000원을 차용하고 변제기일은 20○○년
○월 ○일로 이자는 연20%로 약정하고 그 담보로 양도담보자 ○
○○ 소유의 ○○가○○○○호 그랜저승용차의 소유권을 양도담
보권리자 ○○○에게 이전하기로 한다.

제2조 양도담보권리자 ○○○에게 자용차의 소유권이 이전되더라도
변제기일까지는 양도담보자 ○○○이 계속 사용하기로 한다.

제3조 양도담보자 ○○○가 양도담보권리자 ○○○에게 차용금 금
5,000,000원을 변제기일인 20○○년 ○월 ○일에 반환하는 즉시
양도담보권리자 ○○○은 양도담보권자 ○○○에게 자동차의 소
유권을 이전하기로 한다.

제4조 양도담보권리자 ○○○은 양도담보권자 ○○○에게서 소유권
을 이전 받더라도 차량을 제3자에게 담보로 제공 하여서는 아니
된다.

제5조 양도담보권리자 ○○○의 부채로 인하여 차량에 가압류 등이
되는 경우 양도담보권리자 ○○○이 책임지고 이를 해결하기로
한다. 만약 양도담보권리자 ○○○이 이를 해결하지 못하여 양도
담보권자 ○○○이 피해를 입게 될 경우에는 양도담보권리자 ○
○○이 이를 배상하기로 한다.

제6조 양도담보권자 ○○○이 변제기일인 20○○년 ○월 ○일이 지나도록 차용금을 변제하지 못할 경우에는 양도담보권자 ○○○은 20○○년 ○월 ○일에 양도담보권리자 ○○○에게 차량을 인계하고 양도담보권리자 ○○○은 차량을 임의 처분하여 매매대금에서 대여금 및 이자를 공제하고 나머지를 양도담보권자 ○○○에게 지급하기로 한다.

제7조 본 자동차양도담보계약서에 의한 등록비용 및 등록세 등은 양도담보권자 ○○○이 부담하기로 한다.

위 자동차양도담보계약을 증명하기 위하여 본 계약서 2통을 작성하여 양도담보자 ○○○와 양도담보권리자 ○○○ 쌍방이 기명 날인한 후 각 1통을 소지한다.

20○○년 ○월 ○일

양 도 담 보 설정자	주 소					
	성 명	인	주민등록번호	-	전 화 번 호	
양 도 담 보 권 자	주 소					
	성 명	인	주민등록번호	-	전 화 번 호	

자동차의 표시

1. 자동차등록번호   ○○12가1234
1. 차   명   크레도스
1. 최 초 등 록 일   1999 -01 - 01
1. 년   식   1996
1. 원 동 기 형 식   T8
1. 형식 승인 번호   1-0462-004-003
1. 차 대 번 호   KNAGC2232TA163466
1. 사 용 본 거 지   ○○시 ○○구 ○○동 ○○
1. 소   유   자   △ △ △. 끝.

■ 토지양도담보계약서

토 지 양 도 담 보 계 약 서

양도담보목적토지 : ○○도 ○○군 ○○면 ○○리 ○○
답 1,000㎡

 채권자 ○○○과 채무자 ○○○은 을 소유의 위 양도담보목적토지
(이하 담보토지라 함)를 양도담보로 하기로 하고 다음과 같이 계약
한다.

제1조(금전소비대차) 채무자 ○○○은 금○○○만원을 채권자 ○○○
  으로부터 차용하면서 위 담보토지를 양도담보의 목적으로 하기로
  약정하고, 금일 위 금액을 지급받음과 동시에 위 원금 및 그 이
  자의 지급을 담보하기 위하여 담보토지를 채권자 ○○○에게 양
  도하기로 한다.
제2조(변제기일 및 이자) 변제기일은 20○○년 ○월 ○일까지로 정
  하고, 이자는 매월 2%로 하며 이자의 지급기일은 매월 말일로
  한다.
제3조(소유권이전등기 등) ① 채무자 ○○○은 본 계약의 성립과 동
  시에 담보토지의 소유권을 채권자 ○○○에게 이전하는 등기절차
  를 취하여야 한다.
  ② 채권자 ○○○은 위 제①항의 소유권이전등기를 받은 후 즉시
  채무자 ○○○을 위하여 매매예약의 소유권이전등기청구권의 가
  등기를 해주기로 한다.
  ③ 위 각 항의 각 등기에 소요되는 비용은 채무자 ○○○이 부담
  하기로 한다.
제4조(담보토지의 사용권) 채무자 ○○○은 담보토지를 변제기일까
  지 무상으로 사용할 수 있다. 다만, 채무자 ○○○은 담보토지를

사용함에 있어 선량한 관리자로서 주의의무를 다하여야 하며, 사용기간 동안에 담보토지에 부과되는 세금 및 유지비 등 모든 경비는 채무자 ○○○이 부담하기로 한다.

제5조(담보토지의 귀속관계) ① 채무자 ○○○이 제2조에서 정한 변제기한 내에 원금과 이자의 지급을 완료했을 때에는 담보토지의 소유권은 당연히 채무자 ○○○에게 다시 귀속되며, 이 경우 채권자 ○○○은 채무자 ○○○의 비용부담으로 제3조 제②항에 의하여 채무자 ○○○에 대하여 경료된 소유권이전등기청구권의 가등기를 본등기로 하는데 적극 협력하여야 한다.

② 채무자 ○○○이 제2조에서 정한 기한내 원금 및 이자의 지급을 하지 않거나, 이자의 지급을 2회 이상 연체하였을 경우 채권자 ○○○은 즉시 담보토지를 임의로 환가할 수 있다. (다만, 채권사 ○○○이 임의로 환가할 경우에는 당해년도의 공시지가액 미만으로는 환가하지 못한다.)

③ 채권자 ○○○이 환가할 경우 환가대금은 원금과 이자의 지급에 충당하고, 나머지 잔액이 있을 경우 즉시 채무자 ○ ○○에게 지급하고, 부족할 경우에는 채무자 ○○○은 즉시 채권자 ○○○에게 부족금액을 지급하여야 한다.

제6조(분쟁 및 관할) 채권자 ○○○과 채무자 ○○○ 사이에 체결된 본 계약에 없는 사항의 문제가 발생되었을 때에는 민법 등의 법령을 참작하여 서로 협의로써 해결함을 원칙으로 하고, 협의가 되지 않을 경우 그 관할법원은 담보토지의 소재지를 관할하는 법원으로 한다.

채권자 ○○○과 채무자 ○○○은 이상과 같이 계약하고 본 계약서를 2통 작성하여 각 서명.날인한 후 각 1통씩 이를 소유하기로 한다.

20○○년 ○월 ○일

채권자	주 소					
	성 명		인주민등록번호	-	전 화 번 호	
채무자	주 소					
	성 명		인주민등록번호	-	전 화 번 호	

■ 토지, 건물양도담보계약서

양 도 담 보 계 약 서

채권자 ○○주식회사와 채무자 △△주식회사는 다음과 같이 양도
담보설정권계약을 체결한다.

제1조(목적) 채무자 △△주식회사는 20○○년 ○월 ○일자로 채권자
○○주식회사 와의 사이에 체결된 상품거래계약 (이하 기본계약
이라함)에 의하여 현재 장래에 한하여 부담할 매매대금 기타 일
체의 채무이행의 딤보로서 양노남보권의 설정을 약정하고 채무자
△△주식회사가 소유하는 하기물건 (이하 본물건이라함)의 소유
권을 채권자 ○○주식회사에게 이전하기로 한다.

물건의 표시
1) ○○도 ○○군 ○○면 ○○리 ○○ 대지 200평
2) 위지상건물 1동 50평

제2조(사용대차) 채권자 ○○주식회사는 본 물건을 무상으로 채무자
△△주식회사가 사용케 하도록 한다.
채무자 △△주식회사는 본 물건을 선량한 관리자의 주의로써 사
용하여야 하고, 본 물건에 관한 통상의 필요비용은 채무자 △△
주식회사의 부담으로 한다.

제3조(해제조항) 기본계약의 해제사유, 기타 이 계약의 이행에 대하
여 채무자 △△주식회사의 불신행위가 있을 경우에는 전조의 사
용대차는 당연히 해제되는 것으로 하고 채무자 △△주식회사는
사용중의 물건의 점유를 해제하고 즉시 이것을 채권자 ○○주식
회사에게 반환 인도 하여야한다.

제4조(담보물의처분방법등) 전조의 경우 채권자 ○○주식회사는 즉시
물건을 임의로 매각하여 채무의 기한에 불구하고 임의의 순서방법

에 의하여 변제에 충당할 수 있음은 물론, 그래도 부족할 때는 채무자 △△주식회사의 일반재산에 대하여 강제집행을 할 수 있다.

제5조(완제후반환절차) 채무자 △△주식회사가 채무를 완제하였을 때는 제2조에 정한 사용대차는 당연 해제에 의하여 소멸되고, 채권자 ○○주식회사는 양도담보물건의 소유권을 채권자 ○○주식회사의 비용으로 채무자 △△주식회사에게 이전등기 한다.

제6조(담보제약) 채권자 ○○주식회사는 취득한 권리를 채무변제기 전에 제3자에게 양도하거나, 동 담보의 목적을 초과하여 행사하지 못한다.

제7조(인도방법) 제1조, 제2조 및 제5조의 양도담보물건의 인도는 점유개정 및 간이인도방법에 의한다.

제8조(담보물훼멸의 처리) 을의 책임 있는 사유로 담보물건이 멸실 또는 훼손되었을 경우 채무자 △△주식회사는 채권자 ○○주식회사에게 다른 담보물을 제공하거나, 제3자로 하여금 연대보증하게 한다. 그러나 채무자 △△주식회사의 책임 없는 천재지변 또는 이에 준하는 사유일 때는 그러하지 아니하다.

제9조(관할법원) 본 계약에 의한 분쟁이 발생하였을 경우 관할법원은 물건 소재지 관할법원으로 한다.

제10조(규정외사항) 본 계약에 정함이 없는 사항은 채권자 ○○주식회사와 채무자 △△주식회사가 협의하여 결정한다.

이상 본 계약을 증명하기 위하여 2통 작성하여 채권자 ○○주식회사, 채무자 △△주식회사 1통씩 보관한다.

20○○년 ○월 ○일

채권자 ○○ 주식회사	주 소					
	성 명	인	주민등록번호 (사업자등록번호)	-	전 화 번 호	
채무자 △△ 주식회사	주 소					
	성 명	인	주민등록번호 (사업자등록번호)	-	전 화 번 호	

■ 채권양도계약서(임가공비청구채권)

채 권 양 도 계 약 서

채권자(양수인) ○○○와 채무자(양도인) ◇◇◇은, 채무자가 제3채무자 ○○물산주식회사에 대하여 가지는 채권을 채권자에게 매도하면서 이를 위한 채권양도 계약을 체결한다.

제1조 채무자는 제3채무자 ○○물산주식회사에 대하여 가지는 다음 표시 채권을 채권자에게 금5,000,000원에 양도하고 채권자는 동 대금을 지급함으로써 이를 양수하였다.

〈다   음〉

20○○년 ○월 ○일부터 같은 해 ○. ○.까지의 사이에 봉제용품 임가공 계약에 근거한 임가공비청구채권 합계 금15,000,000원정

내 용   1) 금5,000,000원정 20○○년 ○월 ○일 납품
           2) 금6,000,000원정 20○○년 ○월 ○일 납품
           3) 금4,000,000원정 20○○년 ○월 ○일 납품

제2조 채무자는 본 계약 체결 후 지체 없이 제3채무자에게 확정일자있는 증서로써 통지를 한다.

제3조 채무자는 제3채무자로부터 상계 그 밖의 항변사유 및 제3자로부터 압류 등의 제한이나 부담이 없음을 보증한다.

제4조 채무자는 이건 양도계약 체결이후 제3채무자가 채무자에게 위 채무를 변제 제공할 때 이를 수령 후 지체 없이 채권자에게 양도하여야 한다.

제5조 채무자는 채권자의 이건 양도채권에 대하여 행사하는 권리를 방해할 일체의 행위를 하지 않는다.

20○○년 ○월 ○일

채권자	주 소					
	성 명		인주민등록번호	-	전 화 번 호	
채무자	주 소					
	성 명		인주민등록번호	-	전 화 번 호	

■ 채권양도 계약서(대여금채무)

채 권 양 도 계 약 서

1. 양도인(갑)은 양수인(을)이 제3채무자(병)에 대하여 가지는 대여금 채권 금 10,000,000원을 양수인에게 양도한다.

2. 양도인은 본 계약 체결 후 지체 없이 제3채무자에게 확정일자 있는 증서로써 통지를 한다.

> **[양수인이 양도인의 대리인으로 통지하는 경우1)는 아래 문구로 대체]**
>
> 2. 당사자간의 약정에 의하여 제3채무자에 대한 이 건 채권양도의 통지는 양도인의 위임에 의하여 양수인이 하기로 한다.

3. 양수인이 제3채무자로부터 양수금을 지급받는 경우 양도인의 양수인에 대한 대여금채무는 대등액으로 상계한다.

첨 부 서 류

1. 차용증 사본　　1부.

20 　. 　. 　.

양도인 갑 (　　　　-　　　　)　　(인)
　　　서울 ○○구 ○○동 ○○길 ○○
양수인 을 (　　　　-　　　　)　　(인)
　　　서울 ○○구 ○○동 57 ○○아파트 ○○동 ○○호

---

1) 민법 제450조에 의한 채권양도통지는 양도인이 직접하지 아니하고 사자를 통하여 하거나 대리인으로 하여금 하게 하여도 무방하고, 채권의 양수인도 양도인으로부터 채권양도통지 권한을 위임받아 대리인으로서 그 통지를 할 수 있다(대법원 2004. 2. 13. 선고 2003다43490 판결).

채 권 양 도 통 지 서

수 신 인 (-   )
　　　　　○○도 ○○시 ○○동 ○○ ○○타워 ○○○○호

양도인은 귀하에 대한 대여금 채권 금 10,000,000원을 아래의 사람에게 별지 채권양도계약서 사본과 같이 20○○년　○월 ○일 채권 양도하였음을 통지하오니, 위 대여금을 양수인에게 지급하여 주시기 바랍니다.

〈아   래〉

　　　　양수인 을 (-   )
　　　　　　　서울 ○○구 ○○동 57 ○○아파트 ○○동 ○○호

첨 부 : 채권양도계약서 사본　　1부.

　　　　　　　20　　.　　.　　.

　　　　　　　양도인　　　　　　갑　　(인)
　　　　　　주민등록번호 :　　　　-
　　　　　　　　　주소 : 서울 ○○구 ○○동 227

[양수인이 양도인의 대리인으로 통지하는 경우는 아래 문구로 대체]

양도인   갑

        주민등록번호 :   -

        주소 : 서울 ○○구 ○○동 227

양도통지대리인   을   (인)

        주민등록번호 :   -

        서울 ○○구 ○○동 57 ○○아파트 ○○동 ○○○호

■ 채권양도계약서(임차보증금반환청구채권)

채 권 양 도 계 약 서

채권자 ○○○(이하 '갑'이라 함)와 채무자 ◇◇◇(이하 '을'이라 함)는 을이 20○○년 ○월 ○일 갑으로부터 금○○○원을 변제기일 20○○년 ○월 ○일, 이자 월○%, 지연손해금 원금의 연○○%의 조건으로 차용하면서, 그 변제의 담보로 을이 제3채무자 임대만(이하 '병'이라 함)에 대하여 가진 다음의 임차보증금반환청구채권을 갑에게 양도하기 위하여 갑과 을은 다음과 같이 계약하였다.

제1조(양도채권) 을은 병에 대하여 가진 다음의 채권을 갑에게 담보를 목적으로 양도하고, 갑은 이를 양수하였다.

〈다　　　음〉

을이 병으로부터 ○○년 ○월 ○일 병 소유의 ○○시 ○○구 ○○로 ○번지 주택중 방2칸을 보증금 ○○원, 기한 2년으로 정하고 임차하면서 병에게 지급한 금○○원의 반환청구채권.

제2조(양도통지) 을은 본 계약 체결 후 지체 없이 병에게 확정일자가 있는 증서로서 채권양도의 통지를 하거나 병의 승낙을 받아야 한다.

제3조(담보책임) 을은 본 양도채권에 대하여 병의 명도항변이외 상계 기타 을에게 대항할 수 있는 사유 또는 제3자에 의한 압류 등 하자나 부담이 없는 것을 보증한다.

제4조(실행) 1) 을은 본 채권의 양도에도 불구하고 갑에 대한 그의 채무를 이행하여야 한다.

2) 을이 이 채무를 이행하면 갑은 본 양도채권을 을에게 양도하여 반환하여야 한다.

제5조(충당) 1) 을이 갑에 대하여 변제기한 내 전부이행 하지 않을

시 갑은 양도받은 본 채권을 실행하여 을의 변제에 충당할 수 있다.
2) 갑은 충당한 채권은 실행비용, 약정이자, 지연손해금, 원금의 순서로 충당하고 잔액은 즉시 을에게 반환하여야 한다.
3) 을은 갑이 양도받은 본 채권의 실행에 대하여 일체의 권리방해의 행위를 하지 않는다.

이상 계약의 증명으로 이 계약서 2통을 작성하여 갑, 을이 날인 후 각 그 1통씩을 보관한다.

20○○년 ○월 ○일

채권자	주 소					
	성 명 또 는 상 호	인	주민등록번호 또는 사업자등록번호	-	전 화 번 호	
채무자	주 소					
	성 명 또 는 상 호	인	주민등록번호 또는 사업자등록번호	-	전 화 번 호	

11. 특허권 등 계약서

■ 특허권의 통상실시권 설정계약서

특허권의 통상실시권 설정계약서

특허등록번호 제○○○호
발명의 명칭 <   >

상기 특허등록권(이하 상기특허권이라 한다)에 대하여 ○○○(이하 "갑"이라고 함)과 △△△(이하 "을"이라고 함)은 다음과 같은 통상실시권 설정계약을 체결한다.

제1조(실시권의 허락) 갑은 을에 대하여 을이 상기특허권을 실시한 제품을 생산 또는 판매하거나 기타의 처분을 하기 위한 상기특허권에 대한 통상실시권을 허락한다. 본 실시권은 비독점적이며, 제3자에게 양도할 수 없고 담보에 제공할 수 없으며 재실시 허락 권한이 없는 것으로 한다.

제2조(실시기간) 상기특허권에 대한 통상실시기간은 20○○년 ○월 ○일부터 20○○년 ○월 ○일까지로 한다.

제3조(실시지역) 상기특허권에 대한 실시지역은 ○○지역을 제외한 전 지역으로 한다.

제4조(실시권의 설정등록) 갑은 을이 자기의 비용으로 본계약에 의해 허락된 실시권을 설정 등록하는 것에 동의하고, 을의 청구에 따라 이에 필요한 서류를 무상으로 을에게 제공하도록 한다.

제5조(실시료) 을은 상기특허권을 실시한 제품(이하 실시제품이라 한다)의 매출액을 기준으로 하여 매분기별(또는 당사자간에 합의한 기간이나 회수) ○%에 해당하는 실시료를 현금으로 갑에게 분기종료 ○일내에 지급하여야 하며 을이 실시제품을 자기의 영

업을 위하여 사용한 경우에는 그 사용개시 시에 제품이 판매된 것으로 본다.

제6조(실시료의 산정) 전조의 실시료의 산정을 위하여 을은 매 분기별(또는 당사자간에 합의한 기간을 기준으로 하여) 실시제품의 생산실적, 판매실적, 매출액, 재고량 등에 관한 보고서를 갑에게 분기종료 ○일내에 제출하여야 한다. 갑은 필요한 경우 필요한 자료의 열람을 을에게 청구할 수 있으며 을은 정당한 이유 없이 갑의 청구를 거절하여서는 아니 된다.

제7조(실시료의 연체) 을은 제5조가 규정하고 있는 지급기한 내에 실시료를 지급하지 않는 경우 지급기일 익일부터 월 ○%의 지연이자를 지급한다.

제8조(책임) 갑은 상기특허권의 실시 및 실시제품으로 인하여 을이 입은 손해에 대하여 책임을 지지 아니하며 실시제품의 생산, 판매에서 발생하는 손해로 인하여 제3자가 을에 대하여 배상을 요구하는 경우에도 갑은 책임을 지지 아니한다. 단, 갑은 을에게 상기특허권의 실시 및 실시제품과 관련하여 제3자와의 소송 기타 법적분쟁이 발생하는 경우 그 해결을 위하여 을이 필요한 자료 및 정보의 제출을 문서로써 청구하는 경우 특별한 사유가 없는 한 을의 청구에 응하여야 한다.

제9조(실시료의 감액과 변경) 을이 실시제품의 생산, 판매에 있어 상기특허권에 대한 실시 이외에 제3자가 소유하고 있는 특허권을 실시하여야만 하는 경우에는 을은 갑에 대하여 실시료의 감액을 청구할 수 있다. 청구를 받은 갑은 을의 청구가 실시료의 부당한 감액을 목적으로 함을 이유로 을의 청구를 거절 할 수 있다. 이 경우 입증책임은 을에게 있다. 제5조에서 정하고 있는 실시료는 경제사정의 급격한 변동 기타 특별한 사정이 있는 경우에는 갑과 을이 협의하여 변경할 수 있다.

제10조(해제, 해지) ①갑과 을은 쌍방이 본 계약에서 정하고 있는 의무를 이행하지 않거나 정당한 이유 없이 이행을 거부하는 경우 계약을 해제할 수 있다. 해제의 의사표시는 확정일자 있는 문서로써 하며 해제의 효력은 그 의사표시가 상대방에게 송달된 때부

터 발생한다.

②갑과 을은 상당한 기간을 정하여 상대방에게 이행여부의 확답을 최고할 수 있으며 상대방이 상당한 기간 내에 확답을 하지 않는 경우에는 별도의 의사표시 없이 계약을 해제할 수 있다.

③갑과 을은 서로의 귀책사유에 의하지 않은 부득이한 사유로 인하여 더 이상 계약의 목적을 달성할 수 없게 되는 경우 상대방에게 손해를 배상하지 않고 계약을 해제할 수 있다. 단 입증책임은 그 사유를 주장하는 자에게 있다.

④계약 해지의 의사표시는 전조에서 규정하고 있는 기간만료일 6월 전까지 상대방에게 확정일자 있는 문서로 한다.

⑤갑과 을은 서로의 귀책사유에 의하지 않은 부득이한 사유로 인하여 더 이상 계약의 목적을 달성 할 수 없는 경우 상대방에게 손해를 배상하지 아니하고 계약을 해지할 수 있다. 단, 그 입증책임은 그 사유를 주장하는 자에게 있다.

제11조(침해의 배제) 을은 제3자가 상기특허권을 침해하거나 침해하려 하는 경우에는 그 사실을 안 때로부터 즉시 그 사실을 갑에게 통지하여야 한다.

제12조(특허표시) 을은 실시제품에 특허표시를 하여야 하며 갑의 사전동의를 얻어 실시제품에 본 제품이 갑의 실시권을 허락 받은 제품이라는 점을 표시할 수 있다.

제13조(협의) 갑과 을은 신의성실의 원칙에 따라 본 계약을 이행하여야 하며 본 계약의 해석에 다툼이 있는 경우에는 쌍방 협의에 의하여 정하되 협의가 이루어지지 않는 경우 상관습이 있으면 그에 의하고 관습이 없는 경우에는 관계 법령과 판례의 해석에 따른다.

제17조(준거법, 관할) 민사에 관하여 다툼이 있는 경우 준거법은 갑의 본점이 소재하고 있는 국가의 법으로 하며 법원의 관할은 갑의 본점소재지 관할 법원으로 한다.

본계약 체결의 증거로써 갑과 을은 본계약서 2통을 작성하여 쌍방이 서명(기명).날인한 후 각 1통씩 보관한다.

20○○년 ○월 ○일

등록권자	주 소					
	성 명 또 는 상 호	인	주민등록번호 또는 사업자등록번호	-	전 화 번 호	
전용실시권자	주 소					
	성 명 또 는 상 호	인	주민등록번호 또는 사업자등록번호	-	전 화 번 호	

■ 소프트웨어개발 위탁계약서

소프트웨어개발 위탁계약서

○○주식회사(이하 "갑"이라 한다)와 △△대학교 기계기술연구소(이하 "을"이라 한다)는 "○○○"에 대한 소프트웨어개발위탁계약을 다음과 같이 체결한다.

제1조(소프트웨어개발목적) 본 소프트웨어개발의 목적은 별첨 위탁개발 계획서의 내용과 같다.

제2조 (소프트웨어개발의 범위) 본 소프트웨어개발의 범위는 별첨 연구개발계획서의 연구개발내용에 의하며, "을"이 연구개발완료 후 소프트웨어개발 위탁자인 "갑"에게 제공하는 소프트웨어개발의 결과는 동 위탁 연구개발계획서의 내용에 기술되어 있는 사항에 한한다.

제3조(소프트웨어개발의 수행기간) 본 소프트웨어개발의 수행기간은 20○○년 ○월 ○일부터 20○○년 ○월 ○일 (12개월)로 한다.

제4조(소프트웨어개발비) 본 소프트웨어개발비는 一金이천오백만원정 (₩25,000,000) 으로 한다.

제5조(대금지불) "갑"은 "을"에게 다음과 같이 소프트웨어개발비를 지급한다.

　가. 1차 기성고 (일천만원) 연구계획서 접수 및 계약 체결 후 20일 이내 현금지급.

　나. 2차 기성고 (칠백오십만원) "을"이 "갑"에게 중간보고서 제출 후 20일이내 현금지급 (20○○년 ○월 ○일내 지급)

　다. 3차 기성고 (칠백오십만원) "을"이 "갑"에게 최종결과보고서 제출 후 20일이내 현금지급 (20○○년 ○월 ○일 이내 지급)

제6조(소프트웨어개발 결과의 귀속 및 보고서제출)

　1. (소프트웨어개발 결과의 귀속) 본 계약에 의하여 취득한 산업

재산권과 기타 연구성과, 기술성과 및 시작품 등의 제반사항은 "갑"의 소유로 한다.

2. (보고서제출) "을"은 중도금 신청시 소프트웨어개발 진행사항 및 결과를 중간보고서 형태로 제출하며, 소프트웨어개발완료시 본 소프트웨어개발 결과에 관한 최종보고서 3부를 각각 "갑"에게 제출하여야 한다.

제7조(기술이전) "을"은 소프트웨어개발의 연구성과 및 과정에 대하여 연구 기간 중 "갑"이 별도의 보고에 대한 요청이 있을 경우에는 최대한 협조한다.

제8조(비밀보장) 소프트웨어개발위탁자 "갑"과 "을"은 본 계약과 관련된 일체의 기술적, 사업상의 제반사항에 대한 비밀을 유지하여야 하며, 본 소프트웨어개발로 인해 취득한 연구성과와 기술성과 등의 제반사항을 제3자에게 공개하거나 제공할 경우에는 사전에 반드시 "갑"의 서면 동의를 득하여야 한다.

제9조(신의성실 및 상호협조) ① (신의성실) "갑"과 "을"은 신의로써 본 계약의 각 조항을 성실히 이행하여야 한다.

② (상호협조) "을"은 전 개발과정을 통하여 "갑"의 요청이 있을 때는 수시로 개발내용에 관하여 "갑"과 협의하여야 하며, "갑" 또한 필요사항을 "을"에 적극 협조하여야 한다.

③ (개발결과의 보완) "을"은 본 소프트웨어개발을 목표에 도달시키고 산업화하기 위해 연구결과의 추가, 수정, 보완이 필요한 경우에는 적극적으로 보완한다.

제10조(산업재산권) 본 개발결과로써 취득하는 산업재산권(특허출원 등)은 "갑"의 소유로 한다. 단, 이에 소요되는 제반적인 절차비용은 "갑"이 부담한다.

제11조 (권리양도의 제한) "을"은 "갑"의 동의 없이 본 계약에 의한 소프트웨어개발결과로 취득하는 제반권리를 제3자에게 제공하거나 양도할 수 없다.

제12조(계약의 해지) ① ("갑"의 해지) "을"이 본 연구를 수행할 능력이 없다고 인정될 경우, "갑"은 해지실시일 1개월 전에 "을"에게 해지의사를 통보하여 협의 후 본 계약을 해지할 수 있다.

② ("을"의 해지) "갑"이 본 계약을 위배하여 원활한 소프트웨어 개발 수행이 극히 곤란하다고 인정될 경우, "을"은 해지 실시일 1개월 전에 "갑"에게 이의 개선을 서면 통보한 후 그 기간 내에 "갑"의 현저한 개선사실이 없을 경우 에는 본 계약을 해지할 수 있다.

③ (해지조치) 본 조항 1항과 2항에 의하여 계약이 해지 될 경우 에는 "을"은 해지된 날로부터 20일 이내에 해지시 까 지의 소프트웨어개발 집행정산서와 소프트웨어개발보고서 및 관련자료를 "갑"에게 제출하고, 기성부분에 한하여 개발비를 정산한다.

④ (기타) 기타 해지에 필요한 사항은 "갑"과 "을" 쌍방의 협의에 의한다.

제13조(계약의 변경) "갑"과 "을"은 서면합의에 의하여 본 계약을 변경할 수 있다.

제14조(계약의 효력) 본 계약은 쌍방이 서명·날인한 날로부터 유효하다.

제15조(해석) 본 계약서 상에 명시되지 않은 사항 및 계약의 해석상 이의가 있을 경우 쌍방의 협의에 의해 결정한다.

제16조(기타사항) ① 본 계약과 관련하여 분쟁이 발생하는 경우에는 "갑"과 "을"이 상호 합의하여 관할 법원의 판결에 따른다.

② 본 계약의 수정 및 추가는 쌍방의 합의하에 합의서에 의해 할 수 있으며, 합의서는 본 계약과 동일한 효력을 갖는다.

본 계약서는 2부를 작성하여 "갑"과 "을"이 서명·날인한 후 각각 1부씩 보관한다.

유 첨   소프트웨어개발 계획서 1부 (17장)

20○○년 ○월 ○일

갑	주 소					
	성 명 또 는 상 호	인	주민등록번호 또는 사업자등록번호	-	전 화 번 호	
을	주 소					
	성 명 또 는 상 호	인	주민등록번호 또는 사업자등록번호	-	전 화 번 호	

■ 기술제휴계약서

기 술 제 휴 계 약 서

○○주식회사(특허발명권자, 이하 甲이라 한다)와 ○○공업주식회사(특허사용권자, 이하 乙이라 한다)는 甲의 소유인 특허권 제○○○호, 발명의 명칭○○○(이하 '특허 발명'이라 한다)에 있어서 다음과 같은 기술제휴계약을 체결, 기술교류를 도모한다.

제1조(甲의 허락) 甲은 乙에게 특허발명을 독점적으로 실시하고 있는 ○○제품(이히 제품이라 한다)을 사용, 판매 및 배포하는 것을 허락한다.

제2조(대가) 乙은 제1조의 허락에 대가로서 다음과 같은 선금 및 사용료를 현금으로 甲에게 지급한다.

  1. 일시금
    가. 금   액 : 금 ○○○원
    나. 지급기간 : 본 계약을 체결한 날로부터 ○일 이내
  2. 사용료
  가. 금   액 : 乙이 판매하는 '제품'의 매상금액 중 ○%
  나. 지급기간 : 본 계약의 유효기간중
  다. 지급방법 : 매년 6월 및 12월의 말일을 마감으로 해서 돌아오는 30일이내에 당해 반년간 발생한 모든 특허의 사용료를 지급한다.
  라. 가.항의 매상이란 고객에 대한 총매상에서 수하물 포장비, 운임, 물품세 및 고객의 할인액에 제외한 액수이다.

제3조(계약의 효력 및 유효기간) 이 계약의 유효기간은 계약체결일로부터 만5년으로 한다. 다만 甲 또는 乙이 계약기간만료 3개월까지 계약갱신 또는 계약의사를 표시하지 않는 한 이 계약은 동일한 조건으로 갱신된 것으로 본다.

제4조(금지행위) ① 乙은 특허발명의 사용권의 일부 혹은 전부를 제 3자에게 재허락 하거나 담보로 제공해서는 안 된다.

② 乙은 甲의 특허발명 또는 당해 특허발명과 관련해서 갑의 특허출원에 대해 직접이나 간접으로도 분쟁을 제기할 수 없다.

③ 乙의 직원이나 피용자가 특허발명의 개량이나 확장에 관련된 신규발명 또는 고안을 했을 경우, 당해 발명 또는 고안에 관한 특허 및 실용신안등록을 받을 권리는 甲과 乙이 공유하지 못한다.

제5조(장부검사) 乙은 이 계약 체결일 이후에 제조한 최종 제품의 생산, 수주 및 판매에 있어서 상세하게 기록한 장부를 구비해두어야 하며 , 甲은 필요에 따라 당해 장부를 검사할 수 있다.

제6조(통지의무) 乙은 제3자가 특허발명을 침해하거나 침해하려고 하는 사실을 알았을 때, 지체 없이 甲에게 통보하고 甲과 협력해서 배제하도록 해야 한다.

제7조(계약의 해제 및 해지) ① 乙이 정당한 이유 없이 계약일로부터 ○개월 이내에 특허발명을 실시하지 않거나 또는 계속해서 ○개월 이상 특허발명을 실시하지 않을 경우에 甲은 전조의 규정과 상관없이 즉시 이 계약을 해제시킬 수 있다.

② 乙이 이 계약에서 규정하는 乙의 의무를 이행하지 않았을 경우, 甲은 ○○일의 예고기간을 거쳐 문서에 의한 사전 통보로써 계약을 해지하고 乙에게 피해보상을 청구할 수 있다. 단, 乙이 예고기간 내에 당해 의무를 이행한 경우에는 甲의 해지권 및 손해배상청구권은 소멸된다.

제8조(대가의 반환) 본 계약의 특허발명이 무효로 확정된 경우에는 본 계약에 따라 乙로부터 지급된 대가는 반환하는 것으로 한다. 이때 乙은 별도로 정해 놓은 양식에 의한 제조판매보고서에 의해 최종제품(특허 사용료 산정에 기초가 되는 최종 상품을 이른다. 이하 동일)에 관한 자가소비수량, 생산수량, 판매수량, 재고수량, 매상금액 등 기타 사항을 甲에게 보고해야 한다.

제9조(협의) 이 계약에서 정하지 않은 사항에 대해서는 甲, 乙 상호 간에 협의하여 해결한다.

제10조(관할) 이 계약에 관한 소송의 관할 법원은 "甲"과 "乙"이 합

의하여 결정하는 관할법원으로 하며, "甲"과 "乙"간에 합의가 이루어지지 아니한 경우에는 甲의사무소 소재지를 관할하는 법원으로 한다.

본 계약을 증명하기 위하여 계약서 2통을 작성하여 甲, 乙 각각 1통씩 보관한다.

20○○년 ○월 ○일

특허발명권자	주 소					
	성 명 또 는 상 호		인	주민등록번호 또는 사업자등록번호	-	전 화 번 호	

특허사용권자	주 소					
	성 명 또 는 상 호		인	주민등록번호 또는 사업자등록번호	-	전 화 번 호	

12. 판매, 회사경영 등 관련 계약서

■ 판매특약계약서(외국 기업과 판매독점 거래약정)

판 매 특 약 계 약 서

이 계약은 대한민국의 법에 의해 설립되고, 주된 영업소가 [대한민국 ○○시 ○○구 ○○로 ○○] 인 X회사(이하 "제조업자"라 함) 와 [미합중국 뉴욕주 뉴욕주법]에 의하여 설립되고, 주된 영업소가 [미합중국 ○○시 ○○ ○○가 ○○]인 Y회사(이하 "판매권자"라 함)간에 20○○년 ○월 ○일 체결되었다. 제조업자는 판매권자를 미합중국 내에서 (후에 기술하는)제품을 독점판매하는 자로 선정하기를 희망하고, 판매권자는 독점판매권자로서 선정되기를 원하여 당사자들은 다음과 같이 상호 약정한다.

제1조(정의) 이 계약에 달리 정하지 않은 한, 다음의 용어와 표현은 각각 다음과 같은 의미를 가진다.
　① "계약제품"이란[첨부1에 언급한 제품들]을 의미한다.
　② "계약지역"이란[미합중국]을 의미한다.
제2조(독점판매업자의 선정과 승락) ① 제조업자는 계약기간동안 이 계약에 명시되어 있는 조건에 따라 판매권자를 [미국지역]내에 계약제품을 판매하는 독점판매권자로서 선정하고 판매권자는 동 선정을 승낙한다. 또 계약기간동안 제조업자는 판매권자의 사전 동의 없이는 직접 또는 간접으로 계약지역에 제품을 판매하지 못한다.
　② 판매권자는 계약지역 내에서 계약제품과의 경쟁제품 또는 유사제품의 구매, 수입수출, 판매, 유통, 광고 또는 기타 거래를 하지 못한다.
제3조(주문과 선적) ① 판매권자는 제조업자에게 주문을 함에 있어

서는 필요한 제품과 수량을 명백히 기재하여야 하며, 또 포장, 송장, 선적에 관한 정확한 지시를 그 주문 속에 포함시켜야 한다. 주문은 제조업자의 재량에 따른 승낙이 없거나 또 주문이 승낙될 때까지 구속력을 갖지 아니한다. 제조업자는 이 계약 제5조에 규정한 최소 구매량의 구입을 이행할 수 있도록 판매권자에게 제품을 공급하여야 한다. 제조업자는 위의 최소 구매량을 초과하여 판매권자가 제시하는 모든 주문을 승낙할 수 있도록 최선의 노력을 경주한다.

② 제조업자는 해난으로 인한 경우를 제외하고 제품이 안전하고 손상되지 않은 채로 인도될 수 있는 정도의 포장의무를 부담한다.

제4조(가격과 대금지급) ① 계약제품의 가격은 이 계약에 첨부된 가격표에 의하여 결정되며, 동 가격표는 이 계약의 일부를 구성하며, 동 가격표는, 제조업자의 30일전 사전통지를 통하여, 변경될 수 있다.

② 제조업자의 주문수락서를 접수한 후 30일 이내, 판매업자는 제조업자를 수익자로 하고 제조업자가 만족하는 제1급의 국제적인 은행이 발행한 취소불능신용장을 개설하여야 한다.

③ 지급통화는 미국통화(또는 한국통화)로 한다.

제5조(최소구매량) ① 판매권자는 제조업자로부터 FOB가격으로 다음 금액상당의 최소한도의 구매를 할 것을 보증한다.

1. 1차년도: [미화 일십만불]
2. 2차년도: [미화 이십만불]
3. 3차년도: [미화 오십만불]이 조항의 적용에 있어서는 제조업자 계약제품을 선적한 때에는 동 제품이 구매된 것으로 간주한다.

② 판매권자가 제1항에서 규정된 최소 구매량을 구매한 경우에는 이 계약은 [3년간] 자동연장된다. 추가되는 [3년간]의 최소 구매량은 적어도 [미화 일백팔십만불]이어야 하며, 동 기간 동안 연간 최소구매량은 최소한 [미화 사십만불]이어야 한다. 동 구매량은 위의 언급된 조건에 의한다. 이러한 구매량이 달성되는 한, 이 계약은 제13조의 작용을 조건으로 하여 계속하여 [3년간] 자동적으로 연장된다. 다만, 계속되는 계약기간동안 최소 구매량은

[l0%] 씩 증가되어야 하는 것으로 한다.

③ 판매권자가 제5조 제1항에 규정된 최소 구매량을 구매하지 않은 경우에는 제조업자는 이 계약의 [3년]기간 만료 후 [1개월]이내에 제14조 제1항 제2호에 규정된 서면통지를 함으로써 이 계약을 종료시킬 수 있으며 이와 관련하여 판매권자는 어떠한 의무도 지지 않는다.

제6조(기술지원) ① 제조업자는 판매권자에게 정보자료 및 설명자료로써 필요한 기술지원을 제공하며 또 계약제품의 판매촉진 및 광고에 적합한 모든 자료를 제공한다.

② 제조업자는 신제품의 안내와 보다 나은 설비의 설치, 설비의 작동유지를 위하여 필요한 경우에는 양당사자의 동의하에 한국이나 계약지역에서 적당한 수의 기술 요원을 교육시킨다. 판매권자 또는 제조업자가 파견한 연수관련요원의 왕복여행비, 숙박비 및 기타비용은 판매권자가 부담한다.

③ 위의 기술지원에 사용하는 언어는 [영어]로 한다.

제7조(부속품) ① 판매권자는 효과적인 사후판매서비스를 제공키 위하여 충분한 양의 부속품을 유지하여야 한다. 제조업자는 판매권자에게 필요한 부속품을 공급하여야 하고 주문에 앞서 재고에 관하여 협의 및 상호 합의해야 한다.

② 제조업자는 판매권자가 이 계약의 조건에 따라 계약제품을 구매하는 한, 판매권자에게 계약제품의 부속품을 제공하여야 하며, 판매권자에게 최종선적일로부터 [2년] 동안의 부속품의 가격은 당사자 합의에 따른다.

③ 제조업자의 선택에 따라, 판매권자는 최종선적일후 [2년]동안 제조업자의 공급자로부터 직접 표준부속품을 구매할 수 있다.

제8조(검사와 보증) ① 판매권자는 계약제품 수령 후 즉시 검사하거나 또는 그의 대리인을 통하여 당사자가 서면으로 합의한 품질기준인지의 여부를 확인하여야 한다. 계약제품 또는 계약제품의 일부가 품질기준에 적합하지 않은 경우, 제조업자는 판매권자에게 품질기준에 맞지 않는 계약제품이나 계약제품의 일부를 무상으로 대체 공급하여야 하며 또는 판매권자가 입은 손실이나 손해에 대

하여 배상하여야 한다.

② 제조업자는 선적 시 계약제품이 재료나 제조상의 하자가 없음을 보증한다. 이 보증은 계약제품을 오용, 부주의, 사고, 남용, 부적절한 개수, 변경사용, 제조업자의 지시에 반한 사용의 경우에까지 확대 적용되지 아니한다.

③ 계약제품의 하자에 관한 판매권자의 손해배상청구는 계약제품 수령 후 [1년]이내에 상세한 명세가 기재된 서면으로 하여야 한다.

제9조(판매권자의 책임) ① 판매권자는 고객의 요구를 적시에 충족시키기 위하여 적절한 재고를 유지하여야 한다. 또한, 판매권자는 전 계약지역을 커버하는 대체부품의 재고확보와 설비완비, 기계수리공을 보유하고 있어야 하며, 고객에게 적절한 사후판매서비스를 제공하여야 한다.

② 판매권자는 자신의 비용으로 계약제품의 광고와 판매촉진 활동을 하여야 하며, 계약지역 내에서 계약제품의 판매량을 극대화하기 위하여 최선을 다하여야 한다.

③ 제조업자가 계약지역내의 도매상이나 고객으로부터 제기된 계약제품에 대한 불평의 처리를 판매권자에게 의뢰하는 경우에는 판매권자는 즉시 조사와 함께 적절한 조치를 취하여야 한다.

제10조(보고) 판매권자는 제조업자에게 제품판매량, 재고품, 부품, 시장의 일반동향 및 기타 제조업자가 필요로 하는 사항을 매 [3개월]마다 보고하여야 한다.

제11조(상표) ① 판매권자는 계약제품과 관련한 상표, 상호, 디자인, 저작권, 기타 지적소유권(이하 "지적소유권" 이라 한다)은 제조업자의 전속적인 소유인 것을 인정한다. 다만, 판매권자는 제조업자의 동의하에 자신이 적법한 계약제품 판매권자로서의 자격을 상실하며 어느 경우에도 제조업자의 명의나 지적소유권 또는 이와 유사한 자료를 사용할 수 없다.

② 판매권자는 제조업자의 동의 없이는 계약제품에 부여되거나 부착된 상표, 일련번호, 모델번호, 상표, 제조업자의 상호 등을 변경하거나, 외관을 손상시키거나, 제거하거나, 덮어 가리거나, 일부 삭제하여서는 아니 된다.

제12조(판매권자의 지위) ① 이 계약에 있어서는 어느 경우에도 제조업자와 판매권자 사이에 본인과 대리인의 관계가 발생하지 아니한다. 즉 어떠한 상황 아래서도 판매권자는 제조업자의 대리인으로 간주되지 않는다. 판매권자는 직접 또는 간접으로 제조업자의 대리인으로서 행위하거나, 행위하려 하거나, 대리하여서는 안 되며, 혹은, 어떠한 방식으로도, 제조업자의 명의로 또는 제조업자를 대리하여, 어떠한 의무, 책임, 대리, 담보, 보증 등을 부담 또는 설정하거나 혹은 부담하려 하거나, 설정하려 하여서는 아니 된다. ② 판매권자는 필요한 인가, 허가 또는 승인의 획득을 포함하여, 이 계약과 이 계약에 의한 판매권자의 이행 등과 관련하거나 영향을 미칠 수 있는 모든 적용법규와 계약지역 또는 정치적 분할지역 정부의 명령을 항시 준수하여야 한다.

③ 판매권자는, 제조업자의 사전 서면동의 없이는, 제조업자로부터 직접 또는 간접으로 얻었거나, 제조업자와 거래하는 과정에서 알게 되었거나, 밝혀진 제품 또는 제조업자의 업무에 관한 모든 비밀정보(가격, 할인판매조건, 고객, 업무, 제품과 제품사양 등을 포함하며, 이에 한정되지 아니한다)를 제3자에게 공개하거나 또는 이 계약상의 의무이행 이외의 다른 목적에 사용하여서는 아니 된다.

제13조(계약기간) ① 이 계약은 서명일로부터 발효되며, 제14조에 따라 조기에 종료되지 않는 한, 계약일로부터 [3년]간 계속하여 유효하며, 일방이 계약의 만료나 연장된 계약의 만료일 전 [3개월] 이내에 종료의사표시를 상대방에게 서면으로 통지하지 않는 한, 연속하여 [3년]간 자동적으로 연장된다.

② 본조 제1항에 따라 이 계약이 연장되는 경우, 양 당사자는 연간 최소구매량을 재조정하며, 새로운 최소구매량은 계약기간이 새로이 개시되는 일자로부터 [2개월]이내에 상호 합의한다.

제14조(계약종료) ① 다음에 해당하는 경우, 제조업자는 그 선택에 따라 판매권자에게 [30일]전에 서면으로 계약종결을 통지함으로써 계약을 해지할 수 있다.

1. 판매권자가 파산하거나, 지급불능인 경우, 자발적이든 아니든

간에 관리인, 관재인, 수탁자에게 영업관리를 위탁한 경우

2. 판매권자가 연간 최소구매량을 달성하지 못하거나, 이 계약에 따른 의무를 이행하지 못한 경우

3. 제조업자의 합리적인 판매에 비추어 보아, 판매권자가 계약제 품과 경쟁상태에 있는 제품의 제조업자와 전부 또는 일부 관계 를 맺고 있는 경우

4. 판매권자가, 제조업자의 사전동의 없이, 계약 전부 또는 계약 상의 권리의 일부를 양도하려 하는 경우

5. 판매권자가 계속기업으로서의 기능 또는 정상적인 영업활동을 중지한 경우

② 계약이 종료된 경우에는, 판매권자의 제조업자에 대한 금전채 무는 즉시 지급되어야 하며, 이 계약이 해제 또는 종료되었다고 하더라도 판매권자나 그 승계인 또는 양수인이 이 계약상의 의무 를 면하는 것은 아니다.

제15조(불가항력) 어느 당사자도 전쟁, 혁명, 폭동, 파업 또는 기타 노동쟁의, 화재, 홍수, 정부의 조치, 기타 당사자가 통제할 수 없 는 사유로 계약조건을 불이행하거나 이행을 지연한 경우에는, 상 대방에 대하여 그로 인한 책임을 부담하지 않는다. 이와 같은 불 가항력적인 사유가 발생한 경우에는, 그로 인하여 이행을 하지 못한 당사자는 상대방에게 진전 상황을 즉시 통보하여야 한다. 불가항력적 사유가 해소된 경우에는 그 즉시 신속하게 계약상의 의무를 이행하여야 한다.

제16조(준거법) 이 계약은 대한민국 법에 따라 해석되고 규율된다.

제17조(중재) 이 계약으로부터, 이 계약과 관련하여 또는 이 계약의 불이행으로 말미암아 당사자간에 발생하는 모든 분쟁, 논쟁 또는 의견차이는 대한민국 서울특별시에서 대한상사중재원의 중재규칙 및 대한민국법에 따라 중재에 의하여 최종적으로 해결한다. 중재 인(들)에 의하여 내려지는 판정은 최종적인 것으로 당사자 쌍방 에 대하여 구속력을 가진다.

제18조(기 타) ① 모든 통지는 서면으로 하여야 하며, 직접 수교하거 나, 항공등기우편 또는 동일자 항공등기우편으로 확인된 전신,

모사전보, 텔렉스로 발송하여야 한다.

② 이 계약은 계약주체에 관하여 제조업자와 판매권자간의 완전 합의를 구성하며, 계약조건의 변경 수정은 양 당사자 간의 정당한 권한을 가진 대리인의 서명이 있는 서면에 의하지 아니하고는 할 수 없다.

③ 이 계약은 양당사자 및 그들의 각 승계인에 대하여 구속력을 가지며, 계약의 양도는 상대방의 사전 서면동의 없이는 무효이다.

④ 모든 권리의 포기는 서면에 의하여야 하며, 상대방에게 계약상의 어떠한 의무의 이행을 촉구하지 않았다 하여 추후 그 의무의 이행을 요구할 수 있는 권리에 영향을 미치지 아니한다. 이 계약상의 어느 조항의 위반에 대한 권리의 포기는 추후 계속되는 그 조항의 위반에 대한 권리의 포기 또는 그 조항의 변경으로 간주되지 아니한다.

⑤ 이 계약의 하나 또는 그 이상의 조항이 준거법에 의하여 무효, 부적법 혹은 집행 불능인 경우에도 이 계약의 잔여 조항의 유효, 적법성, 집행가능성은 그로 인하여 아무런 영향을 받지 않으며, 또는 이 경우에는 양 당사자는 새로이 유효, 적법한 조항을 설정함으로써 무효조항의 본래 의도된 목적을 달성할 수 있도록 하여야 한다.

⑥ 오로지 편의상 붙여진 각 조의 제목들은 이 계약의 해석에 아무런 영향을 주지 않는다.

증인 앞에서, 양당사자들은 각각 그들을 적법하게 대리하는 직원에 의하여 이 계약서를 작성하였다.

20○○년 ○월 ○일

제조업자	주 소						
	성명 또는 상호		인	주민등록번호 또는 사업자등록번호	-	전 화 번 호	

판매업자	주 소						
	성명 또는 상호		인	주민등록번호 또는 사업자등록번호	-	전 화 번 호	

※ 첨부물 생략

■ OEM 기본계약서

OEM 기본계약서

○○주식회사(이하 甲이라고 한다)와 ○○공업주식회사(이하 乙이라고 한다)는 에어컨(이하 '본 제품'이라고 한다)의 OEM거래와 관련해서 본 제품의 구조를 乙에게 위탁하고 완성한 제품을 乙에게서 구입하는 것에 대하여 다음과 같은 계약을 체결한다.

제1조(목적) 甲은 다음과 같은 조건을 정함에 있어서 본 제품의 구조를 乙에게 위탁하고 완성한 제품을 乙에게서 구입하는 것으로 한다.

제2조(기본원칙) ① 거래는 상호이익 존중 및 신의성실의 원칙에 따라 하여야 한다. ② 이 계약의 내용과 배치되는 개별계약 및 기타 부수 협정에 대해서는 이 계약에 의한 내용을 우선하여 적용한다.

제3조(개별계약) 본 계약은 본 제품의 각각에 있어서 거래계약에 공통으로 적용되며 개별계약은 甲이 乙에게 주문서를 발행하고 乙이 그것을 승낙하는 형식을 취한다. 단, 乙은 승낙 거부 의사가 있을 때에는 甲의 주문서를 접수한 날로부터 10일 이내에 거부의사 표시를 하여야 하며 이 기간 내에 거부의사 표시를 하지 않은 경우에는 계약이 성립한 것으로 한다.

제4조(개별계약의 내용) ① 개별계약에는 주문 년 월 일, 주문부품의 명칭, 수량, 단가, 납기, 납품장소, 검사방법 및 시기, 기타 주문조건 등을 정하여야 한다.

② 전항의 규정에 불구하고 개별계약의 내용의 일부를 甲과 乙이 협의하여 미리 부속협정서 등을 정할 수 있다.

제5조(개별계약의 효력) 본 계약이 해지 또는 기간만료에 의해서 종료한 경우에도 본 계약에 의거해서 체결한 개별계약에 있어서는

甲, 乙 어느 쪽에서도 별도의 의사표시가 없는 한, 본 계약은 유
효하다.

제6조(사용법) ① 본 제품의 사용법은 별도로 甲이 승인한 제품사용
설명서에 의한 것이다. 다만 법령의 개정과 그 외의 사정에 의해
본 제품의 사용상의 변경이 요구 될 때는 甲과 乙이 협의하여 사
용법을 변경할 수 있다.

② 전 항의 납품가격, 납기 등 계약조건을 변경할 필요가 있다고
인정될 때는 甲, 乙의 협의 하에 정할 수 있다.

제7조(상표) ① 乙은 본 제품 및 포장 등에 甲의 상표를 표시한다.
상표 표시의 형태 및 방법은 甲이 정한대로 을이 표시한다.

② 乙은 甲의 상표를 부착한 본 제품을 甲 이외의 제3자에게 판매
하거나 甲의 상표를 본 계약의 목적 이외에 유용해서는 안 된다.

제8조(상표보증) 甲은 ○연도에 ○개 이상의 본 제품을 乙에게 발주
하는 것을 증명하고 乙은 이 발주 보증 개수에 대해 甲에 대한
발주 사실을 증명한다. ○년 이후의 발주 보증 개수에 대해서는
별도로 甲, 乙의 협의로 정한다.

제9조(납품가격) 본 제품의 납품가격은 포장비 및 甲이 지정한 납품
장소까지의 운송비를 포함해서 별도로 甲, 乙의 협의 하에 정한다.

제10조(납품전조사) ① 乙은 본 제품의 납품 전에 甲, 乙간의 별도
로 정한 조사기준에 의거하여 조사를 행한다.

②甲은 乙과의 협의상 협력을 얻어 乙의 공장에서 본 제품의 검
사를 하고 본 제품이 甲, 乙 간의 정한 규칙이나 기준에 합치되
는가를 확인한다.

제11조(납품) ① 乙은 본 제품을 개별계약의 기준에 의거해서 甲이
지정하는 장소로 지정된 납기 안에 납품한다.

② 乙은 본 제품을 납기 안에 납품할 수 없는 경우가 발생하면
지체 없이 그 사실을 甲에게 통보하고 甲의 지시를 따른다.

제12조(납기) 납기란 개별계약에 의하여 발주부품을 甲이 지정하는
장소에 납품할 기일을 말하며 개별계약마다 甲과 乙이 협의하여
정한다.

제13조(납품) ① 乙은 발주부품을 甲과 乙이 협의하여 별도로 정하

는 납품절차에 따라 甲이 정하는 수량을 납품하여야 한다.

② 乙은 납기의 선행, 지연 또는 수량의 과부족 등 이상납품이 발생한 경우 신속하게 갑의 지시를 받아 필요한 조치를 강구하여야 한다.

③ 乙은 제2항의 이상납품이 乙의 귀책사유로 인하여 발생된 때에는 甲이 입은 손해를 배상하여야 한다.

④ 甲은 乙에게 책임을 돌릴 사유가 없음에도 불구하고 乙의 납품에 대한 수령을 지연하거나 거부하여서는 아니 되며, 부당한 수령지연 및 거부로 인하여 乙이 손해를 입은 경우 이를 배상하여야 한다.

제14조(수입검사) ① 甲은 본 제품의 납품 후 ○일 이내에 별도로 합의한 것에 따라 수입검사를 실시하고 그 결과를 신속하게 乙에게 통보한다. 단, 제8조의 2항의 검사에 의거해서 외관 및 수입검사를 실시한다.

② 전 항의 수입검사에 합격하지 못한 경우, 乙은 지체 없이 대금을 납품하고 무상으로 수리를 해야 한다.

제15조(소유권이전) 본 제품의 소유권은 전 조에서 정한대로 수입조사 합격과 함께 甲에게로 이전된다.

제16조(위험부담) 본 제품의 수입검사 합격(또는 납입)까지는 본 제품의 전부 혹은 일부가 甲의 책임을 물릴 수 없는 사유에 의한 소실, 파손 또는 변질이 되었을 때는 乙이 그 손해를 배상한다.

제17조(지급) 乙은 제11조에서 정한 수입검사에 합격한 본 제품의 대금을 매월 말일까지 甲에게 청구하고 甲은 다음 달 말일까지 乙의 지정은행 계좌에 입금시켜야 한다.

제18조(하자담보책임) ① 甲은 본 제품의 수입검사 합격에서 1년 이내에 다른 하자가 발견되었을 때는 乙에게 부담시키며 상당기간 내에 수리 및 교환이나 대금감액 및 하자에 기인한 손해배상 등의 책임을 진다.

② 전 항의 수리 및 교환은 甲이 제3자에게 출하한 후의 본 제품의 경우에는 甲이 부담하는 것으로 하고 乙은 이를 위한 교환부품이나 기술지도를 행한다.

③ 숨겨진 하자의 책임여부에 대해 甲과 乙이 합의하지 못하는 경우에는 공신력 있는 제3자의 판정 등 객관적으로 입증되는 절차와 방법에 따라 따르도록 한다.

제19(애프터서비스) ① 甲 및 甲의 거래처에 있어서 본 제품의 애프터서비스는 전 조가 정한 것을 제외하고 甲의 책임 하에 진행한다. 단, 甲이 수선불능인 경우에는 乙로 하여금 유상의 수리를 의뢰할 수 있으며 상세한 것은 甲과 乙의 협의 하에 정한다.

② 乙은 전 항의 애프터서비스에 필요한 기술자료를 甲에게 제공함과 동시에 甲의 의뢰에 응해야 하며 서비스와 관련된 기술교육 및 기술지도를 실시한다.

③ 乙은 본 제품의 보수용 부품을 甲에게 최종 납품 후 ○년간 보유하고 있어야 하며, 甲이 보수를 위해서 필요로 할 때 유상으로 제공할 수 있도록 甲, 乙의 협의 하에 정한다.

제20(제조물책임) ① 乙은 甲이 주문한 부품에 결함이 발생하지 않도록 최선을 다하여야 하며 제조물 책임에 관한 모든 의무에 다하여야 한다.

② 甲에게 납품한 본 제품이 제3자의 재산상이나 신체상의 피해를 입힐 것으로 예상되는 경우 을은 신속하게 甲에게 연락해서 甲과 협의 하에 처리, 해결한다.

③ 甲이 손해를 확인한 경우, 乙은 甲의 지시에 따라 甲의 처리, 해결에 협력하고 이들 처리, 해결에 드는 비용부담은 甲, 乙의 협의 하에 정한다.

제21(공업소유권의 실시 및 출원) ① 본 제품과 관련, 제3자와의 사이에서 공업소유권상의 분쟁이 발생했을 경우, 乙은 그 책임을 지고 해결에 나서야 하며 이로 인해 甲이 손해를 입었을 경우는 乙이 그 손해를 배상한다. 단, 甲이 지정한 사용법이나 상표 등으로 인한 공업소유권의 분쟁은 甲이 책임진다.

② 본 계약을 이행할 때, 본 제품에 대해 갑이 제공한 기술정보에 기초해서 乙이 발명을 했을 경우는 그 발명에 관한 공업소유권의 출원을 할 것 인지의 여부, 혹은 출원할 경우 그 귀속을 어디로 할 것인지 甲, 乙의 협의 하에 정한다.

③ 본 조항의 규정은 본 계약 종료 후에도 유효하다.

제22조(비밀유지) ① 甲 및 乙은 본 계약 및 개별계약의 수행상 알게 된 상대방의 기술이나 업무상의 비밀을 상대방의 승낙이 없는 한 제3자에게 본 계약의 유효 기간 중에는 물론이고 본 계약 종료 후 ○년 간 다른 곳에 누설해서는 안 된다.

② 甲과 乙은 이 규정에 위반하여 상대방에게 손해를 입힌 경우에는 이를 배상 하여야한다.

제23조(생산중지) 乙이 본 제품을 상업적으로 생산하는 것이 현저하게 부진을 보이거나 불가능하다고 판단될 때, 그 사유를 생산중지 ○개월 전까지 甲에게 연락해서 최종 발주량 및 이후의 대책에 대해 협의한다.

제24조(해지) 甲 또는 乙에게 다음과 같은 사유가 있을 시에는 상대방은 본 계약 및 개별계약의 전부 혹은 일부를 해지하고 이에 따른 손해배상을 청구 할 수 있다.

1. 본 계약 및 개별계약의 조항을 위반하고 상당기간에 거쳐 최고를 해도 위반사실이 시정되지 않을 때
2. 감독관청에서 영업정지 및 영업면허 또는 영업등록의 취소처분을 받았을 때
3. 가압류, 가처분, 강제집행, 담보권 실행 등으로 경매에 넘어가거나 파산, 화의, 회사정리 등에 놓여 있어 청산에 들어갔을 때
4. 지급정지, 지급불능 등의 사유가 발생했을 때

제25조(기한의 이익상실) 甲 또는 乙에게 전 조 각 조항에 해당하는 사유가 발생했을 때, 甲 또는 乙은 거래로 인해 발생하는 일체의 채무에 대해 기간 내의 이익을 상실한다.

제26조(계약의 유효기간) 본 계약의 유효기간은 본 계약 체결일로부터 ○년으로 한다. 단, 기간 만료 ○개월 전 까지 甲, 乙 어느 쪽으로부터 아무런 신청이 없는 경우에는 다시 1년간 연장하도록 하며, 그 이후는 이전과 동일하다.

제27조(협의사항) 본 계약에서 정하지 않은 사항이나 해석상의 이의를 불러일으키는 사항에 대해서는 甲, 乙이 우호적으로 협의하여 해결한다.

제28조(관할) 이 계약에 관한 소송의 관할 법원은 甲과 乙이 합의하여 결정하는 관할법원으로 하며, 甲과 乙간에 합의가 이루어지지 아니한 경우에는 甲사무소 소재지를 관할하는 법원으로 한다.

본 계약 성립의 증명으로써 본서 2통을 작성하고 甲, 乙이 기명.날인한 본서를 1통씩 보관한다.

20○○년 ○월○일

甲	주 소					
	성 명 또 는 상 호	인	주민등록번호 또는 사업자등록번호	-	전 화 번 호	
乙	주 소					
	성 명 또 는 상 호	인	주민등록번호 또는 사업자등록번호	-	전 화 번 호	

■ 부동산 컨설턴트 업무계약서

부동산 컨설턴트 업무계약서

○○○(이하 甲이라 한다)과 ○○주식회사(이하 乙이라 한다)는 아래 표시의 부동산 (이하 '본 물건'이라한다) 의 효율적 이용과 관련한 컨설턴트 업무(이하 '위탁업무'라 한다)수행에 있어서 아래의 내용 (조항)대로 합의한다.

[본 물건의 표시]
- 생 략 -

제1조(위탁업무의 내용) ① 甲이 乙에게 위탁하는 업무내용은 다음 과 같이 정한다.
1. 본 물건의 개요 (공법상의 조사)
2. 본 물건의 적정용도 및 건물의 적정한 규모
3. 2.의 입주자 모집의 예정 및 인근의 상황
4. 2.의 수지상 예상과 자금 회전의 예상
5. 상속세 평가에 관한 조언
② 乙은 전 항의 의무를 수행함에 있어서 甲에게 서면으로 보고 하지 않으면 안 된다.

제2조(계약기간) 본 계약의 기간은 20○○년 ○월 ○일부터 20○○ 년 ○월 ○일까지로 한다. 다만 甲 또는 乙이 계약기간만료 3개 월까지 계약갱신 또는 계약의사를 표시하지 않는 한 이 계약은 동일한 조건으로 갱신된 것으로 본다.

제3조(부동산컨설턴트의 보수) 甲은 제1조의 위탁의무에 대한 보수 로서 매월 20일에 금○○○원을 계약기간만료일까지 乙에게 지 급한다.

제4조(시공책임 및 애프터서비스) 甲은 본물건과 관련된 건축 시공

을 수주한 경우, 그 시공책임 및 애프터 서비스면에 있어서 최대한 성의를 갖고 수행할 것이며 이 건과 관련해서 고장이 발생했을 경우에도 모든 것을 甲이 책임지고 乙에게 일체의 불편을 주지 않는다.

제5조(고충처리) 제3조의 시공과 관련해서 주변 거주자의 불편사항 처리, 완공 지연에 따른 발주자의 손해배상, 발주자 또는 입주자와의 문제 등은 모두 甲이 책임지고 이를 해결해야 하며, 乙에게 일체의 부담이 가지 않아야 한다.

제6조(비밀유지) ① 甲과 乙은 서로 동의하지 않는 한 상대방에게 제시한 자료나 정보, 계약과 관련된 상대방의 기술상, 경영상의 비밀을 제3자에게 누설해서는 안 된다.

② 甲과 乙은 이 계약기간중은 물론 계약의 만료 또는 해제 후에도 제1항의 의무를 가지고 있으며, 이 규정에 위반하여 상대방에게 손해를 입힌 경우에는 이를 배상하여야 한다.

제7조(계약의 해제 및 해지) ① 乙이 정당한 이유 없이 제1조의 규정에 대한 위탁업무를 성실히 이행하지 않을 경우에는 甲은 乙에게 ○○일의 예고기간을 거쳐 문서에 의한 사전 통보로써 계약을 해지하고 乙에게 피해배상을 청구할 수 있다. 단, 乙이 예고기간 내에 당해 의무를 이행한 경우에는 甲의 해지권 및 손해배상 청구권은 소멸된다.

제8조(계약외사항) 본 계약에서 체결되지 않은 사항에 있어서는 甲 및 乙은 성의를 가지고 협조하며 일을 해결해 나간다.

제9조(관할) 이 계약에 관한 소송의 관할 법원은 "甲"과 "乙"이 합의하여 결정하는 관할법원으로 하며, 합의가 이루어지지 아니한 경우에는 甲의 사무소 소재지를 관할하는 법원으로 한다.

본 계약을 증명하기 위해 본서 2통을 작성하여 甲과 乙이 각각 1통씩 보관한다.

20○○년 ○월 ○일

업무위탁자	주 소					
	성 명 또 는 상 호	인	주민등록번호 또는 사업자등록번호	-	전 화 번 호	
업무수탁자	주 소					
	성 명 또 는 상 호	인	주민등록번호 또는 사업자등록번호	-	전 화 번 호	

■ 공동경영계약서

공 동 경 영 계 약 서

○○○(이하 갑이라 한다)와 ◇◇◇(이하 을이라 한다)는 물품을 제조하여 판매하는 영업을 경영하여 생기는 이익을 공동으로 분배키 위하여 다음과 같은 계약을 체결한다.

제1조(갑의 출자의무) 갑은 현금 5,000만원을 20○○년 ○월 ○일에 을에게 지급함으로써 출자 의무가 완료되고 그 증명은 을이 발생한 영수증에 의한다.

제2조(을의 현존재산) 을이 현재 위 영업을 위해 공여하고 있는 설비는 별지 목록기재와 같은 바 그 가액은 금 3,000만원으로 갑, 을이 이의 없이 평가하였음을 확인한다. 단, 을의 현존 채권, 채무는 모두 평가되었다.

제3조(을의 영업경영의무) 을은 선량한 관리자의 주의로서 위 영업을 경영하고 재산을 관리해야 하여 갑에 대한 모든 의무를 성실히 이행하여야 한다.

제4조(을의 이익분배의무) 을은 20○○년 ○월 ○일부터 이 계약종료에 이르기까지 매월 이익중 50%에 해당하는 이익금을 갑에게 분배하여야 하며, 동시에 대차대조표를 갑에게 제시하여야 한다.

제5조(을의 대표의무) 위 영업을 경영함에 필요한 제3자와의 거래, 영업명의, 기타 영업에 부수되는 행위는 을이 이를 대표하여 권리, 의무를 을이 부담 취득한다.

제6조(을의 보증의무) 을은 갑에 대한 이익분배의무를 보증하기 위하여 갑이 추천하는 □□□를 경리부장으로 채용하여야 한다.

제7조(손실에 대한 을의 책임) 을이 위 영업의 경영으로 인하여 손실을 보았을 지라도 갑의 출자액에 대하여 월2푼에 해당하는 금액을 갑에게 지급하여야 한다.

제8조(갑의 영업에 대한 감시권) 을은 갑의 요구에 따라 언제든지 서면으로 경리에 관한 사항과 영업 및 거래에 관한 대차대조표를 제시하고 영업전반에 관한 사항을 보고하여야 한다.

제9조(계약의 존속기간) 본 계약은 특별한 사정이 없는 한 3년간 존속하며 기간만료의 경우 갑의 이의가 없으면 갑은 기간동안 위 계약은 연장된다.

제10조(갑의 계약해지권) 갑은 각호의 경우에 을에 대한 최고기간 없이 계약을 해지할 수 있다.

   1. 을이 제2조에 평가된 채권을 20○○년 ○월 ○일까지 회수하지 못하거나 이에 대체하는 현금을 출자하지 못하는 경우

   2. 을이 제4조, 제6조, 제7조, 제8조의 의무를 이행치 않을 경우

   3. 을이 영업으로 인하여 2월 이상 손실을 보고 있을 경우

20○○년 ○월 ○일

갑	주 소					
	성 명 또 는 상 호	인	주민등록번호 또는 사업자등록번호	-	전 화 번 호	
을	주 소					
	성 명 또 는 상 호	인	주민등록번호 또는 사업자등록번호	-	전 화 번 호	

※ 별지생략

■ 대리점계약서

대 리 점 계 약 서

○○○ (이하 "갑"이라 한다)와 대리점◇◇◇이하 "을"이라 한다)은 갑이 생산, 판매, 공급하는 제품(이하 "상품" 이라 한다)을 을이 판매하는 대리점 계약을 다음과 같이 한다.

제1조 (목적) ① 이 계약은 갑, 을 간의 대리점 계약에 관한 전반적인 사항을 규정하고 상호간에 이 계약을 성실히 준수하여 공동의 번영과 발전에 이바지함을 그 목적으로 한다.

② 갑은 을을 갑이 판매하는 상품의 대리점으로 지정하고 을은 이를 수락하여 이 계약이 정하는 바에 따라 판매업무를 성실히 수행하여야 하며 임의로 상품의 외양이나 용도를 변경하여 판매할 수 없다.

③ 을은 자신의 영업장소를 갑에게 사전 통보하여, 갑의 승인을 득하여야 하며, 사업장 이전 시에도 이에 준한다.

제2조 (상품종류, 규격) ① 을이 취급하는 상품의 종류, 규격은 갑의 사양에 의해 갑이 결정한다.

② 갑이 공급하는 물품의 종류 또는 규격에 관한 사양이 결정되거나 변경된 경우에는 사전에 을에게 통보한다.

③ 을은 갑이 공급하지 않는 상품을 취급하고자 할 때에는 갑과 사전에 합의하여야 한다.

제3조(상품의 수량) 상품의 수량은 을의 요청에 의하여 갑이 정하되 을이 갑의 물품을 주문할 시에는 갑이 정한 소정의 양식에 따라 주문하여야 하며, 갑은 을의 주문에 따라 그때의 공급능력, 영업상황, 기타 제반사정 등을 감안하여 을과 협의하여 공급수량을 적의 조정할 수 있다.

제4조(상품의 운송, 인도, 검수) ① 상품의 인도는 을의 영업장소에

서 하며 이에 따른 운송비는 갑이 부담한다.

② 을이 갑으로부터 물품을 인도 받았을 때에는 인도일로부터 24시간 이내에 즉시 검수를 하여야 하며, 검수당시 수량 또는 품질에 하자가 있으면 갑에게 통보하여야 한다. 단, 검수 즉시 수량 및 품질에 대한 하자를 을이 통보하지 아니한 경우 갑은 책임을 지지 아니한다.

③ 출고된 상품에 대한 반품은 WARRANTY규정 이외의 경우에는 인정하지 않는다.

④ 을은 상품 인수 시 즉시 인수증을 갑에게 교부하여야 한다.

제5조(판매가격) 갑이 을에게 판매하는 상품의 판매가격은 갑이 정하고, 을이 판매하는 상품의 가격은 갑이 별도로 표준가격을 정하여 이를 권장할 수 있다.

제6조(대금결제) ① 상품대금은 상품인도와 동시에 지급한다.

② 을이 상품대금의 지급을 지체할 경우 갑은 지급기일로부터 00의 이율에 의한 지연손해금을 가산하여 을에게 청구할 수 있다

③ 상품대금에 대한 갑 을 간의 결제방법은 현금이나 자기앞수표 또는 당좌수표로 결제하는 것을 원칙으로 한다. 단, 갑의 승낙이 있을 경우 을은 약속어음으로 지급할 수 있으나 물품인도 일로부터 지급기일이 60일을 초과하여서는 안 된다.

④ 전항의 약속어음 또는 당좌수표의 경우 그 금액이 현금으로 결제 되었을 때 대금이 지급완료된 것으로 한다.

⑤ 을은 갑에게 지불하여야 할 상품대금과 기타 채무의 변제를 연체할 경우 지급일자로부터 익일 00시까지 연장하며, 만일 지불되지 않을 시에는 담보에서 물품대금을 공제한다.

⑥ 을은 미결제된 부분에 대하여는 발생일로부터 20일 이내에 담보가액을 충당하여야 한다.

제7조(권리의무 양도금지) 갑 또는 을은 이 계약으로 인한 채권, 채무 기타 어떠한 권리나 의무도 타인에게 부여 또는 양도할 수 없다.

제8조(담보제공 및 재정보증) ① 을은 갑과의 거래에서 발생된 현재 채무 및 장래에 발생될 모든 채무를 담보할 수 있도록 월별 최소 판매수량에 해당하는 현금(₩ _____)을 갑에게 제공한다. 단,

물품공급이 을의 요청으로 월별 최소 판매수량을 초과할 경우, 을은 갑에게 초과분에 대한 대금을 현금으로 지급한다.

② 을은 갑과 을의 공동 마케팅 및 홍보비용으로 일천만원 (₩10,000,000)을 대리점 계약 시 갑에게 현금으로 제공하고 그 비용은 소멸됨을 인지한다.

③ 갑은 공동마케팅 및 홍보비용 일천만원(₩10,000,000)에 대하여는 분기별로 결산, 공고한다.

④ 갑은 을이 제공한 담보에 대하여는 반드시 합법적인 방법으로 실행한다.

제9조(지도육성 및 자료제공) ① 갑은 수시 을의 거래실적을 분석하여 지도 육성하고 상품판매에 필요한 참고자료를 제공한다.

② 을은 항시 상품수불 및 판매에 관한 증빙서류를 비치하고 영업실황, 기타 업무현황을 갑이 요구할 경우 이를 제공하여야 한다.

③ 갑, 을 양자는 상호 이 계약의 이행과정에서 인지한 상대방의 기술상 및 업무상의 자료, 기밀을 본 계약목적 이외의 용도로 사용하지 아니하며, 상대방의 허가 없이 제3자에게 누설되지 않도록 상호 기밀유지에 대한 책임을 져야한다. 본 기밀유지 의무는 계약기간 만료 또는 중도해지 이후에도 유효하게 존속한다.

제10조(After Service) ① 제품에 대한 무상보증기간은 제품판매 후 12개월로 하며 무상보증과 관련한 세부규정은 갑이 제정한 별도의 WARRANTY규정에 준거한다.

② 을은 소비자로부터 A/S를 요구받았을 경우 성실하게 이를 수행하여야 하며, 갑은 을에게 기술지도 및 A/S지원 방안을 제공한다.

③ 을은 소비자의 요구가 정당하다고 인정될 경우에는 지체 없이 상품을 교환하고 갑에게 통보하며, 갑의 승인을 받아야 한다.

④ 갑은 을의 A/S 소요제기 시 갑의 승인 하에 별도의 WARRANTY 규정에 따라 을에게 보상한다.

제11조(공고 및 전시) ① 갑은 을의 상품판매를 촉진시키기 위하여 다음 사항을 요청할 수 있으며 을은 갑의 요청에 최대한 협조하여야 한다.

1. 을의 영업장 내/외부 장치, 간판 및 상품진열
2. 판매촉진에 관한 사항
3. 기타 갑이 판매를 수행함에 있어서 필요하다고 인정하는 사항

② 을이 단독 또는 연합광고를 하거나 갑 이외의 타인과의 공동광고를 할 경우 갑과 사전 협의 후 시행하여야 한다.

제12조(계약해지)

① 갑은 을에게 다음 각 호의 사유가 발생하였을 때에는 별도의 조치 없이 서면통지로서 본 계약을 즉시 해지할 수 있다.

1. 을이 제3자로부터 가압류, 가처분, 강제집행 등을 받거나, 파산 또는 회사 정리절차가 개시된 경우
2. 을이 감독관청으로부터 영업취소, 정지 등의 처분을 받았을 경우
3. 을이 발행 또는 배서한 수표나 어음이 부도처리되거나, 을이 금융기관으로부터 거래정지처분을 받았을 경우
4. 을의 갑과의 거래실적이 월별 최소판매량을 2개월 이상 이행하지 못했을 경우
5. 을이 계약내용의 이행거절을 직, 간접적으로 표시하거나 또는 계약내용의 이행이 불가능한 경우
6. 을이 제1조, 제2조, 제6조, 제7조, 제9조 등 본 계약의 주요 사항을 위반하고 이의 시정을 촉구하는 갑의 서면 요구에도 불구하고 30일 이내에 이를 시정하지 아니하는 경우
7. 기타 을이 영업권을 타인에게 향도하거나, 을이 법인일 경우 대표이사를 교체하면서 갑에게 사전 통보하지 않거나 갑의 채권보전에 필요한 보완조치를 취하지 아니한 경우
8. 을이 갑의 권장가격을 현저히 위반하여 시장질서를 교란하였다고 갑이 판단할 경우
9. 을의 관할지역외 타 대리점의 영역권을 갑과 사전협의 없이 침범하였을 경우

② 전항에 의한 해지의 경우, 을은 기한의 이익을 상실하고 채무액 전액을 즉시 갑에게 지급하여야 하고 본 계약에 따른 갑에 대한 모든 의무를 성실히 수행하여 계약해지에 따른 갑, 을 간의

업무를 종결시킨다. 본 계약해지는 갑의 을에 대한 손해배상청구권 행사에는 영향이 없다.

③ 기타 갑 또는 을이 부득이한 사정으로 본 계약을 중도에 해지하고자 할 때에는 상대방에게 1개월 전에 서면으로 통지하여야 한다. 단, 갑과 을은 상호 합의하여 언제라도 본 계약을 해지할 수 있다.

④ 을은 제8조 ①항에 의거, 담보로 제공된 금액이 소멸시점으로부터 10일 이내에 약정된 담보가액이 재입금되지 않을 시는 자동으로 계약은 중도 해지된다.

⑤ 여하한 사유로든 본 계약이 해지되거나 기타 기간만료 등으로 종료하는 경우, 을은 갑으로부터 수령한 모든 정보 및 자료(기밀사항, 기술자료 및 판매자료 등을 포함)를 즉시 갑에게 반환하여야 하며, 갑이나 갑의 상품과 관련한 모든 상표, 상호 및 로고의 전시 사용을 중지하고, 더 이상 갑의 대리점으로 자처하지 아니한다.

제13조(손해배상) 을이 본 계약사항을 위배하여 갑에게 손해를 끼쳤을 경우 을은 이에 상응한 손실액을 갑에게 배상하여야 하며 배상방법은 갑에게 제공한 담보로 우선 조치키로 한다.

제14조(계약기간) 본 계약의 계약기간은 계약 체결일로부터 1년으로 하되 단, 기간만료 1개월 전까지 어느 일방 당사자가 별도의 서면 통지를 상대방에게 하지 않는 한 만료일 익일부터 1년간 같은 조건으로 자동연장 되는 것으로 한다.

제15조(관할법원) 이 계약에 관한 일체의 분쟁에 관한 사항은 갑의 사업장 소재지를 관할하는 법원을 그 관할법원으로 한다.

제16조(기타사항) 본 계약의 해석에 의문이 있으 시는 상호 협의하고 계속 불일치 시는 관련 법령 및 상관례에 따른다.

위 계약을 확실히 증거하기 위하여 본 계약서를 2통 작성하여 상호 날인 후 갑과 을이 각 1부씩 소지한다.

20○○년 ○월 ○일

갑	주 소					
	성 명 또 는 상 호	인	주민등록번호 또는 사업자등록번호	-	전 화 번 호	
을	주 소					
	성 명 또 는 상 호	인	주민등록번호 또는 사업자등록번호	-	전 화 번 호	

■ 프랜차이즈계약서

프랜차이즈(외식업) 표준약관

제1조(목　적) 이 표준약관은 가맹사업자와 가맹계약자 간의 공정한 가맹사업(프랜차이즈)의 계약체결을 위해 그 계약조건을 제시함을 목적으로 한다.

　※ 중간가맹사업자(sub franchisor)가 가맹사업자로부터 대리권을 얻어 가맹계약자를 모집할 경우 이는 별도의 가맹사업계약으로 이 약관이 표준이 될 수 있음.

제2조(용어의 정의) ① 가맹사업자(franchisor)라 함은 가맹계약자에게 자기의 상호, 상표, 서비스표, 휘장 등을 사용하여 자기와 동일한 이미지로 상품판매의 영업활동을 하도록 허용하고 그 영업을 위하여 교육·지원·통제를 하며, 이에 대한 대가로 가입비(franchise fee), 정기납입경비(royalty) 등을 수령하는 자를 말한다.

② 가맹계약자(franchisee)라 함은 가맹사업자로부터 그의 상호, 상표, 서비스표, 휘장 등을 사용하여 그와 동일한 이미지로 상품판매의 영업활동을 하도록 허용받고 그 영업을 위하여 교육·지원·통제를 받으며, 이에 대한 대가로 가입비, 정기납입경비 등을 지급하는 자를 말한다.

제3조(권리의 부여) 가맹사업자는 그가 개발한 가맹사업을 영위하기 위하여 다음의 권리를 별표에 명시한 가맹계약자에게 부여한다.

1. 상호, 상표, 서비스표, 휘장 등의 사용권
2. 가맹사업과 관련하여 등기·등록된 권리
3. 각종 기기를 대여 받을 권리
4. 상품 또는 원·부자재(이하 '상품·자재'라 함)의 공급을 받을 권리
5. 기술(know-how)의 이전 등 경영지원을 받을 권리
6. 기타 가맹사업자가 정당하게 보유하는 권리로서 당사자가 협

의하여 정한 사항

【별표】가맹계약자의 표시

     (1) 점 포 명 :

     (2) 상호 및 대표자 :

     (3) 점포 소재지 :

     (4) 점 포 규 모 : m^2(평)

     (5) 영 업 지 역 : 첨부에 표시된 지역

제4조(영업지역) ①가맹사업자는 영업지역을 구분하고 이를 가맹계약자가 선택한다.

② 가맹사업자는 가맹계약자의 동의를 얻어 영업지역을 변경할 수 있으며, 가맹계약자의 동의를 얻지 않고 한 영업지역의 변경은 효력이 없다.

③ 가맹사업자가 가맹계약자의 점포가 설치되어 있는 영업지역 내에 직영매장을 설치하거나 다른 가맹계약자의 점포의 설치를 허용하고자 하는 때에는 기존 가맹계약자의 동의를 얻어야 한다. 이 경우 가맹사업자는 기존 가맹계약자의 매출감소가 초래되지 않는다는 객관적 자료를 제시하여야 하며, 가맹계약자도 합리적인 사유없이 그 동의를 거부하여서는 아니된다.

제5조(계약기간) ① 계약기간은 특약이 없는 한 3년 이상으로 한다.

② 가맹사업자 또는 가맹계약자가 계약을 종료하고자 하는 때에는 기간 만료 2개월 전에 상대방에 대하여 계약의 종료를 통지하여야 한다.

③ 제2항의 계약종료의 통지없이 계약기간을 경과한 때에는 계약이 전과 같은 조건으로 갱신된 것으로 본다.

제6조(계약의 해지) ① 가맹사업자 또는 가맹계약자는 다음의 경우에는 2주일 이상의 기간을 정하여 서면으로 이행 또는 시정을 최고하고 그 이행 또는 시정이 이루어지지 아니하면 계약을 해지할 수 있다.

  1. 가맹계약자에게 제25조 제1항 각호의 사유가 있는 경우

  2. 가맹사업자가 약정한 상품.자재의 공급, 경영지원 등을 정당

한 이유없이 하지 않거나 지체하는 경우

② 가맹사업자 또는 가맹계약자는 다음의 경우에는 최고없이 즉시 계약을 해지할 수 있다.

1. 가맹계약자에게 제25조 제2항 제1호 내지 제3호의 사유가 있는 경우

2. 가맹계약자가 영업을 계속할 수 없는 객관적인 불가피한 사유가 있는 경우

3. 가맹사업자가 파산하는 경우

4. 가맹사업자가 발행한 어음·수표가 부도처리되는 경우

5. 가맹사업자가 강제집행을 당하는 경우

6. 천재지변이 있는 경우

제7조(계약의 종료와 조치) ① 계약이 기간만료 또는 해지로 종료뒤 때에는, 가맹계약자는 계약이행보증금을 지급한 경우에는 가맹사업자로부터 제10조 제2항의 정산잔액과 정산서를 받은 때로부터 (정산잔액이 없는 경우에는 정산서를 받은 때로부터), 계약이행보증보험증권이나 물적담보를 제공한 경우에는 잔존 채무·손해배상액의 통지서를 받은 때로부터, 즉시 상호·상표·서비스표·휘장·간판 등의 사용을 중단하고 이를 철거하여 원상으로 복구한다.

② 가맹사업자가 제8조 제3항에 의하여 가입비의 일부를 반환해야 하는 경우에는, 가맹계약자가 제1항의 상호 등의 사용중단·원상복구를 하기 위해서는 그 반환도 있어야 한다.

③ 제1항의 철거·원상복구의 비용은 계약이 가맹계약자의 귀책사유로 인해 종료되는 경우에는 가맹계약자가, 가맹사업자의 귀책사유로 인해 종료되는 경우에는 가맹사업자가 부담한다.

제8조(가입비) ① 가맹계약자는 계약체결시에 가입비를 일시급으로 지급한다. 다만, 가맹사업자의 동의를 얻어 분할 지급할 수 있으며, 이 경우에는 (   )%의 이자를 가산한다.

② 가입비에는 점포개설에 따른 최초 훈련비·장소선정 지원비·가맹사업 운영매뉴얼 제공비·부가가치세 등을 포함하며, 가입비에 포함되는 사항은 가맹사업자와 가맹계약자가 협의하여 정한다.

③ 가맹계약자가 그의 책임없는 사유로 최초 계약기간 내에 영업

을 중단하는 경우에는, 가맹사업자는 가입비를 최초 계약기간 중
의 미경과 일수에 따라 일할 계산하여 반환한다.

④ 가맹사업자가 제3항에 의해 가입비의 일부를 반환해야 하는
경우에는 가맹계약자의 청구가 있는 날로부터 10일 이내에 반환
해야 한다.

제9조(정기납입경비[Royalty, 로얄티]) ① 가맹계약자는 가맹사업자
의 상호.상표.서비스표.휘장 등의 사용 및 경영지원에 대한 대가
로 정기납입경비를 每 分期마다 가맹사업자에게 지급하며, 그 금
액은 당해 분기 동안의 총매출액의 (   )%로 한다.

② 제1항의 분기는 (   )개월로 한다.

　※ (   )개월은 3개월 이상이어야 함.

③ 가맹계약자는 다음 분기의 첫달의 말일까지 직전 분기의 총매
출액을 가맹사업자에게 서면으로 통지하고 정기납입경비를 지급
한다.

제10조(계약이행보증금) ① 가맹계약자는 상품.자재의 대금, 정기납
입경비, 광고.판촉비(가맹계약자가 책임지기로 약정한 금액에 한
함) 등의 채무액 또는 손해배상액의 지급을 담보하기 위하여 계
약체결시에 계약이행보증금으로 (   )원을 가맹사업자에게 지급하
거나 이에 상당하는 계약이행보증보험증권 또는 물적담보를 제공
한다.

② 계약이 기간만료 또는 해지로 종료된 때에는 가맹사업자는 기
간만료일 또는 해지일로부터 10일 이내에 계약이행보증금으로 잔
존 채무.손해배상액을 정산하여 잔액을 상환하고 정산서를 교부
한다.

③ 물적담보가 제공된 경우에는 가맹사업자는 가맹계약자가 잔존
채무.손해배상액을 지급하는 즉시 물적담보의 말소에 필요한 서
류를 교부하여야 한다.

제11조(교육 및 훈련) ① 가맹사업자가 정한 교육 및 훈련과정을 이수
하지 아니하는 자는 가맹계약자의 점포 관리자로 근무할 수 없다.

② 교육은 개업시 교육, 정기교육, 특별교육으로 구분한다.

③ 정기교육은 이를 실시하기 1개월 전에 그 교육계획을 수립하

여 가맹계약자에게 서면으로 통지한다.

④ 비정기교육은 이를 실시하기 1주일 전에 장소와 시간을 정하여 서면으로 통지한다.

⑤ 교육비용은 가맹사업자가 책정하고 가맹계약자에게 그 산출근거를 서면으로 통지한다.

⑥ 가맹계약자는 필요시 자신의 비용부담으로 가맹사업자에게 교육 및 훈련요원의 파견을 요청할 수 있다.

제12조(경영지도) ① 가맹사업자는 가맹계약자의 경영활성화를 위하여 경영지도를 할 수 있다.

② 가맹계약자는 자신의 비용부담으로 가맹사업자에게 경영지도를 요청할 수 있다.

③ 제2항의 요청을 받은 가맹사업자는 경영지도계획서를 가맹계약자에 제시하여야 한다.

④ 경영지도계획서에는 지도할 내용, 기간, 경영진단 및 지도할 자의 성명, 소요비용 등을 기재하여야 한다.

⑤ 가맹사업자는 경영지도결과 및 개선방안을 가맹계약자에게 서면으로 제시하여야 한다.

제13조(감독.시정권) ① 가맹사업자는 가맹계약자의 점포 경영상태를 파악하기 위하여 월(주)(   )회 점포를 점검하고 기준에 위반하는 결과에 대해 시정을 요구할 수 있다.

② 점포의 점검은 위생, 회계처리, 각종설비관리, 원.부자재관리 등의 상태를 점검한다.

③ 가맹사업자는 점포의 노후시설의 교체.보수를 명할 수 있다. 이 경우 가맹사업자는 가맹계약자와 협의하여 직접 교체.보수하거나 제3자에게 의뢰할 수 있다.

④ 가맹사업자는 첨부한 것과 같은 관리기준을 서면으로 가맹계약자에 제시해야 하고, 제시후 (   )일 후부터 이 기준에 의거하여 점검한다. 기준을 변경하는 경우에도 같다.

제14조(점포의 설치장소의 선정) ① 가맹사업자는 가맹계약자와 협의하여 점포를 설치할 장소를 선정한다.

② 장소의 선정은 통행인의 수.교통량 및 질.시장특성.통행인의 구

매습성.주요한 근린시설.업종별 특성에 따른 매출성향 등을 항목별로 구분하여 종합적으로 판단한다.

③ 가맹사업자는 제2항의 분석결과에 대한 의견과 예상오차를 서면으로 가맹계약자에게 제시하여야 한다.

제15조(점포의 설비) ① 가맹계약자의 점포설비(인테리어)는 가맹사업 전체의 통일성과 독창성을 유지할 수 있도록 가맹사업자가 정한 사양에 따라 설계.시공한다.

② 가맹사업자는 가맹계약자의 의뢰가 있는 경우에 직접 시공할 수 있다.

③ 가맹계약자는 가맹사업자가 정한 사양에 따라 직접 시공하거나 가맹사업자가 지정한 업체를 선정하여 시공할 수 있다. 이 경우 가맹사업자는 공사의 원활한 진행을 위하여 직원을 파견할 수 있다.

④ 점포설비에 따른 제반 인.허가는 이 계약체결일로부터 (　)일 이내에 가맹계약자가 자신의 책임과 비용으로 취득하는 것으로 한다.

⑤ 가맹계약자는 청결한 점포환경을 유지하기 위하여 노후된 시설을 교체.보수한다.

⑥ 가맹사업자는 가맹사업의 개선을 위하여 필요한 때에는 점포의 실내장식, 시설, 각종의 기기를 교체.보수할 것을 요구할 수 있다.　이 경우 가맹사업자는 비용분담에 관해 가맹계약자와 협의하여야 한다.

제16조(주방기기의 설치 및 유지) ① 가맹계약자는 가맹사업자가 제시한 모델과 동일한 주방기기를 사용하여야 한다.

② 가맹사업자는 직접 주방기기를 공급할 수 있다.

③ 가맹계약자가 주방기기를 설치하는 경우에 공사의 원활한 진행을 위하여 가맹사업자는 직원을 파견할 수 있다.

④ 가맹계약자는 가맹사업자가 공급한 주방기기의 수리를 가맹사업자에 의뢰할 수 있다.

⑤ 제4항의 경우 가맹사업자는 수리비의 견적 및 수리에 소요되는 기간을 즉시 통지하여야 하고, 수리가 불가능한 때에는 이유

를 명시하여 소정기일 내에 회수하여야 하며 이유없이 신품의 교체를 강요할 수 없다.

제17조(설비 및 기기의 대여) ① 가맹사업자는 가맹계약자의 요청이 있는 경우 설비.기기의 전부 또는 일부를 대여할 수 있다.

② 가맹사업자로부터 대여 받은 설비.기기의 소유권은 가맹사업자에게 있다.

③ 가맹계약자는 대여 받은 각종의 설비.기기를 매매, 담보제공 또는 질권설정의 목적으로 할 수 없다.

④ 가맹계약자는 대여 받은 설비.기기를 자신의 비용으로 보존.관리한다.

⑤ 가맹계약자는 대여 받은 설비.기기에 대하여 가맹사업자의 반환요구가 있으면 현물로 반환할 수 있다.

⑥ 가맹계약자가 대여 받은 설비.기기를 분실.훼손한 경우에는 구입가격에서 감가상각한 잔액으로 배상한다.

⑦ 가맹계약자는 월 (   )원의 사용료를 지급한다. 단 면제의 합의가 있으면 그에 따른다.

제18조(광   고) ① 가맹사업자는 가맹사업의 활성화를 위하여 전국규모 및 지역단위의 광고를 할 수 있다.

② 광고의 횟수.시기.매체 등에 관한 세부적 사항은 가맹사업 운영매뉴얼에서 정하는 바에 의한다. 단, 가맹사업자는 가맹사업의 원활한 운영과 필요에 따라 이를 조정할 수 있다.

③ 광고에 소요되는 비용은 가맹사업자가 (   )%, 가맹계약자측(전국규모의 광고의 경우에는 전국의 가맹계약자들, 지역단위의 광고의 경우에는 해당 지역의 가맹계약자들)이 (   )%씩 분담한다. 각 가맹계약자 간의 비용부담의 배분은 각각의 총매출액에 따른 비율에 의한다.

④ 가맹사업자는 매 분기 지출한 광고비 중에서 각 가맹계약자가 부담해야 할 광고비를 다음 분기 첫달의 말일까지 그 명세서를 첨부하여 통지하고, 가맹계약자는 그 통지를 받은 날로부터 2주일 이내에 지급한다.

제19조(판   촉) ① 가맹사업자는 가맹사업의 활성화를 위하여 전국

규모 및 지역단위의 할인판매, 경품제공, 시식회, 이벤트 등과 같은 판촉활동을 할 수 있다.

② 판촉활동의 횟수.시기.방법.내용 등에 관한 세부적 사항은 가맹사업 운영매뉴얼에서 정하는 바에 의한다. 단, 가맹사업자는 가맹사업의 원활한 운영과 필요에 따라 이를 조정할 수 있다.

③ 가맹계약자가 직접 판매하는 상품의 할인비용이나 직접 제공하는 경품.기념품 등의 비용은 당해 가맹계약자가 부담하며, 판촉활동을 위한 통일적 팜플렛.전단.리플렛.카달로그의 제작비용 등은 가맹사업자가 부담한다.

④ 제3항에서 규정하지 아니하는 그 밖의 판촉행위에 소요되는 비용은 가맹사업자와 가맹계약자가 분담한다. 이 경우 가맹사업자는 산출근거를 서면으로 제시하여 가맹계약자의 동의를 얻어야 한다.

⑤ 가맹계약자는 자기의 비용으로 자기 지역 내에서 판촉활동을 할 수 있다. 이 경우 가맹계약자는 가맹사업자와 협의하여야 한다.

제20조(영업양도 및 담보제공) ① 가맹계약자는 가맹사업자의 승인을 얻어 점포의 영업을 양도, 전대하거나 영업재산을 담보로 제공할 수 있다.

② 제1항의 승인은 2개월 전에 가맹사업자에 대하여 서면으로 청구하여야 한다.

③ 가맹사업자는 승인청구를 받은 날로부터 1개월 이내에 서면으로 승인 또는 거절을 하여야 한다. 단, 거절을 하는 경우에는 그 사유를 구체적으로 명시하여야 한다.

④ 양수인, 전차인은 가맹계약자의 가맹사업자에 대한 권리와 의무를 승계한다.

⑤ 양수인, 전차인에 대하여는 가입비가 면제된다. 단, 소정의 교육비는 부담한다.

⑥ 양수인이 요청하는 경우에는 가맹계약자의 잔여 계약기간 대신에 완전한 계약기간을 부여할 수 있다. 이 경우에는 신규계약으로 한다.

제21조(영업의 상속) ① 가맹계약자의 상속인은 가맹계약자의 영업

을 상속할 수 있다.

② 상속인이 영업을 상속할 경우에는 가맹사업자에게 상속개시일로부터 3개월 이내에 상속사실을 통지하여야 한다.

③ 상속인에 대해서는 가입비를 면제한다. 단, 소정의 교육비는 부담한다.

제22조(지적소유권의 확보) ① 가맹사업자는 상호.상표.휘장 등에 대한 배타적 독점권을 확보하는데 필요한 절차를 갖춘다.

② 가맹사업자는 가맹계약자에게 상호.상표.휘장 등을 사용할 정당한 권한을 부여하였음을 증명하는 증서를 교부한다.

③ 가맹사업자는 가맹계약자에게 사용을 허가한 각종의 권리에 대하여 책임을 진다.

제23조(상품의 조달과 관리) ① 가맹사업자는 브랜드의 동일성을 유지하는데 필요한 상품.자재를 가맹계약자에게 공급한다. 단, 상품.자재 범위에 이견이 있는 경우에는 가맹사업자와 가맹계약자가 협의하여 결정한다.

② 가맹사업자가 정당한 사유 없이 공급을 중단하거나 공급하지 않는 상품.자재는 이를 가맹계약자가 직접 조달하고 판매할 수 있다. 이 경우 가맹계약자는 브랜드의 동일성을 해치지 않도록 하여야 한다.

③ 가맹계약자가 제2항에 의해 직접 조달하는 상품.자재에 대해서는 가맹사업자는 품질관리기준을 제시하고 그 품질을 검사할 수 있다. 이 경우 가맹계약자는 가맹사업자의 품질검사에 협조하여야 한다.

④ 가맹사업자와 가맹계약자는 식품위생법과 기타 관련법률의 규정에서 정한 설비와 장비를 갖추어 상품.자재의 성질에 적합한 방법으로 상품.자재를 운반.보관하여야 한다.

⑤ 가맹사업자는 가맹사업의 목적달성을 위한 필요한 범위를 벗어나서 가맹계약자에게 상품.자재를 자기 또는 자기가 지정한 자로부터만 구입하게 할 수 없다.

⑥ 가맹계약자는 가맹사업자의 허락 없이 공급받은 상품.자재를 타인에게 제공하거나 대여할 수 없다.

제24조(상품의 하자와 검사) ① 가맹계약자는 상품·자재를 공급받는 즉시 수량 및 품질을 검사한 후 그 하자 유무를 서면으로 가맹사업자에 통지하여야 한다.

② 상품·자재의 성질상 수령 즉시 하자를 발견할 수 없는 경우에는 6개월 이내에 이를 발견하여 통지하고 완전물로 교환을 청구할 수 있다.

③ 가맹계약자가 검사를 태만히 하여 손해가 발생한 경우에는 반품·수량보충·손해배상을 청구할 수 없다. 단, 가맹사업자가 하자 있음을 알면서 공급한 경우에는 가맹계약자는 제2항의 기간과 상관없이 가맹사업자에게 손해배상 등을 청구할 수 있다.

④ 가맹사업자는 그의 상표를 사용하여 공급한 상품·자재의 하자로 인하여 소비자나 제3자가 입은 손해에 대하여 책임을 진다. 그러나 가맹사업자는 그가 공급하지 않은 상품·자재를 가맹계약자가 판매하여 제3자에게 손해를 가한 경우에는 책임을 지지 않는다.

⑤ 계약이 기간만료, 해지로 인해 종료한 때에는 가맹계약자는 공급된 상품·자재 중에서 완전물을 가맹사업자에 반환하여야 하며, 이 경우 가맹사업자는 출고가격으로 상환한다. 그러나 하자물에 대해서는 그 상태를 감안하여 가맹사업자와 가맹계약자의 협의로 상환가격을 정한다.

제25조(상품공급의 중단) ① 가맹사업자는 다음의 경우에 1주일 전에 서면으로 예고한 후 가맹계약자에 대한 상품·자재의 공급을 중단할 수 있다. 이 경우 재공급조건을 지체 없이 가맹계약자에게 통지하여야 한다.

1. 가맹계약자가 (   )개월에 걸쳐 3회 이상 상품·자재의 대금지급을 연체하는 경우
2. 가맹계약자가 2회 이상 정기납입경비의 지급을 연체하는 경우
3. 가맹계약자가 정기납입경비의 산정을 위한 총매출액 또는 매출액 증가비율을 3회 이상 허위로 통지하는 경우
4. 가맹사업자의 품질관리기준을 3개월에 3회 이상 위반하는 경우
5. 가맹계약자의 채무액이 계약에서 정한 한도액을 초과하는 경우

6. 가맹계약자가 가맹사업자와의 협의 없이 점포 운영을 5일 이상 방치하는 경우
7. 가맹계약자가 가맹사업자와 약정한 판매촉진활동을 이행하지 않는 경우
8. 가맹계약자가 노후된 점포설비의 교체.보수의 요청에 따르지 않는 경우
9. 가맹계약자의 종업원이 규정된 복장을 착용하지 않는 경우

② 가맹사업자는 다음의 경우에는 즉시 상품의 공급을 중단할 수 있다.
1. 가맹계약자가 파산하는 경우
2. 가맹계약자가 발행한 어음.수표가 부도처리되는 경우
3. 가맹계약자가 강제집행을 당하는 경우
4. 천재지변이 있는 경우

제26조(영　업) ① 가맹계약자는 주 (　)일 이상 월 (　)일 이상 개장하여야 하고 연속하여 (　)일 이상 휴업할 수 없다.

② 가맹계약자가 휴업할 경우에는 사전에 가맹사업자에 사유를 기재한 서면으로 통지하여야 한다.

제27조(복　장) ① 가맹계약자 및 종업원은 가맹사업자가 지정한 복장을 착용한다.

② 가맹사업자는 종업원의 복장을 지정한 경우에는 복장의 색깔, 규격을 서면으로 통지한다.

③ 가맹사업자는 가맹계약자의 청구에 따라 종업원의 복장을 공급할 수 있다.

제28조(보고의무) ① 가맹계약자는 년 (　　)회　매출상황과 회계원장 등을 가맹사업자에 서면으로 보고하여야 한다.

② 가맹계약자는 가맹사업자가 파견한 경영지도위원의 서면에 의한 요구가 있을 때에는 장부 등 서류를 제시하여야 한다.

③ 가맹계약자는 가맹사업자로부터 사용허가를 받은 상호, 상표, 서비스표, 특허권 등에 대한 침해를 이유로 제3자가 소를 제기한 경우에는 이를 가맹사업자에 보고하여야 한다.

제29조(보　험) ① 가맹사업자는 가맹계약자에게 그의 영업상의 과

실, 상품의 하자, 점포의 화재로 인하여 소비자나 제3자가 입은 손해를 배상하기 위하여 보험가입을 권유할 수 있다.

② 가맹계약자는 자신의 책임으로 보험업자, 보험의 종류, 피보험자를 정한다.

제30조(가맹계약자의 의무) ① 가맹계약자는 계약 및 경영상 알게 된 가맹사업자의 영업상의 비밀을 계약기간은 물론이고 계약종료 후에도 제3자에게 누설해서는 안 된다.

② 가맹계약자는 가맹사업자의 허락 없이 교육과 세미나자료, 편람의 내용 등을 인쇄 또는 복사할 수 없다.

③ 가맹계약자는 계약의 존속 중에 가맹사업자의 허락 없이 자기 또는 제3자의 명의로 가맹사업자의 영업과 동종의 영업을 하지 않는다.

제31조(가맹사업자의 의무) ① 가맹사업자는 가맹사업계약을 체결하는 과정에서 가맹희망자들이 가맹 여부를 적정하게 판단할 수 있도록 필요한 자료 및 정보를 충분히 공개하여야 한다.

②가맹사업자는 가맹희망자들의 요구가 있을 때에는 다음의 자료 및 정보를 서면으로 제공하여야 한다.

1. 가맹사업자의 재무상황, 등기부등본, 최근 5년간의 사업경력, 가맹사업과 관련하여 진행중인 소송

2. 계약체결시 또는 계약체결후 부담해야 할 가입비, 정기납입경비(로얄티), 계약이행보증금, 기타 공과금 등의 금전에 관한 내용

3. 상품.자재의 공급조건, 경영지원과 이에 대한 대가지급방법, 영업의 통제사항, 계약의 해제.해지

4. 가맹희망자가 운영할 점포 인근지역의 가맹계약자현황, 가맹사업자가 제시한 예상 매출액 산정내역

제32조(지연이자) 제8조 제4항, 제10조 제2항 등에 의해 가맹사업자가 가맹계약자에게 금전을 지급해야 하는 경우나 제9조 제3항, 제18조 제4항 등에 의해 가맹계약자가 가맹사업자에게 금전을 지급해야 하는 경우에, 그 지급기간을 경과하면 미지급액에 대하여 지급기간 경과일의 다음날로부터 지급하는 날까지 연 이율 (   )%의 지연이자를 가산한다.

제33조(재판의 관할) 이 계약에 관한 소송은 가맹계약자의 주소지나 점포소재지를 관할하는 법원으로 한다. 다만, 가맹사업자와 가맹계약자가 합의하여 관할법원을 달리 정할 수 있다.

20○○년 ○월 ○일

가맹사업자	주 소					
	성 명 또 는 상 호	인	주민등록번호 또 는 사업자등록번호	-	전 화 번 호	
가맹계약자	주 소					
	성 명 또 는 상 호	인	주민등록번호 또 는 사업자등록번호	-	전 화 번 호	

(해설)

1. 계약체결 시 유의사항

① 가맹계약의 내용은 계약자유의 원칙에 따라 가맹계약자와 가맹본부가 자유롭게 정할 사항이나, 가맹계약자는 거의 예외 없이 가맹본부가 미리 작성하여 제공하는 가맹계약서로 가맹계약을 체결하게 됩니다.

② 가맹계약서에는 영업표지의 사용에 관한 사항, 가맹점사업자의 영업활동조건에 관한 사항 등이 포함되어야 하고, 가맹계약서의 내용이 가맹계약자에게 부당하게 불리한 경우 등인 때에는 공정을 잃은 것으로 추정되어 효력이 없는 경우가 있습니다.

2. 가맹계약 검토 시 유의사항

① 가맹계약서 검토 시 유의사항

가맹계약자는 보통 가맹본부가 만들어서 제공하는 가맹계약서를 가지고 가맹계약을 체결하게 되는데, 가맹본부는 이러한 가맹계약서를 작성할 때 가맹계약자의 정당한 이익이나 합리적인 기대에 반하지 않고 형평에 맞도록 계약의 내용을 정해야 합니다(대법원 1994.12.9. 선고 93다43873 판결 참조).

② 가맹계약서의 공정성

가맹계약서가 다음의 내용을 정하고 있는 경우에는 공정을 잃은 것으로 추정됩니다(「약관의 규제에 관한 법률」 제6조제2항).

- 가맹계약자에 대하여 부당하게 불리한 경우
- 가맹계약자가 보통의 가맹계약의 영업이나 거래의 형태 등에 비추어 예상하기 어려운 경우
- 가맹계약의 목적을 달성할 수 없을 정도로 가맹계약에 따른 가맹계약자의 본질적인 권리를 제한하는 경우

③ 면책조항의 금지

가맹본부의 책임에 관하여 정하고 있는 가맹계약서의 내용 중 다음의 어느 하나에 해당하는 내용을 정하고 있는 조항은 무효로 합니다(「약관의 규제에 관한 법률」 제7조).

- 가맹본부, 이행 보조자 또는 피고용자의 고의 또는 중대한 과실로 인한 법률상의 책임을 배제하는 조항
- 상당한 이유 없이 가맹본부의 손해배상 범위를 제한하거나 가맹본부가 부담하여야 할 위험을 가맹계약자에게 떠넘기는 조항
- 상당한 이유 없이 사업자의 담보책임을 배제 또는 제한하거나 그 담보책임에 따르는 가맹계약자의 권리행사의 요건을 가중하는 조항
- 상당한 이유 없이 계약목적물에 관하여 견본이 제시되거나 품질·성능 등에 관한 표시가 있는 경우 그 보장된 내용에 대한 책임을 배제 또는 제한하는 조항

④ 손해배상액의 예정

가맹계약자에게 부당하게 과중한 지연 손해금 등의 손해배상 의무를 부담시키는 약관 조항은 무효로 합니다(「약관의 규제에 관한 법률」 제8조).

⑤ 계약의 해제 및 해지

계약의 해제·해지에 관하여 정하고 있는 가맹계약서의 내용 중 다음의 어느 하나에 해당되는 내용을 정하고 있는 조항은 무효로 합니다(「약관의 규제에 관한 법률」 제9조).

- 법률에 따른 가맹계약자의 해제권 또는 해지권을 배제하거나 그 행사를 제한하는 조항
- 가맹본부에게 법률에서 규정하고 있지 아니하는 해제권 또는 해지권을 부여하여 가맹계약자에게 부당하게 불이익을 줄 우려가 있는 조항
- 법률에 따른 가맹본부의 해제권 또는 해지권의 행사 요건을 완화하여 가맹계약자에게 부당하게 불이익을 줄 우려가 있는 조항
- 계약의 해제 또는 해지로 인한 원상회복의무를 상당한 이유 없이 가맹계약자에게 과중하게 부담시키거나 가맹계약자의 원상회복 청구권을 부당하게 포기하도록 하는 조항
- 계약의 해제 또는 해지로 인한 가맹본부의 원상회복의무나 손해배상의무를 부당하게 경감하는 조항
- 계속적인 채권관계의 발생을 목적으로 하는 계약에서 그 존속기간을 부당하게 단기 또는 장기로 하거나 묵시적인 기간의 연장 또는 갱신이 가능하도록 정하여 가맹계약자에게 부당하게 불이익을 줄 우려가 있는 조항

⑥ 채무의 이행

채무의 이행에 관하여 정하고 있는 가맹계약서의 내용 중 다음의 어느 하나에 해당하는 내용을 정하고 있는 조항은 무효로 합니다(「약관의 규제에 관한 법률」 제10조).

- 상당한 이유 없이 급부(給付)의 내용을 사업자가 일방적으로 결정하거나 변경할 수 있도록 권한을 부여하는 조항
- 상당한 이유 없이 사업자가 이행하여야 할 급부를 일방적으로 중지할 수 있게 하거나 제3자에게 대행할 수 있게 하는 조항

⑦ 권익 보호

가맹계약자의 권익에 관하여 정하고 있는 가맹계약서의 내용 중 다음의 어느 하나에 해당하는 내용을 정하고 있는 조항은 무효로 합니다(「약관의 규제에 관한 법률」 제11조).

- 법률에 따른 가맹계약자의 항변권, 상계권 등의 권리를 상당한 이유 없이 배제하거나 제한하는 조항
- 가맹계약자에게 주어진 기한의 이익을 상당한 이유 없이 박탈하는 조항
- 가맹계약자가 제3자와 계약을 체결하는 것을 부당하게 제한하는 조항
- 가맹본부가 업무상 알게 된 가맹계약자의 비밀을 정당한 이유 없이 누설하는 것을 허용하는 조항

⑧ 의사표시의 의제

의사표시에 관하여 정하고 있는 가맹계약서의 내용 중 다음의 어느 하나에 해당하는 내용을 정하고 있는 조항은 무효로 합니다 (「약관의 규제에 관한 법률」 제12조).
- 일정한 작위(作爲) 또는 부작위(不作爲)가 있을 경우 가맹계약자의 의사표시가 표명되거나 표명되지 않은 것으로 보는 조항.
  ※ 다만, 가맹계약자에게 상당한 기한 내에 의사표시를 하지 아니하면 의사표시가 표명되거나 표명되지 아니한 것으로 본다는 뜻을 명확하게 따로 고지한 경우이거나 부득이한 사유로 그러한 고지를 할 수 없는 경우에는 그렇지 않습니다.
- 가맹계약자의 의사표시의 형식이나 요건에 대하여 부당하게 엄격한 제한을 두는 조항
- 가맹계약자의 이익에 중대한 영향을 미치는 사업자의 의사표시가 상당한 이유 없이 가맹계약자에게 도달된 것으로 보는 조항
- 가맹계약자의 이익에 중대한 영향을 미치는 가맹본부의 의사표시 기한을 부당하게 길게 정하거나 불확정하게 정하는 조항

⑨ 대리인의 책임

가맹계약자의 대리인에 의하여 계약이 체결된 경우 가맹계약자가 그 의무를 이행하지 않는 경우에는 대리인에게 그 의무의 전부 또는 일부를 이행할 책임을 지우는 내용의 가맹계약서 조항은 무효로 합니다(「약관의 규제에 관한 법률」 제13조).

⑩ 소송 제기의 금지

소송 제기 등과 관련된 가맹계약서의 내용 중 다음의 어느 하나

에 해당하는 조항은 무효로 합니다(「약관의 규제에 관한 법률」 제14조).
- 가맹계약자에게 부당하게 불리한 소송 제기 금지 조항 또는 재판관할의 합의 조항
- 상당한 이유 없이 가맹계약자에게 입증책임을 부담시키는 약관조항

3. 가맹계약 체결 시 주의사항

① 가맹계약 체결 시 주의사항
공정거래위원회 가맹사업거래 (http://franchise.ftc.go.kr/)의 <민원참여/공지사항/프랜차이즈 창업 피해예방을 위한 가이드라인>에서는 가맹계약자들이 유의해야 할 점들을 다음과 같이 소개하고 있습니다.

② 가급적 피해야 할 7가지 가맹본부 유형
(가) 정보공개서가 없는 가맹본부
정보공개서는 가맹본부의 일반현황, 임원의 법위반 사실, 가맹점사업자가 부담해야 할 사항 및 영업활동에 대한 조건 등에 대한 설명, 가맹본부의 가맹점 수 등 가맹사업현황에 대한 설명, 영업개시에 관한 상세 절차 및 교육훈련 프로그램 등을 기재한 책자입니다. 「가맹사업거래의 공정화에 관한 법률」은 가맹본부가 가맹희망자에게 정보공개서를 제공할 것을 규정하고 있는데, 상당수 가맹본부들이 정보공개서를 갖추지 않았을 뿐 아니라, 그런 제도가 있다는 사실 조차 모르는 경우도 많습니다. 한마디로 이런 가맹본부에 대한 더 이상의 관심은 절대사절입니다.

(나) 객관적 근거가 없는 고수익 보장 등으로 유혹하는 가맹본부
향후 수익전망을 제시하는 프랜차이즈 업체라면 반드시 구체적이고 객관적인 자료를 요구하십시오. 어떤 가맹점이 그런 정도의 수익을 얻었는지에 대한 자료를 서면으로 받아야 합니다. 그래야 향후 분쟁이 제기되더라도 분쟁에서 이길 수 있습니다.

(다) 공짜 가맹금을 내세우는 가맹본부
가맹금에는 초기 가맹금 뿐만 아니라 여러 가지가 포함되는데, 가맹금이 얼마 되지 않는다고 하여 이를 그대로 믿는 것은 절대 금

물입니다. 실제로 프랜차이즈 업체들의 수익중에는 초기 가맹금 외에 인테리어 등 매장설치를 대신해 주거나, 물품대·교재대 등의 명목으로 떼어가는 돈이 더 많은 것이 일반적입니다. 구체적으로 들어가는 비용이 무엇인지 확인하고, 반드시 증빙으로 남겨두어야 합니다.

(라) 일단 돈부터 요구하는 가맹본부

교육이나 교재비 명목으로 선금을 요구하는 가맹본부는 대부분 제대로 된 가맹점 관리보다는 일단 모집부터 하고 보자는 경우라고 보면 됩니다. 얼떨결에 돈을 선납하고 나중에 후회하지 말아야 합니다. 돈부터 주고나면 나중에 마음이 바뀌어도 이를 돌려받는 것은 쉽지 않습니다.

(마) 너무 많은 브랜드를 가진 가맹본부

현실적으로 가맹본부의 수익은 가맹점으로부터 받는 가맹비, 그 밖의 인테리어 비용 등 창업초기에 대부분 발생합니다. 제대로 된 브랜드 개발을 하려면 적게는 수개월에서 1년 이상 소요되는 것이 정상입니다. 한두달 만에 금방 만들어낸 브랜드는 그저 유행에 편승하기 위한 목적인 경우가 더 많다는 점을 유의해야 합니다. 브랜드 하나를 성공했다 하여 제2, 제3의 브랜드까지 성공한다는 보장은 없습니다. 하물며, 어느 하나 성공한 브랜드 없이 자꾸 새로운 브랜드만 만들어내는 가맹본부를 믿기는 어렵습니다.

(바) 가맹점 수가 너무 많거나 적은 가맹본부

가맹점 수가 너무 많다는 것은 더 이상의 가맹점 개설이 어려우므로 기존의 가맹점에 대한 관리보다는 새로운 브랜드 개발이나 새로운 수익원을 찾는 원인이 됩니다. 새로운 브랜드 개발에 치중하다보면 기존 브랜드에 대한 관리가 소홀해질 가능성이 크고, 한편으로는 기존 가맹점주에 대한 불공정거래를 시도할 유인이 생기게 됩니다. 가맹점 수가 너무 적은 것은 아직까지도 상당한 위험이 있다는 의미이고 검증되지 않았기 때문에 사기로 인해 피해를 볼 가능성 또한 크다는 것을 의미합니다.

(사) 직영점 운영기간이 짧은 가맹본부

상당수 가맹본부는 스스로 직영점을 설립함과 동시에 체인 모집을 하기도 합니다. 직영점 운영을 통해 사업성이 검증되지도 않은 상태에서는 아무리 좋은 아이디어라 하더라도 실패할 가능성이 큽니다. 회사 연혁 등을 확인하고, 직영점 운영기간과 운영 상태를 제대로 살펴서 충분한 사업성이 인정될 때 투자를 결심해야 합니다.

③ 창업 전에 반드시 지켜야 할 지침 7가지

(가) 정보공개서를 반드시 확인해야 합니다.

정보공개서의 내용이 얼마나 충실하게 담겨 있는지를 확인하는 것은 수천만원, 많게는 수억원의 돈을 투자하기 전에 반드시 해야 할 일입니다. 한 번 더 강조하지만 정보공개서가 없는 가맹본부는 쳐다보지도 말아야 합니다. 「가맹사업거래의 공정화에 관한 법률」에 따르면 정보공개서는 일정한 양식에 의해 서면으로 요청하도록 되어 있습니다.

(나) 본사와 물류시스템을 확인해야 합니다.

본사를 확인하는 순간, 계약하려는 마음이 싹 사라지는 경우가 많습니다. 사장과 직원 서너 명이 대충 모여 일하는 본사에서 가맹점 관리를 제대로 해 줄 리가 없습니다. 아울러 대표의 경력에 대한 확인은 필수입니다. 또한 프랜차이즈 사업이 제대로 되기 위해서는 제대로 된 물류가 갖추어지는 것이 필수적입니다. 제때 제대로 된 물품을 공급해 주느냐가 사업 성패의 관건일 수 있다는 점을 감안하여 물류시스템은 반드시 확인해야 합니다.

(다) 반드시 기존 가맹점주에게 문의하십시오!

가맹점주로부터 살아 있는 정보를 얻는 것이 무엇보다 중요합니다. 생긴지 얼마 안 되는 가맹점과 계약한지 오래된 가맹점을 골고루 찾아보는 것도 지혜입니다. 최근에 생긴 가맹점으로부터는 창업 초기에 얼마나 제대로 지원이 되는지를 확인할 수 있고, 오래된 가맹점으로부터는 혹시라도 영업과정에서 본부의 횡포나 불공정행위가 없었는지 확인할 수 있습니다. 아울러, 점포를 내 놓으려는 가맹점주의 말은 액면 그대로 믿어서는 안 됩니다. 빨리 점포를 정리하려는 욕심에 정확한 정보를 전달해 주지 않는 경우가 많기 때문입니다.

(라) 폐업율을 확인해야 합니다.

 가맹본부의 재무제표 상 수익률이 높다거나 재무상태가 좋다는 점만으로는 좋은 가맹본부라는 증거가 될 수 없습니다. 거꾸로 해석한다면 얼마나 가맹점을 착취했는가에 대한 징표로 볼 수도 있기 때문입니다. 오히려, 중요한 것은 가맹점의 폐업율입니다. 어느 정도의 가맹점을 모집해서 얼마나 잘 유지·관리하고 있는지를 살피는 것이 나중에 할 후회를 막는 첩경입니다. 불행히도 아직까지는 법적으로 폐업율 자료를 정확히 제시하도록 할 근거규정이 없기 때문에 가맹본부가 거짓말을 할 수도 있다는 점도 항상 염두에 두어야 합니다.

(마) 법인등기부등본을 확인해야 합니다.

 상당수 프랜차이즈들은 대표이사 따로, 실제 운영자 따로인 경우가 많습니다. 또한 수시로 법인명을 바꾸거나 폐업과 신설을 반복하는 경우도 심심치 않게 나타납니다. 가맹점 모집을 한지는 오래되었는데 법인 설립은 최근에 이루어졌다면 일단 의심해 보는 것이 필요합니다. 기존에 계약을 체결할 때는 A법인 명의로 하였다가, 일정 수가 넘으면 A법인을 폐업하고 B법인을 설립하는 방식입니다. 즉, 더 이상 A법인과 계약한 가맹점주에 대해서는 책임지지 않겠다는 뜻입니다.

(바) 분쟁조정협의회에 물어보십시오!

 「가맹사업거래의 공정화에 관한 법률」에 따라 설치된 분쟁조정협의회는 프랜차이즈 분야의 각종 분쟁사례를 가장 많이 보유하고 있는 기관입니다. 자기가 가입하려는 가맹본부를 대상으로 한 분쟁이 어느 정도 있었는지와 그 결과까지 확인해 보는 것이 좋습니다. 분쟁조정협의회는 특히 가맹본부와 가맹점 사이에 분쟁이 발생할 경우 이를 해결해 주는 최우선기관입니다. 가맹금 반환이나 거래과정에서 가맹본부의 횡포로 인한 피해를 입었다면, 분쟁조정협의회에 문의하면 됩니다.

(사) 가맹계약서는 아무리 꼼꼼하게 살펴도 지나치지 않습니다.

 계약기간이 충분한지, 위약금 조항은 합리적인지, 상권보장과 관련하여 그 문구가 애매모호하지는 않은지, 재료 보급 등 물류시스템에 대한 사항이 제대로 정비되어 있는지, 계약해지의 사유가 합리적인지 등을 구체적으로 확인해야 합니다. 필요한 경우 가맹거래사에게 문의하는 것이 좋습니다.

■ 제조위탁계약서

제 조 위 탁 계 약 서

○○합자회사(이하 '갑"이라 한다)와 ○○유한회사(이하 '을'이라 한다)는, 갑의 제품의 제조 등(이하 '제품'이라 한다.)의 제조위탁 등에 관해 다음과 같이 계약한다.

제1조(목 적) 갑은 을에 대해 제품의 제조 및 그에 따른 가공, 포장, 보관, 운송업무를 을에게 위탁하고, 을은 이것을 인수할 것을 약정한다.

제2조(원재료 등의 공급) ① 갑은 제1조의 위탁업무에 필요한 일체의 원재료 및 포장재료를 을에게 공급한다.

② 을은 공급받은 원재료로서 해당 위탁업무를 수행한다.

③ 원재료의 비용, 포장재료, 잉여공급분의 취급에 대해서는 별도로 정한다.

제3조(업무지시) 갑은 ○월 ○일 까지 을에 대해 다음 달 제조 제품의 수량, 제품의 포장량, 포장모양, 보관량을 지시하고 그에 필요한 포장재료를 공급한다.

제4조(기술지도) 갑은 전문기술원을 파견하고, 을에 대해서 제품의 제조, 가공, 포장, 운송등에 관한 기술지도를 하는 것으로 한다.

제5조(자료제출의무) ① 을은 미리 갑의 지시보고서를 매월 ○ 일에 갑에게 제출하기로 한다.

② 갑의 요구가 있는 경우에 을은 즉시 그 장부를 열람할 수 있게 한다.

제6조(위탁료) 위탁료는 제품 1개당 금 ○○ 원으로 하고, 매월 ○○ 일에 마감한 을의 청구서에 의거 다음 달 ○○ 일까지 갑은 을에 대해 현금, 약속어음으로 지급하기로 한다.

제7조(비용부담) ①을은 을의 원료창고에서 갑이 공급한 원재료, 포

장재료를 수령한 뒤 제품을 출고하기까지의 일체의 비용을 부담한다.

② 제 1항 이외의 부담은 갑의 부담으로 한다.

제8조(운송방법) 을이 제품의 운송업무를 이행함에 있어서, 제3자와 운송계약을 체결할 때는, 사전에 갑의 승인을 얻는 것으로 한다.

제9조(담보책임) 을이 제품의 품질, 규격, 양, 포장모양, 운송방법의 하자에 의해 제3자로부터 반품, 교환의 요구 등이 있을 경우, 그 손해는 일체 을의 부담으로 한다.

제10조(손해배상) 을이 갑이 지시한 납기에 맞추지 못하고 그외 그 계약상의 의무이행을 소홀히 한 경우는, 갑은 아무런 최고를 요하지 않고 즉시 그 계약을 해제하고 지급한 원재료 및 이에 따라 제조, 가공된 모든 것의 즉시반환을 요구할 수 있다.

제11조(보수의무) 사유여하를 불문하고 갑이 공급한 재료가 줄거나 없어지거나 또는 훼손했을 때는, 을은 즉시 갑에 대해서 그 상황을 통지하고 갑의 지시에 따르기로 한다.

제12조(해제권의 유보) 갑이 시장경제의 변동 등에 의해, 그 제품의 제조를 정지하거나 제조에 제한을 가할 때는 을은 그 지시에 충실히 따르기로 한다.

제13조(비밀의 유지) ① 을은 이 계약의 수행으로 알게 된 갑의 비밀을 타인에게 누설해서는 안된다.

② 을이 전 항에 위반되는 행위가 있을 때는, 갑은 즉시 이 계약을 해제하고 손해배상을 청구할 수 있다.

제14조(지위 양도의 금지) 을은 이상과 같은 계약상의 지위를 제 3자에게 양도할 수 없다.

제15조(유효기간) 이 계약의 유효기간은 만 ○ 년으로 한다.

이 계약을 증명하기 위해 본 계약서 2통을 작성하여, 각자 서명하고 날인한 뒤에 1통씩 보관한다.

20○○년   ○월 ○일

제조위탁자	주 소					
	성명또는상호		인	주민등록번호또는사업자등록번호	-	전 화번 호
제조수탁자	주 소					
	성명또는상호		인	주민등록번호또는사업자등록번호	-	전 화번 호

■ 컨설팅업무계약서

컨설팅 업무 계약서

○○건설주식회사를 갑으로 하고 ○○○을 을로 해서 갑과 을간의 다음과 같은 계약에 합의하고, 본 계약서 2통을 작성하여 각자 1통씩 보관한다.

제1조(컨설팅) 을은 갑의 발전에 기여하며, 국내 및 해외의 경제정보 등 자료분석 및 제반 조사활동을 통해 갑의 경영, 기획 등에 있어서 컨설트한다.

제2조(보수) 갑은 을에 대해 컨설트에 대한 보수로써 1시간당 금 ○○○원을 지급하며 매년 6월 15일과 12월 15일에 반씩 나눠 지급한다.

제3조(실비) 을이 갑으로 인해 컨설트 업무를 함으로써 지출한 교통비(해외 출장비 포함)는 갑이 인정하는 범위 내에서 을에게 실비로써 지급한다. 단, 세부 사항은 갑과 을의 별도 협의에 의해 정한다.

제4조(비밀유지) 을은 갑과 관련해서 컨설트 업무를 할 때 갑의 경영내용과 관련된 모든 정보는 이 계약의 유효기간 중에는 물론 계약기간 종료 후에도 갑 이외의 제3자에게 누설해서는 안 된다. 을이 위 사항을 위반하여 갑이 손해를 입었을 경우, 갑은 을에게 위 손해에 관한 청구를 할 수 있다.

제5조(계약기간) 계약기간은 20○○년 ○월 ○일부터 20○○년 ○월 ○일까지로 하며, 계약기간이 만료되기 1개월 전까지 담당자에게 계약종료의 의사표시를 하지 않은 경우에는 계약기간이 자동적으로 1년간 연장된다.

20○○년 ○월 ○일

의 뢰 인	주 소					
	성 명 또 는 상 호	인	주민등록번호 또는 사업자등록번호	-	전 화 번 호	
컨 설 턴 트	주 소					
	성 명 또 는 상 호	인	주민등록번호 또는 사업자등록번호	-	전 화 번 호	

■ 비밀보장계약서

비 밀 보 장 계 약 서

○○주식회사(이하 "갑"이라 함)와 ○○주식회사(이하 "을"이라 함)는 ○○의 연구개발(이하 「본 건 개발」이라 함)을 위해 갑이 을에게 개시하는 갑의 비밀사항 취급에 관해 다음과 같이 계약을 체결한다.

제1조(비밀사항) 본 계약에서 비밀사항이란 문서, 도면, 그 밖의 서류에 기재되거나 혹은 전자적 또는 광학적으로 기록된 갑이 보유한 갑의 기술상, 영업상 기타 갑의 업무상의 모든 지식 및 정보로 갑이 을에게 개시한 시점에서 갑이 비밀로써 취급하는 것을 말한다. 단, 다음의 각 호의 하나에 해당하는 것을 제외한다.

1. 을이 갑으로부터 개시를 받은 시점에서 이미 공지로 되어있는 것
2. 을이 갑으로부터 개시를 받은 후에 을의 고의 또는 과실에 의하지 않고 공지로 된 것을 을이 증명할 수 있는 것
3. 을이 갑으로부터 개시를 받기 전에 을이 스스로 얻거나 정당한 권리를 가진 제3자로부터 정당한 수단으로 입수하였다는 것을 증명할 수 있는 것

제2조(비밀유지의무) ①을은 비밀사항을 엄중히 지키며 사전에 갑으로부터 서면에 의한 승낙 없이 이것을 제3자에게 개시 혹은 누설해서는 안된다.

②을은 앞 항의 갑의 승낙을 얻은 경우라도 해당 제3자가 계약상 을의 의무와 동등한 의무를 갑에게 지울 것을 확약하는 서면을 갑에게 제출하기까지는 해당 제3자에 대해 비밀사항을 개시해서는 안되며 해당 제3자에게 비밀사항을 개시한 후는 해당 제3자의 갑에 대한 의무이행에 대해 해당 제3자와 연대하여 책임을 진다.

제3조(사용목적) 을은 비밀사항을 본 건 개발목적을 위해서만 사용하고 그 밖의 목적으로 사용해서는 안된다.

제4조(개시범위) ①을은 비밀사항을 본 건 개발에 종사하고 또한 해당 비밀사항을 알 필요가 있는 을의 담당자 또는 종업원에 한해 필요한 범위 내에서만 개시할 수가 있다. 단, 을은 해당 담당자 또는 종업원의 행위에 대해서 모든 책임을 지며 또한 해당 담당자 또는 종업원에 대해 본 계약상 을의 의무를 준수시켜야 한다.

②을은 앞 항에 기초하여 을의 담당자 또는 종업원에 대해 비밀사항을 개시하려고 할 때는 사전에 해당 담당자 또는 종업원의 성명 및 해당 담당자 또는 종업원에게 개시할 비밀사항의 범위를 서면으로 갑에게 통지해야 한다. 갑에게 통지한 사항을 변경할 경우도 동일하다.

제5조(복사) ①을은 비밀사항이 기재 또는 기록된 모든 문서, 도면, 기타 서류 또는 전자적, 광학적 기록매체를 사전에 갑으로부터 서면에 의한 승낙 없이 복사해서는 안 된다.

②을은 본 건 개발이 완료하였을 때 또는 중지 혹은 중단되었을 때 혹은 갑의 청구가 있는 경우는 곧바로 비밀사항이 기재 또는 기록된 모든 문서, 도면, 기타서류 혹은 전자적 또는 광학적 기록매체를 모든 복사물과 함께 갑에게 인도해야 한다.

제6조(조사권) 갑은 을의 영업시간중 언제라도 을의 사무소에 들러 을의 본 계약상의 의무이행상황을 조사할 수가 있다.

제7조(손해금액) 비밀사항이 제3자가 알게 된 경우에는 을은 갑에 대해서 일금 ○○○원을 손해금액으로 지불해야 한다. 단, 을이 본 계약상의 의무이행에 대해 나태하지 않았음을 증명하였을 때는 이에 해당되지 않는다.

제8조(유효기간) 본 계약은 본 건 개발이 완료하거나 중지 혹은 중단된 후라고 하더라도 ○년간은 효력을 갖는다.

 이상 본 계약의 성립을 증명하기 위해 본서 2통을 작성하고 갑·을 기명·날인 후 각각 1통씩을 보유한다.

20○○년 ○월 ○일

갑	주 소					
	성 명 또 는 상 호		인	주민등록번호 또는 사업자등록번호	-	전 화 번 호
을	주 소					
	성 명 또 는 상 호		인	주민등록번호 또는 사업자등록번호	-	전 화 번 호

■ 할부판매계약서

할 부 판 매 계 약 서

단말기를 할부로 구입하는 구매자(이하 '갑'이라 한다.), 이동통신 서비스 제공자(이하 '을'이라 한다.), 단말기 판매자(이하 '병'이라 한다.), 할부구매자에 대한 신용제공자(이하 '정'이라 한다.)는 PCS 단말기 할부판매와 관련하여 다음과 같이 약정을 체결합니다.

제1조(할부판매약정 및 할부채권양도) ① '갑'은 별지 단말기 할부계약서에 의하여 '병'으로부터 단말기를 구입하고 '병'은 단말기의 할부판매로 취득한 단말기 할부채권을 '을'에게 양도하며 '정'은 '갑'의 할부대금을 '을'에게 일시불로 지급하고 이에 대하여 '갑'은 승낙합니다.

② 본 약정은 '을'이 단말기의 할부판매, 할부금채권의 양도 등 약정사항을 직접 확인하는 등 소정의 절차를 거쳐 '갑'에게 할부채권의 양도를 통지하는 시점에서 성립합니다.

제2조(단말기 공급과 대금지급방법) '병'은 '갑'에게 단말기를 공급하고 '갑'은 소정의 선수금(계약금)을 제외한 나머지 할부대금을 '정'에게 납입하여야 합니다.

제3조(할부계약의 철회) ① '갑'은 할부단말기를 인도 받은 후 7일 이내에는 단말기의 할부구매를 철회할 수 있습니다.

② '갑'이 제①항에 의거하여 할부계약을 철회하고자 하는 때에는 철회의 의사표시가 기재된 서면을 발송하여야 합니다. 다만, '갑'의 책임 있는 사유로 단말기가 멸실 또는 훼손된 경우에는 할부계약을 철회할 수 없습니다.

제4조(소유권의 제한) '갑'은 할부대금을 완납하기 전에는 '을'의 승낙 없이 단말기를 타인에게 양도, 대여, 질권설정 등 임의처분을 할 수 없습니다.

제5조(구매자의 의무) ① '갑'은 할부대금을 완납하기 전에 주소를 변경할 경우 지체 없이 '을' 및 '정'에게 통보하여야 합니다.

② '을' 및 '정'이 '갑'의 최후 주소에 송달한 통지 등 송부서류는 '갑'에게 도달된 것으로 간주합니다.

③ '갑'은 제①항의 의무를 태만히 하여 '을' 및 '정'으로부터 통지 혹은 송부 서류 미도착 등으로 인한 불이익을 받은 것에 대하여 이의를 제기할 수 없습니다.

제6조(구매조건의 결정) 단말기할부판매는 '갑'이 '을'의 서비스에 가입하는 조건으로 이루어지며 '갑'은 단말기만의 구매를 위하여 할부판매방식을 이용할 수 없습니다.

제7조(할부대금납입방법) ① '갑'은 할부대금을 '정'이 지정한 납부기관에 납부 하여야 합니다.

② '갑'이 납부하여야 할 월납입금은 '을'의 서비스에 가입한 월의 익일부터 납입하여야 합니다.

제8조(변제충당순서) '갑'이 납입한 금액이 납입일 현재 채무전액을 충당하기에 부족한 경우, '정'은 '갑'이 납입한 금액에 대하여 납기일 기준으로 먼저 도래한 채무액부터 우선 충당하기로 합니다.

제9조(기한의 이익상실) '갑'은 다음 각 호에 해당하는 경우 기한의 이익을 상실하고 '정'은 잔여 할부대금 전액에 대하여 '갑'에게 일시불 납입을 청구할 수 있습니다.

1. '갑'이 납입금의 납입을 연속하여 2회 이상 연체하고 그 연체금액이 할부금액의 10분의 1을 초과하는 경우
2. '갑'이 외국으로 이민하는 경우

제10조(약정의 해제) '갑'이 납입금을 연체하여 '정'이 14일 이상의 기간을 정하여 서면으로 최고하였으나 납입하지 아니할 경우에는 '정'은 본 약정을 해제하고 할부금액을 일괄 청구할 수 있습니다.

제11조(관할법원) 이 계약과 관련하여 '갑'과 '정' 사이에 소송의 필요가 발생할 때에는 제소 당시 '갑'의 주소지를, 주소가 없는 경우에는 거소를 관할하는 지방법원을 관할법원으로 합니다.

20○○년 ○월 ○일

갑	주 소					
	성 명	인	주민등록번호 (사업자번호)	-	전 화 번 호	
을	주 소					
	성 명	인	주민등록번호 (사업자번호)	-	전 화 번 호	
병	주 소					
	성 명	인	주민등록번호 (사업자번호)	-	전 화 번 호	
정	주 소					
	성 명	인	주민등록번호 (사업자번호)	-	전 화 번 호	

■ (간접)할부계약의 청약 철회 통보

(간접)할부계약의 청약 철회 통보

수신인 :　　1. 주식회사 ○○
　　　　　　　서울 ○○구 ○○로 ○○
　　　　　　　대표이사 ○○○

　　　　　　　2. ○○카드 주식회사
　　　　　　　서울 ○○구 ○○로 ○○가 ○○
　　　　　　　대표이사 ○○○

　　　　　　　3. ○○카드 주식회사
　　　　　　　서울 ○○구 ○○동 19 ○○빌딩 6층
　　　　　　　대표이사 ○○○

발신인 :　　○○○ (주민등록번호)
　　　　　　　서울 ○○구 ○○○
　　　　　　　(연락전화 010-****-****)

1. 최고인은 2013. 4. 11. 주식회사 ○○○과 최고인의 신한카드로 150만원을 12개월로, 우리카드로 100만원을 12개월로 각 할부로 결제한 바 있으나, 할부거래에 관한 법률 제8조 및 제9조의 규정에 따라 이 건 최고서로 청약철회를 통보하니 법에 따라 처리해 주시기 바랍니다(이하는 주식회사 ○○○과의 계약 내용 및 그에 대한 청약철회의 주장입니다).

2. 최고인은 2013. 4. 11. 귀사(주식회사 ○○○, 이하 같음)와 재회 프로젝트 계약을 체결하였고, 귀사는 4. 15. 계약서 제3조에 따

른 귀사의 업무 중 일부인 최고인의 성향 파악 분석 MBTI를 시행한 바 있습니다.

3. 또한 귀사는 기획안을 18.(토)까지 작성하여 최고인에게 주기로 하였으나 귀사의 담당직원(성명조차 밝히지 않았습니다)은 다음 주로 연기하였고, 최고인의 요청에 따라 상담을 할 수 있다고 하였으나 상담을 위해 연락해 달라고 해도 연락하지 않았으며, 기획안이 완성되면 메일로 발송하기로 계약서에 기재되어 있으나 담당직원은 전화로만 알려준다고 하였고, 관련된 책자를 4.12. 또는 13.까지 도착한다고 하였으나 최고인이 환불요청을 한 이후인 17. 도착한 사실이 있는 등 최고인은 귀사의 성의 없는 관리 및 업무처리, 담당자와 연락이 되지 않음에 대하여 고객센터로 연락하니 담당직원이 최고인에게 전화 와 그 사실을 따지는 최고인은 더 이상 귀사를 신뢰할 수 없게 되었습니다.

4. 위와 같은 사유는 민법상 채무불이행에 따른 계약 해제 사유에 해당하고, 또한 할부거래에 관한 법률의 아래 각 규정에 따라 청약을 철회하니 2013. 4. 30.까지 위 계약금 250만원을 최고인의 계좌(우리은행 : ○○○-○○○○○○-○○-○○○ 예금주 : 이○○)로 반환하여 주실 것을 본 내용증명으로 정중히 요구합니다.

할부거래에 관한 법률

제8조(청약의 철회) ① 소비자는 다음 각 호의 기간(거래당사자가 그 보다 긴 기간을 약정한 경우에는 그 기간을 말한다) 이내에 할부계약에 관한 청약을 철회할 수 있다.
1. 제6조제1항에 따른 계약서를 받은 날부터 7일. 다만, 그 계약서를 받은 날보다 재화 등의 공급이 늦게 이루어진 경우에는 재화 등을 공급받은 날부터 7일
④ 제1항에 따른 청약의 철회는 제3항에 따라 서면을 발송한 날에 그 효력이 발생한다.

---

5. 만약 위 기일까지 반환되지 않는다면 최고인은 어쩔 수 없이 법원에 소액심판을 청구할 수밖에 없으며, 소 제기의 경우는 귀사가 청약을 철회하는 서면을 수령한 날부터 3영업일 이후부터는 민법 소정의 연 5%의, 소장 부본 송달 다음날부터 다 갚는 날까지 소촉법 소정의 연 20%의 각 비율에 의한 지연손해금과 소송비용, 소장 대서비용 및 강제집행비용 등 제반 비용을 부담해야 할 것인바, 귀하가 반환할 금액도 많이 늘어나게 될 것임을 최고하니 위 기일까지 반드시 지급하여 주시기 바랍니다.

20○○. ○. ○.

위 최고인 이○○(서명)

(해설)

1. 내용증명

① 내용증명은 우편법 시행규칙 제25조 ①항 4호 가목에 따라 등기취급을 전제로 우체국창구 또는 정보통신망을 통하여 발송인이 수취인에게 어떤 내용의 문서를 언제 발송하였다는 사실을 우체국이 증명하는 특수취급 제도입니다.
예컨대 채무이행의 기한이 없는 경우 채무자는 이행의 청구를 받은 때로부터 지체책임을 지게 되며 이 경우 이행의 청구를 하였음을 증명하는 문서로 활용할 수 있습니다.

2. 내용증명의 활용

① 민법은 시효중단의 한 형태로 「최고」를 규정하고 있으며 「최고」 후 6월내에 재판상의 청구, 파산절차참가, 화해를 위한 소환, 임의출석, 압류 또는 가압류, 가처분을 하지 않는 경우 시효중단의 효력이 없는 것으로 규정하고 있습니다.
따라서 소멸시효가 임박한 경우 「최고서」를 작성하여 내용증명우편으로 송부하고 소송 시 「최고」를 하였음을 입증하는 자료로 사

용할 수 있습니다.

② 계약의 해제(해지), 착오 등을 이유로 취소하는 경우 내용증명을 통하여 의사표시를 하는 것이 후일 분쟁을 미리 예방 할 수 있는 방법이 될 수 있습니다.

③ 민법 제450조는 지명채권의 양도는 양도인이 채무자에게 통지하거나 채무자의 승낙을 요하며, 통지나 승낙은 확정일자 있는 증서에 의하지 않으면 채무자 이외의 제3자에게 대항할 수 없도록 규정하고 있습니다. 따라서 채권의 양도통지를 할 경우 내용증명에 의하여 통지하면 제3자에게도 대항할 수 있게 됩니다.
(※ 배달증명은 확정일자 있는 증서로 보지 않음 대법원 2001다 80815)

3. 제출부수 : 3부를 작성하여 봉투와 함께 우체국에 제출

■ 할부계약의 청약 철회 통보

할부계약의 청약 철회 통보

수신인 :　1.　　　○○○
　　　　　　　서울 ○○구 ○○동 ○○○

　　　　　　2.　　　○○카드 주식회사 (110111-*******)
　　　　　　　서울 ○○구 ○○로 ○○(○○로 2가)
　　　　　　　대표이사 ○○○

발신인 :　○○○
　　　　　서울 ○○구 ○○로 ○○길 ○○, ○○○호
　　　　　(○○동, ○○연립)
　　　　　(연락전화 010-****-****)

1. 최고인은 2015. 7. 18. 수신인 1. ○○○에 전화하여 음경동맥
   혈류 충전기(이하 '위 물품'이라 함)를 80만원에 구입하되, 그 대
   금은 최고인의 삼성카드로 5개월 분할 납부하기로 약정한 바 있
   고, 최고인은 위 물품을 2015. 7. 21. 수령하였습니다.

2. 그런데 위 물품에 대한 계약은 할부거래에 관한 법률에서 정한
   할부거래라 할 것이고, 최고인은 충동구매로 인하여 이를 철회하
   고자 하며, 아래 적시한 바와 같이 할부거래에 관한 법률 제8조
   및 제9조의 규정에 따라 이 건 최고서로 청약철회를 통보하니
   (물품은 오늘 ○○○에 반송 처리하였습니다) 법에 따라 처리해
   주시기 바랍니다.

할부거래에 관한 법률

제8조(청약의 철회) ① 소비자는 다음 각 호의 기간(거래당사자가 그 보다 긴 기간을 약정한 경우에는 그 기간을 말한다) 이내에 할부계약에 관한 청약을 철회할 수 있다.

1. 제6조제1항에 따른 계약서를 받은 날부터 7일. 다만, 그 계약서를 받은 날보다 재화 등의 공급이 늦게 이루어진 경우에는 재화 등을 공급받은 날부터 7일

③ 소비자가 제1항에 따라 청약을 철회할 경우 제1항에 따른 기간 이내에 할부거래업자에게 청약을 철회하는 의사표시가 적힌 서면을 발송하여야 한다.

④ 제1항에 따른 청약의 철회는 제3항에 따라 서면을 발송한 날에 그 효력이 발생한다.

제9조(간접할부계약에서의 청약의 철회 통보) ① 소비자가 할부거래업자에게 간접할부계약에 관한 청약을 철회한 경우 제8조제1항에 따른 기간 이내에 신용제공자에게 청약을 철회하는 의사표시가 적힌 서면을 발송하여야 한다.

20○○.   ○.   ○.

위 최고인   ○○○(서명)

■ 내용증명 : 계약취소(미성년자 할부구입 책)

미성년자 할부구입 책

발 신 인 ○○○
　　　　　주 소 서울 ○○구 ○○로 ○○길 ○○

수 신 인 ○○○
　　　　　주 소 서울 ○○구 ○○로 ○○길 ○○

계약해지 통고

1. 귀하의 무궁한 발전을 기원합니다.

2. 다름이 아니오라 본인의 자 ○○○(만 13세)가 20○○년 ○월 ○
   일 학교 앞에서 문화서적시리즈 1세트를 월15,000원씩 20개월간
   납입하기로 하고 귀하에게 구입하였습니다.

3. 그러나 본인의 자 　○○○는 미성년자로서, 민법상 행위무능력자
   가 책을 구입하는 법률행위를 할 경우에는 반드시 법정대리인인
   부모의 동의를 얻어야 하는데, 위 경우 법정대리인의 동의 없이
   물품을 구입하였으니 이를 취소합니다.

4. 또한,「방문판매 등에 관한 법률」의 규정에 따라 본인은 계약서를
   교부받은 날로부터 14일 이내에 계약을 철회하며, 인도받은 서
   적을 반환하오니 양지하시기 바랍니다.

　　　　　　　　　　　20○○.　　○.　　○.
　　　　　　　　　　　위 발신인　○○○ (서명)

13. 분양·건설공사 등 관련 계약서

■ 토지·건물분양계약서

토지·건물분양계약서

□ 재산의 표시
소재지:
건 물: ㎡ (평)
대 지: ㎡ (평)
□ 입주예정일 :   년   월
　위 표시 재산을 분양함에 있어 매도인 ○○건설 주식회사를 "甲"이라 칭하고 매수인 ○○○을 "乙"이라 칭하여 다음과 같이 분양계약을 체결한다.

제1조(분양금액) 위 표시 물건의 분양금액은 금(₩   )원정 (부가세   포함)으로 하고, "乙"은 아래의 납부방법에 의하여 甲이 지정하는 장소에 납부하여야 한다.
　① 납부일시 및 금액 :
　　◎ 계 약 금 :   년   월   일   원
　　◎ 1회 중도금 :   년   월   일   원
　　◎ 2회 중도금 :   년   월   일   원

　　　　　· · ·

　　◎ 잔금(입주지정일) :   년   월   일   원
　　(당초의 입주예정일이 변경될 경우에는 확정된 입주지정일을 추후 개별통보하기로 함.)
　　② 납 부 장 소 :
제2조 (할인료, 연체료 및 지체상금)
　① "甲"은 "乙"이 중도금과 잔금을 약정일 이전에 불입하는 경우

에는 선납액에 대하여 년 ( )%의 할인율을 적용하여 선납일수에 따라 산정된 금액을 할인한다. 다만, 잔금에 대하여는 입주지정 최초일을 기준으로 하여 할인한다.

② "乙"은 중도금 및 잔금의 납부를 지연하였을 때에는 그 지연 일수에 ( )%의 연체요율을 적용한 연체료를 납부하여야 한다. 다만, 연체요율은 시중은행 일반자금대출의 연체요율 범위를 초과할 수 없다.

③ "甲"이 "乙"로부터 받은 분양대금의 변제충당의 순서는 "乙"이 부담할 연체료, 선중도금, 잔금의 순으로 한다.

④ "甲"은 본 계약서 전문에서 정한 입주예정일을 지연하였을 경우 기납부한 대금에 대하여 제 2항에서 정한 연체요율을 적용한 금액을 지체상금으로 지급하거나 잔여대금에서 공제한다.

⑤ 천재지변 또는 "甲"의 귀책사유에 의하지 아니한 행정명령 등의 불가항력적인 사유로 인하여 입주가 지연될 경우에는 "甲"은 이를 "乙"에게 통지하기로 하며, 이 경우 제4항을 적용하지 아니한다.

⑥ 입주예정일이 당초 입주예정일보다 앞당겨질 경우에는 미도래 중도금과 잔금을 납부하여야 입주할 수 있다.

제3조 (소유권 이전) ① "甲"은 본 건물의 사용승인일로부터 60일 이내에 소유권 보존등기를 하여야 한다.

② 공부정리가 완료되면 즉시 "乙"에게 통지하고 "乙"은 소유권 이전신청이 가능한 날로부터 60일 이내에 소유권 이전을 "乙"의 비용으로 완료하여야 한다.

③ "乙"이 제1항의 소유권 이전절차를 지체함으로써 발생하는 부동산등기특별조치법에 의한 과태료 등 제반피해는 "乙"이 전액 부담하여야 한다.

제4조 (제세공과금 등) ① 위 표시 재산에 대한 재산세 및 종합토지세는 과세기준일이 "甲"이 통보한 잔금납부지정일 이전인 경우에는 "甲"이 부담하고, 그 이후인 경우에는 "乙"이 부담한다.

② "乙"은 잔금 납부일로부터 30일 이내에 취득세를 납부하여야 한다. 단, 잔금납부일이 사용승인일 이전일 때에는 사용승인일(가

사용 승인시는 그 승인일)을 기준으로 하여 30일 이내에 납부하여야 한다.

제5조 (계약 해제) ① "乙"이 아래 각호의 1에 해당하는 행위를 하였을 경우에는 "甲"은 상당한 기간을 정하여 이행의 최고를 한 후 그 이행이 없을 경우 본 계약을 해제할 수 있다.

가) "乙"이 제1조에서 정한 분양대금 (중도금, 잔금)을 납부기일까지 지급하지 아니하여 "甲"이 14일 이상의 기간을 정하여 2회 이상 최고하여도 "乙"이 납부치 않았을 때

나) "乙"이 상당한 이유없이 입주지정일 내에 입주하지 않을 때

② "乙"은 자신의 사정으로 인한 경우 스스로 본 계약을 해제할 수 있다. 다만, 중도금 납부 후에는 "甲"이 인정하는 경우에 한한다.

③ "乙"은 "甲"의 귀책사유로 인하여 입주가 당초 입주예정일로부터 3월을 초과하여 지연된 경우 또는 계약기간중 "甲"의 계약이행이 불능하게 된 때에는 본 계약을 해제할 수 있다.

④ 제 1항 내지 제3항에 해당하는 사유로 본 계약이 해제된 때에는 제1항 또는 제 2항의 경우에는 "乙"이, 제3항의 경우에는 "甲"이 각각 그 상대방에게 위약금으로 분양대금 총액의 10%를 지급하기로 한다.

제6조 (하자담보책임) ① 갑이 위 조항에 의거 을에게 매매목적물을 인도할 때까지의 기간동안에 갑 또는 을의 책임이 아닌 사유로 상기 건물이 멸실 또는 심하게 훼손되었을 경우의 손실은 갑의 부담으로 하고, 본 계약은 당연 해제된 것으로 하며, 갑은 을에 대해 계약금을 포함한 기수령 매매대금을 반환한다.

② 위 ①항의 훼손의 정도가 경미할 경우에는 갑이 비용을 부담하여 수선하도록 한다.

제7조 (하자보수) 갑은 을에 대해 상기 건물 및 부대설비에 대해 인도일로부터 만 1년간 품질 및 기능을 보증하고, 자연히 발생한 고장 및 파손을 수선하도록 한다.

제8조 (기타) ① "乙"은 본 계약서상의 주소가 변경되었을 경우에는 10일 이내에 "甲"에게 서면으로 통보하여야 한다. 이를 이행하지

아니할 경우 "甲"의 "乙"에 대한 계약의 해제통고 등 제반통고는 종전 주소지로 발송후 7일이 경과함으로써 도달한 것으로 본다. 이에 대한 "乙"의 불이익은 "甲"이 책임지지 아니한다. 또한 계약서상의 주소가 부정확한 경우도 이와 같다.

② 표시재산의 지번 및 필지수는 토지의 합병, 분할 등으로 변경될 수 있다.

③ 본 계약에 관한 소송의 관할법원은 위 상가의 소재지를 관할하는 법원 또는 민사소송법에 의한 법원으로 한다.

④ 본 계약에 명시되지 않은 사항은 "甲"과 "乙"이 협의하여 결정하며 합의되지 아니한 사항은 관계법령 및 일반관례에 따른다.

본 계약의 내용을 증명하기 위하여 계약서 2통을 작성하여 "甲"과 "乙"이 각 1통씩 보관한다.

200○년 ○월 ○일

매수인	주 소						
	성 명 또 는 상 호		인	주민등록번호 또는 사업자등록번호	-	전 화 번 호	
매수인	주 소						
	성 명 또 는 상 호		인	주민등록번호 또는 사업자등록번호	-	전 화 번 호	

■ 아파트분양계약서

아 파 트 공 급 표 준 계 약 서

□ 재산의 표시

┌─────────┐
│   m² │
│ (평형) │
└─────────┘

아파트   동   호

구 분		면 적	
		m²	평
건 물	전용면적	m²	평
	주거공용면적	m²	평
	공급면적	m²	평
	세대별기타공용면적 (초과 지하면적)	m² (m²)	평 (평)
	계약면적	m²	평
대 지	공유지분	m²	평

□ 부대시설(공용) : 이 아파트에 따른 전기.도로.상수도시설 및 기타
　　　　　　　　　부대시설

　위 표시 재산을 공급함에 있어 매도인을 "갑"이라 칭하고 매수
인을 "을"이라 칭하며 다음과 같이 계약을 체결한다.

□ 입주예정일 :　　　년　　　월(공정에 따라 다소 변경될 경우 추후 개
　　　　　　　　　　별통보키로 함)

제1조(공급대금 및 납부방법) "갑"은 위 표시재산을 아래방법으로
　공급하고 "을"은 해당금액을 "갑"에게 납부하여야 한다.

구분	대지 가격	건물 가격	부가 가치세	총공급 금 액	계 약 금	중 도 금						잔금 (입 주시)	계약자 선택날인
						1회 ( )	2회 ( )	3회 ( )	4회 ( )	5회 ( )	6회 ( )		
기본형													(인)
선택형 (%)													(인)

제2조(계약의 해제) (1) "갑"은 "을"이 다음 각 호에 해당하는 행위를 하였을 때에는 최고한 후 그 이행이 없을 경우 이 계약을 해제할 수 있다.

① 제1조에서 정한 중도금을 계속하여 3회 이상 납부하지 아니하여 14일 이상의 유예기간을 정하여 2회 이상 최고하여도 납부하지 아니한 때(단, 주택공급에 관한규칙에서 이와 달리 정하는 경우에는 이 규칙에 따라 따로 정할 수 있다)

② 잔금을 약정 일로부터 3월 이내에 납부하지 아니하였을 때

③ "갑"의 보증에 의하여 융자가 알선되고 "을"이 이자 등을 납부하지 아니하여 금융기관에서 "갑"에게 대신이행을 청구하는 경우에 "갑"이 14일이상의 유예기간을 정하여 2회 이상 최고하여도 "을"이 금융기관에 그 이자 등을 납부하지 않을 때, 단, 최고 시「당해 유예기간이 지나도록 금융기관에 그 이자 등을 납부하지 아니하면 이 계약을 해제하며, 계약 해제 시에는 이미 납부한 계약금과 중도금에서 대출원리금, 위약금을 공제한 후 나머지 금액을 반환한다」는 취지의 내용을 밝혀야 한다.

④ "을"이 청약저축등 입주자 저축을 타인명의로 가입하였거나, 가입한 자의 청약저축 등 입주자 저축을 사실상 양도받아 계약을 체결한 때

⑤ 기타 주택공급에 관한 규칙에 위배되는 행위를 하였을 때

(2) "을"은 자신의 사정으로 인한 경우 스스로 본계약을 해제할 수 있다. 다만, 중도금을 1회라도 납부한 후에는 "갑"이 인정하는 경우에 한한다.

(3) "을"은 "갑"의 귀책사유로 인해 입주예정일로부터 3월이내에 입주할 수 없게 되는 경우 이 계약을 해제할 수 있다.

(4) "을"은 주소변동이 있을 때에는 10일 이내에 "갑"에게 서면으로 통보하여야 한다. 이를 이행하지 아니할 경우 "갑"의 "을"에 대한 계약의 해제통고 등은 종전주소지로 발송하며 발송후 15일이 경과함으로써 그 효력이 발생하는 것으로 추정하며 이에 대한 "을"의 불이익은 "갑"이 책임지지 아니한다. 또한 계약서상의 주소가 부정확한 경우도 이와 같다.

제3조(위약금) (1) 제2조제1항 제1호 내지 제3호 및 제2조제2항에 해당하는 사유로 이 계약이 해제된 때에는 공급대금 총액의 10%는 위약금으로 "갑"에게 귀속된다.

(2) 제2조제3항에 해당하는 사유로 이 계약이 해제된 때에는 "갑"은 "을"에게 공급대금 총액의 10%를 위약금으로 지급한다.

(3) 제1항과 제2항의 경우 "갑"은 "을"이 이미 납부한 대금(단, 제1항의 경우에는 위약금을 공제한다)에 대하여는 각각 그 받은 날로부터 반환 일까지 연리   (   )%에 해당하는 이자를 가산하여 "을"에게 환급한다.

제4조(분양권 전매) (1) 분양권 전매는 "갑"의 승인을 득해야 한다.

(2) 제1항에 의한 분양권 전매는 승인 신청시 "갑"에 대한 채무를 이행한 경우에 한하여, 또한 대출기관으로부터 위 표시재산을 대상으로 대출받은 자는 대출기관이 발행한 전매당사자간의 대출승계 증거서류를 "갑"에게 제출하여야 하며, 그러하지 아니할 경우에는 대출금을 상환하여야 한다.

제5조(할인료, 연체료 및 지체보상금) (1) "갑"은 "을"이 중도금을 약정일 이전에 납부하는 경우에는 선납금액에 대하여 년( )%의 할인율을 적용하여 선납일수에 따라 산정된 금액을 할인한다. 단, 잔금에 대하여는 입주지정 최초일 기준으로 하여 할인하며 입주지정 최초일부터 종료일까지는 할인료 및 연체료 규정을 적용하지 아니한다.

(2) "을"은 중도금 및 잔금의 납부를 지연하여 약정납부일이 경과하였을 때에는 그 경과일수에 대하여 한국주택은행 일반자금대출

의 연체요율을 적용하여 산정된 연체료를 가산 납부하여야 한다. 단, 계획된 공사일정이 당초 중도금 납부일정보다 현저히 늦어지는 경우 "갑"과 "을"은 합의하여 위 중도금 납부일정을 조정할 수 있다.

(3) "갑"은 이 계약서 전문에서 정한 입주예정 기일에 입주를 시키지 못할 경우에는 이미 납부한 대금에 대하여 제2항에 의한 연체요율에 의거 "을"에게 지체보상금을 지급하거나 잔여대금에서 공제한다.

(4) 천재지변 또는 "갑"의 귀책사유가 아닌 행정명령 등의 불가항력적인 사유로 인하여 준공이 지연될 경우에는 "갑"은 이를 "을"에게 통보키로 하며 이 경우 제3항에서 정한 지체보상금을 지급하지 아니하기로 한다.

제6소(숭도금 및 잔금납부) (1) 중도금 및 잔금의 납부장소는 "갑"이 지정.통보하는 은행으로 하며 "갑"은 중도금 납부일을 "을"에게 별도로 통보할 의무를 지지 않는다.

(2) 개인별로 은행에 신청하여 융자받은 중도금은 제1조에 명시된 중도금 납부일자에 "갑"에게 입금(납부)되어야 하며 납부일의 경과시는 이 계약서상의 연체요율에 의거 연체이자를 부담한다.

제7조(보증책임) "갑"이 파산 등의 사유로 분양계약을 이행할 수 없게 되는 경우 분양보증 또는 연대보증을 한 자가 보증내용에 따라 당해 주택의 분양(사용검사를 포함한다)의 이행 또는 납부한 입주금의 환급(입주자가 원하는 경우에 한한다)의 책임을 진다.

제8조(국민주택기금 대출이자의 부담) 국민주택기금으로 대체되는 잔금에 대한 이자는 입주여부에 관계없이 입주지정기간 만료일 다음 날로부터 은행융자금이 "을"에게 지급(대환)되는 날까지 은행대출금리에 의하여 "갑"에게 납부하여야 한다.(단, 국민주택에 한함)

제9조(소유권 이전) (1) "갑"은 본 건물의 준공일로부터 60일 이내에 소유권 보존등기를 하도록 한다.

(2) "을"은 공급대금 및 기타 납부액을 완납하고 "갑"의 소유권 보존등기가 완료되는 날로부터 60일 이내에 "을"의 비용으로 소유권 이전등기를 필하여야 하며 "을"이 이전절차를 완료하지 않

음으로써 발생하는 제피해 및 공과금은 "을"이 전액 부담하여야
한다.

(3) "갑"의 귀책사유가 아닌 천재지변이나 행정명령, 기타 택지개발
사업 미준공, 공부 미정리등의 부득이한 사정으로 소유권 이전절차
가 지연될 경우 "을"은 이에 대하여 이의를 제기하지 못한다.

(4) 이 계약서상의 공유대지는 전용면적비율에 의거 배분하여 공
유지분으로 이전되며 "갑"은 "을"에게 위치를 지정 또는 할양하
지 아니하며 "을"은 공유지분의 분할청구를 할 수 없다.

(5) 계약시 체결된 건물의 공급면적 및 대지의 공유지분은 공부정
리 절차등의 부득이한 경우에 한해 법령이 허용하는 오차 범위내
에서 증감이 있을 수 있으나 증감이 있을 때에는 계약서와 등기
부상의 면적차이에 대하여 분양당시 가격을 기준으로 계산하여
소유권 이전등기시까지 상호 정산하기로 한다.

제10조(지번의 변경) 목적물의 지번은 필지분할 또는 합필에 의하여
변경될 수 있다.

제11조(제세공과금의 부담) 입주지정일 이후 발생하는 제세공과금에
대하여는 입주 및 잔금완납이나 소유권이전 유무에 관계없이
"을"이 부담한다. 단, "을"의 불이행으로 인해 "갑"이 입은 손해
는 "을"이 배상한다.

제12조(공유물 및 부대시설의 공동사용) "을"은 공유시설물(기계실,
전기실, 관리사무소 지하주차장등)및 부대복리시설(공중변소, 노
인정, 어린이놀이터 등)을 공동으로 이용하여야 한다.

제13조(관리) 건물 준공후의 관리는 주택건설촉진법 및 공동주택관
리령에서 정하는 바에 따라 시행한다.

제14조(특별수선충당금의 적립) "갑" 또는 주택건설촉진법에 의하여
선정된 주택관리주체는 공동주택의 주요시설의 교체 및 하자보수를
위하여 주택건설촉진법 및 공동주택관리령의 규정에 의한 특별수선
충당금을 "을"로부터 징수, 적립하여 필요시 사용토록 한다.

제15조(하자보수) (1) "갑"은 당해건물의 시공상 하자에 대하여는 공
동주택관리령의 규정에 의하여 보수책임을 진다.

(2) "을"의 관리부실로 인하여 발생하는 당해건물의 제반 훼손부

분은 "을"이 보수 유지한다.

제16조(화재보험) 화재로 인한 재해보상과 보험가입에 관한 법률에 의하여 "을"은 본 아파트를 인도받음과 동시에 집약관리를 위해 동법에서 지정하는 보험회사와 화재보험계약을 "을"의 부담으로 체결하여야 한다. 또한 화재보험에 가입하지 않음으로써 화재 기타 이와 유사한 재해등으로 발생하는 제반피해는 "을"이 책임진다.

제17조(입주절차) (1) "을"은 공급대금 및 연체료를 기일내에 완납하고 "갑"이 요구한 제반서류를 제출한 후 입주일이 명시된 입주증을 발급받아 입주하여야 한다.

(2) "을"은 입주시 관리예치금을 납부한다.

(3) "을"은 "갑"이 지정하는 입주지정기간 만료일 다음 날로부터 입주여부에 관계없이 관리비를 부담해야 한다, 단, 입주지정기간 만료일 이전에 입주시는 실입주일로부터 관리비를 부담해야 한다.

(4) 본 아파트의 입주일은 공사 진행결과에 따라 단축될 수 있으며, 이 경우 미도래된 중도금과 잔금은 실입주일 이전에 납부해야 한다.(단, 이경우 선납할인은 적용하지 아니한다)

제18조(기타사항) (1) 견본주택(모델하우스)내에 시공된 제품은 다른 제품으로 변경될 수 없다. 단, "갑"의 귀책사유가 아닌 자재의 품절, 품귀등 부득이한 경우에 한하여 동질, 동가이상의 다른 제품으로 변경 시공될 수 있다.

(2) 견본주택(모델하우스)및 각종 인쇄물과 모형도상의 구획선 및 시설물의 위치, 설계도면 등의 표시가 계약체결일 이후 사업계획 변경승인 및 신고등에 따라 일부 변경될 경우에는 "갑"은 이를 "을"에게 통보키로 한다.(단, "갑"은 경미한 사항의 변경에 대해서는 6개월 이하의 기간마다 그 변경내용을 모아서 "을"에게 통보할 수 있다.)

(3) 이 계약에 관한 소송의 관할법원은 "갑"과 "을"이 합의하여 결정하는 관할법원으로 하며 "갑"과 "을"간의 합의가 이루어지지 아니한 경우에는 위 주택 소재지를 관할하는 법원 또는 민사소송법에 의한 법원으로 한다.

(4) 이 계약에 명시되지 아니한 사항은 "갑"과 "을"이 합의하여 결

정하되 합의되지 아니한 사항은 관계법령 및 일반관례에 따른다.

이 계약의 내용을 증명하기 위하여 계약 시 2통을 작성하여 "갑"과 "을"이 각 1통씩 보관한다.

20○○년 ○월 ○일

매도인	주 소						
	성 명 또 는 상 호		인	주민등록번호 또는 사업자등록번호	-	전 화 번 호	
매수인	주 소						
	성 명 또 는 상 호		인	주민등록번호 또는 사업자등록번호	-	전 화 번 호	

(해설)

1. 분양공고

사업시행자는 사업시행인가의 고시가 있은 날(사업시행인가 이후 시공자를 선정한 경우에는 시공자와 계약을 체결한 날)부터 60일 이내에 개략적인 부담금 내역 및 분양신청기간 등 해당 사항을 토지 등 소유자에게 통지하고 분양의 대상이 되는 대지 또는 건축물의 내역 등을 해당 지역에서 발간되는 일간신문에 공고해야 합니다.

2. 분양신청

대지 또는 건축물에 대한 분양을 받으려 하는 토지 등 소유자는 분양신청기간 내에 분양신청서에 소유권의 내역을 명기하고, 그 소유의 토지 및 건축물에 관한 등기부등본 또는 환지예정지증명원을 첨부하여 사업시행자에게 제출하여 대지 또는 건축물에 대한 분양신청을 해야 합니다.

3. 잔여분 일반 분양

사업시행자는 분양신청을 받은 후 잔여분이 있는 경우에는 정관, 운영규약, 시장·군수 등이 작성한 시행규정 또는 사업시행계획이 정하는 목적을 위해 보류지(건축물 포함)로 정하거나 조합원 외의 자에게 분양할 수 있습니다.

(관련판례)

분양계약을 체결하는 과정에서 일조나 조망, 사생활의 노출 차단 등에 관한 상황에 대하여 일정한 기준에 이르도록 하기로 약정이 이루어졌거나, 수분양자가 일조나 조망, 사생활의 노출 차단 등이 일정한 기준에 미치지 아니하는 사정을 알았더라면 그 분양계약을 체결하지 않았을 것임이 경험칙상 명백하여 분양자가 신의성실의 원칙상 사전에 수분양자에게 그와 같은 사정을 설명하거나 고지할 의무가 있음에도 이를 설명·고지하지 아니함에 따라 일조나 조망, 사생활의 노출 차단 등이 일정한 기준에 이를 것이라는 신뢰를 부여하였다고 인정할 만한 특별한 사정이 없는 한, 아파트 각 동·세대의 배치 및 구조, 아파트의 층수, 아파트 각 동·세대 사이의 거리 등에 관한 기본적인 계획(이하 '기본적인 건축 계획'이라 한다)에 의하여 결정되는 일조나 조망, 사생활의 노출 등에 관한 상황에 대하여 수분양자가 이를 예상하고 받아들여 분양계약에 이르렀다고 봄이 상당하다. 따라서 분양된 아파트가 건축관계법령 및 주택법상의 주택건설기준 등에 적합할 뿐만 아니라, 분양계약 체결 당시 수분양자에게 알려진 기본적인 건축 계획대로 건축된 경우에는 아파트 각 동·세대의 방위나 높이, 구조 또는 다른 동과의 인접 거리 등으로 인하여 일정 시간 이상의 일조가 확보되지 아니하고 조망이 가려지며 사생활이 노출된다고 하더라도, 위에서 본 바와 같은 특별한 사정이 있지 않는 한, 이를 가지고 위 아파트가 그 분양계약 당시 수분양자에게 제공된 기본적인 건축 계획에 관한 정보에 의하여 예상할 수 있었던 범위를 벗어나 분양계약의 목적물로서 거래상 통상

갖추어야 하거나 당사자의 특약에 의하여 보유하여야 할 품질이나 성질을 갖추지 못한 경우에 해당된다고 할 수 없다 (대법원 2010. 4. 29. 선고 2007다9139 판결).

■ 민간건설공사 표준도급계약서

민간건설공사 표준도급계약서

1. 공 사 명 :

2. 공사장소 :

3. 착공년월일   :   년   월   일

4. 준공예정년월일 :   년   월   일

5. 계약금액 : 일금   원정 (부가가치세 포함)

   (노무비[1] : 일금   원정, 부가가치세 일금   원정)

   1) 건설산업기본법 제88조제2항, 동시행령 제84제1항 규정에
   의하여 산출한 노임

6. 계약보증금 : 일금   원정

7. 선   금 : 일금   원정(계약 체결 후○일 이내 지급)

8. 기성부분금 : (   )월에 1회

9. 지급자재의 품목 및 수량

10. 하자담보책임(복합공종인 경우 공종별로 구분 기재)

공종	공종별계약금액	하자보수보증금율(%) 및 금액	하자담보책임기간
		( ) % 원정	
		( ) % 원정	
		( ) % 원정	

11. 지체상금율 :

12. 대가지급 지연 이자율 :

13. 기타사항 :

   도급인과 수급인은 합의에 따라 붙임의 계약문서에 의하여 계

약을 체결하고, 신의에 따라 성실히 계약상의 의무를 이행할 것을 확약하며, 이 계약의 증거로서 계약문서를 2통 작성하여 각 1통씩 보관한다.

붙임서류 : 1. 민간건설공사 도급계약 일반조건 1부
　　　　　 2. 공사계약특수조건 1부
　　　　　 3. 설계서 및 산출내역서 1부

　　　　　　　　　　　　　　　　　　 년　　　월　　　일

　　　 도　급　인　　　　　　수　급　인
주소　　　　　　　　　　　주소
성명　　　　　　 (인)　　성명　　　　　　　 (인)

〈 민간건설공사 표준도급계약 일반조건 〉

제1조(총칙) 도급인(이하 "갑"이라 한다)과 수급인(이하 "을"이라 한다)은 대등한 입장에서 서로 협력하여 신의에 따라 성실히 계약을 이행한다.

제2조(정의) 이 조건에서 사용하는 용어의 정의는 다음과 같다
　1. "도급인"이라 함은 건설공사를 건설업자에게 도급하는 자를 말한다.
　2. "도급"이라 함은 당사자 일방이 건설공사를 완성할 것으로 약정하고, 상대방이 그 일의 결과에 대하여 대가를 지급할 것을 약정하는 계약을 말한다.
　3. "수급인"이라 함은 도급인으로부터 건설공사를 도급받는 건설업자를 말한다.

4. "하도급"이라 함은 도급받은 건설공사의 전부 또는 일부를 다시 도급하기 위하여 수급인이 제3자와 체결하는 계약을 말한다.

5. "하수급인"이라 함은 수급인으로부터 건설공사를 하도급 받은 자를 말한다.

6. "설계서"라 함은 공사시방서, 설계도면(물량내역서를 작성한 경우 이를 포함한다) 및 현장설명서를 말한다.

7. "물량내역서"라 함은 공종별 목적물을 구성하는 품목 또는 비목과 동 품목 또는 비목의 규격·수량·단위 등이 표시된 내역서를 말한다.

8. "산출내역서"라 함은 물량내역서에 수급인이 단가를 기재하여 도급인에게 제출한 내역서를 말한다

제3조(계약문서) ① 계약문서는 민간건설공사 도급계약서, 민간건설공사 도급계약 일반조건, 공사계약특수조건, 설계서 및 산출내역서로 구성되며, 상호 보완의 효력을 가진다.

② 이 조건이 정하는 바에 의하여 계약당사자간에 행한 통지문서 등은 계약문서로서의 효력을 가진다.

제4조(계약보증금) ① "을"은 계약상의 의무이행을 보증하기 위해 계약서에서 정한 계약보증금을 계약체결전까지 "갑"에게 현금 등으로 납부하여야 한다. 다만, "갑"과 "을"이 합의에 의하여 계약보증금을 납부하지 아니하기로 약정한 경우에는 그러하지 아니하다.

② 제1항의 계약보증금은 다음 각 호의 기관이 발행한 보증서로 납부할 수 있다.

1. 건설산업기본법 제54조 제1항의 규정에 의한 각 공제조합 발행 보증서

2. 보증보험회사, 신용보증기금등 이와 동등한 기관이 발행하는 보증서

3. 금융기관의 지급보증서 또는 예금증서

4. 국채 또는 지방채

③ "을"은 제21조부터 제23조의 규정에 의하여 계약금액이 증액

된 경우에는 이에 상응하는 금액의 보증금을 제1항 및 제2항의 규정에 따라 추가 납부하여야 하며, 계약금액이 감액된 경우에는 "갑"은 이에 상응하는 금액의 계약보증금을 "을"에게 반환하여야 한다.

제5조(계약보증금의 처리) ① 제34조제1항 각 호의 사유로 계약이 해제 또는 해지된 경우 제4조의 규정에 의하여 납부된 계약보증금은 "갑"에게 귀속한다. 이 경우 계약의 해제 또는 해지에 따른 손해배상액이 계약보증금을 초과한 경우에는 그 초과분에 대한 손해배상을 청구할 수 있다.

② "갑"은 제32조제1항 각 호의 사유로 계약이 해제 또는 해지되거나 계약의 이행이 완료된 때에는 제4조의 규정에 의하여 납부된 계약보증금을 지체없이 "을"에게 반환하여야 한다.

제6조(공사감독원) ① "갑"은 계약의 적정한 이행을 확보하기 위하여 스스로 이를 감독하거나 자신을 대리하여 다음 각 호의 사항을 행하는 자(이하 '공사감독원'이라 한다)를 선임할 수 있다.

1. 시공일반에 대하여 감독하고 입회하는 일
2. 계약이행에 있어서 "을"에 대한 지시.승낙 또는 협의하는 일
3. 공사의 재료와 시공에 대한 검사 또는 시험에 입회하는일
4. 공사의 기성부분 검사, 준공검사 또는 공사목적물의 인도에 입회하는 일
5. 기타 공사감독에 관하여 "갑"이 위임하는 일

② "갑"은 제1항의 규정에 의하여 공사감독원을 선임한 때에는 그 사실을 즉시 "을"에게 통지하여야 한다.

③ "을"은 공사감독원의 감독 또는 지시사항이 공사수행에 현저히 부당하다고 인정할 때에는 "갑"에게 그 사유를 명시하여 필요한 조치를 요구할 수 있다.

제7조(현장대리인의 배치) ① "을"은 착공전에 건설산업기본법령에서 정한 바에 따라 당해공사의 주된 공종에 상응하는 건설기술자를 현장에 배치하고, 그중 1인을 현장대리인으로 선임한 후 "갑"에게 통지하여야 한다.

② 제1항의 현장대리인은 법령의 규정 또는 "갑"이 동의한 경우

를 제외하고는 현장에 상주하여 시공에 관한 일체의 사항에 대하여 "을"을 대리하며, 도급받은 공사의 시공관리 기타 기술상의 관리를 담당한다.

제8조(공사현장 근로자) ① "을"은 해당 공사의 시공 또는 관리에 필요한 기술과 인력을 가진 근로자를 채용하여야 하며 근로자의 행위에 대하여 사용자로서의 모든 책임을 진다.

② "을"이 채용한 근로자에 대하여 "갑"이 해당 계약의 시공 또는 관리상 현저히 부적당하다고 인정하여 교체를 요구한 때에는 정당한 사유가 없는 한 즉시 교체하여야 한다.

③ "을"은 제2항에 의하여 교체된 근로자를 "갑"의 동의 없이 해당 공사를 위해 다시 채용할 수 없다.

제9조(착공신고 및 공정보고) ① "을"은 계약서에서 정한 바에 따라 착공하여야 하며, 착공 시에는 다음 각 호의 서류가 포함된 착공신고서를 "갑"에게 제출하여야 한다.

1. 건설산업기본법령에 의하여 배치하는 건설기술자 지정서
2. 공사예정공정표
3. 공사비 산출내역서 (단, 계약체결시 산출내역서를 제출하고 계약금액을 정한 경우를 제외한다)
4. 공정별 인력 및 장비 투입 계획서
5. 기타 "갑"이 지정한 사항

② "을"은 계약의 이행중에 제1항의 규정에 의하여 제출한 서류의 변경이 필요한 때에는 관련서류를 변경하여 제출하여야 한다.

③ "갑"은 제1항 및 제2항의 규정에 의하여 제출된 서류의 내용을 조정할 필요가 있다고 인정하는 때에는 "을"에게 이의 조정을 요구할 수 있다.

④ "갑"은 "을"이 월별로 수행한 공사에 대하여 다음 각 호의 사항을 명백히 하여 익월 14일까지 제출하도록 요청할 수 있으며, "을"은 이에 응하여야 한다.

1. 월별 공정률 및 수행공사금액
2. 인력.장비 및 자재현황
3. 계약사항의 변경 및 계약금액의 조정내용

제10조(공사기간) ① 공사착공일과 준공일은 계약서에 명시된 일자로 한다.

② "을"의 귀책사유 없이 공사착공일에 착공할 수 없는 경우에는 "을"의 현장인수일자를 착공일로 하며, 이 경우 "을"은 공사기간의 연장을 요구할 수 있다.

③ 준공일은 '을"이 건설공사를 완성하고 "갑"에게 서면으로 준공검사를 요청한 날을 말한다. 다만, 제27조의 규정에 의하여 준공검사에 합격한 경우에 한 한다.

제11조(선금) ① "갑"은 계약서에서 정한 바에 따라 "을"에게 선금을 지급하여야 하며, "갑"이 선금 지급시 보증서 제출을 요구하는 경우 "을"은 제4조 제2항 각 호의 보증기관이 발행한 보증서를 제출하여야 한다.

② 제1항에 의한 선금지급은 "을"의 청구를 받은 날부터 14일이내에 지급하여야 한다. 다만, 자금사정등 불가피한 사유로 인하여 지급이 불가능한 경우 그 사유 및 지급시기를 "을"에게 서면으로 통지한 때에는 그러하지 아니하다.

③ "을"은 선금을 계약목적달성을 위한 용도이외의 타 목적에 사용할 수 없으며, 노임지급 및 자재확보에 우선 사용하여야 한다.

④ 선금은 기성부분에 대한 대가를 지급할 때마다 다음 방식에 의하여 산출한 금액을 정산한다.

$$선금정산액 = 선금액 \times \frac{기성부분의\ 대가}{계약금액}$$

⑤ "갑"은 선금을 지급한 경우 다음 각 호의 1에 해당하는 경우에는 당해 선금잔액에 대하여 반환을 청구할 수 있다.

1. 계약을 해제 또는 해지하는 경우
2. 선금지급조건을 위반한 경우

⑥ "갑"은 제5항의 규정에 의한 반환청구시 기성부분에 대한 미지급금액이 있는 경우에는 선금잔액을 그 미지급금액에 우선적으로 충당하여야 한다.

제12조(자재의 검사 등) ① 공사에 사용할 재료는 신품이어야 하며, 품질·품명 등은 설계도서와 일치하여야 한다. 다만, 설계도서에

품질·품명 등이 명확히 규정되지 아니한 것은 표준품 또는 표준품에 상당하는 재료로서 계약의 목적을 달성하는데 가장 적합한 것이어야 한다.

② 공사에 사용할 자재중에서 "갑"이 품목을 지정하여 검사를 요구하는 경우에는 "을"은 사용전에 "갑"의 검사를 받아야 하며, 설계도서와 상이하거나 품질이 현저히 저하되어 불합격된 자재는 즉시 대체하여 다시 검사를 받아야 한다.

③ 제2항의 검사에 이의가 있을 경우 "을"은 "갑"에게 재검사를 요구할 수 있으며, 재검사가 필요하다고 인정되는 경우 "갑"은 지체없이 재검사하도록 조치하여야 한다.

④ "을"은 자재의 검사에 소요되는 비용을 부담하여야 하며, 검사 또는 재검사 등을 이유로 계약기간의 연장을 요구할 수 없다 다만, 제3항의 규정에 의하여 재검사 결과 적합한 자재인 것으로 판명될 경우에는 재검사에 소요된 기간에 대하여는 계약기간을 연장할 수 있다.

⑤ 공사에 사용하는 자재중 조립 또는 시험을 요하는 것은 "갑"의 입회하에 그 조립 또는 시험을 하여야 한다.

⑥ 수중 또는 지하에서 행하여지는 공사나 준공후 외부에서 확인할 수 없는 공사는 "갑"의 참여없이 시행할 수 없다. 다만, 사전에 "갑"의 서면승인을 받고 사진, 비디오 등으로 시공방법을 확인할 수 있는 경우에는 시행할 수 있다.

⑦ "을"은 공사수행과 관련하여 필요한 경우 "갑"에게 입회를 요구할 수 있으며, "갑"은 이에 응하여야 한다.

제13조(지급자재와 대여품) ① 계약에 의하여 "갑"이 지급하는 자재와 대여품은 공사예정공정표에 의한 공사일정에 지장이 없도록 적기에 인도되어야 하며, 그 인도장소는 시방서 등에 따로 정한 바가 없으면 공사현장으로 한다.

② 제1항의 규정에 의하여 지급된 자재의 소유권은 "갑"에게 있으며, "을"은 "갑"의 서면승낙없이 현장 외부로 반출하여서는 아니된다.

③ 제1항의 규정에 의하여 인도된 지급자재와 대여품에 대한 관

리상의 책임은 "을"에게 있으며, "을"이 이를 멸실 또는 훼손하
였을 경우에는 "갑"에게 변상하여야 한다.

④ "을"은 지급자재 및 대여품의 품질 또는 규격이 시공에 적당
하지 아니하다고 인정할 때에는 즉시 "갑"에게 이를 통지하고 그
대체를 요구할 수 있다.

⑤ 자재 등의 지급지연으로 공사가 지연될 우려가 있을 때에는
"을"은 "갑"의 서면승낙을 얻어 자기가 보유한 자재를 대체 사용
할 수 있다. 이 경우 "갑"은 대체 사용한 자재 등을 "을"과 합
의된 일시 및 장소에서 현품으로 반환하거나 대체사용당시의 가
격을 지체없이 "을"에게 지급하여야 한다.

⑥ "을"은 갑이 지급한 자재와 기계·기구 등 대여품을 선량한 관
리자의 주의로 관리하여야 하며, 계약의 목적을 수행하는 데에만
사용하여야 한다.

⑦ "을"은 공사내용의 변경으로 인하여 필요없게 된 지급자재 또
는 사용완료된 대여품을 지체없이 "갑"에게 반환하여야 한다.

제14조(안전관리 및 재해보상) ① "을"은 산업재해를 예방하기 위하
여 안전시설의 설치 및 보험의 가입 등 적정한 조치를 하여야 하
며, 이를 위해 "갑"은 계약금액에 안전관리비 및 산업재해보상
보험료 상당액을 계상하여야 한다.

② 공사현장에서 발생한 산업재해에 대한 책임은 "을"에게 있다.
다만, 설계상의 하자 또는 "갑"의 요구에 의한 작업으로 재해가
발생한 경우에는 "갑"에 대하여 구상권을 행사할 수 있다.

제15조(건설근로자의 보호) ① "을"은 도급받은 공사가 건설산업기
본법, 임금채권보장법, 고용보험법, 국민연금법, 국민건강보험법
및 노인장기요양보험법에 의하여 의무가입대상인 경우에는 퇴직
공제, 임금채권보장제도, 고용보험, 국민연금, 건강보험 및 노인
장기요양보험에 가입하여야 한다. 다만, "을"이 도급받은 공사를
하도급한 경우로서 하수급인이 고용한 근로자에 대하여 고용보
험, 국민연금, 건강보험 및 노인장기요양보험에 가입한 경우에는
그러하지 아니하다.

② "갑"은 제1항의 건설근로자퇴직공제부금, 임금채권보장제도에

따른 사업주부담금, 고용보험료, 국민연금보험료, 국민건강보험료 및 노인장기요양보험료를 계약금액에 계상하여야 한다.

제16조(응급조치) ① "을"은 재해방지를 위하여 특히 필요하다고 인정될 때에는 미리 긴급조치를 취하고 즉시 이를 "갑"에게 통지하여야 한다.

② "갑"은 재해방지 기타 공사의 시공상 부득이하다고 인정할 때에는 "을"에게 긴급조치를 요구할 수 있다. 이 경우 "을"은 즉시 이에 응하여야 하며, "을"이 "갑"의 요구에 응하지 않는 경우 "갑"은 제3자로 하여금 필요한 조치를 하게 할 수 있다.

③ 제1항 및 제2항의 응급조치에 소요된 경비는 실비를 기준으로 "갑"과 "을"이 협의하여 부담한다.

제17조(공사기간의 연장) ① "갑"의 책임있는 사유 또는 천재지변, 불가항력의 사태, 원자재 수급불균형 등으로 현저히 계약이행이 어려운 경우 등 "을"의 책임이 아닌 사유로 공사수행이 지연되는 경우 "을"은 서면으로 공사기간의 연장을 "갑"에게 요구할 수 있다.

② "갑"은 제1항의 규정에 의한 계약기간 연장의 요구가 있는 경우 즉시 그 사실을 조사.확인하고 공사가 적절히 이행될 수 있도록 계약기간의 연장 등 필요한 조치를 하여야 한다.

③ 제1항의 규정에 의거 공사기간이 연장되는 경우 이에 따르는 현장관리비 등 추가경비는 제23조의 규정을 적용하여 조정한다.

④ "갑"은 제1항의 계약기간의 연장을 승인하였을 경우 동 연장기간에 대하여는 지체상금을 부과하여서는 아니된다.

제18조(부적합한 공사) ① "갑"은 "을"이 시공한 공사중 설계서에 적합하지 아니한 부분이 있을 때에는 이의 시정을 요구할 수 있으며, "을"은 지체없이 이에 응하여야 한다. 이 경우 "을"은 계약금액의 증액 또는 공기의 연장을 요청할 수 없다.

② 제1항의 경우 설계서에 적합하지 아니한 공사가 "갑"의 요구 또는 지시에 의하거나 기타 "을"의 책임으로 돌릴 수 없는 사유로 인한 때에는 "을"은 그 책임을 지지 아니한다.

제19조(불가항력에 의한 손해) ① "을"은 검사를 마친 기성부분 또

는 지급자재와 대여품에 대하여 태풍.홍수.악천후.전쟁.사변.지진.
전염병.폭동 등 불가항력에 의한 손해가 발생한 때에는 즉시 그
사실을 "갑"에게 통지하여야 한다.

② "갑"은 제1항의 통지를 받은 경우 즉시 그 사실을 조사.확인하
고 그 손해의 부담에 있어서 기성검사를 필한 부분 및 검사를 필
하지 아니한 부분 중 객관적인 자료(감독일지, 사진 또는 비디오
테잎 등)에 의하여 이미 수행되었음이 판명된 부분은 "갑"이 부
담하고, 기타 부분은 "갑"과 "을"이 협의하여 결정한다.

③ 제2항의 협의가 성립되지 않은 때에는 제41조의 규정에 의한
다.

제20조(공사의 변경.중지) ① "갑"이 설계변경 등에 의하여 공사내
용을 변경.추가하거나 공사의 전부 또는 일부에 대한 시공을 일
시 중지할 경우에는 변경계약서 등을 사전에 "을"에게 교부하여
야 한다.

② "갑"이 전항에 따른 공사내용의 변경·추가 관련 서류를 교부하
지 아니한 때에는 "을"은 "갑"에게 도급받은 공사 내용의 변경·
추가에 관한 사항을 서면으로 통지하여 확인을 요청할 수 있다.

③ "갑"의 지시에 의하여 "을"이 추가로 시공한 공사물량에 대하
여서는 공사비를 증액하여 지급하여야 한다.

④ "을"은 동 계약서에 규정된 계약금액의 조정사유 이외의 계약
체결 후 계약조건의 미숙지, 덤핑수주 등을 이유로 계약금액의
변경을 요구하거나 시공을 거부할 수 없다.

제21조(설계변경으로 인한 계약금액의 조정) ① 설계서의 내용이 공
사현장의 상태와 일치하지 않거나 불분명, 누락, 오류가 있을 때
또는 시공에 관하여 예기하지 못한 상태가 발생되거나 사업계획
의 변경 등으로 인하여 추가 시설물의 설치가 필요한 때에는
"갑"은 설계를 변경하여야 한다.

② 제1항의 설계변경으로 인하여 공사량의 증감이 발생한 때에는
다음 각 호의 기준에 의하여 계약금액을 조정하며, 필요한 경우
공사기간을 연장하거나 단축한다.

1. 증감된 공사의 단가는 제9조의 규정에 의한 산출내역서상의

단가를 기준으로 상호 협의하여 결정한다.

2. 산출내역서에 포함되어 있지 아니한 신규비목의 단가는 설계변경 당시를 기준으로 산정한 단가로 한다.

3. 증감된 공사에 대한 일반관리비 및 이윤 등은 산출내역서상의 율을 적용한다.

제22조(물가변동으로 인한 계약금액의 조정) ① 계약체결후 90일이상 경과한 경우에 잔여공사에 대하여 산출내역서에 포함되어 있는 품목 또는 비목의 가격 등의 변동으로 인한 등락액이 잔여공사에 해당하는 계약금액의 100분의3 이상인 때에는 계약금액을 조정한다. 다만, 제17조제1항의 규정에 의한 사유로 계약이행이 곤란하다고 인정되는 경우에는 계약체결일(계약체결후 계약금액을 조정한 경우 그 조정일)부터 90일이내에도 계약금액을 조정할 수 있다.

② 제1항의 규정에 불구하고 계약금액에서 차지하는 비중이 100분의 1을 초과하는 자재의 가격이 계약체결일(계약체결후 계약금액을 조정한 경우 그 조정일)부터 90일이내에 100분의 15 이상 증감된 경우에는 '갑'과 '을'이 합의하여 계약금액을 조정할 수 있다.

③ 제1항 및 제2항의 규정에 의한 계약금액의 조정에 있어서 그 조정금액은 계약금액 중 물가변동기준일 이후에 이행되는 부분의 대가에 적용하되, 물가변동이 있는 날 이전에 이미 계약이행이 완료되어야 할 부분에 대하여는 적용하지 아니한다. 다만, 제17조제1항의 규정에 의한 사유로 계약이행이 지연된 경우에는 그러하지 아니하다.

④ 제1항의 규정에 의하여 조정된 계약금액은 직전의 물가변동으로 인하여 계약금액 조정기준일(조정 사유가 발생한 날을 말한다)부터 60일이내에는 이를 다시 조정할 수 없다.

⑤ 제1항의 규정에 의하여 계약금액 조정을 청구하는 경우에는 조정내역서를 첨부하여야 하며, 청구를 받은 날부터 30일 이내에 계약금액을 조정하여야 한다

⑥ 제5항의 규정에 의한 계약금액조정 청구내용이 부당함을 발견

한 때에는 지체없이 필요한 보완요구 등의 조치를 하여야 한다. 이 경우 보완요구 등의 조치를 통보받은 날부터 그 보완을 완료한 사실을 상대방에게 통지한 날까지의 기간은 제4항의 규정에 의한 기간에 산입하지 아니한다.

제23조(기타 계약내용의 변동으로 인한 계약금액의 조정) ① 제21조 및 제22조에 의한 경우 이외에 계약내용의 변경으로 계약금액을 조정하여야 할 필요가 있는 경우에는 그 변경된 내용에 따라 계약금액을 조정하며, 이 경우 증감된 공사에 대한 일반관리비 및 이윤 등은 산출내역서상의 율을 적용한다.

② 제1항과 관련하여 "을"은 제21조 및 제22조에 규정된 계약금액 조정사유 이외에 계약체결후 계약조건의 미숙지 등을 이유로 계약금액의 변경을 요구하거나 시공을 거부할 수 없다.

제24조(기성부분금) ① 계약서에 기성부분금에 관하여 명시한 때에는 "을"은 이에 따라 기성부분에 대한 검사를 요청할 수 있으며, 이때 "갑"은 지체없이 검사를 하고 그 결과를 "을"에게 통지하여야 하며, 14일이내에 통지가 없는 경우에는 검사에 합격한 것으로 본다.

② 기성부분은 제2조 제8호의 산출내역서의 단가에 의하여 산정한다. 다만, 산출내역서가 없는 경우에는 공사진척율에 따라 "갑"과 "을"이 합의하여 산정한다.

③ "갑"은 검사완료일로부터 14일이내에 검사된 내용에 따라 기성부분금을 "을"에게 지급하여야 한다.

④ "갑"이 제3항의 규정에 의한 기성부분금의 지급을 지연하는 경우에는 제28조제3항의 규정을 준용한다.

제25조(손해의 부담) "갑"."을" 쌍방의 책임 없는 사유로 공사의 목적물이나 제3자에게 손해가 생긴 경우 다음 각 호의 자가 손해를 부담한다.

1. 목적물이 갑에게 인도되기 전에 발생된 손해: 을
2. 목적물이 갑에게 인도된 후에 발생된 손해: 갑
3. 목적물에 대한 갑의 인수지연 중 발생된 손해: 갑
4. 목적물 검사기간 중 발생된 손해: 갑.을이 협의하여 결정

제26조(부분사용) ① "갑"은 공사목적물의 인도전이라 하더라도 "을"의 동의를 얻어 공사목적물의 전부 또는 일부를 사용할 수 있다.

② 제1항의 경우 "갑"은 그 사용부분에 대하여 선량한 관리자의 주의 의무를 다하여야 한다.

③ "갑"은 제1항에 의한 사용으로 "을"에게 손해를 끼치거나 "을"의 비용을 증가하게 한 때는 그 손해를 배상하거나 증가된 비용을 부담한다.

제27조(준공검사) ① "을"은 공사를 완성한 때에는 "갑"에게 통지하여야 하며 "갑"은 통지를 받은 후 지체없이 "을"의 입회하에 검사를 하여야 하며, "갑"이 "을"의 통지를 받은 후 10일 이내에 검사결과를 통지하지 아니한 경우에는 10일이 경과한 날에 검사에 합격한 것으로 본다. 다만, 천재.지변 등 불가항력적인 사유로 인하여 검사를 완료하지 못한 경우에는 당해 사유가 존속되는 기간과 당해 사유가 소멸된 날로부터 3일까지는 이를 연장할 수 있다.

② "을"은 제1항의 검사에 합격하지 못한 때에는 지체없이 이를 보수 또는 개조하여 다시 준공검사를 받아야 한다.

③ "을"은 검사의 결과에 이의가 있을 때에는 재검사를 요구할 수 있으며, "갑"은 이에 응하여야 한다.

④ "갑"은 제1항의 규정에 의한 검사에 합격한 후 "을"이 공사목적물의 인수를 요청하면 인수증명서를 발급하고 공사목적물을 인수하여야 한다.

제28조(대금지급) ① "을"은 "갑"의 준공검사에 합격한 후 즉시 잉여자재, 폐기물, 가설물 등을 철거, 반출하는 등 공사현장을 정리하고 공사대금의 지급을 "갑"에게 청구할 수 있다.

② "갑"은 특약이 없는 한 계약의 목적물을 인도 받음과 동시에 "을"에게 공사 대금을 지급하여야 한다.

③ "갑"이 공사대금을 지급기한내에 지급하지 못하는 경우에는 그 미지급금액에 대하여 지급기한의 다음날부터 지급하는 날까지의 일수에 계약서 상에서 정한 대가지급 지연이자율(시중은행의 일반대출시 적용되는 연체이자율 수준을 감안 하여 상향 적용할

수 있다)을 적용하여 산출한 이자를 가산하여 지급하여야 한다.

제29조(폐기물의 처리 등) "을"은 공사현장에서 발생한 폐기물을 관계법령에 의거 처리하여야 하며, "갑"은 폐기물처리에 소요되는 비용을 계약금액에 반영하여야 한다.

제30조(지체상금) ① "을"은 준공기한내에 공사를 완성하지 아니한 때에는 매 지체일수마다 계약서상의 지체상금율을 계약금액에 곱하여 산출한 금액(이하 '지체상금'이라 한다)을 "갑"에게 납부하여야 한다. 다만, "갑"의 귀책사유로 준공검사가 지체된 경우와 다음 각 호의 1에 해당하는 사유로 공사가 지체된 경우에는 그 해당일수에 상당하는 지체상금을 지급하지 아니하여도 된다.

1. 제19조에서 규정한 불가항력의 사유에 의한 경우
2. "을"이 대체하여 사용할 수 없는 중요한 자재의 공급이 "갑"의 책임있는 사유로 인해 지연되어 공사진행이 불가능하게 된 경우
3. "갑"의 귀책사유로 착공이 지연되거나 시공이 중단된 경우
4. 기타 "을"의 책임에 속하지 아니하는 사유로 공사가 지체된 경우

② 제1항을 적용함에 있어 제26조의 규정에 의하여 "갑"이 공사목적물의 전부 또는 일부를 사용한 경우에는 그 부분에 상당하는 금액을 계약금액에서 공제한다.

③ "갑"은 제1항 및 제2항의 규정에 의하여 산출된 지체상금은 제28조의 규정에 의하여 "을"에게 지급되는 공사대금과 상계할 수 있다.

제31조(하자담보) ① "을"은 공사의 하자보수를 보증하기 위하여 계약서에 정한 하자보수보증금율을 계약금액에 곱하여 산출한 금액(이하 '하자보수보증금'이라 한다)을 준공검사후 그 공사의 대가를 지급할 때까지 현금 또는 제4조 제2항 각 호의 보증기관이 발행한 보증서로서 "갑"에게 납부하여야 한다.

② "을"은 "갑"이 전체목적물을 인수한 날과 준공검사를 완료한 날 중에서 먼저 도래한 날부터 계약서에 정한 하자담보 책임기간 중 당해공사에 발생하는 일체의 하자를 보수하여야 한다. 다만, 다

음 각 호의 사유로 발생한 하자에 대해서는 그러하지 아니하다.

1. 공사목적물의 인도 후에 천재지변 등 불가항력이나 "을"의 책임이 아닌 사유로 인한 경우
2. "갑"이 제공한 재료의 품질이나 규격 등의 기준미달로 인한 경우
3. "갑"의 지시에 따라 시공한 경우
4. "갑"이 건설공사의 목적물을 관계 법령에 따른 내구연한 또는 설계상의 구조내력을 초과하여 사용한 경우

③ "을"이 "갑"으로 부터 제2항의 규정에 의한 하자보수의 요구를 받고 이에 응하지 아니하는 경우 제1항의 규정에 의한 하자보수보증금은 "갑"에게 귀속한다.

④ "갑"은 하자담보책임기간이 종류한 때에는 제1항의 규정에 의한 하자보수 보증금을 "을"의 청구에 의하여 반환하여야 한다. 다만, 하자담보책임기간이 서로 다른 공종이 복합된 공사에 있어서는 공종별 하자담보 책임기간이 만료된 공종의 하자보수보증금은 "을"의 청구가 있는 경우 즉시 반환하여야 한다.

제32조(건설공사의 하도급 등) ①"을"이 도급받은 공사를 제3자에게 하도급하고자 하는 경우에는 건설산업기본법 및 하도급거래공정화에관한법률에서 정한 바에 따라 하도급하여야 하며, 하수급인의 선정, 하도급계약의 체결 및 이행, 하도급 대가의 지급에 있어 관계 법령의 제규정을 준수하여야 한다.

② "갑"은 건설공사의 시공에 있어 현저히 부적당하다고 인정하는 하수급인이 있는 경우에는 하도급의 통보를 받은 날 또는 그 사유가 있음을 안 날부터 30일이내에 서면으로 그 사유를 명시하여 하수급인의 변경 또는 하도급 계약내용의 변경을 요구할 수 있다. 이 경우 "을"은 정당한 사유가 없는 한 이에 응하여야 한다.

③ "갑"은 제2항의 규정에 의하여 건설공사의 시공에 있어 현저히 부적당한 하수급인이 있는지 여부를 판단하기 위하여 하수급인의 시공능력, 하도급 계약 금액의 적정성 등을 심사할 수 있다.

제33조(하도급대금의 직접 지급) ① "갑"은 "을"이 제32조의 규정에 의하여 체결한 하도급계약중 하도급거래공정화에 관한법률과 건설

산업기본법에서 정한 바에 따라 하도급대금의 직접 지급사유가 발생하는 경우에는 그 법에 따라 하수급인이 시공한 부분에 해당하는 하도급대금을 하수급인에게 지급한다.

② "갑"이 제1항의 규정에 의하여 하도급대금을 직접 지급한 경우에는 "갑"의 "을"에 대한 대금지급채무는 하수급인에게 지급한 한도안에서 소멸한 것으로 본다.

제34조("갑"의 계약해제 등) ① "갑"은 다음 각 호의 1에 해당하는 경우에는 계약의 전부 또는 일부를 해제 또는 해지할 수 있다.

1. "을"이 정당한 이유없이 약정한 착공기일을 경과하고도 공사에 착수하지 아니한 경우
2. "을"의 책임있는 사유로 인하여 준공기일내에 공사를 완성할 가능성이 없음이 명백한 경우
3. 제30조제1항의 규정에 의한 지체상금이 계약보증금 상당액에 도달한 경우로서 계약기간을 연장하여도 공사를 완공할 가능성이 없다고 판단되는 경우
4. 기타 "을"의 계약조건 위반으로 인하여 계약의 목적을 달성할 수 없다고 인정되는 경우

② 제1항의 규정에 의한 계약의 해제 또는 해지는 "갑"이 "을"에게 서면으로 계약의 이행기한을 정하여 통보한 후 기한내에 이행되지 아니한 때 계약의 해제 또는 해지를 "을"에게 통지함으로써 효력이 발생한다.

③ "을"은 제2항의 규정에 의한 계약의 해제 또는 해지 통지를 받은 때에는 다음 각 호의 사항을 이행하여야 한다.

1. 당해 공사를 지체없이 중지하고 모든 공사용 시설.장비 등을 공사현장으로부터 철거하여야 한다.
2. 제13조의 규정에 의한 지급재료의 잔여분과 대여품은 "갑"에게 반환하여야 한다.

제35조("을"의 계약해제 등) ① "을"은 다음 각 호의 1에 해당하는 경우에는 계약의 전부 또는 일부를 해제 또는 해지할 수 있다.

1. 공사내용을 변경함으로써 계약금액이 100분의 40이상 감소된 때
2. "갑"의 책임있는 사유에 의한 공사의 정지기간이 계약서상의

공사기간의 100분의 50을 초과한 때

3. "갑"이 정당한 이유없이 계약내용을 이행하지 아니함으로써 공사의 적정이행이 불가능하다고 명백히 인정되는 때

② 제1항의 규정에 의하여 계약을 해제 또는 해지하는 경우에는 제34조제2항 및 제3항의 규정을 준용한다.

제36조(계약해지시의 처리) ① 제34조 및 제35조의 규정에 의하여 계약이 해지된 때에는 "갑"과 "을"은 지체없이 기성부분의 공사금액을 정산하여야 한다.

② 제34조 및 제35조의 규정에 의한 계약의 해제 또는 해지로 인하여 손해가 발생한 때에는 상대방에게 그에 대한 배상을 청구할 수 있다.

제37조(을의 동시이행 항변권) ① "갑"이 계약조건에 의한 선금과 기성부분금의 지급을 지연할 경우 "을"이 상당한 기한을 정하여 그 지급을 독촉하였음에도 불구하고 "갑"이 이를 지급치 않을 때에는 "을"은 공사중지기간을 정하여 갑에게 통보하고 공사의 일부 또는 전부를 일시 중지할 수 있다.

② 제1항의 공사중지에 따른 기간은 지체상금 산정시 공사기간에서 제외된다.

③ "갑"은 제1항의 공사중지에 따른 비용을 "을"에게 지급하여야 하며, 공사중지에 따라 발생하는 손해에 대해 "을"에게 청구하지 못한다.

제38조(채권양도) ① "을"은 이 공사의 이행을 위한 목적이외에는 이 계약에 의하여 발생한 채권(공사대금 청구권)을 제3자에게 양도하지 못한다.

② "을"이 채권양도를 하고자 하는 경우에는 미리 보증기관(연대보증인이 있는 경우 연대보증인을 포함한다)의 동의를 얻어 "갑"의 서면승인을 받아야 한다.

③ "갑"은 제2항의 규정에 의한 "을"의 채권양도 승인요청에 대하여 승인 여부를 서면으로 "을"과 그 채권을 양수하고자 하는 자에게 통지하여야 한다.

제39조(손해배상책임) ① "을"이 고의 또는 과실로 인하여 도급받은

건설공사의 시공관리를 조잡하게 하여 타인에게 손해를 가한 때에
는 그 손해를 배상할 책임이 있다.

② "을"은 제1항의 규정에 의한 손해가 "갑"의 고의 또는 과실에
의하여 발생한 것인 때에는 "갑"에 대하여 구상권을 행사할 수
있다.

③ "을"은 하수급인이 고의 또는 과실로 인하여 하도급 받은 공사
를 조잡하게 하여 타인에게 손해를 가한 때는 하수급인과 연대하
여 그 손해를 배상할 책임이 있다.

제40조(법령의 준수) "갑"과 "을"은 이 공사의 시공 및 계약의 이행에
있어서 건설산업기본법 등 관계법령의 제규정을 준수하여야 한다.

제41조(분쟁의 해결) ① 계약에 별도로 규정된 것을 제외하고는 계약
에서 발생하는 문제에 관한 분쟁은 계약당사자가 쌍방의 합의에
의하여 해결한다.

② 제1항의 합의가 성립되지 못할 때에는 당사자는 건설산업기본
법에 따른 건설분쟁조정위원회에 조정을 신청하거나 중재법에 따
른 상사중재기관 또는 다른 법령에 의하여 설치된 중재기관에 중
재를 신청할 수 있다.

제42조(특약사항) 기타 이 계약에서 정하지 아니한 사항에 대하여는
"갑"과 "을"이 합의하여 별도의 특약을 정할 수 있다.

■ 내용증명(공사계약 해제 및 손해배상)

공사계약 해제 및 손해배상

발 신 인 ○ ○ ○
　　　　　주　　소 ○○시　○○구　○○동　○○길　○○
수 신 인 ○ ○ ○
　　　　　주 소 ○○시 ○○구 ○○동 ○○길 ○○

계약해제 및 손해배상 청구

1. 본인은 20○○. ○. ○○. 본인 소유의 ○○시 ○○구 ○○길 ○○
   소재 ○○고시원 신축공사에 대하여 귀하와 아래와 같은 도급계약
   을 체결하였습니다.
   (1) 공 사 기 간 : 20○○. ○. ○○. 착공
   (2) 총　　대　　금 : 금 300,000,000원
   (3) 완　　공　　일 : 20○○. ○. ○○
   (4) 대금지급방법 : 공사착수시에 선급금으로 금 100,000,000원
   　　　　　　　　　 을 지급하고, 나머지는 공사가 끝나는 즉시
   　　　　　　　　　 전액 지급하기로 함.

2. 본인은 위 계약에 따라 20○○. ○. ○○ 선급금으로 금 100,000,000
   원을 지급하였고, 귀하는 20○○. ○. ○○. 공사에 착수하였으나 같
   은 해 ○○. ○. 공사비가 없어 공사를 하지 못하니 나머지 공사대금
   을 달라고 사정하여 할 수 없이 본인은 귀하를 신뢰하고 나머지 공사
   대금 전액 200,000,000원 지급한 바 있습니다.

3. 그런데 귀하는 공사대금을 지급받은 후 며칠 동안은 공사를 착
   실히 하더니 이후 다른 곳의 일이 바쁘다며 공사를 미루기 시작

하여 벌써 완공일로부터 6개월이나 지났고, 현재 공정율은 약 70%정도 밖에 되지 않고 있습니다.

4. 귀하도 주지하듯이 본인은 그간 수차에 걸쳐 계속 공사이행을 촉구하였으나 귀하는 매번 이런저런 핑계를 대며 조금만 기다려 주면 바로 진행을 하겠다는 말만 되풀이 해 왔으나, 본인도 더 이상은 귀하를 신뢰할 수 없고 공사 지연으로 인한 피해를 마냥 방치할 수 없는 입장이기에 본 통지서로 귀하와의 공사도급계약 을 해제합니다.

5. 아울러 본 계약 고시원건물을 신축하여 임대할 목적이었음은 귀 하도 잘 알고 있듯이 귀하의 계약불이행에 따른 공사대금 반환 뿐만 아니라 공사 지연으로 인한 임료 상당의 손해배상 등 본인 이 입은 모든 피해에 대하여 추가로 청구할 것임을 분명히 밝혀 둡니다.

20○○.　○.　○.
위 발신인　　○○○ (서명)

부 록
〈관련 법령〉
* 민법(抄) - 계약 관계 조문

민 법

[시행 2016.12.20.] [법률 제14409호, 2016.12.20., 일부개정]

제3편 채 권
제2장 계 약

제1절 총 칙
제1관 계약의 성립

제527조(계약의 청약의 구속력) 계약의 청약은 이를 철회하지 못한다.

제528조(승낙기간을 정한 계약의 청약) ① 승낙의 기간을 정한 계약의 청약은 청약자가 그 기간 내에 승낙의 통지를 받지 못한 때에는 그 효력을 잃는다.

② 승낙의 통지가 전항의 기간후에 도달한 경우에 보통 그 기간내에 도달할 수 있는 발송인 때에는 청약자는 지체없이 상대방에게 그 연착의 통지를 하여야 한다. 그러나 그 도달전에 지연의 통지를 발송한 때에는 그러하지 아니하다.

③ 청약자가 전항의 통지를 하지 아니한 때에는 승낙의 통지는 연착되지 아니한 것으로 본다.

제529조(승낙기간을 정하지 아니한 계약의 청약) 승낙의 기간을 정하지 아니한 계약의 청약은 청약자가 상당한 기간내에 승낙의 통지를 받지 못한 때에는 그 효력을 잃는다.

제530조(연착된 승낙의 효력) 전2조의 경우에 연착된 승낙은 청약자가 이를 새 청약으로 볼 수 있다.

제531조(격지자간의 계약성립시기) 격지자간의 계약은 승낙의 통지를 발송한 때에 성립한다.

제532조(의사실현에 의한 계약성립) 청약자의 의사표시나 관습에 의하여 승낙의 통지가 필요하지 아니한 경우에는 계약은 승낙의 의사표시로

인정되는 사실이 있는 때에 성립한다.

제533조(교차청약) 당사자간에 동일한 내용의 청약이 상호교차된 경우에는 양청약이 상대방에게 도달한 때에 계약이 성립한다.

제534조(변경을 가한 승낙) 승낙자가 청약에 대하여 조건을 붙이거나 변경을 가하여 승낙한 때에는 그 청약의 거절과 동시에 새로 청약한 것으로 본다.

제535조(계약체결상의 과실) ① 목적이 불능한 계약을 체결할 때에 그 불능을 알았거나 알 수 있었을 자는 상대방이 그 계약의 유효를 믿었음으로 인하여 받은 손해를 배상하여야 한다. 그러나 그 배상액은 계약이 유효함으로 인하여 생길 이익액을 넘지 못한다.

② 전항의 규정은 상대방이 그 불능을 알았거나 알 수 있었을 경우에는 적용하지 아니한다.

제2관 계약의 효력

제536조(동시이행의 항변권) ① 쌍무계약의 당사자 일방은 상대방이 그 채무이행을 제공할 때 까지 자기의 채무이행을 거절할 수 있다. 그러나 상대방의 채무가 변제기에 있지 아니하는 때에는 그러하지 아니하다.

② 당사자 일방이 상대방에게 먼저 이행하여야 할 경우에 상대방의 이행이 곤란할 현저한 사유가 있는 때에는 전항 본문과 같다.

제537조(채무자위험부담주의) 쌍무계약의 당사자 일방의 채무가 당사자 쌍방의 책임없는 사유로 이행할 수 없게 된 때에는 채무자는 상대방의 이행을 청구하지 못한다.

제538조(채권자귀책사유로 인한 이행불능) ① 쌍무계약의 당사자 일방의 채무가 채권자의 책임있는 사유로 이행할 수 없게 된 때에는 채무자는 상대방의 이행을 청구할 수 있다. 채권자의 수령지체 중에 당사자쌍방의 책임없는 사유로 이행할 수 없게 된 때에도 같다.

② 전항의 경우에 채무자는 자기의 채무를 면함으로써 이익을 얻은 때에는 이를 채권자에게 상환하여야 한다.

제539조(제삼자를 위한 계약) ① 계약에 의하여 당사자 일방이 제삼자에게 이행할 것을 약정한 때에는 그 제삼자는 채무자에게 직접 그 이행

을 청구할 수 있다.

② 전항의 경우에 제삼자의 권리는 그 제삼자가 채무자에 대하여 계약의 이익을 받을 의사를 표시한 때에 생긴다.

제540조(채무자의 제삼자에 대한 최고권) 전조의 경우에 채무자는 상당한 기간을 정하여 계약의 이익의 향수여부의 확답을 제삼자에게 최고할 수 있다. 채무자가 그 기간내에 확답을 받지 못한 때에는 제삼자가 계약의 이익을 받을 것을 거절한 것으로 본다.

제541조(제삼자의 권리의 확정) 제539조의 규정에 의하여 제삼자의 권리가 생긴 후에는 당사자는 이를 변경 또는 소멸시키지 못한다.

제542조(채무자의 항변권) 채무자는 제539조의 계약에 기한 항변으로 그 계약의 이익을 받을 제삼자에게 대항할 수 있다.

제3관 계약의 해지, 해제

제543조(해지, 해제권) ① 계약 또는 법률의 규정에 의하여 당사자의 일방이나 쌍방이 해지 또는 해제의 권리가 있는 때에는 그 해지 또는 해제는 상대방에 대한 의사표시로 한다.

② 전항의 의사표시는 철회하지 못한다.

제544조(이행지체와 해제) 당사자 일방이 그 채무를 이행하지 아니하는 때에는 상대방은 상당한 기간을 정하여 그 이행을 최고하고 그 기간내에 이행하지 아니한 때에는 계약을 해제할 수 있다. 그러나 채무자가 미리 이행하지 아니할 의사를 표시한 경우에는 최고를 요하지 아니한다.

제545조(정기행위와 해제) 계약의 성질 또는 당사자의 의사표시에 의하여 일정한 시일 또는 일정한 기간내에 이행하지 아니하면 계약의 목적을 달성할 수 없을 경우에 당사자 일방이 그 시기에 이행하지 아니한 때에는 상대방은 전조의 최고를 하지 아니하고 계약을 해제할 수 있다.

제546조(이행불능과 해제) 채무자의 책임있는 사유로 이행이 불능하게 된 때에는 채권자는 계약을 해제할 수 있다.

제547조(해지, 해제권의 불가분성) ① 당사자의 일방 또는 쌍방이 수인인 경우에는 계약의 해지나 해제는 그 전원으로부터 또는 전원에 대하

여 하여야 한다.

② 전항의 경우에 해지나 해제의 권리가 당사자 1인에 대하여 소멸한 때에는 다른 당사자에 대하여도 소멸한다.

제548조(해제의 효과, 원상회복의무) ① 당사자 일방이 계약을 해제한 때에는 각 당사자는 그 상대방에 대하여 원상회복의 의무가 있다. 그러나 제삼자의 권리를 해하지 못한다.

② 전항의 경우에 반환할 금전에는 그 받은 날로부터 이자를 가하여야 한다.

제549조(원상회복의무와 동시이행) 제536조의 규정은 전조의 경우에 준용한다.

제550조(해지의 효과) 당사자 일방이 계약을 해지한 때에는 계약은 장래에 대하여 그 효력을 잃는다.

제551조(해지, 해제와 손해배상) 계약의 해지 또는 해제는 손해배상의 청구에 영향을 미치지 아니한다.

제552조(해제권행사여부의 최고권) ① 해제권의 행사의 기간을 정하지 아니한 때에는 상대방은 상당한 기간을 정하여 해제권행사여부의 확답을 해제권자에게 최고할 수 있다.

② 전항의 기간내에 해제의 통지를 받지 못한 때에는 해제권은 소멸한다.

제553조(훼손 등으로 인한 해제권의 소멸) 해제권자의 고의나 과실로 인하여 계약의 목적물이 현저히 훼손되거나 이를 반환할 수 없게 된 때 또는 가공이나 개조로 인하여 다른 종류의 물건으로 변경된 때에는 해제권은 소멸한다.

제2절 증여

제554조(증여의 의의) 증여는 당사자 일방이 무상으로 재산을 상대방에 수여하는 의사를 표시하고 상대방이 이를 승낙함으로써 그 효력이 생긴다.

제555조(서면에 의하지 아니한 증여와 해제) 증여의 의사가 서면으로 표시되지 아니한 경우에는 각 당사자는 이를 해제할 수 있다.

제556조(수증자의 행위와 증여의 해제) ①수증자가 증여자에 대하여 다

음 각호의 사유가 있는 때에는 증여자는 그 증여를 해제할 수 있다.

1. 증여자 또는 그 배우자나 직계혈족에 대한 범죄행위가 있는 때
2. 증여자에 대하여 부양의무있는 경우에 이를 이행하지 아니하는 때

②전항의 해제권은 해제원인있음을 안 날로부터 6월을 경과하거나 증여자가 수증자에 대하여 용서의 의사를 표시한 때에는 소멸한다.

제557조(증여자의 재산상태변경과 증여의 해제) 증여계약후에 증여자의 재산상태가 현저히 변경되고 그 이행으로 인하여 생계에 중대한 영향을 미칠 경우에는 증여자는 증여를 해제할 수 있다.

제558조(해제와 이행완료부분) 전조의 규정에 의한 계약의 해제는 이미 이행한 부분에 대하여는 영향을 미치지 아니한다.

제559조(증여자의 담보책임) ①증여자는 증여의 목적인 물건 또는 권리의 하자나 흠결에 대하여 책임을 지지 아니한다. 그러나 증여자가 그 하자나 흠결을 알고 수증자에게 고지하지 아니한 때에는 그러하지 아니하다.

②상대부담있는 증여에 대하여는 증여자는 그 부담의 한도에서 매도인과 같은 담보의 책임이 있다.

제560조(정기증여와 사망으로 인한 실효) 정기의 급여를 목적으로 한 증여는 증여자 또는 수증자의 사망으로 인하여 그 효력을 잃는다.

제561조(부담부증여) 상대부담있는 증여에 대하여는 본절의 규정외에 쌍무계약에 관한 규정을 적용한다.

제562조(사인증여) 증여자의 사망으로 인하여 효력이 생길 증여에는 유증에 관한 규정을 준용한다.

제3절 매매

제1관 총칙

제563조(매매의 의의) 매매는 당사자 일방이 재산권을 상대방에게 이전할 것을 약정하고 상대방이 그 대금을 지급할 것을 약정함으로써 그 효력이 생긴다.

제564조(매매의 일방예약) ① 매매의 일방예약은 상대방이 매매를 완결할 의사를 표시하는 때에 매매의 효력이 생긴다.

② 전항의 의사표시의 기간을 정하지 아니한 때에는 예약자는 상당한

기간을 정하여 매매완결여부의 확답을 상대방에게 최고할 수 있다.

③ 예약자가 전항의 기간내에 확답을 받지 못한 때에는 예약은 그 효력을 잃는다.

제565조(해약금) ① 매매의 당사자 일방이 계약당시에 금전 기타 물건을 계약금, 보증금등의 명목으로 상대방에게 교부한 때에는 당사자간에 다른 약정이 없는 한 당사자의 일방이 이행에 착수할 때까지 교부자는 이를 포기하고 수령자는 그 배액을 상환하여 매매계약을 해제할 수 있다.

② 제551조의 규정은 전항의 경우에 이를 적용하지 아니한다.

제566조(매매계약의 비용의 부담) 매매계약에 관한 비용은 당사자 쌍방이 균분하여 부담한다.

제567조(유상계약에의 준용) 본절의 규정은 매매 이외의 유상계약에 준용한다. 그러나 그 계약의 성질이 이를 허용하지 아니하는 때에는 그러하지 아니하다.

제2관 매매의 효력

제568조(매매의 효력) ① 매도인은 매수인에 대하여 매매의 목적이 된 권리를 이전하여야 하며 매수인은 매도인에게 그 대금을 지급하여야 한다.

② 전항의 쌍방의무는 특별한 약정이나 관습이 없으면 동시에 이행하여야 한다.

제569조(타인의 권리의 매매) 매매의 목적이 된 권리가 타인에게 속한 경우에는 매도인은 그 권리를 취득하여 매수인에게 이전하여야 한다.

제570조(동전-매도인의 담보책임) 전조의 경우에 매도인이 그 권리를 취득하여 매수인에게 이전할 수 없는 때에는 매수인은 계약을 해제할 수 있다. 그러나 매수인이 계약당시 그 권리가 매도인에게 속하지 아니함을 안 때에는 손해배상을 청구하지 못한다.

제571조(동전-선의의 매도인의 담보책임) ① 매도인이 계약당시에 매매의 목적이 된 권리가 자기에게 속하지 아니함을 알지 못한 경우에 그 권리를 취득하여 매수인에게 이전할 수 없는 때에는 매도인은 손해를 배상하고 계약을 해제할 수 있다.

② 전항의 경우에 매수인이 계약당시 그 권리가 매도인에게 속하지 아니함을 안 때에는 매도인은 매수인에 대하여 그 권리를 이전할 수 없음을 통지하고 계약을 해제할 수 있다.

제572조(권리의 일부가 타인에게 속한 경우와 매도인의 담보책임) ① 매매의 목적이 된 권리의 일부가 타인에게 속함으로 인하여 매도인이 그 권리를 취득하여 매수인에게 이전할 수 없는 때에는 매수인은 그 부분의 비율로 대금의 감액을 청구할 수 있다.

② 전항의 경우에 잔존한 부분만이면 매수인이 이를 매수하지 아니하였을 때에는 선의의 매수인은 계약전부를 해제할 수 있다.

③ 선의의 매수인은 감액청구 또는 계약해제외에 손해배상을 청구할 수 있다.

제573조(전조의 권리행사의 기간) 전조의 권리는 매수인이 선의인 경우에는 사실을 안 날로부터, 악의인 경우에는 계약한 날로부터 1년내에 행사하여야 한다.

제574조(수량부족, 일부멸실의 경우와 매도인의 담보책임) 전2조의 규정은 수량을 지정한 매매의 목적물이 부족되는 경우와 매매목적물의 일부가 계약당시에 이미 멸실된 경우에 매수인이 그 부족 또는 멸실을 알지 못한 때에 준용한다.

제575조(제한물권있는 경우와 매도인의 담보책임) ① 매매의 목적물이 지상권, 지역권, 전세권, 질권 또는 유치권의 목적이 된 경우에 매수인이 이를 알지 못한 때에는 이로 인하여 계약의 목적을 달성할 수 없는 경우에 한하여 매수인은 계약을 해제할 수 있다. 기타의 경우에는 손해배상만을 청구할 수 있다.

② 전항의 규정은 매매의 목적이 된 부동산을 위하여 존재할 지역권이 없거나 그 부동산에 등기된 임대차계약이 있는 경우에 준용한다.

③ 전2항의 권리는 매수인이 그 사실을 안 날로부터 1년내에 행사하여야 한다.

제576조(저당권, 전세권의 행사와 매도인의 담보책임) ① 매매의 목적이 된 부동산에 설정된 저당권 또는 전세권의 행사로 인하여 매수인이 그 소유권을 취득할 수 없거나 취득한 소유권을 잃은 때에는 매수인은 계약을 해제할 수 있다.

② 전항의 경우에 매수인의 출재로 그 소유권을 보존한 때에는 매도인

에 대하여 그 상환을 청구할 수 있다.

③ 전2항의 경우에 매수인이 손해를 받은 때에는 그 배상을 청구할 수 있다.

제577조(저당권의 목적이 된 지상권, 전세권의 매매와 매도인의 담보책임) 전조의 규정은 저당권의 목적이 된 지상권 또는 전세권이 매매의 목적이 된 경우에 준용한다.

제578조(경매와 매도인의 담보책임) ① 경매의 경우에는 경락인은 전8조의 규정에 의하여 채무자에게 계약의 해제 또는 대금감액의 청구를 할 수 있다.

② 전항의 경우에 채무자가 자력이 없는 때에는 경락인은 대금의 배당을 받은 채권자에 대하여 그 대금전부나 일부의 반환을 청구할 수 있다.

③ 전2항의 경우에 채무자가 물건 또는 권리의 흠결을 알고 고지하지 아니하거나 채권자가 이를 알고 경매를 청구한 때에는 경락인은 그 흠결을 안 채무자나 채권자에 대하여 손해배상을 청구할 수 있다.

제579조(채권매매와 매도인의 담보책임) ① 채권의 매도인이 채무자의 자력을 담보한 때에는 매매계약당시의 자력을 담보한 것으로 추정한다.

② 변제기에 도달하지 아니한 채권의 매도인이 채무자의 자력을 담보한 때에는 변제기의 자력을 담보한 것으로 추정한다.

제580조(매도인의 하자담보책임) ① 매매의 목적물에 하자가 있는 때에는 제575조제1항의 규정을 준용한다. 그러나 매수인이 하자있는 것을 알았거나 과실로 인하여 이를 알지 못한 때에는 그러하지 아니하다.

② 전항의 규정은 경매의 경우에 적용하지 아니한다.

제581조(종류매매와 매도인의 담보책임) ① 매매의 목적물을 종류로 지정한 경우에도 그 후 특정된 목적물에 하자가 있는 때에는 전조의 규정을 준용한다.

② 전항의 경우에 매수인은 계약의 해제 또는 손해배상의 청구를 하지 아니하고 하자없는 물건을 청구할 수 있다.

제582조(전2조의 권리행사기간) 전2조에 의한 권리는 매수인이 그 사실을 안 날로부터 6월내에 행사하여야 한다.

제583조(담보책임과 동시이행) 제536조의 규정은 제572조 내지 제575

조, 제580조 및 제581조의 경우에 준용한다.

제584조(담보책임면제의 특약) 매도인은 전15조에 의한 담보책임을 면하는 특약을 한 경우에도 매도인이 알고 고지하지 아니한 사실 및 제삼자에게 권리를 설정 또는 양도한 행위에 대하여는 책임을 면하지 못한다.

제585조(동일기한의 추정) 매매의 당사자 일방에 대한 의무이행의 기한이 있는 때에는 상대방의 의무이행에 대하여도 동일한 기한이 있는 것으로 추정한다.

제586조(대금지급장소) 매매의 목적물의 인도와 동시에 대금을 지급할 경우에는 그 인도장소에서 이를 지급하여야 한다.

제587조(과실의 귀속, 대금의 이자) 매매계약있은 후에도 인도하지 아니한 목적물로부터 생긴 과실은 매도인에게 속한다. 매수인은 목적물의 인도를 받은 날로부터 대금의 이자를 지급하여야 한다. 그러나 대금의 지급에 대하여 기한이 있는 때에는 그러하지 아니하다.

제588조(권리주장자가 있는 경우와 대금지급거절권) 매매의 목적물에 대하여 권리를 주장하는 자가 있는 경우에 매수인이 매수한 권리의 전부나 일부를 잃을 염려가 있는 때에는 매수인은 그 위험의 한도에서 대금의 전부나 일부의 지급을 거절할 수 있다. 그러나 매도인이 상당한 담보를 제공한 때에는 그러하지 아니하다.

제589조(대금공탁청구권) 전조의 경우에 매도인은 매수인에 대하여 대금의 공탁을 청구할 수 있다.

제3관 환매

제590조(환매의 의의) ① 매도인이 매매계약과 동시에 환매할 권리를 보류한 때에는 그 영수한 대금 및 매수인이 부담한 매매비용을 반환하고 그 목적물을 환매할 수 있다.

② 전항의 환매대금에 관하여 특별한 약정이 있으면 그 약정에 의한다.

③ 전2항의 경우에 목적물의 과실과 대금의 이자는 특별한 약정이 없으면 이를 상계한 것으로 본다.

제591조(환매기간) ① 환매기간은 부동산은 5년, 동산은 3년을 넘지 못한다. 약정기간이 이를 넘을 때에는 부동산은 5년, 동산은 3년으로 단

축한다.

② 환매기간을 정한 때에는 다시 이를 연장하지 못한다.

③ 환매기간을 정하지 아니한 때에는 그 기간은 부동산은 5년, 동산은 3년으로 한다.

제592조(환매등기) 매매의 목적물이 부동산인 경우에 매매등기와 동시에 환매권의 보류를 등기한 때에는 제삼자에 대하여 그 효력이 있다.

제593조(환매권의 대위행사와 매수인의 권리) 매도인의 채권자가 매도인을 대위하여 환매하고자 하는 때에는 매수인은 법원이 선정한 감정인의 평가액에서 매도인이 반환할 금액을 공제한 잔액으로 매도인의 채무를 변제하고 잉여액이 있으면 이를 매도인에게 지급하여 환매권을 소멸시킬 수 있다.

제594조(환매의 실행) ① 매도인은 기간내에 대금과 매매비용을 매수인에게 제공하지 아니하면 환매할 권리를 잃는다.

② 매수인이나 전득자가 목적물에 대하여 비용을 지출한 때에는 매도인은 제203조의 규정에 의하여 이를 상환하여야 한다. 그러나 유익비에 대하여는 법원은 매도인의 청구에 의하여 상당한 상환기간을 허여할 수 있다.

제595조(공유지분의 환매) 공유자의 1인이 환매할 권리를 보류하고 그 지분을 매도한 후 그 목적물의 분할이나 경매가 있는 때에는 매도인은 매수인이 받은 또는 받을 부분이나 대금에 대하여 환매권을 행사할 수 있다. 그러나 매도인에게 통지하지 아니한 매수인은 그 분할이나 경매로써 매도인에게 대항하지 못한다.

제4절 교환

제596조(교환의 의의) 교환은 당사자 쌍방이 금전 이외의 재산권을 상호 이전할 것을 약정함으로써 그 효력이 생긴다.

제597조(금전의 보충지급의 경우) 당사자 일방이 전조의 재산권이전과 금전의 보충지급을 약정한 때에는 그 금전에 대하여는 매매대금에 관한 규정을 준용한다.

제5절 소비대차

제598조(소비대차의 의의) 소비대차는 당사자 일방이 금전 기타 대체물의 소유권을 상대방에게 이전할 것을 약정하고 상대방은 그와 같은 종류, 품질 및 수량으로 반환할 것을 약정함으로써 그 효력이 생긴다.

제599조(파산과 소비대차의 실효) 대주가 목적물을 차주에게 인도하기 전에 당사자 일방이 파산선고를 받은 때에는 소비대차는 그 효력을 잃는다.

제600조(이자계산의 시기) 이자있는 소비대차는 차주가 목적물의 인도를 받은 때로부터 이자를 계산하여야 하며 차주가 그 책임있는 사유로 수령을 지체할 때에는 대주가 이행을 제공한 때로부터 이자를 계산하여야 한다.

제601조(무이자소비대차와 해제권) 이자없는 소비대차의 당사자는 목적물의 인도전에는 언제든지 계약을 해제할 수 있다. 그러나 상대방에게 생긴 손해가 있는 때에는 이를 배상하여야 한다.

제602조(대주의 담보책임) ① 이자있는 소비대차의 목적물에 하자가 있는 경우에는 제580조 내지 제582조의 규정을 준용한다.

② 이자없는 소비대차의 경우에는 차주는 하자있는 물건의 가액으로 반환할 수 있다. 그러나 대주가 그 하자를 알고 차주에게 고지하지 아니한 때에는 전항과 같다.

제603조(반환시기) ① 차주는 약정시기에 차용물과 같은 종류, 품질 및 수량의 물건을 반환하여야 한다.

② 반환시기의 약정이 없는 때에는 대주는 상당한 기간을 정하여 반환을 최고하여야 한다. 그러나 차주는 언제든지 반환할 수 있다.

제604조(반환불능으로 인한 시가상환) 차주가 차용물과 같은 종류, 품질 및 수량의 물건을 반환할 수 없는 때에는 그때의 시가로 상환하여야 한다. 그러나 제376조 및 제377조제2항의 경우에는 그러하지 아니하다.

제605조(준소비대차) 당사자 쌍방이 소비대차에 의하지 아니하고 금전 기타의 대체물을 지급할 의무가 있는 경우에 당사자가 그 목적물을 소비대차의 목적으로 할 것을 약정한 때에는 소비대차의 효력이 생긴다.

제606조(대물대차) 금전대차의 경우에 차주가 금전에 갈음하여 유가증권 기타 물건의 인도를 받은 때에는 그 인도시의 가액으로써 차용액으로

한다. <개정 2014.12.30.>

제607조(대물반환의 예약) 차용물의 반환에 관하여 차주가 차용물에 갈음하여 다른 재산권을 이전할 것을 예약한 경우에는 그 재산의 예약당시의 가액이 차용액 및 이에 붙인 이자의 합산액을 넘지 못한다. <개정 2014.12.30.>

제608조(차주에 불이익한 약정의 금지) 전2조의 규정에 위반한 당사자의 약정으로서 차주에 불리한 것은 환매 기타 여하한 명목이라도 그 효력이 없다.

제6절 사용대차

제609조(사용대차의 의의) 사용대차는 당사자 일방이 상대방에게 무상으로 사용, 수익하게 하기 위하여 목적물을 인도할 것을 약정하고 상대방은 이를 사용, 수익한 후 그 물건을 반환할 것을 약정함으로써 그 효력이 생긴다.

제610조(차주의 사용, 수익권) ① 차주는 계약 또는 그 목적물의 성질에 의하여 정하여진 용법으로 이를 사용, 수익하여야 한다.

② 차주는 대주의 승낙이 없으면 제삼자에게 차용물을 사용, 수익하게 하지 못한다.

③ 차주가 전2항의 규정에 위반한 때에는 대주는 계약을 해지할 수 있다.

제611조(비용의 부담) ① 차주는 차용물의 통상의 필요비를 부담한다.

② 기타의 비용에 대하여는 제594조제2항의 규정을 준용한다.

제612조(준용규정) 제559조, 제601조의 규정은 사용대차에 준용한다.

제613조(차용물의 반환시기) ① 차주는 약정시기에 차용물을 반환하여야 한다.

② 시기의 약정이 없는 경우에는 차주는 계약 또는 목적물의 성질에 의한 사용, 수익이 종료한 때에 반환하여야 한다. 그러나 사용, 수익에 족한 기간이 경과한 때에는 대주는 언제든지 계약을 해지할 수 있다.

제614조(차주의 사망, 파산과 해지) 차주가 사망하거나 파산선고를 받은 때에는 대주는 계약을 해지할 수 있다.

제615조(차주의 원상회복의무와 철거권) 차주가 차용물을 반환하는 때에

는 이를 원상에 회복하여야 한다. 이에 부속시킨 물건은 철거할 수 있다.

제616조(공동차주의 연대의무) 수인이 공동하여 물건을 차용한 때에는 연대하여 그 의무를 부담한다.

제617조(손해배상, 비용상환청구의 기간) 계약 또는 목적물의 성질에 위반한 사용, 수익으로 인하여 생긴 손해배상의 청구와 차주가 지출한 비용의 상환청구는 대주가 물건의 반환을 받은 날로부터 6월내에 하여야 한다.

제7절 임대차

제618조(임대차의 의의) 임대차는 당사자 일방이 상대방에게 목적물을 사용, 수익하게 할 것을 약정하고 상대방이 이에 대하여 차임을 지급할 것을 약정함으로써 그 효력이 생긴다.

제619조(처분능력, 권한없는 자의 할 수 있는 단기임대차) 처분의 능력 또는 권한없는 자가 임대차를 하는 경우에는 그 임대차는 다음 각호의 기간을 넘지 못한다.

1. 식목, 채염 또는 석조, 석회조, 연와조 및 이와 유사한 건축을 목적으로 한 토지의 임대차는 10년
2. 기타 토지의 임대차는 5년
3. 건물 기타 공작물의 임대차는 3년
4. 동산의 임대차는 6월

제620조(단기임대차의 갱신) 전조의 기간은 갱신할 수 있다. 그러나 그 기간만료전 토지에 대하여는 1년, 건물 기타 공작물에 대하여는 3월, 동산에 대하여는 1월내에 갱신하여야 한다.

제621조(임대차의 등기) ① 부동산임차인은 당사자간에 반대약정이 없으면 임대인에 대하여 그 임대차등기절차에 협력할 것을 청구할 수 있다.

② 부동산임대차를 등기한 때에는 그때부터 제삼자에 대하여 효력이 생긴다.

제622조(건물등기있는 차지권의 대항력) ①건물의 소유를 목적으로 한 토지임대차는 이를 등기하지 아니한 경우에도 임차인이 그 지상건물을

등기한 때에는 제삼자에 대하여 임대차의 효력이 생긴다. ②건물이 임대차기간만료전에 멸실 또는 후폐한 때에는 전항의 효력을 잃는다.

제623조(임대인의 의무) 임대인은 목적물을 임차인에게 인도하고 계약존속중 그 사용, 수익에 필요한 상태를 유지하게 할 의무를 부담한다.

제624조(임대인의 보존행위, 인용의무) 임대인이 임대물의 보존에 필요한 행위를 하는 때에는 임차인은 이를 거절하지 못한다.

제625조(임차인의 의사에 반하는 보존행위와 해지권) 임대인이 임차인의 의사에 반하여 보존행위를 하는 경우에 임차인이 이로 인하여 임차의 목적을 달성할 수 없는 때에는 계약을 해지할 수 있다.

제626조(임차인의 상환청구권) ① 임차인이 임차물의 보존에 관한 필요비를 지출한 때에는 임대인에 대하여 그 상환을 청구할 수 있다.

② 임차인이 유익비를 지출한 경우에는 임대인은 임대차종료시에 그 가액의 증가가 현존한 때에 한하여 임차인의 지출한 금액이나 그 증가액을 상환하여야 한다. 이 경우에 법원은 임대인의 청구에 의하여 상당한 상환기간을 허여할 수 있다.

제627조(일부멸실 등과 감액청구, 해지권) ①임차물의 일부가 임차인의 과실없이 멸실 기타 사유로 인하여 사용, 수익할 수 없는 때에는 임차인은 그 부분의 비율에 의한 차임의 감액을 청구할 수 있다.

② 전항의 경우에 그 잔존부분으로 임차의 목적을 달성할 수 없는 때에는 임차인은 계약을 해지할 수 있다.

제628조(차임증감청구권) 임대물에 대한 공과부담의 증감 기타 경제사정의 변동으로 인하여 약정한 차임이 상당하지 아니하게 된 때에는 당사자는 장래에 대한 차임의 증감을 청구할 수 있다.

제629조(임차권의 양도, 전대의 제한) ① 임차인은 임대인의 동의없이 그 권리를 양도하거나 임차물을 전대하지 못한다.

② 임차인이 전항의 규정에 위반한 때에는 임대인은 계약을 해지할 수 있다.

제630조(전대의 효과) ① 임차인이 임대인의 동의를 얻어 임차물을 전대한 때에는 전차인은 직접 임대인에 대하여 의무를 부담한다. 이 경우에 전차인은 전대인에 대한 차임의 지급으로써 임대인에게 대항하지 못한다.

② 전항의 규정은 임대인의 임차인에 대한 권리행사에 영향을 미치지

아니한다.

제631조(전차인의 권리의 확정) 임차인이 임대인의 동의를 얻어 임차물을 전대한 경우에는 임대인과 임차인의 합의로 계약을 종료한 때에도 전차인의 권리는 소멸하지 아니한다.

제632조(임차건물의 소부분을 타인에게 사용케 하는 경우) 전3조의 규정은 건물의 임차인이 그 건물의 소부분을 타인에게 사용하게 하는 경우에 적용하지 아니한다.

제633조(차임지급의 시기) 차임은 동산, 건물이나 대지에 대하여는 매월 말에, 기타 토지에 대하여는 매년말에 지급하여야 한다. 그러나 수확기 있는 것에 대하여는 그 수확후 지체없이 지급하여야 한다.

제634조(임차인의 통지의무) 임차물의 수리를 요하거나 임차물에 대하여 권리를 주장하는 자가 있는 때에는 임차인은 지체없이 임대인에게 이를 통지하여야 한다. 그러나 임대인이 이미 이를 안 때에는 그러하지 아니하다.

제635조(기간의 약정없는 임대차의 해지통고) ① 임대차기간의 약정이 없는 때에는 당사자는 언제든지 계약해지의 통고를 할 수 있다.

② 상대방이 전항의 통고를 받은 날로부터 다음 각호의 기간이 경과하면 해지의 효력이 생긴다.

1. 토지, 건물 기타 공작물에 대하여는 임대인이 해지를 통고한 경우에는 6월, 임차인이 해지를 통고한 경우에는 1월

2. 동산에 대하여는 5일

제636조(기간의 약정있는 임대차의 해지통고) 임대차기간의 약정이 있는 경우에도 당사자일방 또는 쌍방이 그 기간내에 해지할 권리를 보류한 때에는 전조의 규정을 준용한다.

제637조(임차인의 파산과 해지통고) ① 임차인이 파산선고를 받은 경우에는 임대차기간의 약정이 있는 때에도 임대인 또는 파산관재인은 제635조의 규정에 의하여 계약해지의 통고를 할 수 있다.

② 전항의 경우에 각 당사자는 상대방에 대하여 계약해지로 인하여 생긴 손해의 배상을 청구하지 못한다.

제638조(해지통고의 전차인에 대한 통지) ① 임대차계약이 해지의 통고로 인하여 종료된 경우에 그 임대물이 적법하게 전대되었을 때에는 임대인은 전차인에 대하여 그 사유를 통지하지 아니하면 해지로써 전차

인에게 대항하지 못한다.

② 전차인이 전항의 통지를 받은 때에는 제635조제2항의 규정을 준용한다.

제639조(묵시의 갱신) ① 임대차기간이 만료한 후 임차인이 임차물의 사용, 수익을 계속하는 경우에 임대인이 상당한 기간내에 이의를 하지 아니한 때에는 전임대차와 동일한 조건으로 다시 임대차한 것으로 본다. 그러나 당사자는 제635조의 규정에 의하여 해지의 통고를 할 수 있다.

② 전항의 경우에 전임대차에 대하여 제삼자가 제공한 담보는 기간의 만료로 인하여 소멸한다.

제640조(차임연체와 해지) 건물 기타 공작물의 임대차에는 임차인의 차임연체액이 2기의 차임액에 달하는 때에는 임대인은 계약을 해지할 수 있다.

제641조(동전) 건물 기타 공작물의 소유 또는 식목, 채염, 목축을 목적으로 한 토지임대차의 경우에도 전조의 규정을 준용한다.

제642조(토지임대차의 해지와 지상건물 등에 대한 담보물권자에의 통지) 전조의 경우에 그 지상에 있는 건물 기타 공작물이 담보물권의 목적이 된 때에는 제288조의 규정을 준용한다.

제643조(임차인의 갱신청구권, 매수청구권) 건물 기타 공작물의 소유 또는 식목, 채염, 목축을 목적으로 한 토지임대차의 기간이 만료한 경우에 건물, 수목 기타 지상시설이 현존한 때에는 제283조의 규정을 준용한다.

제644조(전차인의 임대청구권, 매수청구권) ① 건물 기타 공작물의 소유 또는 식목, 채염, 목축을 목적으로 한 토지임차인이 적법하게 그 토지를 전대한 경우에 임대차 및 전대차의 기간이 동시에 만료되고 건물, 수목 기타 지상시설이 현존한 때에는 전차인은 임대인에 대하여 전전대차와 동일한 조건으로 임대할 것을 청구할 수 있다.

② 전항의 경우에 임대인이 임대할 것을 원하지 아니하는 때에는 제283조제2항의 규정을 준용한다.

제645조(지상권목적토지의 임차인의 임대청구권, 매수청구권) 전조의 규정은 지상권자가 그 토지를 임대한 경우에 준용한다.

제646조(임차인의 부속물매수청구권) ① 건물 기타 공작물의 임차인이

그 사용의 편익을 위하여 임대인의 동의를 얻어 이에 부속한 물건이 있는 때에는 임대차의 종료시에 임대인에 대하여 그 부속물의 매수를 청구할 수 있다.

② 임대인으로부터 매수한 부속물에 대하여도 전항과 같다.

제647조(전차인의 부속물매수청구권) ① 건물 기타 공작물의 임차인이 적법하게 전대한 경우에 전차인이 그 사용의 편익을 위하여 임대인의 동의를 얻어 이에 부속한 물건이 있는 때에는 전대차의 종료시에 임대인에 대하여 그 부속물의 매수를 청구할 수 있다.

② 임대인으로부터 매수하였거나 그 동의를 얻어 임차인으로부터 매수한 부속물에 대하여도 전항과 같다.

제648조(임차지의 부속물, 과실 등에 대한 법정질권) 토지임대인이 임대차에 관한 채권에 의하여 임차지에 부속 또는 그 사용의 편익에 공용한 임차인의 소유동산 및 그 토지의 과실을 압류한 때에는 질권과 동일한 효력이 있다.

제649조(임차지상의 건물에 대한 법정저당권) 토지임대인이 변제기를 경과한 최후 2년의 차임채권에 의하여 그 지상에 있는 임차인소유의 건물을 압류한 때에는 저당권과 동일한 효력이 있다.

제650조(임차건물등의 부속물에 대한 법정질권) 건물 기타 공작물의 임대인이 임대차에 관한 채권에 의하여 그 건물 기타 공작물에 부속한 임차인소유의 동산을 압류한 때에는 질권과 동일한 효력이 있다.

제651조 삭제 <2016.1.6.>

[2016.1.6. 법률 제13710호에 의하여 2013.12.26. 헌법재판소에서 위헌결정 된 이 조를 삭제함.]

제652조(강행규정) 제627조, 제628조, 제631조, 제635조, 제638조, 제640조, 제641조, 제643조 내지 제647조의 규정에 위반하는 약정으로 임차인이나 전차인에게 불리한 것은 그 효력이 없다.

제653조(일시사용을 위한 임대차의 특례) 제628조, 제638조, 제640조, 제646조 내지 제648조, 제650조 및 전조의 규정은 일시사용하기 위한 임대차 또는 전대차인 것이 명백한 경우에는 적용하지 아니한다.

제654조(준용규정) 제610조제1항, 제615조 내지 제617조의 규정은 임대차에 이를 준용한다.

제8절 고용

제655조(고용의 의의) 고용은 당사자 일방이 상대방에 대하여 노무를 제공할 것을 약정하고 상대방이 이에 대하여 보수를 지급할 것을 약정함으로써 그 효력이 생긴다.

제656조(보수액과 그 지급시기) ① 보수 또는 보수액의 약정이 없는 때에는 관습에 의하여 지급하여야 한다.

② 보수는 약정한 시기에 지급하여야 하며 시기의 약정이 없으면 관습에 의하고 관습이 없으면 약정한 노무를 종료한 후 지체없이 지급하여야 한다.

제657조(권리의무의 전속성) ① 사용자는 노무자의 동의없이 그 권리를 제삼자에게 양도하지 못한다.

② 노무자는 사용자의 동의없이 제삼자로 하여금 자기에 갈음하여 노무를 제공하게 하지 못한다. <개정 2014.12.30.>

③ 당사자 일방이 전2항의 규정에 위반한 때에는 상대방은 계약을 해지할 수 있다.

제658조(노무의 내용과 해지권) ① 사용자가 노무자에 대하여 약정하지 아니한 노무의 제공을 요구한 때에는 노무자는 계약을 해지할 수 있다.

② 약정한 노무가 특수한 기능을 요하는 경우에 노무자가 그 기능이 없는 때에는 사용자는 계약을 해지할 수 있다.

제659조(3년 이상의 경과와 해지통고권) ① 고용의 약정기간이 3년을 넘거나 당사자의 일방 또는 제삼자의 종신까지로 된 때에는 각 당사자는 3년을 경과한 후 언제든지 계약해지의 통고를 할 수 있다.

② 전항의 경우에는 상대방이 해지의 통고를 받은 날로부터 3월이 경과하면 해지의 효력이 생긴다.

제660조(기간의 약정이 없는 고용의 해지통고) ① 고용기간의 약정이 없는 때에는 당사자는 언제든지 계약해지의 통고를 할 수 있다.

② 전항의 경우에는 상대방이 해지의 통고를 받은 날로부터 1월이 경과하면 해지의 효력이 생긴다.

③ 기간으로 보수를 정한 때에는 상대방이 해지의 통고를 받은 당기후의 일기를 경과함으로써 해지의 효력이 생긴다.

제661조(부득이한 사유와 해지권) 고용기간의 약정이 있는 경우에도 부득이한 사유있는 때에는 각 당사자는 계약을 해지할 수 있다. 그러나 그 사유가 당사자 일방의 과실로 인하여 생긴 때에는 상대방에 대하여 손해를 배상하여야 한다.

제662조(묵시의 갱신) ① 고용기간이 만료한 후 노무자가 계속하여 그 노무를 제공하는 경우에 사용자가 상당한 기간내에 이의를 하지 아니한 때에는 전고용과 동일한 조건으로 다시 고용한 것으로 본다. 그러나 당사자는 제660조의 규정에 의하여 해지의 통고를 할 수 있다.

② 전항의 경우에는 전고용에 대하여 제삼자가 제공한 담보는 기간의 만료로 인하여 소멸한다.

제663조(사용자파산과 해지통고) ① 사용자가 파산선고를 받은 경우에는 고용기간의 약정이 있는 때에도 노무자 또는 파산관재인은 계약을 해지할 수 있다.

② 전항의 경우에는 각 당사자는 계약해지로 인한 손해의 배상을 청구하지 못한다.

제9절 도급

제664조(도급의 의의) 도급은 당사자 일방이 어느 일을 완성할 것을 약정하고 상대방이 그 일의 결과에 대하여 보수를 지급할 것을 약정함으로써 그 효력이 생긴다.

제665조(보수의 지급시기) ① 보수는 그 완성된 목적물의 인도와 동시에 지급하여야 한다. 그러나 목적물의 인도를 요하지 아니하는 경우에는 그 일을 완성한 후 지체없이 지급하여야 한다.

②전항의 보수에 관하여는 제656조제2항의 규정을 준용한다.

제666조(수급인의 목적부동산에 대한 저당권설정청구권) 부동산공사의 수급인은 전조의 보수에 관한 채권을 담보하기 위하여 그 부동산을 목적으로 한 저당권의 설정을 청구할 수 있다.

제667조(수급인의 담보책임) ① 완성된 목적물 또는 완성전의 성취된 부분에 하자가 있는 때에는 도급인은 수급인에 대하여 상당한 기간을 정하여 그 하자의 보수를 청구할 수 있다. 그러나 하자가 중요하지 아니한 경우에 그 보수에 과다한 비용을 요할 때에는 그러하지 아니하다.

② 도급인은 하자의 보수에 갈음하여 또는 보수와 함께 손해배상을 청구할 수 있다. <개정 2014.12.30.>

③ 전항의 경우에는 제536조의 규정을 준용한다.

제668조(동전-도급인의 해제권) 도급인이 완성된 목적물의 하자로 인하여 계약의 목적을 달성할 수 없는 때에는 계약을 해제할 수 있다. 그러나 건물 기타 토지의 공작물에 대하여는 그러하지 아니하다.

제669조(동전-하자가 도급인의 제공한 재료 또는 지시에 기인한 경우의 면책) 전2조의 규정은 목적물의 하자가 도급인이 제공한 재료의 성질 또는 도급인의 지시에 기인한 때에는 적용하지 아니한다. 그러나 수급인이 그 재료 또는 지시의 부적당함을 알고 도급인에게 고지하지 아니한 때에는 그러하지 아니하다.

제670조(담보책임의 존속기간) ① 전3조의 규정에 의한 하자의 보수, 손해배상의 청구 및 계약의 해제는 목적물의 인도를 받은 날로부터 1년내에 하여야 한다.

② 목적물의 인도를 요하지 아니하는 경우에는 전항의 기간은 일의 종료한 날로부터 기산한다.

제671조(수급인의 담보책임-토지, 건물 등에 대한 특칙) ① 토지, 건물 기타 공작물의 수급인은 목적물 또는 지반공사의 하자에 대하여 인도 후 5년간 담보의 책임이 있다. 그러나 목적물이 석조, 석회조, 연와조, 금속 기타 이와 유사한 재료로 조성된 것인 때에는 그 기간을 10년으로 한다.

② 전항의 하자로 인하여 목적물이 멸실 또는 훼손된 때에는 도급인은 그 멸실 또는 훼손된 날로부터 1년내에 제667조의 권리를 행사하여야 한다.

제672조(담보책임면제의 특약) 수급인은 제667조, 제668조의 담보책임이 없음을 약정한 경우에도 알고 고지하지 아니한 사실에 대하여는 그 책임을 면하지 못한다.

제673조(완성전의 도급인의 해제권) 수급인이 일을 완성하기 전에는 도급인은 손해를 배상하고 계약을 해제할 수 있다.

제674조(도급인의 파산과 해제권) ① 도급인이 파산선고를 받은 때에는 수급인 또는 파산관재인은 계약을 해제할 수 있다. 이 경우에는 수급인은 일의 완성된 부분에 대한 보수 및 보수에 포함되지 아니한 비용

에 대하여 파산재단의 배당에 가입할 수 있다.

② 전항의 경우에는 각 당사자는 상대방에 대하여 계약해제로 인한 손해의 배상을 청구하지 못한다.

제9절의2 여행계약<신설 2015.2.3.>

제674조의2(여행계약의 의의) 여행계약은 당사자 한쪽이 상대방에게 운송, 숙박, 관광 또는 그 밖의 여행 관련 용역을 결합하여 제공하기로 약정하고 상대방이 그 대금을 지급하기로 약정함으로써 효력이 생긴다.

[본조신설 2015.2.3.]

제674조의3(여행 개시 전의 계약 해제) 여행자는 여행을 시작하기 전에는 언제든지 계약을 해제할 수 있다. 다만, 여행자는 상대방에게 발생한 손해를 배상하여야 한다.

[본조신설 2015.2.3.]

제674조의4(부득이한 사유로 인한 계약 해지) ① 부득이한 사유가 있는 경우에는 각 당사자는 계약을 해지할 수 있다. 다만, 그 사유가 당사자 한쪽의 과실로 인하여 생긴 경우에는 상대방에게 손해를 배상하여야 한다.

② 제1항에 따라 계약이 해지된 경우에도 계약상 귀환운송(歸還運送) 의무가 있는 여행주최자는 여행자를 귀환운송할 의무가 있다.

③ 제1항의 해지로 인하여 발생하는 추가 비용은 그 해지 사유가 어느 당사자의 사정에 속하는 경우에는 그 당사자가 부담하고, 누구의 사정에도 속하지 아니하는 경우에는 각 당사자가 절반씩 부담한다.

[본조신설 2015.2.3.]

제674조의5(대금의 지급시기) 여행자는 약정한 시기에 대금을 지급하여야 하며, 그 시기의 약정이 없으면 관습에 따르고, 관습이 없으면 여행의 종료 후 지체 없이 지급하여야 한다.

[본조신설 2015.2.3.]

제674조의6(여행주최자의 담보책임) ① 여행에 하자가 있는 경우에는 여행자는 여행주최자에게 하자의 시정 또는 대금의 감액을 청구할 수 있다. 다만, 그 시정에 지나치게 많은 비용이 들거나 그 밖에 시정을 합

리적으로 기대할 수 없는 경우에는 시정을 청구할 수 없다.

② 제1항의 시정 청구는 상당한 기간을 정하여 하여야 한다. 다만, 즉시 시정할 필요가 있는 경우에는 그러하지 아니하다.

③ 여행자는 시정 청구, 감액 청구를 갈음하여 손해배상을 청구하거나 시정 청구, 감액 청구와 함께 손해배상을 청구할 수 있다.

[본조신설 2015.2.3.]

제674조의7(여행주최자의 담보책임과 여행자의 해지권) ① 여행자는 여행에 중대한 하자가 있는 경우에 그 시정이 이루어지지 아니하거나 계약의 내용에 따른 이행을 기대할 수 없는 경우에는 계약을 해지할 수 있다.

② 계약이 해지된 경우에는 여행주최자는 대금청구권을 상실한다. 다만, 여행자가 실행된 여행으로 이익을 얻은 경우에는 그 이익을 여행주최자에게 상환하여야 한다.

③ 여행주최자는 계약의 해지로 인하여 필요하게 된 조치를 할 의무를 지며, 계약상 귀환운송 의무가 있으면 여행자를 귀환운송하여야 한다. 이 경우 상당한 이유가 있는 때에는 여행주최자는 여행자에게 그 비용의 일부를 청구할 수 있다.

[본조신설 2015.2.3.]

제674조의8(담보책임의 존속기간) 제674조의6과 제674조의7에 따른 권리는 여행 기간 중에도 행사할 수 있으며, 계약에서 정한 여행 종료일부터 6개월 내에 행사하여야 한다.

[본조신설 2015.2.3.]

제674조의9(강행규정) 제674조의3, 제674조의4 또는 제674조의6부터 제674조의8까지의 규정을 위반하는 약정으로서 여행자에게 불리한 것은 효력이 없다.

[본조신설 2015.2.3.]

제10절 현상광고

제675조(현상광고의 의의) 현상광고는 광고자가 어느 행위를 한 자에게 일정한 보수를 지급할 의사를 표시하고 이에 응한 자가 그 광고에 정한 행위를 완료함으로써 그 효력이 생긴다.

제676조(보수수령권자) ① 광고에 정한 행위를 완료한 자가 수인인 경우에는 먼저 그 행위를 완료한 자가 보수를 받을 권리가 있다.

② 수인이 동시에 완료한 경우에는 각각 균등한 비율로 보수를 받을 권리가 있다. 그러나 보수가 그 성질상 분할할 수 없거나 광고에 1인만이 보수를 받을 것으로 정한 때에는 추첨에 의하여 결정한다.

제677조(광고부지의 행위) 전조의 규정은 광고있음을 알지 못하고 광고에 정한 행위를 완료한 경우에 준용한다.

제678조(우수현상광고) ① 광고에 정한 행위를 완료한 자가 수인인 경우에 그 우수한 자에 한하여 보수를 지급할 것을 정하는 때에는 그 광고에 응모기간을 정한 때에 한하여 그 효력이 생긴다.

② 전항의 경우에 우수의 판정은 광고 중에 정한 자가 한다. 광고 중에 판정자를 정하지 아니한 때에는 광고자가 판정한다.

③ 우수한 자 없다는 판정은 이를 할 수 없다. 그러나 광고 중에 다른 의사표시가 있거나 광고의 성질상 판정의 표준이 정하여져 있는 때에는 그러하지 아니하다.

④ 응모자는 전2항의 판정에 대하여 이의를 하지 못한다.

⑤ 수인의 행위가 동등으로 판정된 때에는 제676조제2항의 규정을 준용한다.

제679조(현상광고의 철회) ① 광고에 그 지정한 행위의 완료기간을 정한 때에는 그 기간만료전에 광고를 철회하지 못한다.

② 광고에 행위의 완료기간을 정하지 아니한 때에는 그 행위를 완료한 자 있기 전에는 그 광고와 동일한 방법으로 광고를 철회할 수 있다.

③ 전광고와 동일한 방법으로 철회할 수 없는 때에는 그와 유사한 방법으로 철회할 수 있다. 이 철회는 철회한 것을 안 자에 대하여만 그 효력이 있다.

제11절 위임

제680조(위임의 의의) 위임은 당사자 일방이 상대방에 대하여 사무의 처리를 위탁하고 상대방이 이를 승낙함으로써 그 효력이 생긴다.

제681조(수임인의 선관의무) 수임인은 위임의 본지에 따라 선량한 관리자의 주의로써 위임사무를 처리하여야 한다.

제682조(복임권의 제한) ① 수임인은 위임인의 승낙이나 부득이한 사유 없이 제삼자로 하여금 자기에 갈음하여 위임사무를 처리하게 하지 못한다. <개정 2014.12.30.>

② 수임인이 전항의 규정에 의하여 제삼자에게 위임사무를 처리하게 한 경우에는 제121조, 제123조의 규정을 준용한다.

제683조(수임인의 보고의무) 수임인은 위임인의 청구가 있는 때에는 위임사무의 처리상황을 보고하고 위임이 종료한 때에는 지체없이 그 전말을 보고하여야 한다.

제684조(수임인의 취득물 등의 인도, 이전의무) ① 수임인은 위임사무의 처리로 인하여 받은 금전 기타의 물건 및 그 수취한 과실을 위임인에게 인도하여야 한다.

② 수임인이 위임인을 위하여 자기의 명의로 취득한 권리는 위임인에게 이전하여야 한다.

제685조(수임인의 금전소비의 책임) 수임인이 위임인에게 인도할 금전 또는 위임인의 이익을 위하여 사용할 금전을 자기를 위하여 소비한 때에는 소비한 날 이후의 이자를 지급하여야 하며 그 외의 손해가 있으면 배상하여야 한다.

제686조(수임인의 보수청구권) ① 수임인은 특별한 약정이 없으면 위임인에 대하여 보수를 청구하지 못한다.

② 수임인이 보수를 받을 경우에는 위임사무를 완료한 후가 아니면 이를 청구하지 못한다. 그러나 기간으로 보수를 정한 때에는 그 기간이 경과한 후에 이를 청구할 수 있다.

③ 수임인이 위임사무를 처리하는 중에 수임인의 책임없는 사유로 인하여 위임이 종료된 때에는 수임인은 이미 처리한 사무의 비율에 따른 보수를 청구할 수 있다.

제687조(수임인의 비용선급청구권) 위임사무의 처리에 비용을 요하는 때에는 위임인은 수임인의 청구에 의하여 이를 선급하여야 한다.

제688조(수임인의 비용상환청구권 등) ① 수임인이 위임사무의 처리에 관하여 필요비를 지출한 때에는 위임인에 대하여 지출한 날 이후의 이자를 청구할 수 있다.

② 수임인이 위임사무의 처리에 필요한 채무를 부담한 때에는 위임인에게 자기에 갈음하여 이를 변제하게 할 수 있고 그 채무가 변제기에 있

지 아니한 때에는 상당한 담보를 제공하게 할 수 있다. <개정 2014.12.30.>

③ 수임인이 위임사무의 처리를 위하여 과실없이 손해를 받은 때에는 위임인에 대하여 그 배상을 청구할 수 있다.

제689조(위임의 상호해지의 자유) ① 위임계약은 각 당사자가 언제든지 해지할 수 있다.

② 당사자 일방이 부득이한 사유없이 상대방의 불리한 시기에 계약을 해지한 때에는 그 손해를 배상하여야 한다.

제690조(사망·파산 등과 위임의 종료) 위임은 당사자 한쪽의 사망이나 파산으로 종료된다. 수임인이 성년후견개시의 심판을 받은 경우에도 이와 같다.

[전문개정 2011.3.7.]

제691조(위임종료시의 긴급처리) 위임종료의 경우에 급박한 사정이 있는 때에는 수임인, 그 상속인이나 법정대리인은 위임인, 그 상속인이나 법정대리인이 위임사무를 처리할 수 있을 때까지 그 사무의 처리를 계속하여야 한다. 이 경우에는 위임의 존속과 동일한 효력이 있다.

제692조(위임종료의 대항요건) 위임종료의 사유는 이를 상대방에게 통지하거나 상대방이 이를 안 때가 아니면 이로써 상대방에게 대항하지 못한다.

제12절 임치

제693조(임치의 의의) 임치는 당사자 일방이 상대방에 대하여 금전이나 유가증권 기타 물건의 보관을 위탁하고 상대방이 이를 승낙함으로써 효력이 생긴다.

제694조(수치인의 임치물사용금지) 수치인은 임치인의 동의없이 임치물을 사용하지 못한다.

제695조(무상수치인의 주의의무) 보수없이 임치를 받은 자는 임치물을 자기재산과 동일한 주의로 보관하여야 한다.

제696조(수치인의 통지의무) 임치물에 대한 권리를 주장하는 제삼자가 수치인에 대하여 소를 제기하거나 압류한 때에는 수치인은 지체없이 임치인에게 이를 통지하여야 한다.

제697조(임치물의 성질, 하자로 인한 임치인의 손해배상의무) 임치인은 임치물의 성질 또는 하자로 인하여 생긴 손해를 수치인에게 배상하여야 한다. 그러나 수치인이 그 성질 또는 하자를 안 때에는 그러하지 아니하다.

제698조(기간의 약정있는 임치의 해지) 임치기간의 약정이 있는 때에는 수치인은 부득이한 사유없이 그 기간만료전에 계약을 해지하지 못한다. 그러나 임치인은 언제든지 계약을 해지할 수 있다.

제699조(기간의 약정없는 임치의 해지) 임치기간의 약정이 없는 때에는 각 당사자는 언제든지 계약을 해지할 수 있다.

제700조(임치물의 반환장소) 임치물은 그 보관한 장소에서 반환하여야 한다. 그러나 수치인이 정당한 사유로 인하여 그 물건을 전치한 때에는 현존하는 장소에서 반환할 수 있다.

제701조(준용규정) 제682조, 제684조 내지 제687조 및 제688조제1항, 제2항의 규정은 임치에 준용한다.

제702조(소비임치) 수치인이 계약에 의하여 임치물을 소비할 수 있는 경우에는 소비대차에 관한 규정을 준용한다. 그러나 반환시기의 약정이 없는 때에는 임치인은 언제든지 그 반환을 청구할 수 있다.

제13절 조합

제703조(조합의 의의) ① 조합은 2인 이상이 상호출자하여 공동사업을 경영할 것을 약정함으로써 그 효력이 생긴다.

② 전항의 출자는 금전 기타 재산 또는 노무로 할 수 있다.

제704조(조합재산의 합유) 조합원의 출자 기타 조합재산은 조합원의 합유로 한다.

제705조(금전출자지체의 책임) 금전을 출자의 목적으로 한 조합원이 출자시기를 지체한 때에는 연체이자를 지급하는 외에 손해를 배상하여야 한다.

제706조(사무집행의 방법) ① 조합계약으로 업무집행자를 정하지 아니한 경우에는 조합원의 3분의 2 이상의 찬성으로써 이를 선임한다.

② 조합의 업무집행은 조합원의 과반수로써 결정한다. 업무집행자 수인인 때에는 그 과반수로써 결정한다.

③ 조합의 통상사무는 전항의 규정에 불구하고 각 조합원 또는 각 업무집행자가 전행할 수 있다. 그러나 그 사무의 완료전에 다른 조합원 또는 다른 업무집행자의 이의가 있는 때에는 즉시 중지하여야 한다.

제707조(준용규정) 조합업무를 집행하는 조합원에는 제681조 내지 제688조의 규정을 준용한다.

제708조(업무집행자의 사임, 해임) 업무집행자인 조합원은 정당한 사유 없이 사임하지 못하며 다른 조합원의 일치가 아니면 해임하지 못한다.

제709조(업무집행자의 대리권추정) 조합의 업무를 집행하는 조합원은 그 업무집행의 대리권있는 것으로 추정한다.

제710조(조합원의 업무, 재산상태검사권) 각 조합원은 언제든지 조합의 업무 및 재산상태를 검사할 수 있다.

제711조(손익분배의 비율) ① 당사자가 손익분배의 비율을 정하지 아니한 때에는 각 조합원의 출자가액에 비례하여 이를 정한다.

② 이익 또는 손실에 대하여 분배의 비율을 정한 때에는 그 비율은 이익과 손실에 공통된 것으로 추정한다.

제712조(조합원에 대한 채권자의 권리행사) 조합채권자는 그 채권발생 당시에 조합원의 손실부담의 비율을 알지 못한 때에는 각 조합원에게 균분하여 그 권리를 행사할 수 있다.

제713조(무자력조합원의 채무와 타조합원의 변제책임) 조합원 중에 변제할 자력없는 자가 있는 때에는 그 변제할 수 없는 부분은 다른 조합원이 균분하여 변제할 책임이 있다.

제714조(지분에 대한 압류의 효력) 조합원의 지분에 대한 압류는 그 조합원의 장래의 이익배당 및 지분의 반환을 받을 권리에 대하여 효력이 있다.

제715조(조합채무자의 상계의 금지) 조합의 채무자는 그 채무와 조합원에 대한 채권으로 상계하지 못한다.

제716조(임의탈퇴) ① 조합계약으로 조합의 존속기간을 정하지 아니하거나 조합원의 종신까지 존속할 것을 정한 때에는 각 조합원은 언제든지 탈퇴할 수 있다. 그러나 부득이한 사유없이 조합의 불리한 시기에 탈퇴하지 못한다.

② 조합의 존속기간을 정한 때에도 조합원은 부득이한 사유가 있으면 탈퇴할 수 있다.

제717조(비임의 탈퇴) 제716조의 경우 외에 조합원은 다음 각 호의 어느 하나에 해당하는 사유가 있으면 탈퇴된다.

1. 사망
2. 파산
3. 성년후견의 개시
4. 제명(除名)

[전문개정 2011.3.7.]

제718조(제명) ① 조합원의 제명은 정당한 사유있는 때에 한하여 다른 조합원의 일치로써 이를 결정한다.

② 전항의 제명결정은 제명된 조합원에게 통지하지 아니하면 그 조합원에게 대항하지 못한다.

제719조(탈퇴조합원의 지분의 계산) ① 탈퇴한 조합원과 다른 조합원간의 계산은 탈퇴당시의 조합재산상태에 의하여 한다.

② 탈퇴한 조합원의 지분은 그 출자의 종류여하에 불구하고 금전으로 반환할 수 있다.

③ 탈퇴당시에 완결되지 아니한 사항에 대하여는 완결후에 계산할 수 있다.

제720조(부득이한 사유로 인한 해산청구) 부득이한 사유가 있는 때에는 각 조합원은 조합의 해산을 청구할 수 있다.

제721조(청산인) ① 조합이 해산한 때에는 청산은 총조합원 공동으로 또는 그들이 선임한 자가 그 사무를 집행한다.

② 전항의 청산인의 선임은 조합원의 과반수로써 결정한다.

제722조(청산인의 업무집행방법) 청산인이 수인인 때에는 제706조제2항 후단의 규정을 준용한다.

제723조(조합원인 청산인의 사임, 해임) 조합원 중에서 청산인을 정한 때에는 제708조의 규정을 준용한다.

제724조(청산인의 직무, 권한과 잔여재산의 분배) ① 청산인의 직무 및 권한에 관하여는 제87조의 규정을 준용한다.

② 잔여재산은 각 조합원의 출자가액에 비례하여 이를 분배한다.

제14절 종신정기금

제725조(종신정기금계약의 의의) 종신정기금계약은 당사자 일방이 자기, 상대방 또는 제삼자의 종신까지 정기로 금전 기타의 물건을 상대방 또는 제삼자에게 지급할 것을 약정함으로써 그 효력이 생긴다.

제726조(종신정기금의 계산) 종신정기금은 일수로 계산한다.

제727조(종신정기금계약의 해제) ① 정기금채무자가 정기금채무의 원본을 받은 경우에 그 정기금채무의 지급을 해태하거나 기타 의무를 이행하지 아니한 때에는 정기금채권자는 원본의 반환을 청구할 수 있다. 그러나 이미 지급을 받은 채무액에서 그 원본의 이자를 공제한 잔액을 정기금채무자에게 반환하여야 한다.

②전항의 규정은 손해배상의 청구에 영향을 미치지 아니한다.

제728조(해제와 동시이행) 제536조의 규정은 전조의 경우에 준용한다.

제729조(채무자귀책사유로 인한 사망과 채권존속선고) ① 사망이 정기금채무자의 책임있는 사유로 인한 때에는 법원은 정기금채권자 또는 그 상속인의 청구에 의하여 상당한 기간 채권의 존속을 선고할 수 있다.

② 전항의 경우에도 제727조의 권리를 행사할 수 있다.

제730조(유증에 의한 종신정기금) 본절의 규정은 유증에 의한 종신정기금채권에 준용한다.

제15절 화해

제731조(화해의 의의) 화해는 당사자가 상호양보하여 당사자간의 분쟁을 종지할 것을 약정함으로써 그 효력이 생긴다.

제732조(화해의 창설적효력) 화해계약은 당사자 일방이 양보한 권리가 소멸되고 상대방이 화해로 인하여 그 권리를 취득하는 효력이 있다.

제733조(화해의 효력과 착오) 화해계약은 착오를 이유로 하여 취소하지 못한다. 그러나 화해당사자의 자격 또는 화해의 목적인 분쟁 이외의 사항에 착오가 있는 때에는 그러하지 아니하다.

부칙

〈제14409호, 2016.12.20.〉

제1조(시행일) 이 법은 공포한 날부터 시행한다.

제2조(적용례) 제937조제9호의 개정규정은 이 법 시행 당시 법원에 계속 중인 사건에도 적용한다.

◆ 편저 김 종 석 ◆

• 실무법률 연구회 회장

• 저서 : 소법전
　　　　계약서작성 처음부터 끝까지 (공저)
　　　　이것도 모르면 대부업체 이용하지마세요
　　　　민법지식법전
　　　　불법행위와 손해배상

계약서 작성에 대한 전반적인 이해와 작성예시 수록

계약서 작성방법, 여기 다 있습니다.　　　정가 28,000원

2017年 3月 15日　인쇄
2017年 3月 20日　발행
　편　저 : 김 종 석
　발행인 : 김 현 호
　발행처 : 법문 북스
　공급처 : 법률미디어

서울 구로구 경인로 54길4 (우편번호 : 08278)
TEL : 2636-2911~3, FAX : 2636~3012
등록 : 1979년 8월 27일 제5-22호
Home : www.lawb.co.kr

▌ISBN 978-89-7535-585-1 (13360)
▌이 도서의 국립중앙도서관 출판예정도서목록(CIP)은 서지정보
유통지원시스템 홈페이지(http://seoji.nl.go.kr)와 국가자료공
동목록시스템(http://www.nl.go.kr/kolisnet)에서 이용하실 수
있습니다. (CIP제어번호 : CIP2017006120)
▌파본은 교환해 드립니다.

계약은 우리 생활의 모든 분야에 걸쳐서 끊임없이 행하여지고 있습니다.
그리고 사회의 발전과 더불어 인간생활은 날이 갈수록 세분화되면서
복잡해짐에 따라 계약도 그 내용이 복잡해지고 천태만상이어서
이런 내용을 이해하지 못하고 계약을 체결하게 되어
큰 손해를 보는 경우가 비일비재하고 있습니다.

13360

9 788975 355851
ISBN 978-89-7535-585-1

28,000원